하이레벨 I - 중학 필수 어휘

국단어
완전
정복

KB179709

오리진에듀

국단어 완전 정복 | 하이레벨 I – 중학 필수 어휘

초판　1쇄 인쇄　2023년 11월 7일
초판　1쇄 발행　2023년 11월 21일

기획 및 집필　전위성

펴낸이　최남식
개발책임　전현영
디자인　여우집 디자인랩
펴낸곳　오리진에듀
출판등록　2010년 3월 23일 제 409–251002010000087호
주 소　경기도 김포시 김포한강10로133번길 127, 디원시티 지식산업센터 518호(구래동)
전 화　02-335-6612　**팩 스** 0303-3440-6612
이메일　originhouse@naver.com
포스트　post.naver.com/originhouse

값 14,000원 ⓒ2023-2024, 전위성 & 오리진에듀
ISBN 979-11-88128-29-7 53710 : 14000

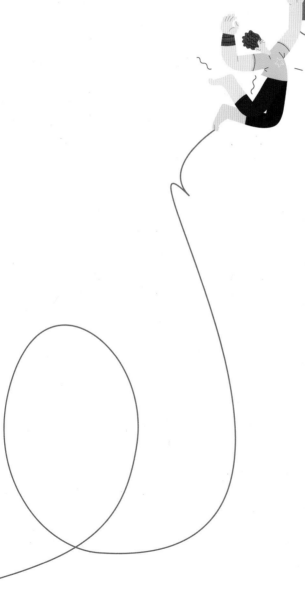

국단어
완전 정복

하 이 레 벨 I
중학필수어휘

이 책의 구성과 특징

중학 교과서 핵심 용어 수록

중학 국어, 사회, 과학 교과서에 자주 나오는 핵심 용어를 선별하여 수록하였습니다.

영어 단어의 어원과 뜻, 풀이를 체계적으로 실어 국단어와 병행 학습이 가능합니다.

어휘별 난이도가 제시되어 난이도를 체감하고, 회독 박스를 사용해 반복 학습을 할 수 있습니다.

국어 - 한자 - 영어 연계 통합 학습

어휘의 뜻과 용례가 국어, 한자, 영어로 연계 통합되어 꼼꼼하게 제시합니다.

사자성어 연계 학습

학습 한자와 관련된 사자성어를 통해 어휘에 대한 흥미와 재미를 더합니다.

---

001 ★★★ □□

면담하다
얼굴 보며 이야기하다
영 ***interview

面面 얼굴
談談 이야기하다

얼굴 보다(면) · 이야기하다(담) ～ 직접 만나서 / 서로 얼굴을 보며 이야기함

한자 **面** 얼굴·표정·걸모습·평면 | 유 **談談** 말씀·이야기·이야기하다

연관한자 •言言 말씀 | 語語 말씀 | 說說 말씀 | 話話 말씀 | 辭辭 말씀 ～ 말·이야기와 관련된 낱말을 만듦 ~ 언어(言語) 설화(說話) 언사(言辭) 담화(談話) 사설(辭說)

한자활용 •豪言壯談호언장담, 俗談속담, 相談상담, 談話담화, 德談덕담, 談笑담소, 弄談농담, 雜談잡담, 美談미담, 怪談괴담, 會談회담, 談論담론, 對談대담, 險談험담, 武俠談무협담

영어 **interview** [íntərvjù:] 어원 inter(사이에)+videre(보다) 뜻 (취업 등을 위한) 면접 (시험), (신문·잡지 기자와의) 인터뷰, 기자 회견(press interview), (공식적인) 회담, 협의 (conference); 면접하다, 면담하다 풀이 **To discuss personal problems or issues in private**(고민이나 문젯거리를 가지고 서로 만나서 이야기하다)

예 면담은 알고 싶은 내용을 알아보기 위하여 얼굴을 마주하고 이야기하는 것을 말한다 / 면담은 두 사람 이상이 만나서 상의하는 '담화'의 한 형태로, 일상 대화와 달리 공식적인 성격을 지닌다 / 면담은 궁금한 점이 있으면 질문을 통해서 쉽고 빠르게 알 수 있다는 장점이 있다
*담화(談談 말씀·이야기 | 話話 말씀·이야기 | talk[tɔːk], conversation[kὰnvərséiʃən]) 자유롭게 서로 주고받는 이야기

---

002 ★★★ □□

고려하다
생각하다
영 ***consider

考考 생각하다
慮慮 생각하다

생각하다(고) · 생각하다(려) ～ 어떤 일을 하는 데 여러 가지 상황, 조건 / 신중하게 생각하다

한자 **考** 생각하다·깊이 헤아리다   유 **慮(여)** 생각하다·걱정하다

연관한자 •思思 생각 | 考考 생각하다 | 想想 생각 | 念念 생각 | 慮慮 생각하다 | 惟惟 생각하다 ～ 생각과 관련된 낱말을 만듦 ~ 사고(思考) 사려(思慮) 사유(思惟) 사상(思想) 상념(想念)

한자활용 •配慮배려, 念慮염려, 思慮사려, 熟慮숙려, 心慮심려, 憂慮우려

영어 **consider** [kənsídər] 어원 con(충분히)+sider(별을 관측하다) 뜻 (무엇을 이해하거나 결정을 내릴 때 주의 깊게 머릿속으로) 잘 생각해 보다, 고려하다, 생각하다, (…이라고) 생각하다[여기다], 간주하다(think, regard as) 풀이 **To give careful thought to diverse situations or conditions in doing something**(어떤 일을 하는 데 여러 가지 상황이나 조건을 신중하게 생각하다)

예 사회 전체의 이익을 고려하지 않고 자신의 이익만을 주장한다면 올바른 정치가 이루어질 수 없다 / 적성을 고려해서 진로를 결정하는 것이 좋다 / 다른 나라를 방문할 때는 시차를 고려해서 여행 계획을 세워야 한다 / 한 사회의 문화를 바르게 이해하려면 그 문화가 형성된 상황이나 맥락을 고려해야 하는데, 이러한 문화 이해의 태도를 문화 상대주의라고 한다

① 호언장담豪言壯談 호걸 호 말씀 언, 씩씩할 장, 말씀 담   풀이 호기롭고 씩씩하게 하는 말   반의 제 분수에 넘치는 실속 없는 말을 호기롭게(힘들이나 실속이 없고 겉으로 거만하고 건방지게) 지껄임. 또는 이러한 말   유의 큰소리하다 확신이 넘치는 포부

국단어 완전 정복 학습 기호

어휘에서 파생되는 연관 한자, 한자 활용, 영단어, 예시 문장 등 본문에 쓰인 기호입니다.

한자	한자	유	유의어
연관한자	연관 한자	예	예시 문장
한자활용	한자 활용	●	파생 단어
영어	영어 단어	①	사자성어

각 일자별 평가 문제를 풀면서 어휘를 확실하게 익혔는지 자신의 실력을 점검할 수 있도록 다양한 유형으로 구성하였습니다.

관련 한자 연계 학습

비슷한 뜻을 갖는 한자와 국단어를 함께 학습하면서 어휘를 효과적으로 기억하고 확장합니다.

---

011 ★★★ ☆☆

심의하다
살펴보며 의견을
주고받다
🅔 **deliberate**

審審 살피다
議의 의논하다

살피다(심)·의논하다(의) ～ 어떤 내용, 문제 등의 / 좋고 나쁨·알맞은 정도를 / 살펴보며 의견을 주고받다

한자 ◉審審 살피다(자세히 보다)·자세히 밝히다·조사하다 ┃議 의논하다·토의하다·의견

유의 ◉察찰 살피다 ┃效사 조사하다 ┃檢검 검사하다 ┃監감 보다 ┃省성 살피다 ┃示시 보이다·보다
┃視시 보다 ┃覽람 보다 ┃閱열 보다 ┃聞문 보다·살피다는 뜻을 가진 낱말을 만들어
~ 심사(審査) 검사(檢査) 감찰(監察) 성찰(省察) 시찰(視察) 사찰(査察) 검찰(檢察) 관찰
(觀察) 관람(觀覽) 열람(閱覽) 검열(檢閱)

활용 ◉審美심미, 審理심리, 審問심문, 審査심사, 原審원심, 再審재심, 誤審오심

deliberate [dilíbərit] 여원 de(완전히) + liber((마음속으로) 저울질하다) + ate(같은)
🅣 고의적인, 의도된(well considered), 계획적인(intentional); 숙고하다, 신중하게
생각하다(consider carefully and fully); 심의하다(on) 영명 **To evaluate the quality or**
feasibility of a certain content, problem, etc(어떤 내용이나 문제 등의 좋고 나쁨이나
알맞은 정도를 자세히 살피다)

🅒 **심사하다**(審심 살피다, 효사 조사하다)
예 국회는 국가 재정에 관한 권한에 따라 정부가 세운 예산안을 심의하고 확정할 수 있다 /
지방 의회는 지역의 살림살이 계획인 예산을 심의하고 확정한다 / 국무 회의는 정부의
권한에 속하는 중요한 정책을 심의한다 / *여야가 팽팽하게 맞서고 있어 *계류 중인
여러 법안들이 이번 심의를 통과하기가 무척 어려울 전망이다

*여야(與여 더불다·같이하다·주다 野야 들판·민간) 여당(與黨|government party|gʌ́varnman
pàːrti] | 정당 정치에서, 대통령을 배출하여 정권을 잡고 있는 정당)과 야당(野黨 | the opposition
party[ʌpəzíʃən pàːrti] | 정당 정치에서, 현재 정권을 잡고 있지 않은 정당)

*계류(繫계 매다·묶다 留류(유) 머무르다·붙잡다) 물체를 붙잡아 매어 둠. 어떤 사건이나 법안
따위가 해결되지 않은 채로 있음

풍부한 활용 예문 제시

국단어가 문장 속에서 어떻게 활용되는지 예문을 통해 알기 쉽게 제시합니다.

---

012 ★★☆

제정하다
법과 제도를 만들어
정하다
🅔 *enact

制제 법도·만들다
定定 정하다

법도를 만들다(제)·정하다(정) ～ 법도(입률, 제도)를 만들어서 정하다

한자 ◉制제 절제하다·법도(입률과 제도)·만들다 ┃◉定定 정하다·바로잡다·안정시키다

활용 ◉肯定긍정, 決定결정, 認定인정, 安定안정, 否定부정, 規定규정, 假定가정, 設定설정,
推定추정, 限定한정, 確定예정, 固定고정, 定量정착, 暫定잠정, 一定일정, 確定확정

enact [enǽkt] 🅣 (법률·조례를) 제정하다, 법률[입령]로 만들다(make into a law)
영명 **To make and establish a law, institution, etc(법이나 제도 등을 만들어서 정하다)**

예 표준어는 교양 있는 사람이 두루 쓰는 현대 서울말로, 원활한 의사소통을 위해 제정된
것이다 / 법은 사회 질서를 유지하고 정의를 실현할 목적으로 국가가 제정한 사회
규범이다

파생 국단어 학습

풀이와 예문에서 파생된 국단어를 제시하여 확장된 어휘 학습이 가능합니다.

학습 한자어 확장 활용

학습 한자가 포함된 다른 어휘를 통해 한자가 어떻게 활용되는지 알 수 있습니다.

학습 점검표

※ 학습 계획에 맞게 공부하였는지 꼭 점검하세요.

학습주	1차 학습	2차 학습	학습주	1차 학습	2차 학습
1주	① ② ③ ④ ⑤	① ② ③ ④ ⑤	8주	① ② ③ ④ ⑤	① ② ③ ④ ⑤
2주	① ② ③ ④ ⑤	① ② ③ ④ ⑤	9주	① ② ③ ④ ⑤	① ② ③ ④ ⑤
3주	① ② ③ ④ ⑤	① ② ③ ④ ⑤	10주	① ② ③ ④ ⑤	① ② ③ ④ ⑤
4주	① ② ③ ④ ⑤	① ② ③ ④ ⑤	11주	① ② ③ ④ ⑤	① ② ③ ④ ⑤
5주	① ② ③ ④ ⑤	① ② ③ ④ ⑤	12주	① ② ③ ④ ⑤	① ② ③ ④ ⑤
6주	① ② ③ ④ ⑤	① ② ③ ④ ⑤	13주	① ② ③ ④ ⑤	① ② ③ ④ ⑤
7주	① ② ③ ④ ⑤	① ② ③ ④ ⑤	14주	① ② ③	① ② ③

카드 형식의 핵심 내용은 완벽 암기
가장 중요한 핵심 내용으로 카드에 실린 어휘의
내용은 통째로 암기합니다.

국어-한자-영어로 이어지는 순차 학습
국어, 한자, 영어 공부를 따로따로?
한 번에 통합하여 순차적으로 학습합니다.

유의어, 예문, 파생어 등 연관 어휘
어휘의 뜻을 쉽고 재미있게 암기하기 위해 제시되는
유의어와 예시 문장을 통해
어떻게 활용되는지 알고 이해합니다.

학습 한자어 용례 학습
학습 한자의 구성과 연관 한자가 포함된 다른
어휘를 통해 한자가 어떻게 활용되는지 꼭
읽어봅니다.

사자성어 연계 학습
연관 한자어에서 파생한 알아 두면 도움이 되는
한자성어를 학습합니다.

일일평가를 통해 학습 어휘 확인
평가 문제를 통해 각 날짜별 학습 어휘를
점검하고 성취도를 평가합니다.

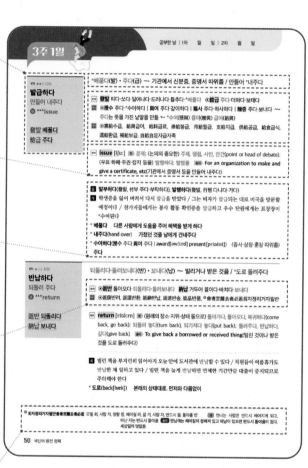

차 례

001 ★★★ □□

면담하다
얼굴 보며 이야기하다
영 ***interview

面면 얼굴
談담 이야기하다

얼굴 보다(면) · 이야기하다(담) ⟿ 직접 만나서 / 서로 얼굴을 보며 이야기함

[한자] **面**면 얼굴·표정·겉모습·평면　◉**談**담 말씀·이야기·이야기하다
[연관한자] ◉**言**언 말씀 | **語**어 말씀 | **說**설 말씀 | **話**화 말씀 | **辭**사 말씀 ⟿ 말·이야기와 관련된 낱말을 만듦 ↪ 언어(言語) 설화(說話) 언사(言辭) 담화(談話) 사설(辭說)
[한자활용] ◉**❶豪言壯談**호언장담, **俗談**속담, **相談**상담, **談話**담화, **德談**덕담, **談笑**담소, **弄談**농담, **雜談**잡담, **美談**미담, **怪談**괴담, **會談**회담, **談論**담론, **對談**대담, **險談**험담, **武勇談**무용담

[영어] **interview** [íntərvjùː]　[어원] inter(사이에)+videre(보다)　[뜻] (취업 등을 위한) 면접(시험), (신문·잡지 기자와의) 인터뷰, 기자 회견(press interview), (공식적인) 회담, 협의(conference); 면접하다, 면담하다　[풀이] **To discuss personal problems or issues in private**(고민이나 문젯거리를 가지고 서로 만나서 이야기하다)

[예] 면담은 알고 싶은 내용을 알아보기 위하여 얼굴을 마주하고 이야기하는 것을 말한다 / 면담은 두 사람 이상이 만나서 상의하는 *담화의 한 형태로, 일상 대화와 달리 공식적인 성격을 지닌다 / 면담은 궁금한 점이 있으면 질문을 통해서 쉽고 빠르게 알 수 있다는 장점이 있다
* **담화**(談담 말씀·이야기 話화 말씀·이야기 | talk[tɔːk], conversation[kὰnvərséiʃən]) 자유롭게 서로 주고받는 이야기

002 ★★★ □□

고려하다
생각하다
영 ***consider

考고 생각하다
慮려 생각하다

생각하다(고) · 생각하다(려) ⟿ 어떤 일을 하는 데 여러 가지 상황, 조건을 / 신중하게 생각하다

[한자] **考**고 생각하다·깊이 헤아리다　◉**慮**(여) 생각하다·걱정하다
[연관한자] ◉**思**사 생각 | **考**고 생각하다 | **想**상 생각 | **念**념(염) 생각 | **惟**유 생각하다 | **憶**억 생각하다 ⟿ 생각과 관련된 낱말을 만듦 ↪ 사고(思考) 사려(思慮) 사유(思惟) 사상(思想) 상념(想念)
[한자활용] ◉**配慮**배려, **念慮**염려, **思慮**사려, **熟慮**숙려, **心慮**심려, **虞慮**우려

[영어] **consider** [kənsídər]　[어원] con(충분히)+sider(별을 관측하다)　[뜻] (무엇을 이해하거나 결정을 내릴 때 주의 깊게 머릿속으로) 잘 생각해 보다, 고려하다, 생각하다, (…이라고) 생각하다[여기다], 간주하다(think, regard as)　[풀이] **To give careful thought to diverse situations or conditions in doing something**(어떤 일을 하는 데 여러 가지 상황이나 조건을 신중하게 생각하다)

[예] 사회 전체의 이익을 고려하지 않고 자신의 이익만을 주장한다면 올바른 정치가 이루어질 수 없다 / 적성을 고려해서 진로를 결정하는 것이 좋다 / 다른 나라를 방문할 때는 시차를 고려해서 여행 계획을 세워야 한다 / 한 사회의 문화를 바르게 이해하려면 그 문화가 형성된 상황이나 맥락을 고려해야 하는데, 이러한 문화 이해의 태도를 문화 상대주의라고 한다

❶ **호언장담豪言壯談** 호걸 호, 말씀 언, 씩씩할 장, 말씀 담　[뜻] 호기롭고 씩씩하게 하는 말　[풀이] 제 분수에 넘치는 실속 없는 말을 희떱게(행동이나 말이 실속이 없고 매우 거만하고 건방지게) 지껄임. 또는 그러한 말. 또는 당당하고 확신이 넘치는 포부

003 ★★★ □□

재배하다
식물을 심어서 기르다
영 *cultivate

栽재 심다
培배 배양하다

심다(재) · 배양하다(배) ⤳ 식용, 약용, 관상용 등의 목적으로 / 식물을 심어서 보살 피고 기르다

한자 **栽재** (초목草木을)심다·묘목(어린나무) **培배** 배양하다(흙에 심은 식물이 자라다)·양성하다

영어 **cultivate** [kʌ́ltəvèit] 어원 cultiv(경작된)＋ate(상태로 하다) 뜻 (식물·작물 등을) 재배하다; (논밭을) 갈다, 경작하다; (재능 등을 교육·훈련에 의해) 양성하다, 키우다, 기르다, 육성하다 풀이 To plant and tend plants(식물을 심어 가꾸다)

예 북아메리카의 온대 기후 지역에서는 밀, 목화 등의 작물을 대규모로 재배한다 / 유럽의 식민지였던 °**열대 우림** 지역은 선진국의 자본과 기술, 원주민의 노동력을 결합하여 상품 작물을 대규모로 재배하는 **플랜테이션**이 발달했다 / **서안 해양성 기후** 지역에서는 일 년 내내 강수량이 고르고 겨울철 기온이 온화하여 °**목초지** 조성에 알맞으므로 곡물 재배와 가축 사육을 동시에 하는 **혼합 농업**이 발달했다

°**열대 우림**(熱열 덥다 帶대 지구 표면을 구분(區分)한 이름 雨우 비 林림(임) 수풀 | rain forest [rein fɔ́(ː)rist])   일 년 내내 기온이 높고 비가 많은 적도 부근의 열대 지방에서 발달하는 큰 숲

°**목초지**(牧목 가축을 기르다 草초 풀·초원 地지 땅 | pasture[pǽstʃər])   가축의 먹이가 되는 풀이 많이 난 땅

---

004 ★☆☆ □□

동등하다
같다
영 ***equal

同동 같다
等등 같다

같다(동) · 같다(등) ⤳ 둘 이상의 사람, 사물이 / 등급, 정도 따위가 같다

한자 ⊙**同동** 한가지·같다·함께 **等등** 무리·등급·같다

연관한자 ⊙**等등** 무리·같다 | **一일** 하나·같다 | **共공** 한가지·같게 하다 ↪ 동일(同一) 공동(共同)

한자활용 ⊙**同生**동생, **同僚**동료, **同窓**동창, **同門**동문, **同甲**동갑, **共同**공동, **同行**동행, **同意**동의, **同居**동거, **合同**합동, **同伴**동반, **協同**협동, **一同**일동, **同苦同樂**동고동락, ❶**附和雷同**부화뇌동, **一心同體**일심동체, **大同團結**대동단결, **同病相憐**동병상련, **同床異夢**동상이몽, ❷**表裏不同** 표리부동, ❸**大同小異**대동소이, **異口同聲**이구동성

영어 **equal** [íːkwəl] 뜻 (수·양·정도 등이 가치상으로) 같은; 동일한(identical)(to, with) (수량· 크기에 있어서) 동등한; (법·영향력 등이) 평등한; (지위·능력 등에서) 동등[대등]한 사람[것] 풀이 Being at the same level or degree(등급이나 정도가 같다)

예 평등이란 모든 사람이 성별, 인종, 재산, 신분 등에 의해 부당하게 차별받지 않고 동등하게 대우받는 것을 말한다 / **근대 시민 혁명**은 모든 인간은 태어나면서부터 동등한 권리가 있다는 **자연권 사상**, 자연권을 보장받기 위해 개인들이 합의를 통해 정부를 만들었다는 **사회 계약설** 등의 영향을 받아 일어났다

---

❶ **부화뇌동附和雷同** 붙을 부, 응할 화, 우뢰 뢰(뇌), 함께 동   뜻 우레 소리에 맞춰 천지 만물이 함께 울림 풀이 자신의 주관이 없이 남의 의견을 가볍게 좇으며 남이 하는 행동을 무작정 따라서 함

❷ **표리부동表裏不同** 겉 표, 안 리, 아니 불(부), 같을 동   뜻 겉과 안이 같지 않음 풀이 속마음과 다르게 말하거나 행동함. 겉으로 드러나는 언행과 속으로 가지는 생각이 다름

❸ **대동소이大同小異** 큰 대, 같을 동, 작을 소, 다를 이   뜻 크게 보면 같고 작게 보면 다름 풀이 거의 같고 조금만 다름

---

005 ★★★ □□

파악하다
알다
영 *grasp

把파 잡다
握악 쥐다

잡다(파)·쥐다(악) ⤳ 어떤 대상의 내용, 성질 따위를 / 충분히 이해하여 확실하게 알다

[한자] ◉**把파** 잡다(한손으로 쥐다)·가지다 **握악** 쥐다

[연관한자] ◉**執집** 잡다 | **捉착** 잡다·체포하다 | **逮체** 잡다·붙잡다 | **捕포** 잡다·붙잡다 | **操조** 잡다·조심하다 ↪ 체포(逮捕) 포착(捕捉)

[영어] **grasp** [ɡræsp] **[뜻]** 이해하다, 파악하다(figure out, apprehend, comprehend, understand); 꽉[꼭] 잡다, 움켜쥐다(take firm hold of, grip, clutch) **[풀이] To get to know something well, as one succeeds in understanding the content or situation of a certain incident or subject**(어떤 일이나 대상의 내용이나 상황을 확실하게 이해하여 알다)

[예] 랜드마크는 주변 경관 중에서 눈에 가장 잘 띄기 때문에 사람들이 자신의 위치를 파악하는 데 도움을 준다 / 스마트폰에 있는 GPS 수신 칩을 통해 사용자의 위치를 파악하는 것이 가능해짐에 따라 '위치 기반 서비스(LBS, Location Based Service)'가 활성화되고 있다 / 담임 교사가 인원 파악을 마치고 자리에 앉자 버스가 출발했다 / 시험을 볼 때는 먼저 출제 *의도를 정확하게 파악해야 한다

* **의도**(意의 뜻·생각 圖도 그림·계획하다 | intent[intént] intention[inténʃən]) **무엇을 하고자 하는 생각이나 계획**

---

006 ★☆☆ □□

인문
인류의 문화

人인 인간
文문 문화

인간(인)이 만든 · 글, 책, 학문, 예술, 법도, 예의(문) ⤳ *인류의 문화

[한자] **人인** 사람·인간·타인 ◉**文문** 글·문장·책·법도·예의·학문·예술

[연관한자] ◉**句구·귀** 글귀 | **書서** 글 | **章장** 글 | **經경** 지날다·글 ↪ 문장(文章) 문구(文句) 문서(文書) 경서(經書)

[한자활용] ◉**漢文**한문, **文化**문화, **文章**문장, **文學**문학, **文明**문명, **文字**문자, **文獻**문헌, **文法**문법, **文書**문서

[예] *인문 환경은 인간이 자연을 토대로 만들어 낸 환경으로, 자연환경에 대비되는 개념이다 / 문화 경관은 지형, 기후 등의 자연환경과 언어, 종교 등 인문 환경의 영향을 받아 지역마다 다양하게 나타난다

* **인류**(人인 類류 무리 | human[hjú:mən]) **(동물의 한 종류로서의) 사람을 다른 동물과 구별하는 말**

* **인문 환경**(人文 環환 고리 境경 경계 | Human environment[inváiərənmənt]) **인구, 산업, 문화 등 인간 활동의 결과로 만들어진 환경**

일일평가

1 다음 국단어의 뜻을 표로 정리하시오.

국단어	뜻	한자		영단어
면담하다		面면	談담	
고려하다		考고	慮려	
재배하다		栽재	培배	
동등하다		同동	等등	
파악하다		把파	握악	
인문		人인	文문	–

2 다음 중 談담(말씀)과 뜻이 비슷한 한자가 **아닌** 것은?

① 言언　② 語어　③ 說설　④ 話화　⑤ 想상

3 다음 중 慮려(생각하다)와 뜻이 비슷한 한자가 **아닌** 것은?

① 念념　② 考고　③ 思사　④ 執집　⑤ 惟유

4 다음 중 **말·이야기**와 비슷한 뜻을 갖는 낱말이 **아닌** 것은?

① 언어(言語)　② 설화(說話)　③ 언사(言辭)　④ 의도(意圖)　⑤ 담화(談話)

5 다음 문장을 읽고, 그 **뜻에 해당하는 낱말**을 쓰시오.

1　제 분수에 넘치는 실속 없는 말을 희떱게 지껄임　_____

2　거의 같고 조금만 다름　_____

3　남의 의견을 가볍게 좇으며 남이 하는 행동을 무작정 따라서 함　_____

4　겉으로 드러나는 언행과 속으로 가지는 생각이 다름　_____

6 빈칸에 알맞은 낱말을 넣어 문장을 완성하시오.

1　_____ 은 알고 싶은 내용을 알아보기 위하여 얼굴을 마주하고 이야기하는 것을 말한다.

2　한 사회의 문화를 바르게 이해하려면 그 문화가 형성된 상황이나 맥락을 _____ 해야 하는데,
이러한 문화 이해의 태도를 **문화** _____ 라고 한다

3　유럽의 식민지였던 **열대 우림** 지역은 선진국의 자본과 기술, 원주민의 노동력을 결합하여 상품 작물을
대규모로 _____ 하는 _____ 이 발달했다

4　**근대 시민 혁명**은 모든 인간은 태어나면서부터 _____ 한 권리가 있다는 _____
사상의 영향을 받아 일어났다

5　**랜드마크**는 주변 경관 중에서 눈에 가장 잘 띄기 때문에 자신의 위치를 _____ 하는 데 도움을 준다

---

007 ★☆☆ □□

공익
모두에게 이로움

公공 여럿·함께하다
益익 이롭다

여럿·함께하다(공) • 이롭다(익) ～ *공공의 이익 또는 사회 구성원인 모든 사람에게 *이로움

[한자] **公공** 공평하다·여럿·함께하다·공적인　◉**益익** 더하다·이롭다

[연관한자] ◉**增증** 더하다　**加가** 더하다 | **添첨** 더하다 ↔ 증가(增加) 첨가(添加)

[한자활용] ◉**利益**이익, **損益**손익, **有益**유익, **受益**수익, **便益**편익, **權益**권익, **差益**차익, ❶**多多益善** 다다익선, **百害無益**백해무익, ❷**弘益人間**홍익인간, ❸**貧益貧富益富**빈익빈부익부

[유] **공리**(公공, 利리(이) 이롭다·유익하다·날카롭다)

[예] **시민 단체**는 우리 사회의 여러 가지 문제를 해결하고 공익을 추구하기 위해 시민들이 만든 자발적인 단체이다 / **시민 단체**는 국가 기관이 하는 일을 감시·비판하고, 정치 과정에 시민의 참여를 유도하면서 공익을 실현하기 위해 노력한다 / 공직에 있는 사람일수록 *사리사욕을 버리고 공익을 먼저 생각해야 한다

* **공공**(公공 공평하다 共공 한가지 | public[pΛblik]) **국가나 사회의 구성원에게 두루 관계되는 일**
* **이롭다**(利이 이롭다 | benefit[bénəfit]) **이익**(물질적으로나 정신적으로 보탬이 되는 것)이 있다
* **사리사욕**(私사 사사롭다(지극히 개인적인 일) 利리(이) 이롭다 私사 慾욕 욕심) **지극히 개인적인 이익과 욕심**

---

008 ★☆☆ □□

가상
가짜로 생각함

(영) *virtual

假가 가짜
想상 생각하다

가짜(가)로 • 생각하다(상) ～ 사실이 아니거나 • 존재하지 않는 것을 / 사실이거나 • 실제로 있는 것처럼 / 가짜로 생각함

[한자] ◉**假가** 거짓·가짜·임시·빌리다　**想상** 생각하다·그리워하다·상상하다

[한자활용] ◉**假定**가정, **假飾**가식, **假說**가설, **假面**가면, **假裝**가장, **假稱**가칭, **假髮**가발

[영어] **virtual** [vɔ́ːrtʃuəl]　[어원] virtu(힘) + al(…에 관한)　[뜻] 가상의; (표면상 또는 명목상은 그렇지 않지만) 사실상의, 실질상의, 거의 …과 다름없는　[풀이] **The ability to imagine the existence of something that is not real**(사실이 아닌 것을 지어내어 사실처럼 생각함)

[예] 과학 기술의 발달로 인해 가상 공간과 현실 세계의 경계선이 불분명해졌다 / 증강 현실은 사용자가 눈으로 보는 현실 세계에 가상 물체를 겹쳐 보여 주는 기술이다 / 세계 지도나 지구본에 표시된 가상의 가로선은 위도를 나타내는 **위선**, 가상의 세로선은 경도를 나타내는 **경선**이다

---

❶ **다다익선多多益善** 많을 다, 많을 다, 더할 익, 착할 선　　[풀이] 많으면 많을수록 더욱 좋음
❷ **홍익인간弘益人間** 넓을 홍, 더할·이로울 익, 사람 인, 사이 간　　[풀이] 널리 인간을 이롭게 함
❸ **빈익빈부익부貧益貧富益富** 가난할 빈, 더할 익, 부유할 부, 더할 익　　[풀이] 가난할수록 더 가난해지고, 부자일수록 더 부자가 됨

009 ★★★ □□

민주주의 (민주)
주권이 국민에게 있고
국민에 의해 정치를
하는 제도
(영) *democracy

民민 백성
主주 주인·주체

•백성(민)이 • 주인(주) ∿ 국가의 주권이 국민에게 있고 • 국민에 의해 정치를 하는 / 제도, 사상

[한자] ⊙**民민** •백성·사람 **主주** 주인·주체·주(主)되다

[한자활용] ⊙民族민족, 國民국민, 民衆민중, 市民시민, 住民주민, 庶民서민, 平民평민, 常民상민, 良民양민, 難民난민, 民謠민요, 民畵민화, 民弊민폐, 民願민원, 民間민간, 民官민관, 官民관민, 民事민사, 移民이민, 僑民교민, 民生민생, 植民地식민지, 訓民正音훈민정음

[영어] **democracy** [dimάkrəsi] [어원] demos(민중) + cracy(정치) [뜻] 민주주의; 민주 정치 (government by the people), 민주적 [풀이] **An idea that a country's sovereignty belongs to its people and its politics should exist to serve them**(주권이 국민에게 있고 국민을 위한 정치를 지향하는 사상)

[예] 그리스어의 'demokratia'에 근원을 두고 있는 민주주의라는 말은 'demo(국민)'와 'kratos(지배)'의 두 낱말을 합친 것으로서 '국민의 지배'를 의미한다 / 민주주의 국가에서는 국민 주권을 바탕으로 주권자인 국민이 정치에 참여하고, 정치 과정에 영향력을 행사하고 있다 / 오늘날 민주 국가에서는 모든 사람이 성별, 외모, 인종, 재산 등에 의해 차별받지 않고 존중받을 수 있도록 노력하고 있다
•**백성(百백** 일백·모두·온갖 **姓성** 성씨 | the people[píːpl]) (옛 말투로) **나라의 근본이 되는 국민**

010 ★★★ □□

시행하다
실제로 행하다
(영) *enforce

施시 실시하다
行행 행하다

실시하다(시) • 행하다(행) ∿ 법률, 명령 등을 일반 대중에게 알린 뒤에 / 실제로 행하다 또는 그 효력을 나타내다

[한자] ⊙**施시** 베풀다·실시하다·드러내다·뽐내다 **行행** 다니다·가다·행하다

[한자활용] ⊙施設시설, 實施실시, 施工시공, 施術시술

[영어] **enforce** [enfɔ́ːrs] [어원] in(…을 주다) + force(힘)→강화하다 [뜻] (법률 등을) 실시하다, 시행하다, 집행하다(put in force); (지불·복종 등을) 강요하다(compel or effect by force) [풀이] **To actually implement a law, order, etc., after it is announced to the general public**(법률이나 명령 등을 일반 대중에게 알린 뒤에 실제로 그 효력을 나타내다)

[유] **실시하다(實실** 열매, 施시 베풀다·실시하다), **실행하다(實行)**, **이행하다(履리**(이) 밟다, 行)
[예] 미국에서는 1920년에 보통 선거가 시행되어 여성에게 투표권이 부여되었다 / 대부분의 국가에서는 소득의 차이에 따라 세율을 다르게 적용하는 •누진세 제도를 시행하고 있다 / 1994년도부터 대학 수학 능력 시험이라는 시험 제도가 시행되고 있다
•**누진세(累루(누)** 묶다·여러 **進진** 나아가다 **稅세** 세금 | progressive tax[prəgrésiv tæks])
세금을 매기는 대상의 수량이나 값이 늘어날수록 더 높은 비율로 매기는 세금

1주 2일

---

011 ★★☆ ☐☐

심의하다
살펴보며 의견을
주고받다
영 **deliberate

審心 살피다
議議 의논하다

살피다(심) · 의논하다(의) ~~ 어떤 내용, 문제 등의 / 좋고 나쁨 · 알맞은 정도를 /
살펴보며 의견을 주고받다

한자 ⊙**審심** 살피다(자세히 보다)·자세히 밝히다·조사하다　**議의** 의논하다·토의하다·의견

연관한자 ⊙**察찰** 살피다 | **査사** 조사하다 | **檢검** 검사하다 | **監감** 보다 | **省성** 살피다 | **示시** 보이다·보다
| **視시** 보다 | **覽람(남)** 보다 | **觀관** 보다 | **閱열** 보다 ~~ 보다·살피다는 뜻을 가진 낱말을 만듦
↦ 심사(審査) 검사(檢査) 감찰(監察) 성찰(省察) 시찰(視察) 사찰(査察) 검찰(檢察) 관찰
(觀察) 관람(觀覽) 열람(閱覽) 검열(檢閱)

한자활용 ⊙**審美심미**, **審理심리**, **審問심문**, **審判심판**, **審査심사**, **原審원심**, **再審재심**, **誤審오심**

영어 **deliberate** [dilíbərit]　**어원** de(완전히) + liber((마음속으로) 저울질하다) + ate(같은)
뜻 고의적인, 의도된(well considered), 계획적인(intentional); 숙고하다, 신중하게
생각하다(consider carefully and fully); 심의하다(on)　**풀이** To evaluate the quality or
feasibility of a certain content, problem, etc(어떤 내용이나 문제 등의 좋고 나쁨이나
알맞은 정도를 자세히 살피다)

유 **심사하다**(審心 살피다, 査사 조사하다)

예 국회는 국가 재정에 관한 권한에 따라 정부가 세운 예산안을 심의하고 확정할 수 있다 /
지방 의회는 지역의 살림살이 계획인 예산을 심의하고 확정한다 / **국무 회의**는 정부의
권한에 속하는 중요한 정책을 심의한다 / *여야가 팽팽하게 맞서고 있어 *계류 중인
여러 법안들이 이번 심의를 통과하기가 무척 어려울 전망이다

*여야(與여 더불다·같이하다·무리　野야 들판·민간)　**여당**(與黨|government party[gʌ́vərnmən
pɑ́ːrti] | 정당 정치에서, 대통령을 배출하여 정권을 잡고 있는 정당)**과 야당**(野黨 | the opposition
party[ɑ̀pəzíʃən pɑ́ːrti] | 정당 정치에서, 현재 정권을 잡고 있지 않은 정당)

*계류(繫계 매다·묶다　留류(유) 머무르다·붙잡다)　**물체를 붙잡아 매어 둠. 어떤 사건이나 법안
따위가 해결되지 않은 채로 있음**

---

012 ★★☆ ☐☐

제정하다
법과 제도를 만들어
정하다
영 *enact

制제 법도·만들다
定정 정하다

법도를 만들다(제) · 정하다(정) ~~ 법도(법률, 제도)를 만들어서 정하다

한자 **制제** 절제하다·법도(법률과 제도)·만들다　⊙**定정** 정하다·바로잡다·안정시키다

한자활용 ⊙**肯定긍정**, **決定결정**, **認定인정**, **安定안정**, **否定부정**, **規定규정**, **假定가정**, **設定설정**,
推定추정, **限定한정**, **豫定예정**, **固定고정**, **定着정착**, **測定측정**, **暫定잠정**, **一定일정**, **確定확정**

영어 **enact** [enǽkt]　**뜻** (법률·조례를) 제정하다, 법률[법령]로 만들다(make into a law)
풀이 To make and establish a law, institution, etc(법이나 제도 등을 만들어서 정하다)

예 **표준어**는 교양 있는 사람들이 두루 쓰는 현대 서울말로, 원활한 의사소통을 위해 제정된
것이다 / **법**은 사회 질서를 유지하고 정의를 실현할 목적으로 국가가 제정한 사회
규범이다

---

1 다음 **국단어의 뜻**을 표로 정리하시오.

국단어	뜻	한자		영단어
공익		公공	益익	–
가상		假가	想상	
민주주의		民민	主주	
시행하다		施시	行행	
심의하다		審심	議의	
제정하다		制제	定정	

2 다음 중 **審심(보다·살피다)**과 뜻이 비슷한 한자가 **아닌** 것은?

① 察찰　　② 省성　　③ 覽람　　④ 利이　　⑤ 觀관

3 다음 중 **益익(더하다)**과 뜻이 비슷한 한자를 **모두** 고르시오.

① 添첨　　② 省성　　③ 加가　　④ 査사　　⑤ 增증

4 다음 중 **文문(글·문장)**과 뜻이 비슷한 한자가 **아닌** 것은?

① 句구　　② 査사　　③ 書서　　④ 章장　　⑤ 經경

5 다음 중 **보다·살피다**와 비슷한 뜻을 갖는 낱말이 **아닌** 것은?

① 심사(審査)　　② 검사(檢査)　　③ 성찰(省察)　　④ 검열(檢閱)　　⑤ 실시(實施)

6 다음 문장을 읽고, 그 **뜻에 해당하는 낱말**을 쓰시오.

1 많으면 많을수록 더욱 좋음　　_____

2 가난할수록 더 가난해지고, 부자일수록 더 부자가 됨　　_____

3 국가나 사회의 구성원에게 두루 관계되는 일　　_____

4 지극히 개인적인 이익과 욕심　　_____

7 빈칸에 알맞은 낱말을 넣어 문장을 완성하시오.

1 미국에서는 1920년에 보통 선거가 _____ 되어 여성에게 투표권이 부여되었다

2 그리스어의 'demokratia'에 근원을 두고 있는 _____ 라는 말은 '국민의 지배'를 의미한다

3 세계 지도에 표시된 _____ 의 가로선은 위도를 나타내는 **위선**, _____ 의 세로선은 경도를 나타내는 **경선**이다

4 **표준어**는 교양 있는 사람들이 두루 쓰는 현대 서울말로, 원활한 의사소통을 위해 _____ 된 것이다

013 ★★★ ☐☐

정책
정부가 나라를
다스리는 방향, 방법
영 *policy

政政 정사
策책 방법

정사(정) · 방법(책) ⤳ 정부, 공공 기관이 / 정치적인 목적을 실현하거나, 사회적인 문제를 해결하기 위하여 취하는 / 활동 방향 또는 방법

한자 **政政** 정사(政事: 나라를 다스리는 일) ◉**策**책 꾀·방법·꾀하다·헤아리다·기획하다
연관한자 ◉**方**방 네모·방향·방법 | **法**법 법·방법 | **道**도 길·도리·방법 | **術**술 재주·방법 | **略략(약)** 생략하다·꾀 ⤳ 꾀·방법을 뜻하는 낱말을 만듦 ↦ 방법(方法) 방도(方道) 방책(方策) 술책(術策) 책략(策略)
한자활용 ◉**方策**방책, **術策**술책, **策略**책략, **計策**계책, **對策**대책, **祕策**비책, **劃策**획책, **妙策**묘책, **上策**상책, **彌縫策**미봉책, **回避策**회피책, **解決策**해결책, **治癒策**치유책, **蕩平策**탕평책, **束手無策**속수무책, ❶**窮餘之策**궁여지책, **苦肉之策**고육지책, ❷**糊口之策**호구지책

영어 **policy** [pάləsi] 뜻 (정부·국가·정당 등의) 정책 풀이 **A way to accomplish political aims**(정치적인 목적을 이루기 위한 방법)

예 교육 정책이 바뀌면 학생들의 학습 환경이 달라지듯이, 정책은 국민의 일상생활에 큰 영향을 미친다 / 보건복지부는 900세대가 넘는 아파트의 경우 주민들의 과반수 동의가 있으면 복도에서 흡연을 하지 못하도록 지정하는 금연 구역 확대 정책을 시행하였다 / 국무 회의는 대통령, 국무총리, 국무 위원으로 구성되며, 정부의 중요한 정책을 논의하는 행정부의 최고 심의 기관이다

014 ★☆☆ ☐☐

행사하다
권리를 행하여 쓰다
영 **exercise

行행 행하다
使사 쓰다

행하다(행) · 쓰다(사) ⤳ 법적 주체가 권리의 내용을 실현하다(실제로 이루다)

한자 **行**행 다니다·가다·행하다 ◉**使**사 시키다·부리다(시켜서 일하게 하다)·쓰다
한자활용 ◉**使用**사용, **使役**사역, **酷使**혹사, **使臣**사신, **使節**사절, **特使**특사, **使命感**사명감, **大使館**대사관

영어 **exercise** [éksərsàiz] 어원 ex(완전히) + ercise(닫히다) → 울타리에 넣다 → 움직이게 하다 뜻 (몸의) 운동(bodily exertion); (신체적·지적인) 연습(practice), 훈련(training); 운동을 하다(take exercise); 연습하다(go through exercises); (권력·역량 등을) 행사하다; 연습 문제 풀이 **To put a certain right into practice**(권리의 내용을 실제로 이루다)

예 오늘날 언론은 대중들에게 크나큰 영향력을 행사하고 있다 / 작가가 자신의 작품에 대해 저작권을 행사하는 것은 당연한 권리이다 / *입헌주의의 원리는 헌법에 따라 국가 기관을 구성하고 권력을 행사하는 것을 뜻한다 / 법원은 사법권을 행사하여 인권을 보장하는 대표적인 기관이다
* **입헌주의**(立입 서다 憲헌 법 主주 주인 義의 옳다 | constitutionalism[kὰnstətjúːʃənəlìzm]) 국민들의 합의로 만들어진 헌법에 따라 국가 기관을 구성하고 국가를 운영해야 한다는 원리

❶ **궁여지책窮餘之策** 다할 궁, 남을 여, 어조사 지, 계책·꾀 책　뜻 궁한 나머지 내는 꾀　풀이 곤경에 처한 상태에서 낸 마지막 계책(꾀·방법). 위기에서 벗어나기 위해 짜내는 계책
❷ **호구지책糊口之策** 풀칠할 호, 입 구, 어조사 지, 계책 책　뜻 입에 풀칠할 계책　풀이 겨우 먹고살아 갈 수 있는 방법

015 ★☆☆ □□

권한
행사하고 누릴 수 있는 권리
영 **authority

權권 권리
限한 한정되다

사람, 기관이 직책을 통해 행사할 수 있는 °권리 ⤳ 자신의 역할을 바탕으로 누릴 수 있는 힘

한자 ◉權권 권세·권력·권한·권리　限限 한정되다·한계·한하다(어떤 조건·범위에 제한되다)

한자활용 ◉權利권리, 權勢권세, 權威권위, 權力권력, 人權인권, 主權주권, 債權채권, 政權정권, 執權집권, 棄權기권, 旣得權기득권, 特權특권, 越權월권, 王權왕권, 全權전권, 有權者유권자, 議決權의결권, 平等權평등권, 著作權저작권, 市民權시민권, ❶權不十年권불십년, ❷權謀術數권모술수

영어 **authority** [əθɔ́ːrəti]　어원 author(늘리는 사람)＋ity(…인 것)　뜻 정부 당국; 권한; 권위자, 대가(expert); 권위　풀이 **The rights that a person gets from his/her role or position**(사람이 자신의 역할이나 직책으로부터 받은 권리)

유 °권리(權권 권세, 利리(이) 이롭다)

예 민주 국가에서는 법을 제정하는 권한은 **입법부**에, 법을 집행하는 권한은 **행정부**에, 법을 적용하고 판단하는 권한은 **사법부**에 둔다 / 영국 의회는 1688년 **명예혁명**을 일으켜서 왕의 권한을 제한하고 의회의 권한을 강화하는 내용을 담은 문서인 '**권리 장전**'을 왕에게 승인 받았다

°**권리**(權권 권세 **利리**(이) 이롭다 | right[rait])　특정한 이익을 주장하거나 누릴 수 있는 법률상의 능력. 일을 자유로이 처리할 수 있는 정당한 힘이나 자격

---

016 ★★☆ □□

부여하다
주다
영 **grant

附부 주다
與여 주다

주다(부)·주다(여) ⤳ 사람에게 권리, 명예, 임무 따위를 지니도록 해 주다 또는 사물, 일에 가치, 의의 따위를 붙여 주다

한자 附부 붙다·붙이다·주다　◉與여 주다·더불다·같이하다

연관한자 ◉附부 붙다·주다 | 授수 주다 | 給급 주다 | 贈증 주다 ⤳ 주다는 뜻을 가진 낱말을 만듦 ↝ 수여(授與) 증여(贈與) 급여(給與)

한자활용 ◉贈與증여, 給與급여, 授與수여, 與否여부, 寄與기여, 參與참여, 投與투여, 關與관여, 賞與金상여금, 寄與金기여금, 動機附與동기부여

영어 **grant** [grænt]　뜻 (허가 등을) 하다, 주다, 부여하다(give, accord); (원하는 것을 공식적으로) 들어주다, 허가[승인]하다(consent to, accede to, allow)　풀이 **To assign to someone or something a value, right, meaning, duty, etc., or consider someone or something assigned such things**(가치, 권리, 의미, 임무 등을 지니게 하거나 그렇다고 여기다)

예 20세기 중반에 들어와서는 대부분의 국가에서 성별, 신분, 재산 등에 따른 제한 없이 일정한 나이 이상의 모든 사회 구성원에게 선거권을 부여하는 **보통 선거 제도**가 실시되었다 / **선거**는 대표자를 선출하는 기능을 하며, 선출된 대표자에게 정당성을 부여함으로써 합법적인 권한을 가지게 한다

---

❶ **권불십년權不十年** 권세 권, 아니 불, 열 십, 해 년　　뜻 권력이 10년을 가지 못함　풀이 아무리 높은 권세라도 오래가지 못함≒화무십일홍(花無十日紅)
❷ **권모술수權謀術數** 권세 권, 꾀할 모, 꾀 술, 셀 수　　뜻 권세와 모략　풀이 남을 이기기 위한 목적 달성을 위해 수단과 방법을 가리지 않는 온갖 재주

017 ★★☆ ▢▢
이념
이상적으로 여겨지는
생각
영 *ideology

理이 이치
念념 생각

이치(이)에 맞는 · 생각(념) ⤳ 어떤 국가, 사회, 집단, 개인에 있어서 / 이상적인 것으로 여겨지는 생각

[한자] **理리(이)** 다스리다·이치 ◉**念념(염)** 생각·생각하다·외우다
[관련한자] ◉**思사** 생각 | **想상** 생각 | **考고** 생각하다 | **慮려(여)** 생각하다 | **惟유** 생각하다 | **憶억** 생각하다
⤳ 생각과 관련된 낱말을 만듦 ↪ 사고(思考) 사려(思慮) 고려(考慮) 사유(思惟) 사상(思想) 상념(想念)
[한자활용] ◉**槪念**개념, **諦念**체념, **觀念**관념, **信念**신념, **念慮**염려, **想念**상념, **念願**염원, **默念**묵념, **通念**통념, **斷念**단념, **雜念**잡념, **專念**전념, **紀念**기념, **無念無想**무념무상

[영어] **ideology** [àidiɑ́lədʒi] 〔뜻〕 이념, 관념(민족·계급·직업·종파·정당 등 집단에 특유한 사상·신념·사고 양식의 전체); 이데올로기 〔풀이〕 An idea considered ideal, which forms the basis of the thought of a country, society, or individual(한 국가나 사회, 개인이 갖고 있는 생각의 근본이 되는, 이상적으로 여겨지는 사상)

[예] 민주주의는 모든 인간은 인간이기 때문에 그 자체로 존중받아야 한다는 **인간의 존엄성**을 근본 이념으로 한다 / 민주주의 국가에서는 인간의 존엄성과 자유, 평등이라는 민주주의의 이념을 실현하기 위하여 민주 정치의 기본 원리인 국민 주권의 원리, 국민 자치의 원리, 권력 분립의 원리, 입헌주의의 원리가 지켜져야 한다 / 조선 시대에는 유교를 국가의 통치 이념으로 삼았다

018 ★★☆ ▢▢
사상
생각
영 ***idea

思사 생각
想상 생각

생각(사) · 생각(상) ⤳ 사회, 정치, 인생 등에 대한 / 일정한 생각

[한자] **思사** 생각·심정·정서 ◉**想상** 생각·생각하다·그리워하다·상상하다
[한자활용] ◉**想像**상상, **幻想**환상, **冥想**명상, **感想**감상, **理想**이상, **假想**가상, **豫想**예상, **妄想**망상, **構想**구상, **空想**공상, **默想**묵상, **回想**회상, **想念**상념, **聯想**연상, **發想**발상

[영어] **idea** [aidíːə] 〔뜻〕 (일반적인) 생각, 개념, 관념(thought, conception, notion); (특정 일을 하기 위한) 생각, 아이디어, 방안, 계획(plan); 사상(thought) 〔풀이〕 A certain view on society, politics, etc(사회나 정치 등에 대한 일정한 견해)

[예] 17~18세기에 등장한 *계몽사상은 인간의 이성으로 사회를 합리적으로 개혁하고자 하였고, 이는 **시민 혁명**에 영향을 주어 근대 사회를 여는 원동력이 되었다 / 근대의 **시민 혁명**은 인간은 자유롭고 평등하게 태어났으며 국가는 개인들 간의 합의로 만들어졌다는 사상을 바탕으로 하였다
*계몽(**啓계** 열다·일깨워주다 **蒙몽** (사리에)어둡다·어리석다 | enlightenment[inláitnmənt])
어리석음을 일깨워주다. 지식이 없는 사람들을 가르쳐서 올바른 지식을 가지게 함

1 다음 국단어의 뜻을 표로 정리하시오.

국단어	뜻	한자		영단어
정책		政정	策책	
행사하다		行행	使사	
권한		權권	限한	
부여하다		附부	與여	
이념		理이	念념	
사상		思사	想상	

2 다음 중 策책(꾀·방법)과 뜻이 비슷한 한자가 **아닌** 것은?

① 方방   ② 術술   ③ 使사   ④ 道도   ⑤ 法법

3 다음 중 與여(주다)와 뜻이 비슷한 한자가 **아닌** 것은?

① 權권   ② 贈증   ③ 附부   ④ 授수   ⑤ 給급

4 다음 중 생각과 비슷한 뜻을 갖는 낱말이 **아닌** 것은?

① 사고(思考)   ② 고려(考慮)   ③ 상념(想念)   ④ 사상(思想)   ⑤ 입헌(立憲)

5 다음 중 꾀·방법과 비슷한 뜻을 갖는 낱말이 **아닌** 것은?

① 증여(贈與)   ② 방책(方策)   ③ 방도(方道)   ④ 책략(策略)   ⑤ 술책(術策)

6 다음 문장을 읽고, 그 **뜻에 해당하는 낱말**을 쓰시오.

1 위기에서 벗어나기 위해 짜내는 계책　　　　　　　　　　　——————————

2 헌법에 따라 국가 기관을 구성하고 국가를 운영해야 한다는 원리　——————————

3 겨우 먹고살아 갈 수 있는 방법　　　　　　　　　　　　　　——————————

4 남을 이기기 위한 목적 달성을 위해 수단과 방법을 가리지 않는 온갖 재주　——————————

5 아무리 높은 권세라도 오래가지 못함　　　　　　　　　　　——————————

7 빈칸에 알맞은 낱말을 넣어 문장을 완성하시오.

1 **선거**는 선출된 대표자에게 정당성을 ——————————— 함으로써 합법적인 권한을 가지게 한다

2 **민주주의**는 모든 인간은 그 자체로 존중받아야 한다는 **인간의 존엄성**을 근본 ——————————— 으로 한다

3 민주 국가에서는 법을 제정하는 ——————————— 은 **입법부**에, 법을 집행하는 ——————————— 은

　행정부에 둔다

4 **입헌주의의 원리**는 헌법에 따라 국가 기관을 구성하고 권력을 ——————————— 하는 것을 뜻한다

---

019 ★★★ □□

추구하다
뒤쫓아 구하다
- 영 *seek
- *pursue

追追 쫓다
求구 구하다

쫓다(추) 구하다(구) ～ 목적한 것을 이룰 때까지 / 무엇을 뒤쫓아 •구하다

한자 追追 쫓다·이루다·따르다·구하다   ⊙求구 구하다·탐하다·빌다(청하다)

한자활용 ⊙請求청구, 促求촉구, 求乞구걸, 欲求욕구, 懇求간구, 渴求갈구, 求愛구애, 求職구직, ❶緣木求魚연목구어, ❷刻舟求劍각주구검, 實事求是실사구시, ❸苛斂誅求가렴주구

영어 **seek** [siːk]   **뜻** (물건·장소 등을 발견하기 위해) 찾다(look for); (필요한 것을 얻으려고) 구하다, 추구하다; 모색하다   **pursue** [pərsúː]   **어원** pro(앞에) + sue(계속 하다)   **뜻** (쾌락·지식·목적 등을) 얻으려고[도달하려고] 애쓰다, 추구하다(seek to gain or attain); (어떤 일을) 계속해[밀고] 나가다(prosecute), 추진하다   **풀이** To follow and try to find something or to achieve one's purpose(목적을 이루기 위해 계속 따르며 구하다)

예 시민은 공동체의 이익과 조화를 이루면서 자신의 자유와 권리를 추구해야 한다 / 인간의 존엄성은 민주주의의 출발점인 동시에 민주주의가 추구하는 궁극적인 목표이다 / 서남아시아의 여러 산유국들은 석유 수출로 얻은 수익으로 항공, 금융, 관광 등 산업의 •다각화를 추구하고 있다 / 사람은 저마다 자신의 행복을 추구하기 마련이다

•구하다(求구 | look for, obtain[əbtéin])   필요한 것을 얻으려고 찾다. 찾아서 얻다

•다각화(多다 많다 角각 뿔 化화 되다 | diversification[divə̀ːrsəfikéiʃə])   여러 방면이나 부문에 걸치게 함

---

020 ★★★ □□

규제하다
법으로 못하게 막다
- 영 *regulate

規규 법
制제 금지하다

법규(규) · 금지하다(제) ～ 어떤 행위를 / 법으로 하지 못하게 막다(금지하다)

한자 ⊙規규 법·법규·법칙·바로잡다   制제 절제하다·억제하다·금지하다·규정

연관한자 ⊙憲헌 법 | 法법 법 | 範범 법 | 例례(예) 법식 | 典전 법 | 則칙 법칙 | 度도 법도 | 式식 법 | 律律(율) 법칙 ～ 법과 관련된 낱말을 만듦 ↔ 헌법(憲法) 법률(法律) 율법(律法) 법칙(法則) 법도(法度) 법식(法式) 법규(法規) 법전(法典) 법례(法例) 규범(規範) 규칙(規則) 예법(例法)

한자활용 ⊙法規법규, 規則규칙, 規程규정, 規準규준, 規律규율, 規範규범, 規約규약, 規格규격, 規定규정

영어 **regulate** [régjəlèit]   **어원** regul(지배) + ate(…하다)   **뜻** 규제하다, 통제하다; (온도·속도 등을) 조절하다, (기계 등을) 조정하다(adjust)   **풀이** To restrict a person's or group's activities by regulations or law(규칙이나 법에 의하여 개인이나 단체의 활동을 제한하다)

예 식당이나 극장 등 공공장소에서는 흡연을 법으로 규제하고 있다 / 전체 응답자 중 절반이 훨씬 넘는 수가 아파트 분양가를 계속 규제해야 한다고 말했다 / 정부는 물가를 안정시키기 위해 생활필수품의 가격 상승을 규제하거나 공공요금의 인상을 억제하기도 한다

---

❶ **연목구어緣木求魚** 인연 연, 나무 목, 구할 구, 물고기 어   **뜻** 나무에서 물고기를 구함   **풀이** 도저히 불가능한 일을 하려고 함. 전혀 불가능한 일을 이루려고 하는 터무니없는 행동

❷ **각주구검刻舟求劍** 새길 각, 배 주, 구할 구, 칼 검   **뜻** 배에서 칼을 물속에 떨어뜨린 후에 배에 칼 떨어진 장소를 새겨 놓고 칼을 찾으려 함   **풀이** 미련하고 융통성이 없음. 시대적 변화를 모르는 어리석음

❸ **가렴주구苛斂誅求** 가혹할 가, 거둘 렴, 꾸짖을 주, 구할 구   **뜻** 가혹하게 거두고 무리하게 빼앗음   **풀이** 세금 등을 혹독하게 거두어들이고 재물을 빼앗아 백성들이 살아가기 힘든 정치 상황≒가정맹어호(苛政猛於虎)

021 ★★★ ☐☐

정치
나라를 다스리는 일
영 **politics

政정 다스리다
治치 다스리다

나라를 다스리다(정) · 다스리다(치) 〰 사회 질서를 바로잡고 · 국민의 기본 생활을 보장하기 위해 / 국가의 권력을 유지하며 나라를 °다스리는 일

한자 ◉**政정** 다스리다·정사(나라를 다스리는 일) **治치** 다스리다·질서가 잡히다

한자활용 ◉**政府**정부, **政策**정책, **政黨**정당, **行政**행정, **財政**재정, **政權**정권, **政務**정무, **政變**정변, **國政**국정, **善政**선정, **爲政**위정, **爲政者**위정자

영어 **politics** [pɑ́litiks] 어원 그리스어 politika(시민에 의한, 시민을 위한 공적인 업무) 뜻 (국가·조직의) 정치 풀이 **The practice of maintaining the power of a nation and governing it to establish order in society and protect the basic livelihood of people**(사회 질서를 바로잡고 국민의 기본 생활을 보장하기 위해 국가의 권력을 유지하며 나라를 다스리는 일)

예 넓은 의미의 정치는 일상생활에서 발생하는 구성원 간의 갈등을 조정하여 합의를 이끌어내는 모든 활동을 의미한다 / 개인이나 집단 간에 발생하는 갈등을 조정하고 해결하는 과정이 필요한데, 이러한 역할을 하는 것이 정치이다 / 현대 민주주의 국가에서는 선거를 통해 선출된 대표들이 의회를 구성하고, 국민을 대신하여 법을 만드는 °대의 민주 정치를 시행하고 있다

° **다스리다**(manage[mǽnidʒ] govern[gʌ́vərn]) 국가, 사회, 단체, 집안의 일이나 그에 속한 사람들을 보살피고 관리하다

° **대의**(代대 대신하다 議의 의논하다 | representative[rèprizéntətiv]) 선거를 통하여 선출된 의원이 국민의 의사를 대표하여 정치를 담당하는 일

---

022 ★★☆ ☐☐

집행하다
실제로 행하다
영 *enforce
　*execute

執집 맡아 다스리다
行행 행하다

맡아 다스리다(집) · 행하다(행) 〰 맡아서 다스리는 일을 / 실제로 행하다(해 나가다)

한자 ◉**執집** 잡다·가지다·맡아 다스리다 **行행** 다니다·가다·돌다·행하다

연관한자 ◉**捉착** 잡다·체포하다 | **逮체** 잡다·붙잡다 | **捕포** 잡다·붙잡다 | **把파** 잡다 | **操조** 잡다·조심하다 ↪ 체포(逮捕) 포착(捕捉)

한자활용 ◉**執着**집착, **我執**아집, **固執**고집, **執拗**집요, **執權**집권, **執筆**집필, **執念**집념, **偏執症**편집증

영어 **enforce** [enfɔ́ːrs] 어원 in(…을 주다) + force(힘) → 강화하다 뜻 (법률 등을) 실시하다, 시행하다, 집행하다(put in force); 강요하다(compel or effect by force); (행동을) 억지로 시키다(impose)(upon) **execute** [éksikjùːt] 어원 ex(바깥으로) + secute(따르다) → 뒤로 따르다 → 뒤쫓다 뜻 사형하다, 처형하다; (목적·일·계획·명령 등을) 실행하다, 수행하다(carry out, perform, accomplish); (법률·명령·재판 처분·유서 등을) 집행하다, 이행하다(put into effect, carry out) 풀이 **To carry out a plan, order, judgment, etc**(계획, 명령, 재판 등의 내용을 실제로 행하다)

예 **국회**는 다양한 개인과 집단의 요구를 바탕으로 관련 법률을 제정하고 정책을 결정하며, **정부**는 결정된 정책을 실제로 집행한다 / **국회**는 법률을 통해 국민 생활에 영향을 미치는 정책을 마련하고, **정부**는 이를 효과적으로 집행하기 위해 노력한다

1주 4일

023 ★★★ ☐☐

행정
나라를 다스리는 행위
영 **administration

行행 행위
政정 다스리다

행위(행) · 나라를 다스리다(정) ⤳ 정부가 법에 따라 / 나라를 다스리는 행위

한자 ⊙行행 다니다·가다·행하다·행위   政정 다스리다·정사(나라를 다스리는 일)

한자활용 ⊙行動행동, 行爲행위, 履行이행, 施行시행, 修行수행, 執行집행, 實行실행, 徐行서행, 同行동행, 行事행사, 善行선행, 慣行관행, 竝行병행, 行列행렬, 流行유행, 進行진행, 逆行역행, 通行통행, 飛行비행, 尾行미행, 發行발행, 旅行여행, 行星행성, 平行평행

영어 **administration** [ædmìnəstréiʃən] **어원** ad(…에) + minister(봉사하다)+ -tion(추상명사) **뜻** 정부(the Government); 행정; 행정 기관; 정권 **풀이** A government's act of ruling its people according to laws(정부가 법에 따라 행하는 통치 행위)

예 행정이란, 법 아래에서 법의 규제를 받으면서 국가 목적 또는 공익을 실현하기 위해 행하는 능동적이고 적극적인 **국가 작용**을 말한다 / 행정은 국회가 제정한 법률을 집행하고 국가의 목적이나 공익을 실현할 목적으로 여러 가지 정책을 수립하여 실행하는 **국가 작용**을 말한다 / **국무총리**는 대통령을 보좌하여 행정 각부를 *총괄하며, 대통령 자리가 공석일 경우 대통령의 권한을 *대행한다

*총괄하다(總총 모두·총괄하다 括괄 묶다)   각각 떨어져 있는 것들을 한데 모아서 묶다
*대행하다(代대 대신하다 行행 행하다)   남을 대신해서 행하다(어떤 일을 하다)

---

024 ★☆☆ ☐☐

자치(=자치 행정)
스스로 다스림
(행정 업무를
독자적으로 수행함)
영 *autonomy

自자 스스로
治치 다스리다

스스로(자) · 다스리다(치) ⤳ 국가로부터 위임받은 행정 업무를 / 지방 공공 단체가
*독자적으로 수행하는 일

한자 自자 스스로·몸소·자기   ⊙治치 다스리다·질서가 잡히다

연관한자 ⊙政정 정사·다스리다 | 經경 지나다·다스리다 | 理리(이) 다스리다 | 攝섭 다스리다 ↪ 정치(政治) 섭정(攝政) 섭리(攝理)

한자활용 ⊙統治통치, 治安치안, 治世치세, 治水치수, 治績치적, 法治법치, 治國치국, 措治조치, 治療치료, 退治퇴치, 治粧치장, 治癒치유

영어 **autonomy** [ɔːtɑ́nəmi] **어원** 그리스어 auto-(자신의)+nomos(규칙) **뜻** 자치(self-government); 자율(성) **풀이** The act of conducting administration independently (독자적으로 행정 업무를 수행함)

예 주권을 가진 국민이 스스로 나라를 다스려야 한다는 것이 **국민 자치**의 원리이다 / 우리나라에서는 지역 주민과 그들이 뽑은 지역 대표들이 지역의 일을 스스로 결정하고 처리하도록 하는 제도를 두는데, 이를 **지방 자치** 제도라고 한다

*독자적(獨독 혼자 自자 스스로 | individuality[ìndəvìdʒuǽləti])   의지하지 않고 **자기 혼자** 하는 것

1 다음 **국단어의 뜻**을 표로 정리하시오.

국단어	뜻	한자		영단어
추구하다		追추	求구	
규제하다		規규	制제	
정치		政정	治치	
집행하다		執집	行행	
행정		行행	政정	
자치		自자	治치	

2 다음 중 **規규(법)**와 뜻이 비슷한 한자가 **아닌** 것은?

① 典전　　② 範범　　③ 則칙　　④ 求구　　⑤ 憲헌

3 다음 중 **治치(다스리다)**와 뜻이 비슷한 한자를 **모두** 고르시오.

① 逮체　　② 政정　　③ 捕포　　④ 理이　　⑤ 度도

4 **법(法)**의 뜻을 갖는 낱말을 **3개 이상** 쓰시오.　_____

5 다음 문장을 읽고, 그 **뜻에 해당하는 낱말**을 쓰시오.

1 미련하고 융통성이 없음. 시대적 변화를 모르는 어리석음　_____

2 전혀 불가능한 일을 이루려고 하는 터무니없는 행동　_____

3 세금 등을 혹독하게 거두어들이고 재물을 빼앗아
　백성들이 살아가기 힘든 정치 상황　_____

4 선거를 통하여 선출된 의원이 국민의 의사를 대표하여 정치를 담당하는 일　_____

6 빈칸에 알맞은 낱말을 넣어 문장을 완성하시오.

1 **넓은 의미**의 _____ 는 구성원 간의 갈등을 조정하여 합의를 이끌어내는 모든 활동을
　의미한다

2 _____ 이란, 법 아래에서 법의 규제를 받으면서 국가 목적 또는 공익을 실현하기 위해 행하는
　능동적이고 적극적인 **국가 작용**을 말한다

3 인간의 **존엄성**은 민주주의의 출발점인 동시에 민주주의가 _____ 하는 궁극적인 목표이다

4 **국회**는 법률을 제정하고 정책을 결정하며, **정부**는 결정된 정책을 실제로 _____ 한다

5 식당이나 극장 등 공공장소에서는 흡연을 법으로 _____ 하고 있다

6 주권을 가진 국민이 스스로 나라를 다스려야 한다는 것이 **국민** _____ **의 원리**이다

025 ★★★ □□
합의
뜻을 하나로 모음
영 *consensus

合합 모으다
意의 뜻

모으다(합) · 뜻·생각·마음(의) ⟿ 어떤 문제나 일에 대해 / 뜻(생각·마음)을 하나로 모음 또는 서로의 의견이 맞음

한자 **合합** 합하다·모으다·적합하다 ◉**意의** 뜻·의미·생각·마음

연관한자 ◉**志지** 뜻 | **思사** 생각 | **情정** ↔ 의사(意思) 의지(意志) 정의(情意)

한자활용 ◉**意思**의사, **意志**의지, **意向**의향, **注意**주의, **主意**주의, **意味**의미, **意識**의식, **意圖**의도, **意見**의견, **意義**의의, **善意**선의, **惡意**악의, **同意**동의, **故意**고의, **任意**임의, **意外**의외

영어 **consensus** [kənsénsəs] 어원 com(함께)+sentire(느끼다) 뜻 (의견·증언 따위의) 일치, 합의(agreement) 풀이 **A state of having the same opinion as someone else; or such an opinion**(서로 의견이 일치함. 또는 그 의견)

예 동생과 서로 컴퓨터를 하겠다고 다투다가, 10분씩 번갈아 하기로 합의했다 / 법은 공동체 구성원의 합의에서 비롯된 것이기 때문에 개인이나 소수 집단의 이익이 아닌 모든 구성원의 이익, 즉 *공공복리를 추구하는 것을 목적으로 한다 / 넓은 의미의 정치란 사회 구성원 간의 대립과 갈등을 조정하여 합의를 이루게 하는 과정으로, 사회를 통합하고 사회 질서를 유지하는 기능을 수행한다

*공공복리(≒공공복지) (**公공** 공평하다 **共공** 한가지 **福복** 복 **利리(이)** 이롭다 | public welfare [pʌ́bli wélfèər]) 사회 구성원 전체에 두루 관계되는 이익

026 ★★☆ □□
분쟁
어지럽게 다툼
영 *dispute
　　**conflict

紛분 어지럽다
爭쟁 다투다

어지럽다(분) · 다투다(쟁) ⟿ 서로 물러서지 않고 / 어지럽게 다툼(싸움)

한자 **紛분** 어지럽다·번잡하다·엉클어지다 ◉**爭쟁** 다투다·경쟁하다·다툼·싸움

연관한자 ◉**戰전** 싸움·전쟁·전투·경기 | **競경** 다투다·겨루다 | **鬪투** 싸우다·승패를 겨루다 ⟿ 싸움과 관련된 낱말을 만듦 ↔ 전쟁(戰爭) 전투(戰鬪) 투쟁(鬪爭) 경쟁(競爭)

한자활용 ◉**戰爭**전쟁, **競爭**경쟁, **鬪爭**투쟁, **爭點**쟁점, **爭議**쟁의, **言爭**언쟁, **爭取**쟁취, **抗爭**항쟁, **爭奪**쟁탈, **論爭**논쟁, **分爭**분쟁, ❶**骨肉相爭**골육상쟁, **同族相爭**동족상쟁

영어 **dispute** [dispjú:t] 어원 라틴어 dis(떨어져)+putare(생각하다) 뜻 분쟁; (소유권·승리 등을 두고) 다투다, 다툼[분쟁]을 벌이다(contend for, try to win); (…과의; …사이의; …에 관한) 논쟁; 논의하다, 논쟁을 벌이다(argue, debate); 문제; 갈등 **conflict** [kɑ́nflikt] 어원 con(함께) + flict(치다) 뜻 (심리적; 국가·개인들 사이의) 갈등; (무력에 의한 비교적 장기간의 물리적) 분쟁, 전쟁; (사람·생각·의견·감정·이해관계 등의) 대립 풀이 **A state of fighting fiercely without yielding to each other**(서로 물러서지 않고 치열하게 다툼)

예 법은 사회 구성원이 지켜야 할 행위나 판단 기준을 제시하여 분쟁을 예방하고, 분쟁이 발생했을 때 해결하는 역할을 한다 / **재판**은 사람들 사이의 분쟁을 원만하게 해결하고 범죄자에게 형벌을 부과함으로써 사회 질서를 유지하는 기능을 한다

❶ **골육상쟁骨肉相爭** 뼈 골, 살 육, 서로 상, 다툴 쟁 　 뜻 뼈와 살이 서로 다툼 풀이 가까운 혈족끼리 서로 경쟁하고 다툼≒골육상잔(骨肉相殘)

027 ★★★ ▢▢

조정하다
화해시키다
합의시키다
영 *mediate

調調 어울리다
停停 말리다

(서로 잘) 어울리게 하다(조)·(싸움을) 말리다(정) ∿ 다툼이 있는 사이에 끼어서 / 서로 화해하게 하다 또는 서로 타협점을 찾아 합의하도록 하다

한자 ◉**調**조 고르다·조절하다·어울리다 **停**정 머무르다·멈추다·말리다

한자활용 ◉**調査**조사, **調和**조화, **調節**조절, **調整**조정, **强調**강조, **調達**조달, **調理**조리, **高調**고조, **調律**조율, **基調**기조, **順調**순조, **單調**단조, **低調**저조, **調合**조합, **步調**보조, **色調**색조, **調製**조제, **快調**쾌조, **短調**단조, **長調**장조, **語調**어조

영어 **mediate** [míːdièit] **뜻** 조정하다, 중재하다(reconcile); 중개의, 중개[매개]에 의한; 간접의(indirect) **풀이** To intervene in a dispute to make the opposing parties reconcile or reach an agreement through compromise(다툼이 있는 사이에 끼어서 서로 화해하게 하거나 타협하여 합의하게 하다)

유 중재하다(仲중 중간·중재하다, 裁재 분별하다)

예 아이는 엄마와 의견을 조정해서 2시간을 공부한 후에 30분 동안 게임을 하기로 합의했다 / **정치**는 구성원 간의 대립과 갈등을 완화하고 이해관계를 조정함으로써 사회질서를 유지하고 공동체가 발전해 나가는 데 중요한 역할을 한다 / **국가**는 복잡한 °이해관계를 합리적으로 조정하여 대립과 갈등을 해결하고 **사회 통합**을 이루어야 한다

°**이해관계**(利이 이롭다 **害**해 해치다 **關**관 관계하다 **係**계 매다 | interests[íntəristz]) 서로의 이익과 손해가 걸려 있는 관계

028 ★★★ ▢▢

제한하다
한계를 정하다
넘지 못하게 막다
영 **limit

制制 절제하다
限限 한정되다

(정도를 넘지 못하도록) 절제하다(제)·한정하다(한) ∿ 범위, 한계, 한도를 / 일정하게 정하다 또는 넘지 못하게 막다

한자 ◉**制**제 절제하다·억제하다·규정 **限**한 한정되다·한계·한하다(어떤 조건, 범위에 제한·국한되다)

한자활용 ◉**制度**제도, **牽制**견제, **節制**절제, **統制**통제, **制限**제한, **規制**규제, **抑制**억제, **制約**제약, **制壓**제압, **自制**자제, **制止**제지, **壓制**압제

영어 **limit** [límit] **뜻** (정도·범위 등의) 제한; 한계, 한도; 한정하다, 제한하다(restrict) **풀이** To determine a certain degree or scope or prevent such degree or scope from being exceeded(일정한 정도나 범위를 정하거나, 그 정도나 범위를 넘지 못하게 막다)

유 한정하다(限한, 定정 정하다)

예 어린이 보호 구역에서는 자동차 운행 속도를 시속 30km 이내로 제한하고 있다 / 근대 시민 혁명 이후에도 노동자, 농민, 여성 등은 정치에 참여할 권리가 제한되었다 / 20세기 중반에 들어와서는 대부분의 국가에서 성별, 신분, 재산 등에 따른 제한 없이 일정한 나이 이상의 모든 사회 구성원에게 선거권을 부여하는 **보통 선거 제도**가 시행되었다

029 ★☆☆ ☐☐

제재하다
하지 못하게 막다
영 *sanction

制制 하지 못하게 하다
裁裁 결단하다

국가가 법을 어긴 사람에 대하여 / 하지 못하게 막다(처벌하거나 금지시키다)

[한자] **制제** 절제하다·하지 못하게 하다·억제하다·규정 ⊙**裁재** 마르다·짓다·결단하다·분별하다

[한자활용] ⊙**決裁**결재, **裁判**재판, **仲裁**중재, **獨裁**독재, **裁量**재량

[영어] **sanction** [sǽŋkʃən] [어원] sanc(신성하게 하다) + tion(것) [뜻] (국제법을 위반한 국가에 대하여 국제 연합이 취하는) 제재; (나라·사람에 대해서) 제재하다 [풀이] **For a government to impose a penalty or ban for violating a law or regulation**(법이나 규정을 어겼을 때 국가가 처벌이나 금지 등을 행하다)

[유] **제한하다**(制제, 限한 하다), **제지하다**(制제, 止지 그치다), **금지하다**(禁금 금하다, 止지 그치다)

[예] 법은 노력한 만큼의 대가를 받을 수 있도록 개인의 권리를 보호하고, 다른 사람에게 피해를 준 사람을 제재함으로써 정의로운 사회를 이루고자 한다 / **재판**은 분쟁 당사자 간의 갈등을 원만하게 해결하고, 사회 질서를 어지럽히는 범죄 행위를 제재함으로써 사회 질서를 안정적으로 유지하는 기능을 한다 / 개인이 사회적 지위에 따른 역할을 제대로 수행한 경우에는 보상을 받을 수 있지만, 역할을 제대로 수행하지 못한 경우에는 비난이나 처벌 등과 같은 제재가 뒤따르기도 한다

030 ★★☆ ☐☐

공유하다
함께 갖다
영 *share

共공 함께
有유 갖다

함께·다 같이(공) · 갖다(유) ↝ 두 사람 이상이 한 물건을 / 함께 갖다 (공동으로 소유하다)

[한자] **共공** 한가지·함께·다 같이 ⊙**有유** 있다·존재하다·갖다·소유하다(가지고 있다)

[연관한자] ⊙**存존** 있다·존재하다·살아 있다 │ **在재** 있다·존재하다 ↝ 존재(存在)

[한자활용] ⊙**有名**유명, **享有**향유, **固有**고유, **所有**소유, **有效**유효, **有益**유익, **保有**보유, **有無**유무, **有利**유리, **有理數**유리수, **富有**부유, **萬有**만유, **占有**점유, **有權者**유권자, **❶未曾有**미증유

[영어] **share** [ʃɛər] [어원] 고대 영어 sceran(자르다) [뜻] …을 서로 나누다, 함께 하다[쓰다], 공유하다; (자신의 소유물을 남과 함께); 나누다, 나누어 갖다[주다], 분배하다(apportion) (out); 점유하다; 주식; 몫 [풀이] **For two or more people to own or experience the same thing collectively**(두 사람 이상이 어떤 것을 함께 가지고 있다)

[예] 사회적 측면에서 **사회화**는 한 사회의 문화를 공유하고 다음 세대에 전달하여 사회를 유지하고 발전시키는 기능을 한다 / **정보 통신 기술**의 발달로 인터넷이 생활 곳곳에 스며들었으며, **누리 소통망**(SNS)으로 서로의 일상을 공유하는 것이 보편화되었다 / 대중문화는 대중 매체를 통해 유통되므로 확산 속도가 빠르고 공유되는 범위가 넓다

---

❶미증유未曾有 아닐 미, 일찍 증, 있을 유   [뜻] 일찍이(이전에) 있지 않았음 [풀이] 아직까지 한 번도 있어 본 적이 없음. 처음 벌어진 일이라 유례를 찾을 수 없는 놀라운 사건이나 일을 묘사하는 데 사용됨

1 다음 **국단어의 뜻**을 표로 정리하시오.

국단어	뜻	한자		영단어
합의		合합	意의	
분쟁		紛분	爭쟁	
조정하다		調조	停정	
제한하다		制제	限한	
제재하다		制제	裁재	
공유하다		共공	有유	

2 다음 중 **爭쟁**(다투다·싸움)과 뜻이 비슷한 한자를 **모두** 고르시오.

① 鬪투   ② 在재   ③ 競경   ④ 志지   ⑤ 戰전

3 다음 중 **意의**(뜻·생각)와 뜻이 비슷한 한자를 **모두** 고르시오.

① 存존   ② 情정   ③ 共공   ④ 思사   ⑤ 係계

4 다음 중 **싸움**과 비슷한 뜻을 갖는 낱말이 **아닌** 것은?

① 경쟁(競爭)   ② 전투(戰鬪)   ③ 중재(仲裁)   ④ 투쟁(鬪爭)   ⑤ 전쟁(戰爭)

5 다음 중 **제재(制裁)하다**와 뜻이 비슷한 낱말을 **모두** 고르시오.

① 제한(制限)하다   ② 조정(調整)하다   ③ 제지(制止)하다   ④ 공유(共有)하다   ⑤ 금지(禁止)하다

6 다음 문장을 읽고, 그 **뜻에 해당하는 낱말**을 쓰시오.

1 가까운 혈족끼리 서로 경쟁하고 다툼 _____

2 사회 구성원 전체에 두루 관계되는 이익 _____

3 아직까지 한 번도 있어 본 적이 없음 _____

7 빈칸에 알맞은 낱말을 넣어 문장을 완성하시오.

1 **사회화**는 한 사회의 문화를 _____ 하고 다음 세대에 전달하여 사회를 유지하고 발전시키는 기능을 한다

2 **재판**은 범죄 행위를 _____ 함으로써 사회 질서를 안정적으로 유지하는 기능을 한다

3 **법**은 사회 구성원이 지켜야 할 행위나 판단 기준을 제시하여 _____ 을 예방하고, _____ 이 발생했을 때 해결하는 역할을 한다

4 근대 시민 혁명 이후에도 노동자, 농민, 여성 등은 정치에 참여할 권리가 _____ 되었다

5 **넓은 의미의 정치**란 사회 구성원 간의 대립과 갈등을 조정하여 _____ 를 이루게 하는 과정이다

---

031 ★☆☆ □□

제약하다
하지 못하게 하다
영 *restrict

制制 하지 못하게 하다
約約 말리다

하지 못하게 하다(제)·말리다(약) ∼ 남이 하고자 하는 어떤 일을 조건을 붙여 / 하지 못하게 말리다

[한자] **制制** 절제하다·하지 못하게 하다(금지하다)·억제하다·규정 ◉**約約** 묶다·약속하다·말리다

[연관한자] ◉**契계** 맺다·약속하다 | **束속** 묶다 | **結결** 맺다·묶다 ↦ 계약(契約) 약속(約束) 결속(結束)

[한자활용] ◉約束약속, 契約계약, 節約절약, 豫約예약, 公約공약, 要約요약, 約數약수, 約分약분, 誓約서약, 請約청약, 條約조약, 約款약관, 期約기약, 約條약조, 鄕約향약, 言約언약, 協約협약, 約婚약혼, 規約규약, 百年佳約백년가약

[영어] **restrict** [ristríkt] [어원] 라틴어 restrictus(re(뒤로) + stingere(꽉 죄는)) [뜻] (규칙·법으로) 제한하다, 통제하다, 금지하다(prohibit) [풀이] **To limit something with a condition** (조건을 붙여 내용을 제한하다)

[예] 세계화는 교통·통신 기술의 발달로 시간과 공간의 제약이 줄어들면서 더욱 빠르게 진행되고 있다 / 사람들을 직접 만나서 대화하고 교제하려면 시간과 공간의 제약을 받게 되는데, 누리 소통망(SNS) 등을 활용한 온라인 모임으로 시간과 장소에 상관없이 빠르고 쉽게 정보를 공유할 수 있게 되었다 / 산지는 지형과 기후 환경의 제약으로 농업 활동을 하기에 불리하다

---

032 ★★★ □□

유지하다
계속 이어 가다
영 **maintain

維維 유지하다
持持 버티다

밧줄로 매서(유)·버티다(지) ∼ 무엇이 어떤 상태를 변함없이 그대로 / 계속하여 이어 가다

[한자] **維유** 밧줄·매다·유지하다 ◉**持지** 가지다·버티다·지키다·유지하다

[한자활용] ◉持續지속, 支持지지, 矜持긍지, 堅持견지, 持分지분, 所持소지, 持參지참, 持久力지구력

[영어] **maintain** [meintéin] [어원] main(손(으로)) + tain(유지하다) [뜻] (동일한 방식·수준 등을) 유지하다, 지속하다(keep up, preserve); (기계·건물 등이 계속 좋은 상태에 있도록) 유지하다, 손질[관리]을 계속하다(keep in repair); 주장하다, 고집하다(assert, affirm); 계속하다(carry on) [풀이] **To keep a certain state, situation, etc., as it is**(어떤 상태나 상황 등을 그대로 이어 나가다)

[유] **지속하다**(持持 가지다, 續속 잇다·계속하다)
[예] 냉장고의 기능 중 하나는 음식의 신선도를 유지해 주는 것이다 / **사회화**는 한 사회의 구성원들이 그 사회의 규범과 가치를 공유하고 다음 세대에 물려줄 수 있도록 함으로써 사회를 유지하고 발전시키는 중요한 기능을 한다 / 툰드라 지역의 **영구 동토층**은 땅속 온도가 연중 0℃ 이하를 유지하여 항상 얼어 있는 층을 말한다

033 ★☆☆ □□

분출하다
뿜이내디
영 *erupt

噴분 뿜다
出출 내놓다

뿜다(분)·내놓다(출) ～ 액체, 기체 상태의 물질이 솟구쳐서 / 밖으로 뿜어내다

[한자] 噴분 뿜다 ⊙出출 태어나다·나가다·떠나다·내놓다

[연관한자] ⊙生생 나다·낳다·살다 | 活활 살다·생존하다 | 産산 낳다·나다·태어나다·만들다 ～ 생활(生活) 생산(生産) 출생(出生) 출산(出産)

[한자활용] ⊙出發출발, 輸出수출, 貸出대출, 日出일출, 露出노출, 抽出추출, 流出유출, 支出지출, 出生출생, 出産출산, 表出표출, 出勤출근, 脫出탈출, 出席출석, 出張출장, 提出제출, 出入출입, 選出선출, 出身출신, 出世출세, 進出진출, ❶靑出於藍청출어람, ❷杜門不出두문불출

[영어] **erupt** [irʌ́pt] **뜻** (사건 따위가) 발생하다; (화산이) 폭발하다(break out); (용암·화산재 등이 …에서) 분출하다(burst forth) **풀이** For liquid or gas to gush out forcefully; to make something be done in such a way(액체나 기체가 세차게 뿜어져 나오다. 또는 그렇게 되게 하다)

[예] 지하에서 생성된 *마그마가 지각의 약한 틈을 뚫고 지표로 분출하는 현상을 **화산 활동**이라고 한다 / 화산 활동이 일어날 때는 용암, 화산 쇄설물, 화산 가스 등이 분출되고, 지진이 발생하기도 한다

* **마그마**(magma[mǽgmə]) 땅속 깊은 곳에서 암석이 지열에 녹아서 생긴 물질계

---

034 ★☆☆ □□

청구하다
해 달라고 청하다
영 ***claim
***demand

請청 청하다
求구 구하다

청하다(청)·구하다(구) ～ 남에게 어떤 일을 / 해 달라고 *청하다

[한자] ⊙請청 청하다·바라다·부르다 求구 구하다(바라다)·청하다·탐하다·빌다

[한자활용] ⊙申請신청, 要請요청, 請願청원, 懇請간청, 請約청약, 請託청탁, 招請초청, 請婚청혼, 自請자청

[영어] **claim** [kleim] **어원** 라틴어 clamare(외치다) **뜻** (무엇이 사실이라고) 주장하다(assert, maintain); (당연한 권리로서, 당연히 자기의 것으로서 보상 등을) 요구[청구]하다(demand as a right or as one's due) **demand** [dimǽnd] **어원** de(밑에) + mand(위임하다)→맡기다 **뜻** (권리로서의) 요구, 청구(claim, peremptory request); (고압적으로, 강력히) …을 요구[청구]하다(ask for, insist upon); (상품 등에 대한) 수요 **풀이** To demand a sum of money, property, etc., from someone(다른 사람에게 돈이나 물건 등을 달라고 요구하다)

[예] 언론·출판이 타인의 명예나 권리를 침해한 때에는 피해자는 이에 대한 피해의 배상을 청구할 수 있다 / **심급 제도**는 하급 법원의 판결에 불복하는 사람이 상급 법원에 다시 재판을 청구할 수 있도록 하여 공정한 재판을 추구한다 / 1심 법원의 판결에 불복하여 2심 재판을 청구하는 것은 **항소**라고 하고, 2심 법원의 판결에 불복하여 대법원에 재판을 청구하는 것을 **상고**라고 한다

* **청하다**(請청 청하다 | request[rikwést]) 남에게 원하다·바라다·부탁하다·요청하다·요구하다

---

❶ **청출어람靑出於藍** 푸를 청, 날 출, 어조사 어, 쪽 람
뜻 쪽(여뀟과의 한해살이풀. 여름에 붉은 꽃이 피고, 잎은 남빛의 물감을 만드는 데에 원료로 씀)에서 우러난 물감이 쪽빛(짙은 푸른빛, 남색)보다 더 푸름 **풀이** 제자가 스승보다 더 나음. 스승에게 배운 제자의 학문이나 실력이 스승을 능가함

❷ **두문불출杜門不出** 닫을 두, 문 문, 아니 불, 날 출
뜻 문을 닫고 나가지 않음 **풀이** 집에만 있고 바깥으로 나가지 않음

---

035 ★☆☆ □□

수반
행정부의
가장 높은 사람

首수 우두머리
班반 자리

우두머리(수) · 자리(반) ⤳ 행정부의 가장 높은 자리에 있는 사람

[한자] ⊙**首수** 머리·우두머리·임금·첫째(으뜸)   **班반** 나누다·이별하다·자리(직위)

[한자활용] ⊙**元首**원수, **首相**수상, **首腦**수뇌, **首領**수령, **首長**수장, **首都**수도, **首肯**수긍, **首席**수석, **斬首**참수, **絞首**교수형, **鶴首苦待**학수고대

[예] **대통령**은 임기 동안 입법부로부터 독립하여 행정권을 행사하는 행정부 **수반**의 지위와 대외적으로 국가를 대표하는 국가 *원수의 지위를 동시에 가진다 / 국가 원수인 동시에 행정부의 수반인 **대통령**은 국회를 해산할 수 없으나, **법률안 거부권**을 통해 국회 다수당의 횡포를 견제할 수 있다

*원수(元원 으뜸 首수 우두머리 | the head of state[steit])   한 나라에서 최고의 권력을 지니면서 나라를 다스리는 사람

---

036 ★☆☆ □□

선출하다
여럿 중에서 뽑다
(영) ***elect**

選선 고르다
出출 드러내다

고르다·뽑다(선) · 드러내다(출) ⤳ 여럿 가운데서 한 명을 골라서 / 뽑다

[한자] ⊙**選선** 고르다·뽑다·가리다   **出출** 나가다·떠나다·드러내다

[한자활용] ⊙**選擇**선택, **選擧**선거, **選拔**선발, **選手**선수, **當選**당선, **選定**선정, **選好**선호, **選別**선별

[영어] **elect** [ilékt]   [어원] e(밖으로) + lect(모으다)→선출해 내다   [뜻] (남을 …의 직책에) 선출하다 (choose); (의원·의장 등을 투표 따위로) 선거하다; (선택 가능한 것들 중에서 신중히 골라서) 뽑다   [풀이] **To choosing one among many**(여럿 가운데서 가려 뽑다)

[예] 오늘날 대부분의 국가는 영토가 넓고 인구가 많아서 시민이 **선출**한 대표자가 그들을 위해 일을 할 수 있게 하는데, 대표자를 **선출**하는 이러한 과정을 **선거**라고 한다 / 대통령제는 국민이 행정부의 수반인 대통령을 **선출**하여 대통령이 행정부를 구성하는 정부 형태이다

---

037 ★★★ □□

활용하다
잘 살려 쓰다
(영) ***use**
  *utilize

活활 살다
用용 쓰다

살다(활) · 쓰다(용) ⤳ 이리저리 잘 살려서 쓰다

[한자] ⊙**活활** 살다·살아있다·응용하다   **用용** 쓰다·부리다·일하다

[연관한자] ⊙**住주** 살다 | **居거** 살다 | **生생** 나다·낳다·살다 | **産산** 낳다·만들다 | **出출** 나다·낳다·나가다 ⤳ 살다 ↪ 거주(居住) 주거(住居) 생활(生活) | 낳다·만들다 ↪ 출산(出産) 출생(出生)·생산(生産) 산출(産出)

[한자활용] ⊙**生活**생활, **復活**부활, **活動**활동, **活潑**활발, **活躍**활약, **活氣**활기, **快活**쾌활, **再活用**재활용

[영어] **use** [juːs]   [뜻] 이용하다, 사용하다, 쓰다(put to use)   **utilize** [júːtəlàiz]   [뜻] 활용[이용]하다(make use of)   [풀이] **To make full use of a function or an ability possessed by a certain object**(어떤 대상이 가지고 있는 쓰임이나 능력을 충분히 잘 이용하다)

[예] 우리는 일상생활에서 맛집이나 버스 도착 시각을 검색할 때 지리 정보 기술을 가장 많이 **활용**한다 / 그 해안가 마을은 바다를 관광 자원으로 **활용**하고 있다

1 다음 국단어의 뜻을 표로 정리하시오.

국단어	뜻	한자		영단어
제약하다		制제	約약	
유지하다		維유	持지	
분출하다		噴분	出출	
청구하다		請청	求구	
수반		首수	班반	–
선출하다		選선	出출	
활용하다		活활	用용	

2 다음 중 約약(묶다·약속하다)과 뜻이 비슷한 한자를 <u>모두</u> 고르시오.

① 契계   ② 結결   ③ 班반   ④ 持지   ⑤ 束속

3 다음 중 낳다·만들다의 뜻을 갖는 낱말이 <u>아닌</u> 것은?

① 출산(出産)   ② 생산(生産)   ③ 산출(産出)   ④ 출생(出生)   ⑤ 추출(抽出)

4 다음 중 살다와 비슷한 뜻을 갖는 낱말을 <u>모두</u> 고르시오.

① 지속(持續)   ② 거주(居住)   ③ 생활(生活)   ④ 결속(結束)   ⑤ 주거(住居)

5 다음 중 활용(活用)하다와 뜻이 비슷한 낱말을 <u>모두</u> 고르시오.

① 이용(利用)하다   ② 수용(受容)하다   ③ 사용(使用)하다   ④ 응용(應用)하다   ⑤ 인용(引用)하다

6 다음 문장을 읽고, 그 뜻에 해당하는 낱말을 쓰시오.

1   스승에게 배운 제자의 학문이나 실력이 스승을 능가함   _____

2   집에만 있고 바깥으로 나가지 않음   _____

7 빈칸에 알맞은 낱말을 넣어 문장을 완성하시오.

1   민주 국가에서 국민을 대신해서 일할 대표자를 _____ 하는 과정을 선거라고 한다

2   지하에서 생성된 마그마가 지각의 약한 틈을 뚫고 지표로 _____ 하는 현상을 **화산 활동**이라고
한다

3   툰드라 지역의 **영구 동토층**은 땅속 온도가 연중 0℃ 이하를 _____ 하여 항상 얼어 있는 층을
말한다

4   1심 법원의 판결에 불복하여 2심 재판을 _____ 하는 것은 **항소**라고 한다

5   **세계화**는 교통·통신 기술의 발달로 시간과 공간의 _____ 이 줄어들면서 더욱 빠르게 진행되고 있다

---

038 ★☆☆ □□

집약하다
하나로 모아서 묶다

集집 모으다
約약 묶다

모으다(집)·묶다(약) ～ 흩어져 있는 것을 / 하나로 모아서 묶다

한자 ⊙**集집** 모으다·모이다   **約약** 묶다·약속하다·맺다

한자활용 ⊙雲集운집, 集中집중, 募集모집, 集團집단, 蒐集수집, 召集소집, 集合집합, 採集채집, 凝集응집, 徵集징집, ❶集大成집대성, ❷離合集散이합집산

예 다양하게 *표출된 시민의 의견과 요구를 **집약**하여 정책으로 만들고 집행하는 절차를 **정치 과정**이라고 한다 / 현대 민주주의 사회에서는 개인이나 집단이 *표출하는 다양한 요구와 지지가 정당이나 언론을 통해 **집약**된다 / 사람들의 여러 가지 요구는 한마디로 '임금 인상'으로 **집약**할 수 있다

*표출하다(表표 겉·바깥 出출 나타내다 | express[iksprés]) (속에 있던 것을) 겉으로 나타내다

---

039 ★★☆ □□

양식
자연스럽게 정해진 **방법**

영 ***way

樣양 본보기
式식 법

어떤 본보기(양)를 기준으로 삼고 따르다(식) ～ 오랜 시간이 지나면서 / 자연스럽게 정해진 *방법

한자 **樣양** 모양·본보기·견본   ⊙**式식** 법·의식·제도·형상·기준(基準)으로 삼고 따르다

연관한자 ⊙**憲헌** 법 | **法법** 법 | **規규** 법 | **範범** 법 | **例례(예)** 법식 | **典전** 법 | **則칙** 법칙 | **度도** 법도 | **律률(율)** 법칙 ～ 법과 관련된 낱말을 만듦 ↔ 헌법(憲法) 법률(法律) 율법(律法) 법칙(法則) 법도(法度) 법식(法式) 법규(法規) 법전(法典) 법례(法例) 규범(規範) 규칙(規則) 예법(例法)

한자활용 ⊙形式형식, 方式방식, 儀式의식, 公式공식, 圖式도식, 等式등식, 方程式방정식, 不等式부등식

영어 **way** [wei] 뜻 방법, 수단(means, method); 방식(manner, mode, fashion); (사람·사물이 나아가는) 길, 진로(course of advance) 풀이 **A common manner established naturally through a long time**(오랜 시간을 거쳐 오면서 자연스럽게 정해진 공통의 방식)

예 인간이 주어진 환경을 극복하고 적응하면서 만든 공통의 생활 **양식**을 **문화**라고 한다 / **역할**은 사회적 지위에 따라 기대되는 일정한 행동 **양식**을 말한다 / 어느 사회에서나 공통적인 생활 **양식**이 나타나는데, 이를 **문화의 보편성**이라고 한다

*방법(方방 방법 法법 방법 | way, means[miːnz]) (어떤 일을 해 나가거나, 목적을 이루기 위한) 수단·방식

---

❶ **집대성集大成** 모을 집, 큰 대, 이룰 성   뜻 모아서 크게 이룸 풀이 여러 가지를 모아 더 발전되고 체계적인 하나의 체계로 새롭게 완성함

❷ **이합집산離合集散** 헤어질 이, 모일 합, 모일 집, 흩어질 산   뜻 헤어졌다가 만나고 모였다가 흩어짐 풀이 서로 목적에 따라 모여서 무리를 이루고 쉽게 헤어지는 (흩어지는) 모습

040 ★★★ □□

문화
사회 구성원들의
공통된 생활 양식

영 **culture

文문 학문·예술
化화 풍속

한 사회의 구성원들이 / *후천적인 학습을 통해 공통적으로 가지고 있는 / 생활 양식

[한자] **文문** 글·문장·책·법도·예의·학문·예술   ⊙**化화** 되다·바뀌다·변천하다·*풍속

[한자활용] ⊙變化변화, 消化소화, 同化동화, 醇化순화, 開化개화, 敎化교화, 液化액화, 氣化기화, 進化진화, 深化심화, 淨化정화, 酸化산화, 孵化부화, 强化강화, 化石화석, 化身화신, 歸化귀화, 惡化악화, 老化노화, 美化미화, 風化풍화, 高齡化고령화, 情報化정보화, 世界化세계화, 社會化사회화

[영어] **culture** [kʌ́ltʃər]   [어원] cult(경작된) + ure(장소)   [뜻] (어떤 사회·나라가 오랜 기간에 걸쳐 육성해 온 생활 습관·사고 방식 등을 뜻하는) 문화   [풀이] The physical and mental activities made, learned, shared, and delivered by a social community in order to realize a certain goal or ideal life(사회의 공동체가 일정한 목적 또는 생활 이상을 실현하기 위하여 만들고, 익히고, 공유하고, 전달하는 물질적, 정신적 활동)

[예] 인간과 환경이 상호 작용하는 과정에서 형성된 의식주, 종교, 언어 등에서 나타나는 **공통된 생활 양식**을 문화라고 한다 / 동아시아 지역은 문자로는 한자 문화 지역, 식사 도구로는 젓가락 문화 지역, 사회 제도 형성에 영향을 준 사상 측면에서는 유교 문화 지역에 속한다 / 우리나라는 전통적으로 인쇄술이 발달하여 팔만대장경이나 금속 활자 등 찬란한 인쇄 문화를 남겼다

* **후천적**(後후 뒤 天천 하늘·성질 | acquired[əkwáiərd])   세상에 태어난 후에 얻어진 (것)
* **풍속**(風풍 바람 俗속 풍속 | custom[kʌ́stəm])   사회에 속한 사람들에게 옛날부터 전해 오는 생활 습관

041 ★☆☆ □□

유해
남은 뼈

영 *remains

遺유 남기다
骸해 뼈

남기다(유) · 뼈(해) ⤳ 죽은 사람의 몸을 태우고(화장을 하고) 남은 뼈 또는 무덤 속에서 나온 뼈

[한자] ⊙**遺유** 남기다·끼치다·버리다   **骸해** 뼈

[한자활용] ⊙遺骨유골, 遺物유물, 遺族유족, 遺産유산, 遺傳유전, 遺失유실, 遺言유언, 遺書유서, 遺憾유감, 遺棄유기, 遺跡地유적지, 文化遺産문화유산, 三國遺事삼국유사

[영어] **remains** [riméinz]   [어원] re(뒤에) + main(남겨 두다)   [뜻] (죽은 사람·동물의) 유해, 유골; 유적; (사용하거나 먹거나 제거하거나 하고) 나머지, 잔여물, 유물   [풀이] Bones left over from burning the body of a dead person or bones from a grave(죽은 사람의 몸을 태우고 남은 뼈 또는 무덤 속에서 나온 뼈)

[유] 유골(遺유, 骨골 뼈)
[예] 석회암은 물에 녹아 있던 석회 물질이나 조개껍데기, 산호와 같은 생물의 유해가 쌓여 굳어진 것이다

042 ★★☆ □□

순환하다
돌다
영 *circulate

循순 돌다
環환 돌다

돌다(순) · 돌다(환) ~ 어떤 현상, 일련의 변화 과정이 / *주기적으로 자꾸 되풀이하여 돌다

한자 **循순** 돌다·돌아다니다 **環환** 고리·둘레·돌다

영어 **circulate** [sə́ːrkjəlèit] 어원 라틴어 circulare(원을 이루다) 뜻 (혈액·수액 등이) 돌다, 순환하다(move in a circle)(in, through, on); (화폐가) 유통되다; (소문 등이) 퍼지다, 돌다, 유포되다(go from person to person or from place to place) 풀이 **For an action or phenomenon to follow a set sequence in which it goes through a process and then goes back to its original position again**(어떤 행동이나 현상이 하나의 과정을 지나 다시 처음 자리로 돌아오는 것을 되풀이하다)

예 암석은 환경 변화에 따라 지표와 지구 내부에서 끊임없이 다른 암석으로 변하는데, 이러한 과정을 **암석의 순환**이라고 한다 / 암석은 주변 환경 변화에 따라 지구의 표면과 내부에서 다른 암석으로 끊임없이 변하면서 순환한다

*주기적(週주 돌다 期기 기간 | periodic[pìəriɑ́dik] regular[régjələr]) 일정한 간격을 두고 같은 일이 다시 나타나는 (것)

043 ★☆☆ □□

상호 작용
서로 영향을 주고받음
영 *interaction

相상 서로
互호 서로
作작 미치다
用용 작용

서로(상) · 서로(호) · 미치다(작) · 작용(용) ~ 서로가 서로에게 영향을 주고받음

한자 ◉**相상** 서로·모양 **互호** 서로 **作작** 짓다·만들다·미치다(작용이 가해지다) **用용** 쓰다·일하다·작용

한자활용 ◉相對상대, 樣相양상, 相談상담, 相關상관, 相續상속, 相逢상봉, 觀相관상, 相衝상충, 色相색상, 相應상응, 實相실상, 相扶相助상부상조, ❶教學相長교학상장, ❷類類相從유유상종

영어 **interaction** [intəræk∫ən] 뜻 상호 작용 풀이 **An action taking place between both sides in a relationship or pair**(짝을 이루거나 관계를 맺고 있는 이쪽과 저쪽 사이에서 이루어지는 작용)

예 인간은 다른 사람들과 상호 작용을 하면서 사회 생활에 필요한 지식, 가치, 행동 양식 등을 습득하는데, 이러한 과정을 **사회화**라고 한다 / 인간이 환경과 상호 작용하는 과정에서 형성된 의식주, 종교, 언어, 음식 등에서 나타나는 공통된 생활 양식을 **문화**라고 한다 / 재화와 서비스를 사고자 하는 사람과 팔고자 하는 사람 사이의 상호 작용을 통해 가격이 형성되고 교환이 이루어지면 모두 **시장**이다

❶ **교학상장教學相長** 가르칠 교, 배울 학, 서로 상, 길 장 뜻 가르치고 배우면서 서로 성장함 풀이 가르치고 배우는 과정에서 스승과 제자가 함께 성장함. 가르치는 일과 배우는 일이 모두 자신의 학업을 성장시킴

❷ **유유상종類類相從** 무리 류(유), 무리 류(유), 서로 상, 좇을·따를 종 뜻 같은 무리끼리 서로 따르고 좇음 풀이 같은 무리끼리 서로 사귐. 같은 성격이나 성품을 가진 무리끼리 모이고 사귀는 모습

1 다음 국단어의 뜻을 표로 정리하시오.

국단어	뜻	한자		영단어
집약하다		集집	約약	–
양식		樣양	式식	
문화		文문	化화	
유해		遺유	骸해	
순환하다		循순	環환	
상호 작용		相상	互호	
		作작	用용	

2 다음 중 式식(법)과 뜻이 비슷한 한자가 아닌 것은?

① 憲헌   ② 規규   ③ 範범   ④ 俗속   ⑤ 律률

3 다음 문장을 읽고, 그 뜻에 해당하는 낱말을 쓰시오.

1 여러 가지를 모아 더 발전되고 체계적인 하나의 체계로 새롭게 완성함 _____

2 같은 성격이나 성품을 가진 무리끼리 모이고 사귀는 모습 _____

3 가르치고 배우는 과정에서 스승과 제자가 함께 성장함 _____

4 서로 목적에 따라 모여서 무리를 이루고 쉽게 헤어지는(흩어지는) 모습 _____

5 일정한 간격을 두고 같은 일이 다시 나타나는 (것) _____

4 빈칸에 알맞은 낱말을 넣어 문장을 완성하시오.

1 인간은 다른 사람들과 _____ 을 하면서 사회생활에 필요한 지식, 가치, 행동 양식 등을

습득하는데, 이러한 과정을 _____ 라고 한다

2 인간이 주어진 환경을 극복하고 적응하면서 만든 공통의 생활 _____ 을 **문화**라고 한다

3 **석회암**은 물에 녹아 있던 석회 물질이나 조개껍데기, 산호와 같은 생물의 _____ 가 쌓여

굳어진 것이다

4 시민의 의견과 요구를 _____ 하여 정책으로 만들고 집행하는 절차를 **정치 과정**이라고 한다

5 **암석**은 환경 변화에 따라 지표와 지구 내부에서 끊임없이 다른 암석으로 변하는데, 이러한 과정을 **암석의**

_____ 이라고 한다

6 인간과 환경이 상호 작용하는 과정에서 형성된 의식주, 종교, 언어 등에서 나타나는 **공통된 생활 양식**을

_____ 라고 한다

2주 3일

---

044 ★★☆ □□

실현하다
실제로 이루다
영 **realize

實實 실제로 행하다
現현 나타나다

실제로 행하다(실) · 눈앞에 실제로 나타나다(현) ⤳ 희망, 계획 따위를 실제로 이루다

한자 ◉**實실** 열매·재물·실제로 행하다   **現현** 나타나다·드러내다·눈앞에 실제로 있는

한자활용 ◉**實踐**실천, **誠實**성실, **事實**사실, **實際**실제, **現實**현실, **實驗**실험, **果實**과실, **確實**확실, **實行**실행, **實在**실재, **實存**실존, **實體**실체, **實力**실력, **充實**충실, **結實**결실, **實績**실적, **實施**실시, **虛實**허실, **實證**실증, **行實**행실, **實相**실상, **實感**실감, **實用**실용, **❶實事求是**실사구시, **❷名實相符**명실상부

영어 **realize** [ríːəlàiz]   어원 real(실제의)+-ize(…하다)   뜻 깨닫다, 알다; 실현하다(cause to become real, effectuate)   풀이 **To make one's dream, plan, etc., come true**(꿈·계획 등을 실제로 이루다)

예 그 주장은 이론적으로 가능하지만 현실적으로 실현되기 어렵다 / 민주주의는 국민에 의한 국민의 정치를 실현하고자 하는 정치 이념이다 / **국민 자치의 원리**를 실현하는 방법은 고대 아테네와 같은 **직접 민주 정치**와 자신을 대신할 대표자를 선출하여 나라를 다스리게 하는 **간접 민주 정치**가 있다

---

045 ★☆☆ □□

확립하다
확실하게 세우다
영 ***establish

確확 확실하다
立립 세우다

확실하다·굳다(확) · 세우다(립) ⤳ 생각, 체계, 조직 등을 / 확실하고 굳게 세우다

한자 ◉**確확** 굳다·견고하다·확고하다·확실하다   **立립** 서다·똑바로 서다·세우다

연관한자 ◉**堅견** 굳다 | **固고** 굳다·단단하다 | **硬경** 굳다·단단하다 ↔ 견고(堅固) 확고(確固)

한자활용 ◉**確認**확인, **確保**확보, **確診**확진, **正確**정확, **確實**확실, **確固**확고, **明確**명확, **確定**확정, **確信**확신, **的確**적확, **確證**확증, **確約**확약, **確率**확률, **❸確固不動**확고부동

영어 **establish** [istǽbliʃ]   어원 라틴어 stabilis(견고한)→안정되게 고정하는 것 강조   뜻 (국가·정부·관청·학교·병원·회사 등을) 설립하다, 수립하다; (제도·법률·관습·질서·선례<先例> 등을) 확립하다, 제정하다, 마련하다(constitute)   풀이 **To make a thought or system, etc., firm and clear**(생각이나 체계 등을 굳고 확실하게 세우다)

예 **시민 혁명**의 결과 자유와 평등의 이념이 널리 퍼졌으며, 근대 민주 정치가 확립되었다 / 20세기 중반에 대부분의 국가에서 **보통 선거 제도**가 확립되었고, 성별, 신분, 재산 등에 관계 없이 모든 사회 구성원이 정치에 참여할 수 있는 현대 민주 정치가 시작되었다 / 국민 개개인의 자유와 평등이 보장되어 인간의 존엄성이 실현될 때 민주주의가 확립될 수 있다

---

❶ **실사구시實事求是** 열매·사실 실, 일 사, 구할 구, 옳을 시   풀이 사실에 바탕을 두어 진리를 탐구함. 사실에 입각하여 진리를 탐구하려는 과학적 학문 태도

❷ **명실상부名實相符** 이름 명, 열매 실, 서로 상, 부합할 부   뜻 이름과 실제가 부합함(딱 맞아떨어짐)   풀이 알려진 것과 실제 내용이 일치하는 경우를 가리키는 말

❸ **확고부동確固不動** 굳을·단단할 확, 굳을·단단할 고, 아니 불, 움직일 동   뜻 단단하여 움직이지 않음   풀이 태도나 결심 따위가 확고하여(굳고 튼튼하여) 흔들림이 없음

046 ★★★ □□

반영하다
겉으로 나타나 보이게
하다
영 **reflect

反반 되돌아오다
映영 비치다·반사하다

되돌아오다(반) · 비치다·반사하다(영) ⤳ 다른 것에 영향을 받아 / 무엇을 겉으로
•나타나 보이게 하다

한자 ◉反반 되돌아오다·뒤집다·배반하다·어긋나다 映영 비치다·반사하다·희미하다

한자활용 ◉反對반대, 反省반성, 反復반복, 反應반응, 反芻반추, 反射반사, 違反위반, 反駁반박, 反撥
반발, 反轉반전, 背反배반, 反目반목, 反旗반기, ❶二律背反이율배반, ❷反面教師반면교사

영어 **reflect** [riflékt] 어원 re(뒤로, 반대로) + flect(구부리다) 뜻 반영하다, 나타내다(express,
show); (표면·물체 등이 빛·소리·열 따위를) 반사하다 풀이 To display a phenomenon
by being influenced by another person's opinion, fact, situation, etc(다른 사람의
의견이나 사실, 상황 등으로부터 영향을 받아 어떤 현상을 드러내다)

유 나타내다, 드러내다

예 의식주 문화는 그 지역의 자연환경 특성을 반영한다 / 국회는 국민의 다양한 의사를
반영하여 법률을 만들거나 고침으로써 정책을 결정한다 / 언어는 지역의 문화적 특성을
반영하는 중요한 문화 요소로, 세계의 문화 지역을 구분하는 기준이 된다 / 그 대학은
내신 성적을 평가에 중요하게 반영한다 / 범죄가 날로 늘어 가는 것은 오늘날 타락한
세태를 반영하는 것이다

---

047 ★★☆ □□

여론
대중의 의견

輿여 대중·여론
論론(논) 의견

대중·여론(여) · 의견(론) ⤳ 사회 현상, 정치적 문제 등에 관한 / •대중의 공통된 의견

한자 輿여 대중·여론 ◉論론(논) 논하다·논의하다·의견

한자활용 ◉討論토론, 理論이론, 論難논란, 推論추론, 結論결론, 論理논리, 議論의논, 論議논의, 談論
담론, 論述논술, 論證논증, 論爭논쟁, 言論언론, 反論반론, ❸卓上空論탁상공론

유 공론(公共 공평하다, 論론)

예 언론은 공정하고 객관적인 •보도를 통해 정부의 정책을 감시하고 비판하여 여론을 형성
하는 데 영향을 미친다 / 시민은 선거를 통해 자신의 의사를 표현하여 여론을 형성하며
주권을 행사한다 / 시민 단체는 시민의 정치 참여를 유도하고 여론을 형성하며, 정부 활
동을 감시하고 문제 해결을 위한 대안을 제시하기도 한다

• 대중(大대 크다·많다 衆중 무리·백성 | public[pʌ́blik]) 현대 사회를 구성하는 대다수의 사람
• 보도(報보 갚다·알리다 道도 길 | news[njuːz]) 신문·방송 등의 대중 매체를 통해 여러 사람
에게 새로운 소식을 알림. 또는 그 소식

---

❶ 이율배반二律背反 두 이, 법률 률, 등 배, 뒤집을 반   뜻 두 가지 법이 서로 반대됨 풀이 서로 모순되는 두 개의 명제(논리적 판단의 내용과 주장을 언어나
기호로 표현한 것)가 동등한 권리로서 주장되는 일

❷ 반면교사反面教師 되돌아올·어긋날 반, 면 면, 가르칠 교, 스승 사   뜻 어긋나는(나쁜) 면만을 가르쳐 주는 스승 풀이 따르거나 되풀이해서는 안 되는
나쁜 본보기로서의 사람이나 일. 다른 사람의 잘못된 일과 실패를 거울삼아 나의
가르침으로 삼음

❸ 탁상공론卓上空論 탁상 탁, 위 상, 빌·쓸데없을 공, 논할 론   뜻 책상 위에서 나누는 쓸데없는 의논 풀이 현실적으로 실현이 불가능하면서 그럴 듯한 말로만,
헛되고 황당하게 떠들어댐

048 ★★★ □□

매체
전달하는 매개가 되는
물체
영 **medium

媒매 매개하다
體체 물체

•매개하다(매)·물체(체) ↝ 어떤 소식, 사실을 / 널리 전달하는 물체나 •수단

한자 ⊙**媒매** 중매하다·중매인·중개자·매개·매개하다　**體체** 몸·신체·물체
한자활용 ⊙觸媒촉매, 媒介매개, 仲媒중매, 溶媒용매, 媒質매질, 靈媒영매, 冷媒냉매

영어 **medium** [míːdiəm]　어원 라틴어 medium(중간)　뜻 중간의, 중위(中位)의, 중등의
(moderate, average, middle); (대중 전달용) 매체; (정보 전달 등의) 매개; 수단(means);
(공기와 같은) 매개물, 매질　풀이 **An object or means that delivers facts extensively**
(어떤 사실을 널리 전달하는 물체나 수단)

유 **미디어(media)**

예 영상 매체에 밀려 활자 매체의 위기가 심화되는 추세다 / 영화는 60년대 대중의 꿈을
사로잡은 매체였다 / 문학은 상상적 언어를 매체로 하여 인간을 탐구한다 / 신문,
라디오, 텔레비전, 인터넷처럼 불특정 다수의 사람에게 한꺼번에 많은 정보를 전달할 수
있는 수단을 대중 매체라고 한다

•매개하다(媒매 중매 介개 (사이에)끼다 | mediate[míːdièit])　둘 사이에서 양쪽의 관계를
맺어 주다
•수단(手수 손 段단 층계 | means[miːnz])　어떤 목적을 이루기 위한 방법. 또는 그 도구

---

049 ★★★ □□

언론
어떤 사실을 알리는
활동
여론을 만드는 활동·
기관
영 **press

言언 말·글
論론(논) 말하다

말·글(언)·의견을 말하다(론) ↝ 대중 매체를 통하여 어떤 사실을 밝혀 알리는 활동
또는 어떤 문제에 대하여 여론을 만드는 활동 또는 여론 형성하는 일을 하는 기관

한자 ⊙**言언** 말·글·말하다·의견·언론　**論론(논)** 논하다·말하다·논의하다·의견
연관한자 ⊙**話화** 말씀·이야기 | **說설** 말씀 | **語어** 말씀·이야기 | **談담** 말씀·이야기 | **辭사** 말씀 ↝ 말·
이야기와 관련된 낱말을 만듦 ↪ 언어(言語) 설화(說話) 언사(言辭) 담화(談話) 사설(辭說)
한자활용 ⊙言語언어, 宣言선언, 言約언약, 遺言유언, 言行언행, 助言조언, 方言방언, 提言제언, ❶重言
復言중언부언, ❷甘言利說감언이설, 言行一致언행일치

영어 **press** [pres]　어원 라틴어 premere(누르다)　뜻 언론; 기자; 보도; (기기의 버튼·스위치
등을) 누르다　풀이 **The act of publicizing a certain fact or opinion by the media such
as newspaper, radio, television, etc**(신문이나 방송 등의 매체에서 어떤 사실이나 의견을
널리 알리는 것)

예 신문, 텔레비전, 인터넷과 같은 대중 매체를 통해 어떤 사실을 알리거나 여론을 형성하는
활동을 언론이라고 한다 / 언론은 공정하고 객관적인 보도를 국민에게 빠르고 정확하게
전달함으로써 여론을 형성하는 데 중요한 역할을 한다

---

❶ **중언부언重言復言** 두 번 중, 말씀 언, 되풀이할 부, 말씀 언　뜻 했던 말을 되풀이함　풀이 이미 한 말을 쓸데없이 반복함
❷ **감언이설甘言利說** 달 감, 말씀 언, 이로울 리(이), 말씀 설　뜻 달콤한 말과 이로운 말　풀이 상대방을 현혹시키기 위해 달콤한 말과 이득이 될만한 말로 속이는 말

1 다음 국단어의 뜻을 표로 정리하시오.

국단어	뜻	한자		영단어
실현하다		**實**실	**現**현	
확립하다		**確**확	**立**립	
반영하다		**反**반	**映**영	
여론		**輿**여	**論**론	-
매체		**媒**매	**體**체	
언론		**言**언	**論**론	

2 다음 중 굳다는 뜻을 갖는 한자가 **아닌** 것은?

① 確확 ② 堅견 ③ 固고 ④ 硬경 ⑤ 報보

3 다음 중 말·이야기와 비슷한 뜻을 갖는 한자가 **아닌** 것은?

① 傳전 ② 言언 ③ 話화 ④ 談담 ⑤ 說설

4 다음 중 말·이야기와 비슷한 뜻을 갖는 낱말이 **아닌** 것은?

① 언어(言語) ② 설화(說話) ③ 매개(媒介) ④ 담화(談話) ⑤ 언사(言辭)

5 다음 문장을 읽고, 그 뜻에 해당하는 낱말을 쓰시오.

1 알려진 것과 실제 내용이 일치하는 경우를 가리키는 말 _____

2 다른 사람의 잘못된 일과 실패를 거울삼아 나의 가르침으로 삼음 _____

3 서로 모순되는 두 개의 명제가 동등한 권리로서 주장되는 일 _____

4 이미 한 말을 쓸데없이 반복함 _____

5 태도나 결심 따위가 확고하여 흔들림이 없음 _____

6 상대방을 현혹시키기 위해 달콤한 말과 이득이 될만한 말로 속이는 말 _____

6 빈칸에 알맞은 낱말을 넣어 문장을 완성하시오.

1 신문, 라디오, 텔레비전, 인터넷처럼 불특정 다수의 사람에게 한꺼번에 많은 정보를 전달할 수 있는 수단을 **대중** _____ 라고 한다

2 **시민 혁명**의 결과 자유와 평등의 이념이 널리 퍼졌으며, 근대 민주 정치가 _____ 되었다

3 **민주주의**는 국민에 의한 국민의 정치를 _____ 하고자 하는 정치 이념이다

4 의식주 문화는 그 지역의 자연환경 특성을 _____ 한다

5 **언론**은 보도를 통해 정부의 정책을 감시하고 비판하여 _____ 을 형성하는 데 영향을 미친다

---

050 ★★☆ ☐☐

의의
중요성, 가치
영 *significance

意의 뜻·의미
義의 뜻·의미·의의

뜻·의미(의) • 뜻·의미·의의(의) ∿ 어떤 사실, 행위 따위가 갖는 / 중요성, 가치

한자 **意의** 뜻·의미·생각   ◉**義의** 옳다·의롭다·바르다·뜻·의미·의의

한자활용 ◉正義정의, 義務의무, 講義강의, 義理의리, 定義정의, 主義주의, 信義신의

영어 **significance** [signífikəns]   뜻 (겉으로 나타나지 않고 속에 감추어진) 의의, 의미 (meaning), 중요성(importance)   풀이 **The importance or value of a certain fact, act, etc**(어떤 사실이나 행위 등이 갖는 중요성이나 가치)

예 현대 문명의 *폐해가 심화되는 상황에서 우리 전통 사상의 의의는 더욱 커지고 있다 / 광복은 우리말과 우리글을 되찾았다는 데에서도 그 의의가 있다 / 「홍길동전」은 우리나라 최초의 한글 소설로서 역사적인 의의를 가진다

*폐해(≒병폐 | **弊폐** 폐해 **害해** 해롭다 | bad effect[ifékt])   (어떤 일·행동으로 인해 생기는) 해로움

---

051 ★☆☆ ☐☐

보편적
널리 통하는
영 *universal

普보 널리·두루 미치다
遍편 널리·두루 미치다

널리 두루 미치다(보) • 널리 두루 미치다(편) ∿ 모든 범위에 걸쳐서 *널리 통하는 (것)

한자 ◉**普보** 넓다·널리·*두루 미치다   **遍편** 두루·모든·널리·두루 미치다   **的적** 어조사(~한 상태로 되는)

연관한자 ◉**廣광** 넓다 | **闊활** 넓다 | **博박** 넓다 | **漠막** 넓다

영어 **universal** [jù:nəvə́:rsəl]   어원 uni(1개) + verse(회전하다)+-al(형용사를 만듦) → (회전하여) 1개로 된   뜻 (개체·개인에게 예외 없이 모든 경우에 들어맞아) 보편적인, 일반적인; 만국(萬國)의, 전 세계의   풀이 **Being commonly applied or pervasively understood**(모든 것에 두루 미치거나 통하는)

유 일반적(一일 하나, 般반 일반, 的적)

예 인권이란 인간이 인간답게 살아가기 위해 누구나 누려야 할 기본적이고 보편적인 권리를 말한다 / 세계 문화유산은 인류 전체를 위해 보호해야 할 보편적 가치가 있다 / 넓은 의미에서 정치는 정부나 국회에서뿐만 아니라 우리 일상생활에서 흔히 나타나는 보편적 현상이다

*널리(widely[wáidli] extensively[iksténsivli])   범위가 넓게

*두루 미치다   (영향이나 작용 따위가 어떤 대상에) 빠짐없이 골고루 가해지다

---

052 ★★★ ☐☐

개선
더 좋게 고친

영 **improvement

改개 고치다
善선 좋다

고치다(개) · 좋다(선) ⟿ 부족한 점, 잘못된 점, 나쁜 점 등을 / 더 좋아지게 고침

한자 改개 고치다·바꾸다 ⊙善선 착하다·좋다·좋아하다·사이좋다

한자활용 ⊙最善최선, 善惡선악, 僞善위선, 善行선행, 善意선의, 獨善독선, 慈善자선

영어 **improvement** [imprúːvmənt] **어원** em(…을 주다) + prou (이익) **뜻** (부족한 점을 고치는) 개선; 향상; 발전 **풀이** The act of reforming shortcomings, wrong or bad sides to character and making them better(부족한 점, 잘못된 점, 나쁜 점 등을 고쳐서 더 좋아지게 함)

예 회사는 신제품에서 문제점을 발견하고 곧바로 개선 방안을 찾았다 / 학교 당국은 공교육의 질을 개선하기 위하여 부단히 노력하고 있다 / 정부는 사교육 의존이 심화되고 있는 현재의 입시 제도를 개선하기 위한 혁신적인 교육 정책을 발표했다

---

053 ★★★ ☐☐

체계
부분들을 모아 조화를
이룬 전체

영 ***system

體체 물체
系계 매다·묶다

물체(체) · 매다·묶다(계) ⟿ 일정한 원리에 따라 *낱낱이 다른 부분들이 잘 짜여져 / *조화를 이룬 전체

한자 體체 몸·신체·물질·물체 ⊙系계 매다·잇다·묶다

한자활용 ⊙系統계통, 系列계열, 太陽系태양계, 生態系생태계

영어 **system** [sístəm] **어원** 그리스어 syn(함께)+histanai(세우다, 놓다) **뜻** 체계, 시스템; 제도; 기계 장치; 체제 **풀이** A set of individual parts organized into a collective entity according to certain rules(일정한 원리에 따라 낱낱의 부분이 잘 짜여져 통일된 전체)

예 우리말의 어휘는 고유어, 한자어, 외래어의 체계를 갖추고 있다 / 헌법은 법률, 조례, 명령, 규칙 등에 앞서는 상위적인 개념의 규범 체계이다 / 농업의 기업화와 세계화로 인해 농산물의 대량 생산 체계가 갖추어졌다

* **낱낱**(each, individual[ìndəvídʒuəl], every piece[piːs]) 여럿 가운데의 하나하나 ≒개
* **조화**(調조 고르다 和화 화목하다 | harmony[hάːrməni], getting along with) 서로 잘 어울림

---

054 ★☆☆ ☐☐

우열
뛰어남과 못함

優우 뛰어나다
劣렬(열) 못하다

뛰어나다(우) · 못하다(열) ⟿ 능력·수준 따위가 / 여럿 가운데 뛰어남과 보통보다 못함

한자 ⊙優우 넉넉하다·뛰어나다·낫다 劣렬(열) 못하다·(수준·정도·지위 등이) 낮다

한자활용 ⊙優秀우수, 優勝우승, 優先우선, 優勢우세, 優越우월, 優待우대, 優等우등, 優位우위, 優性우성

예 모든 문화는 각기 다른 환경에 각자의 방식으로 적응해 온 결과이므로 나름의 독특한 의미와 가치를 가지며 우열을 가릴 수 없는데, 이를 **문화의 상대성**이라고 한다 / 두 팀은 우열을 가릴 수 없을 정도로 비등한 경기를 펼쳤고, 결국 승부차기로 우열을 가렸다

2주 4일

055 ★★☆ ☐☐

의사소통
생각이 서로 통함
영 **communication

意의 생각
思사 생각
疏소 소통하다
通통 통하다

생각(의)·생각(사)·소통하다(소)·통하다(통) ⤳ 생각, 말 등이 / 서로 통함

[한자] **意의** 뜻·의미·생각 ◉**思사** 생각·심정·정서 **疏소** 소통하다·트이다 **通통** 통하다

[연관한자] ◉**念념(염)** 생각 | **想상** 생각 | **考고** 생각하다 | **慮려(여)** 생각하다 | **意의** 생각 | **惟유** 생각하다 ⤳ 생각과 관련된 낱말을 만듦 ↪ 사고(思考) 사려(思慮) 고려(考慮) 사유(思惟) 사상(思想)

[한자활용] ◉思考사고, 思惟사유, 思想사상, 思索사색, 思慮사려, **❶**易地思之역지사지, **❷**深思熟考심사숙고

[영어] **communication** [kəmjùːnəkéiʃən] **[어원]** 라틴어 communicare(함께 나누어 가지다) **[뜻]** (사람들 사이의) 의사소통, 통신; 통신[소통] 수단(means of communicating) **[풀이]** The act of interchanging one's thoughts, words, etc., with another(생각이나 말 등이 서로 통함)

[예] 인간은 언어를 습득하여 다른 사람들과 **의사소통**을 할 수 있게 되며, 일상생활에 필요한 지식과 사회에서 요구하는 규칙 등을 배운다 / 공동체의 문제를 해결하기 위하여 여러 사람이 의견을 모으는 협력적인 **의사소통** 방법을 **토의**라고 한다 / **면담**은 상대방을 만나 **의사소통**을 하는 공식적인 듣기·말하기의 한 양식이다

056 ★★☆ ☐☐

초래하다
무엇을 불러오다
영 *incur

招초 부르다
來래(내) 오다

부르다(초)·오다(래) ⤳ 행한 일이 / 어떤 *결과를 불러오다

[한자] **招초** 부르다·손짓하다 ◉**來래(내)** 오다·돌아오다·앞으로

[한자활용] ◉未來미래, 將來장래, 去來거래, 來日내일, 來年내년, 由來유래, 往來왕래, 元來·原來원래, 到來도래, 傳來전래, 古來고래, 近來근래, 來歷내력, 來訪내방, **❸**苦盡甘來고진감래, **❹**興盡悲來흥진비래, 說往說來설왕설래, **❺**捲土重來권토중래, **❻**空手來空手去공수래공수거

[영어] **incur** [inkə́ːr] **[어원]** in(안으로)+currere(달리다) **[뜻]** (좋지 않은 일에) 빠지다; (손해를) 입다; (달갑지 않은 결과에) 처하다, 이르다(run or fall into); (손해 등을) 초래하다 **[풀이]** To bring about something(어떤 결과를 가져오게 하다)

[예] 환경오염은 궁극적으로는 인류의 멸망을 **초래**할지도 모른다 / **수력 발전**은 댐 건설로 상류와 하류의 생태계 순환이 단절되면서 하천 생태계에 큰 변화를 **초래**한다는 부작용이 있다 / 강한 태풍으로 인해 차량, 가옥, 철탑 등이 파괴되어 많은 재산 피해를 **초래**했다

* **결과**(結결 맺다 **果과** 과실·열매 | result[rizʌ́lt]) (어떤 원인으로 인해) **생긴 일**

---

❶ 역지사지易地思之 바꿀 역, 땅·처지 지, 생각할 사, 갈 지 **[뜻]** 처지를 바꾸어서 생각해 봄 **[풀이]** 상대방과 입장을 바꿔 생각해 봄

❷ 심사숙고深思熟考 깊을 심, 생각 사, 익을·곰곰이 숙, 생각할 고 **[뜻]** 깊이 생각하고 곰곰이 생각함 **[풀이]** 깊이 잘 생각함

❸ 고진감래苦盡甘來 쓸 고, 다할 진, 달 감, 올 래 **[뜻]** 쓴 것이 다하면 단 것이 온다 **[풀이]** 고생 끝에 낙이 온다

❹ 흥진비래興盡悲來 일어날 흥, 다할 진, 슬플 비, 올 래 **[뜻]** 흥이 다하면 슬픔이 옴 **[풀이]** 세상만사가 늘 좋거나 나쁠 수는 없고 좋은 일과 나쁜 일이 차례로 일어남

❺ 권토중래捲土重來 말 권, 흙 토, 다시 중, 올 래 **[뜻]** 흙먼지를 일으키며 다시 돌아옴 **[풀이]** 어떤 일에 실패한 뒤 다시 힘을 쌓아 그 일에 다시 도전함. 한 번 패했다가 세력을 회복하여 다시 쳐들어옴

❻ 공수래공수거空手來空手去 빈 공, 손 수, 올 래, 빈 공, 손 수, 갈 거 **[뜻]** 빈손으로 와서 빈손으로 감 **[풀이]** 인생의 덧없음과 허무함. 재물에 욕심을 부릴 필요가 없음

1 다음 국단어의 뜻을 표로 정리하시오.

국단어	뜻	한자		영단어
의의		意의	義의	
보편적		普보	遍편	
개선		改개	善선	
체계		體체	系계	
우열		優우	劣열	–
의사소통		意의	思사	
		疏소	通통	
초래하다		招초	來래	

2 다음 중 思사(생각)와 뜻이 비슷한 한자가 **아닌** 것은?

① 惟유   ② 考고   ③ 想상   ④ 意의   ⑤ 招초

3 다음 중 普보(넓다)와 뜻이 비슷한 한자가 **아닌** 것은?

① 改개   ② 闊활   ③ 廣광   ④ 博박   ⑤ 漠막

4 다음 중 생각과 뜻이 비슷한 한자가 **아닌** 것은?

① 사려(思慮)   ② 소통(疏通)   ③ 고려(考慮)   ④ 상념(想念)   ⑤ 사고(思考)

5 다음 문장을 읽고, 그 뜻에 해당하는 낱말을 쓰시오.

1 세상만사가 늘 좋거나 나쁠 수는 없고 좋은 일과 나쁜 일이 차례로 일어남 _____

2 상대방과 입장을 바꿔 생각해 봄 _____

3 깊이 잘 생각함 _____

4 어떤 일에 실패한 뒤 다시 힘을 쌓아 그 일에 다시 도전함 _____

5 인생의 덧없음과 허무함. 재물에 욕심을 부릴 필요가 없음 _____

6 빈칸에 알맞은 낱말을 넣어 문장을 완성하시오.

1 「홍길동전」은 우리나라 최초의 한글 소설로서 역사적인 _____ 를 가진다

2 **넓은 의미에서 정치**는 정부나 국회에서뿐만 아니라 우리 일상생활에서 흔히 나타나는 _____ 현상이다

3 회사는 신제품에서 문제점을 발견하고 곧바로 _____ 방안을 찾았다

4 우리말의 어휘는 고유어, 한자어, 외래어의 _____ 를 갖추고 있다

5 **면담**은 상대방을 만나 _____ 을 하는 공식적인 듣기·말하기의 한 양식이다

2주 5일

---

057 ★☆☆ □□

우월
뛰어나게 나음
📶 *superiority

優우 뛰어나다·낫다
越월 초과하다

뛰어나다·낫다(우) • 초과하다(월) ⤳ 다른 것을 초과하여 뛰어나게 °나음

한자 **優우** 넉넉하다·뛰어나다·°낫다 ◉**越월** 넘다·건너가다·초과하다(정도를 지나치다)

한자활용 ◉超越초월, 卓越탁월, 越等월등, 追越추월, 越權월권, 越北월북

영어 **superiority** [səpìəriɔ́(ː)rət] 어원 super(위)+ior(…의)+ ity(추상 명사로 만듦) 뜻 우월, 우세 풀이 The state of being more excellent than others(다른 것보다 뛰어남)

유 **우세**(優우, 勢세 형세)

예 자신이 속한 문화는 우월하다고 여기고 다른 문화는 열등하거나 미개하다고 생각하는 태도를 자문화 중심주의라고 한다 / 자문화 중심주의와 문화 °사대주의는 특정 문화를 우월한 것으로 본다는 점에서 공통점이 있다

° **낫다**(better[bétər]) (서로 비교했을 때 어떤 것이 다른 것보다) 더 좋다. 더 앞서 있다

° **사대**(事사 일·섬기다 大대 크다·높다) 약자가 강자를 붙좇아 섬김. 작은 나라가 큰 나라를 섬김

---

058 ★☆☆ □□

지표
가리켜서 나타내는 것
📶 *indicator

指지 가리키다
標표 표하다

가리키다·지시하다(지) • 표하다(표) ⤳ 가리켜서 / 방향, 목적, 기준 따위를 / 나타내는 것

한자 ◉**指지** 손가락·가리키다·지시하다 **標표** 표하다(나타내다)·기록하다(적다)

한자활용 ◉指摘지적, 指示지시, 指令지령, 指定지정, 指導지도, 指向지향, 指揮지휘, 指針지침, 指數지수, 半指반지, 指紋지문, 指壓지압, ❶指鹿爲馬지록위마

영어 **indicator** [índikèitər] 어원 in(안에서) + dicare(선언하다) + ate(…하게 하다) + or (어떤 역할을 가지는 것) 뜻 (일의 현황·사정 변화 등을 나타내는) 지표 풀이 A sign that shows a direction, purpose, standard, etc(방향이나 목적, 기준 등을 나타내는 °표지)

예 외모는 아름다움을 판단하는 지표 중의 하나일 뿐이다 / 인생의 지표를 잃고 방황하는 청소년들에게 필요한 것은 애정 어린 관심이다 / 문화는 한 나라의 국력과 미래의 가능성을 보여 주는 지표이다 / 시험 점수는 공부를 얼마나 열심히 했는지 알려주는 지표이다 / 높은 콜레스트롤 수치는 심장 질환의 위험에 대한 중요한 지표가 될 수 있다

° **표지**(標표 표하다(나타내다) 識지 적다 | marker[mάːrkər]) 표시나 특징으로 어떤 사물을 다른 것과 구별하게 함. 또는 그 표시나 특징

---

❶ **지록위마**指鹿爲馬 가리킬 지, 사슴 록, 할 위, 말 마 뜻 사슴을 가리켜 말이라고 함 풀이 윗사람을 멋대로 주무르고 자신이 권력을 마음대로 휘두름

059 ★★★ □□

보장하다
일이 잘되도록
보살피다

영 *guarantee

保보 지키다·보호하다
障장 막다

지키고 보호하다(보) 막아서(장) ⤳ 어떤 일이 어려움 없이 / 잘 이루어지도록 보살피다

[한자] **保보** 지키다·보호하다·책임지다 ⊙**障장** 막다·가로막히다
[한자활용] ⊙障礙장애, 故障고장, 障壁장벽, 支障지장

[영어] **guarantee** [gæ̀rəntíː] [뜻] (무엇의 존재·발생·실행 등의 확실성을) 보장하다; (채무·계약 이행 등을) 보증하다 [풀이] To assure someone that there will not be a problem, or protect someone so that he/she will not meet a problem(어떤 일이 잘 이루어지도록 조건을 마련하거나 보호하다)

[예] **사회법**은 사회적 약자를 보호하고 나아가 모든 국민의 인간다운 생활을 보장하는 것을 목적으로 한다 / 국가는 국민이 제약이나 간섭 없이 자기 생각을 자유롭게 표현할 수 있는 **표현의 자유**를 보장해야 한다 / 자유가 보장되지 않으면 인간의 **존엄성**은 보장받을 수 없다 / **지방 자치 제도**가 성공하기 위해서는 중앙 정부가 지방 정부의 **자율성**을 보장해야 한다

---

060 ★★☆ □□

식생
일정한 장소에서
살아가는 식물의 집단

植식 식물
生생 살다

식물(식)·살다(생) ⤳ 어떤 일정한 장소에서 모여 살아가고 있는 식물의 집단

[한자] ⊙**植식** (나무를)심다·세우다·식물 **生생** 나다·낳다·살다·백성·선비
[한자활용] ⊙植物식물, 植木식목, 植木日식목일, 植民地식민지, 移植이식
[예] 건조 기후 지역은 연 강수량이 500mm 미만이며, 강수량보다 증발량이 많아 식생이 잘 자라지 못한다 / 기후 지역을 구분하는 지표인 기온과 강수량은 눈에 보이지 않는 요소이지만, 이를 반영하는 요소인 식생은 눈으로 볼 수 있어, 기후를 구분할 때 유용하게 사용할 수 있는 지표이다 / 세계에는 기후의 영향을 받은 다양한 식생이 나타나며, 세계 각 지역의 사람들은 기후 환경에 적응하거나 극복하면서 독특한 생활 양식을 발달시켰다

---

061 ★★☆ □□

임의
자기 맘대로 함

任임 마음대로 하다
意의 생각

마음대로 하다(임)·생각(의) ⤳ 일정한 기준, 원칙 없이 / 자기 생각에 따라 마음대로 함

[한자] ⊙**任임** 맡기다·(책임을)지다·마음대로 하다 **意의** 뜻·의미·생각
[연관한자] ⊙**委위** 맡기다 | **托탁** 맡기다·부탁하다 | **預예** 맡기다 ⤳ 맡기다는 뜻의 낱말 ↪ 위임(委任) 예탁(預託)
[한자활용] ⊙責任책임, 就任취임, 擔任담임, 委任위임, 背任배임, 任命임명, 任器임기, 就任취임, 任務임무, 辭任사임, 放任방임, 重任중임, 任官임관, 任用임용, 兼任겸임, 受任수임
[예] 특정 정당이나 후보에게 유리하도록 선거구를 임의대로 조정하는 것을 **게리맨더링**이라고 한다 / 우리나라에서는 임의로 선거구를 변경하는 것을 막아 공정한 선거가 치러지도록 하기 위해 선거구를 미리 법률로 *획정하는데, 이를 **선거구 법정주의**라고 한다
***획정하다**(劃획 긋다·계획하다 **定정** 정하다 | demarcate[dimɑ́ːrkeit]) (경계 등을) **구별하여 정하다**

2주 5일

---

062 ★★★ □□

분포
널리 퍼져 있음
📖 *distribution

分분 나누다
布포 널리 퍼져 있다

나누다(분)・널리 퍼져 있다(포) ～ 여러 곳에 나누어 널리 퍼져 있음

[한자] **分분** 나누다・베풀어 주다(나누어 주다) ⊙**布포** *베・베풀다・널리 퍼져 있다(분포하다)

[한자활용] ⊙撒布살포, 宣布선포, 瀑布폭포, 頒布반포, 公布공포, 配布배포, 綿布면포, 軍布군포, 戶布호포, 布石포석, 流布유포, 布教포교

[영어] **distribution** [dìstrəbjúːʃən] [어원] dis(따로따로)+tribuere(주다)+-tion(추상 명사를 만듦) [뜻] (동식물・언어 등의 지리적) 분포; (유산의) 분배; (상품의) 유통 [풀이] **A state of being dispersed over a certain region**(일정한 범위에 나누어 흩어져 있음)

[예] *조류의 작용이 미약한 우리나라의 동해안은 갯벌이 거의 **분포**하지 않는다 / 세계에서 발생하는 화산 활동의 대부분이 환태평양 지진대와 화산대에 **분포**하므로, 이 지역을 **불의 고리**라고도 한다 / 우리나라의 서해안과 **남해안**에는 *만이 발달하여 해안선의 드나듦이 복잡하고 섬이 많이 **분포**하는 **리아스 해안**이 나타난다

* **베** 여름옷이나 여름 이불, 또는 상복 등을 만드는 데 쓰는 삼의 실로 짠 누런 천
* **조류**(潮조 밀물 流류(유) 흐르다 | tide[taid]) 밀물과 썰물 때문에 생기는 바닷물의 흐름
* **만**(灣만 물굽이강물이나 바닷물이 굽이지어 흐르는 곳 | gulf[gʌlf]) 바다가 육지 쪽으로 들어와 있는 곳

---

063 ★★☆ □□

수집하다
모으다
📖 ***collect
**gather

蒐수 모으다
集집 모으다

모으다(수)・모으다(집) ～ 취미, 연구를 위해 여러 가지 물건, 재료를 / 찾아 모으다

[한자] ⊙**蒐수** 모으다 **集집** 모으다・모이다

[연관한자] ⊙**募모** 모으다・뽑다 | **集집** 모이다 | **會회** 모이다 | **社사** 모이다 | **蓄축** 모으다 ～ 모으다・모이다는 뜻을 가진 낱말을 만듦 ↦ 모집(募集) 수집(蒐集) 회사(會社) 사회(社會) 집회(集會)

[영어] **collect** [kəlékt] [어원] com(함께)+legere(모으다)→함께 모아진 [뜻] (주의 깊게, 조직적으로) 수집하다, 모으다(bring together, assemble) **gather** [gǽðər] [뜻] (사람들을) 모으다, 끌어모으다(bring together, draw); (무엇을) 모으다, 수집하다 [풀이] **To find and gather some objects, data, etc., for a hobby or research**(취미나 연구를 위하여 물건이나 자료 등을 찾아서 모으다)

[예] 면담 목적에 맞는 질문을 만들기 위해서는 *사전에 면담 대상과 관련된 정보를 **수집**하는 것이 좋다 / **원격 탐사** 방법을 활용하여 넓은 지역의 지리 정보를 신속하게 **수집**할 수 있다 / 지리 정보 시스템(GIS: Geographic Information System)의 발달로 **수집**한 정보를 컴퓨터에 저장하고 분석하여 다양한 분야에 활용한다

* **사전**(事사 일 前전 앞 | prior[práiər]) 일이 있기 전. 일을 시작하기 전

1 다음 국단어의 뜻을 표로 정리하시오.

국단어	뜻	한자		영단어
우월		優우	越월	
지표		指지	標표	
보장하다		保보	障장	
식생		植식	生생	–
임의		任임	意의	–
분포		分분	布포	
수집하다		蒐수	集집	

2 다음 중 任임(맡기다)과 뜻이 비슷한 한자를 **모두** 고르시오.

① 委위   ② 預예   ③ 劃획   ④ 標표   ⑤ 托탁

3 다음 중 蒐수(모으다)와 뜻이 비슷한 한자가 **아닌** 것은?

① 會회   ② 集집   ③ 布포   ④ 募모   ⑤ 社사

4 다음 중 **모으다·모이다**와 비슷한 뜻을 갖는 낱말이 **아닌** 것은?

① 모집(募集)   ② 사회(社會)   ③ 집회(集會)   ④ 위임(委任)   ⑤ 수집(蒐集)

5 다음 문장을 읽고, 그 **뜻에 해당하는 낱말**을 쓰시오.

1 윗사람을 멋대로 주무르고 자신이 권력을 마음대로 휘두름 _____

2 밀물과 썰물 때문에 생기는 바닷물의 흐름 _____

3 자신이 속한 문화는 우월하다고 여기고 다른 문화는 열등하다고 생각하는 태도 _____

4 바다가 육지 쪽으로 들어와 있는 곳 _____

5 특정 정당이나 후보에게 유리하도록 선거구를 임의대로 조정하는 것 _____

6 빈칸에 알맞은 낱말을 넣어 문장을 완성하시오.

1 **사회법**은 사회적 약자를 보호하고 나아가 모든 국민의 인간다운 생활을 _____ 하는 것을 목적으로 한다

2 세계에서 발생하는 화산 활동의 대부분이 환태평양 지진대와 화산대에 _____ 한다

3 **자문화 중심주의**와 **문화 사대주의**는 특정 문화를 _____ 한 것으로 본다는 점에서 공통점이 있다

4 **지리 정보 시스템**의 발달로 _____ 한 정보를 컴퓨터에 저장하고 분석하여 다양한 분야에 활용한다

5 **건조 기후** 지역은 연 강수량이 500mm 미만이며, 강수량보다 증발량이 많아 _____ 이 잘 자라지 못한다

3주 1일

---

064 ★☆☆ □□

진로
삶의 방향

進진 나아가다
路로 길

나아가다(진) · 길(로) ⤳ 앞으로 나아갈 삶의 방향

[한자] **進진** 나아가다·오르다 ◉**路로** 길·도로
[한자활용] ◉道路도로, 進路진로, 路線노선, 經路경로, 岐路기로, 行路행로, 迷路미로, 街路樹가로수
[예] 대학 졸업 후 진로에 대해 고민을 하다가 취직하지 않고 대학원에 입학했다 / 그는 대학을 어디로 갈지 아직도 정하지 못해서 내일 담임 선생님을 뵙고 진로 문제를 상담 받기로 했다

---

065 ★★★ □□

용어
전문 분야에서 쓰는 말
[영] **term

用용 쓰다
語어 말

쓰다(용) · 말(어) ⤳ 어떤 전문 분야에서 / 주로 쓰는 말

[한자] **用용** 쓰다·부리다·일하다 ◉**語어** 말·말하다
[관련한자] ◉**言언** 말씀 | **談담** 말씀·이야기 | **話화** 말씀·이야기 | **說설** 말씀 | **辭사** 말씀 ⤳ 말·이야기와 관련된 낱말을 만듦 ↔ 언어(言語) 설화(說話) 언사(言辭) 담화(談話) 사설(辭說)
[한자활용] ◉國語국어, 英語영어, 言語언어, 語彙어휘, 單語단어, 語塞어색, 反語반어, 語學어학, 故事成語고사성어, ❶語不成說어불성설, ❷言語道斷언어도단, ❸流言蜚語유언비어

[영어] **term** [təːrm] [뜻] 용어, 전문어; 임기; 말하다; (계약·지불·요금 등의) 조건(conditions); (학교의) 학기 [풀이] A word specially used in a certain field(어떤 분야에서 전문적으로 사용하는 말)

[예] '팝 아트'는 영국의 미술 평론가 로렌스 알로웨이가 1950년대에 처음 사용한 용어이다 / '트라우마'는 정신적 *외상을 뜻하는 정신 의학 용어로 과거의 충격이 현재까지 미치는 것을 말한다 / 한국어란 우리말과 우리글을 *포괄하는 용어이다
*외상(外외 바깥 傷상 다치다·상처 | external injury[ikstə́ːrnəl índʒəri]) 몸의 겉에 생긴 상처
*포괄하다(包포 싸다·감싸다 括괄 묶다·담다 | include[inklúːd]) 하나로 묶어 넣다

---

066 ★☆☆ □□

나열하다
늘어놓다

羅나 벌이다
列열 벌이다

벌이다(나) · 벌이다(열) ⤳ 차례대로 죽 벌여 / 늘어놓다

[한자] ◉**羅나** 벌이다(물건을 늘어놓다, 일을 펼치다)·늘어서다 **列열** 벌이다·진열하다
[한자활용] ◉新羅신라, 耽羅탐라, 網羅망라, 綺羅星기라성, 羅針盤나침반, 森羅萬象삼라만상
[예] 자질구레한 내용까지 모두 나열하지 말고 요점만 간단하게 설명해 봐 / 종이에는 숫자가 규칙성도 없이 나열되어 있었다 / 이 책은 잡다한 지식만이 나열되어 있어 별 도움이 못 된다 / 종이에 적힌 숫자들은 '1, 3, 5, 7, 9, …' 순으로 홀수만으로 나열되어 있는 규칙성이 있었다

---

❶ **어불성설語不成說** 말씀 어, 아닐 불, 이룰 성, 말씀 설
[뜻] 말이 말로 이루어지지 않음 [풀이] 하는 말이 도대체 앞뒤가 맞지 않음. 사리(事理)에 맞지 않아서 말 같지 않은 이야기

❷ **언어도단言語道斷** 말씀 언, 말씀 어, 길 도, 끊길 단
[뜻] 말문이 막힘 [풀이] 말문이 막힐 만큼 어이가 없음. 어이가 없어 이루 말로 나타낼 수 없음

❸ **유언비어流言蜚語** 흐를 류, 말씀 언, 날 비, 말씀 어
[뜻] 흘러 다니는 말 [풀이] 근거 없이 이리저리 떠도는 헛된 소문. 아무 근거 없이 널리 떠돌아다니는 헛소문

조성하다
이루어 만들다

造조 만들다
成성 이루다

만들다(조) • 이루다(성) ⤳ 무엇을 이루어 만들다

한자 ◉造조 짓다·만들다 成성 이루다·갖추어지다·완성되다
연관한자 ◉製제 짓다·만들다 | 作작 짓다·만들다 | 做주 짓다·만들다 | 工공 장인·만들다 | 撰찬 짓다
예 해수욕장을 따라 방파제나 콘크리트 구조물을 조성하고, 도로와 건물 등을 건설하면서 해안 생태계가 파괴되고 있다 / 주민들이 가축을 사육하기 위해 목초지를 조성하면서 삼림이 파괴되고 있다 / 직원들은 자신들이 신나게 일할 수 있는 분위기를 조성해 달라고 요구했다 / 실내 조명은 따뜻하고 편안한 분위기를 조성하는 데 중요한 역할을 한다

방문하다
사람을 찾아가 만나다
장소를 찾아가다
영 ***visit

訪방 찾다
問문 방문하다

찾다·만나다(방) • 방문하다·찾다(문) ⤳ 사람을 찾아가 만나다 또는 어떤 장소를 찾아가다

한자 ◉訪방 찾다·탐구하다·만나다 ◉問문 묻다·방문하다·찾다
한자활용 ◉質問질문, 諮問자문, 訪問방문, 訊問신문, 審問심문, 疑問의문, 學問학문, 弔問조문, 問喪문상, 問議문의, 問安문안, 問答문답, 東問西答동문서답, ❶不問曲直불문곡직, 愚問賢答우문현답, ❷不恥下問불치하문, ❸不問可知불문가지

영어 **visit** [vízit] **뜻** (사람·장소를) 방문하다, 찾아가다(go or come to see, call upon) **풀이**
To go to a certain place in order to meet a person or see something(사람을 만나거나 무엇을 보기 위해 어떤 장소를 찾아가다)

예 세계 최고봉인 에베레스트산을 오르기 위해 네팔을 방문하는 관광객은 해마다 늘어나고 있다 / 해변에는 일광욕뿐만 아니라 다양한 해양 스포츠를 즐기려는 관광객이 많이 방문한다

보유하다
갖고 있다
영 **possess

保보 차지하다
有유 갖고 있다

차지하다(보) • 갖고 있다(유) ⤳ 사람이 무엇을 / 가지고 있다

한자 ◉保보 지키다·보호하다·차지하다 有유 있다·존재하다·갖고 있다·소유하다
연관한자 ◉守수 지키다·다스리다 | 衛위 지키다
한자활용 ◉保守보수, 保護보호, 保全보전, 保存보존, 保險보험, 保健보건, 擔保담보, 保障보장, 確保확보, 保管보관, 保安보안, 保證보증, 保留보류, 留保유보, 保姆보모

영어 **possess** [pəzés] **어원** pos(능력이 있는) + sess(앉다)→힘을 갖고 앉다 **뜻** (소유물로)
소유하다, 소지하다, 보유하다(have, hold); (자질·특징을) 지니고[가지고·갖추고] 있다 **풀이**
To have or hold something(가지고 있거나 간직하고 있다)
예 석유 자원을 보유한 국가들은 석유를 국유화하거나 수출을 제한하는 등의 움직임을 통해 정치적·경제적 이익을 얻고자 한다 / 하회 마을은 전통 건축물뿐만 아니라 전통 의례와 놀이 등 많은 무형 유산을 보유하고 있다 / 희토류는 스마트폰, 전기 자동차 배터리 등을 만들 때 필수적인 자원으로, 전 세계 매장량의 1/3 이상을 중국이 보유하고 있다

---

❶ **불문곡직不問曲直** 아닐 불, 물을 문, 굽을 곡, 곧을 직 **뜻** 굽었는지 곧은지 묻지 않음 **풀이** 어떤 것이 옳고 어떤 것이 그른지 묻지 않고 일을 무작정 마구 처리함
❷ **불치하문不恥下問** 아니 불, 부끄러워할 치, 아래 하, 물을 문 **뜻** 아랫사람에게 묻는 것을 부끄러워하지 않음 **풀이** 자기보다 못한 사람에게 묻는 것을 부끄러워하지 않음
❸ **불문가지不問可知** 아니 불, 물을 문, 가할 가, 알 지 **풀이** 묻지 않아도 알 수 있음

3주 1일

070 ★★☆ □□

발급하다
만들어 내주다

영 ***issue

發발 베풀다
給급 주다

•베풀다(발) · 주다(급) ⤳ 기관에서 신분증, 증명서 따위를 / 만들어 •내주다

한자 **發발** 피다·쏘다·일어나다·드러나다·들추다·•베풀다   ◉**給급** 주다·더하다·보태다

연관한자 ◉**授수** 주다·•수여하다 | **與여** 주다·같이하다 | **賜사** 주다·하사하다 | **贈증** 주다·보내다 ⤳ 주다는 뜻을 가진 낱말을 만듦 ↔ •수여(授與) 증여(贈與) 급여(給與)

한자활용 ◉需給수급, 給與급여, 給料급료, 俸給봉급, 月給월급, 支給지급, 供給공급, 給食급식, 還給환급, 補給보급, 自給自足자급자족

영어 **issue** [íʃuː]   뜻 문제; (논의의 중요한) 주제, 쟁점, 사안, 안건(point or head of debate); (우표·화폐·주권·잡지 등을) 발행하다; 발행물   풀이 **For an organization to make and give a certificate, etc**(기관에서 증명서 등을 만들어 내주다)

유 **발부하다**(發發, 付부 주다·부탁하다), **발행하다**(發발, 行행 다니다·가다)

예 학생증을 잃어 버려서 다시 발급을 받았다 / 그는 비자가 발급되는 대로 미국을 방문할 예정이다 / 참가자들에게는 봉사 활동 확인증을 발급하고 우수 단원에게는 표창장이 •수여된다

* **베풀다**   다른 사람에게 도움을 주어 혜택을 받게 하다
* **내주다**(hand over)   가졌던 것을 남에게 건네주다
* **수여하다**(授수 주다 與여 주다 | award[əwɔ́ːrd] present[prizént])   (증서·상장·훈장 따위를) 주다

071 ★☆☆ □□

반납하다
되돌려 주다

영 ***return

返반 되돌리다
納납 보내다

되돌리다·돌려보내다(반) · 보내다(납) ⤳ 빌리거나 받은 것을 / •도로 돌려주다

한자 ◉**返반** 돌아오다·되돌리다·돌려보내다   **納납** 거두어 들이다·바치다·보내다

한자활용 ◉返戾반려, 返還반환, 返納반납, 返送반송, 返品반품, ❶會者定離去者必返회자정리거자정필반

영어 **return** [ritə́ːrn]   뜻 (원래의 장소·지위·상태 등으로) 돌아가다, 돌아오다, 복귀하다(come back, go back); 되돌려 놓다(turn back), 되가져다 놓다(put back); 돌려주다, 반납하다, 갚다(give back)   풀이 **To give back a borrowed or received thing**(빌린 것이나 받은 것을 도로 돌려주다)

예 빌린 책을 부지런히 읽어야지 오늘 안에 도서관에 반납할 수 있다 / 직원들이 여름휴가도 반납한 채 일하고 있다 / 빌린 책을 늦게 반납하면 연체한 기간만큼 대출이 중지되므로 주의해야 한다

* **도로**(back[bæk])   본래의 상태대로. 먼저와 다름없이

---

❶ **회자정리거자필반會者定離去者必返** 모일 회, 사람 자, 정할 정, 헤어질 리, 갈 거, 사람 자, 반드시 필, 돌아올 반   뜻 만나는 사람은 반드시 헤어지게 되고, 떠난 자는 반드시 돌아옴   풀이 만남에는 헤어짐이 정해져 있고 떠남이 있으면 반드시 돌아옴이 있다. 세상일의 덧없음

1 다음 **국단어의 뜻**을 표로 정리하시오.

국단어	뜻	한자		영단어
진로		進진	路로	–
용어		用용	語어	
나열하다		羅나	列열	
조성하다		造조	成성	–
방문하다		訪방	問문	
보유하다		保보	有유	

2 다음 중 **語어**(말)와 뜻이 비슷한 한자가 **아닌** 것은?

① 言언   ② 進진   ③ 話화   ④ 談담   ⑤ 說설

3 다음 중 **造조**(짓다·만들다)와 뜻이 비슷한 한자가 **아닌** 것은?

① 工공   ② 做주   ③ 製제   ④ 訪방   ⑤ 作작

4 다음 중 **주다**는 뜻을 갖는 낱말을 **모두** 고르시오.

① 수여(授與)   ② 소유(所有)   ③ 급여(給與)   ④ 포괄(包括)   ⑤ 증여(贈與)

5 다음 문장을 읽고, 그 **뜻에 해당하는 낱말**을 쓰시오.

1 하는 말이 도대체 앞뒤가 맞지 않음　　　　　　　　　　　

2 어떤 것이 옳고 어떤 것이 그른지 묻지 않고 일을 무작정 마구 처리함　　　　　　　　　　　

3 자기보다 못한 사람에게 묻는 것을 부끄러워하지 않음　　　　　　　　　　　

4 말문이 막힐 만큼 어이가 없음. 어이가 없어 이루 말로 나타낼 수 없음　　　　　　　　　　　

5 묻지 않아도 알 수 있음　　　　　　　　　　　

6 빈칸에 알맞은 낱말을 넣어 문장을 완성하시오.

1 '트라우마'는 정신적 외상을 뜻하는 정신 의학 　　　　　　　로 과거의 충격이 현재까지 미치는 것을 말한다

2 종이에 적힌 숫자들은 '1, 3, 5, 7, 9, …' 순으로 홀수만으로 　　　　　　　되어 있는 규칙성이 있었다

3 주민들이 가축을 사육하기 위해 목초지를 　　　　　　　하면서 삼림이 파괴되고 있다

4 하회 마을은 전통 건축물뿐만 아니라 전통 의례와 놀이 등 많은 무형 유산을 　　　　　　　하고 있다

5 빌린 책을 늦게 　　　　　　　하면 연체한 기간만큼 대출이 중지되므로 주의해야 한다

6 그는 비자가 　　　　　　　되는 대로 미국을 방문할 예정이다

3주 2일

---

072 ★★☆ □□

함축하다
뜻을 속에 담고 있다
영 *imply

含함 머금다·담다
蓄축 품다

머금다·담다(함)·품다(축) ⤳ 말, 글이 어떤 뜻을 / 겉으로 드러내지 않고 / 속에 담고 있다

한자 **含함** 머금다·담다·*품다 ◉**蓄축** 모으다·쌓다·*품다·간직하다

연관한자 ◉**募모** 모으다 | **蒐수** 모으다 | **緝집** 모으다 | **會회** 모이다 | **社사** 모이다 | **集집** 모으다 | **積적** 쌓다 | **貯저** 쌓다 ⤳ 모으다·모이다는 뜻의 낱말 ↪ 모집(募集) 수집(蒐集) 회사(會社) 사회(社會) 집회(集會) | 모으다·쌓다는 뜻의 낱말 ↪ 축적(蓄積) 저축(貯蓄) 집적(集積)

한자활용 ◉貯蓄저축, 蓄積축적, 備蓄비축, 蓄膿症축농증, 蓄音機축음기, 蓄電池축전지

영어 **imply** [implái] 어원 im(안으로) + ply(접다)→포함하다 뜻 (넌지시) 비치다; (사람·태도 등이 …을) 암시하다(contain by implication); (사물·말 등이 …의 뜻을) 함축하다(involve) 풀이 **For a speech or text to contain many hidden meanings or messages**(말이나 글이 속에 많은 뜻을 담고 있다)

유 **내포하다**(內내 안, 包포 싸다·감싸다), **함의하다**(含합, 意의 뜻·의미·생각)

예 비유나 상징을 활용하면 많은 의미를 함축하여 표현할 수 있다 / '말 한마디에 천 냥 빚도 갚는다'는 속담은 말의 힘을 한 문장으로 함축한 글이다 / '지시적 의미'가 한 가지 뜻을 갖는 일상어의 특징이라면 '함축적 의미'는 두 가지 이상의 뜻을 갖는 시어의 특징을 말한다

***품다**(entertain[èntərtéin]) (원한·슬픔·기쁨·생각 등을) **마음속에 가지다**

---

073 ★★☆ □□

관념
생각
영 ***idea

觀관 생각
念념(염) 생각

생각(관)·생각(념) ⤳ 어떤 일에 대하여 마음속에 떠오르는 / 생각

한자 ◉**觀관** 보다·모양·용모·생각 **念념(염)** 생각

연관한자 **監감** 보다 | **示시** 보이다·보다 | **見견** 보다 | **閱열** 보다 | **覽람(남)** 보다 ⤳ 관람(觀覽) 열람(閱覽)

한자활용 ◉觀光관광, 壯觀장관, 景觀경관, 觀照관조, 傍觀방관, 觀覽관람, 觀察관찰, 觀點관점, 樂觀낙관, 悲觀비관, 客觀객관, 觀測관측, 主觀주관, 槪觀개관, 觀相관상, 觀客관객, 直觀직관, 觀望관망, 達觀달관, 價値觀가치관

영어 **idea** [aidíːə] 뜻 (사고·상상·추리 따위에 의해 마음에 생기는) 생각, 관념, 개념(thought, conception, notion); (특정 일을 하기 위한) 생각, 아이디어 풀이 **An opinion or idea regarding a certain thing**(어떤 일에 대한 견해나 생각)

예 병을 앓고 난 후부터 건강이 제일이라는 관념이 뚜렷해졌다 / 이 식당의 종업원은 위생에 대한 관념이 철저하지 못하다 / 돈이면 다 된다는 그릇된 관념을 버리는 것이 좋다 / 사람은 저마다 자기중심적인 고정 관념을 지니고 살게 마련이다

---

074 ★☆☆ ▢▢

정체성
본래 갖고 있는 성질
영 ****identity**

正정 본
體체 근본
性성 성질

본(정)이 되고 · 근본(체)이 되는 · 성질(성) ⤳ 본래 갖고 있는 자신의 성질 또는 그 성질을 가진 독립적 존재

한자 正정 바르다·정직하다·본(本)·주(主) ◉體체 몸·신체·물체·근본 性성 성품·성질·바탕·본질

연관 한자 ◉身신 몸·신체 | 己기 몸·자기 | 軀구 몸·신체 ⤳ 몸과 관련된 낱말 ↔ 신체(身體), 체구(體軀)

한자 활용 ◉體驗체험, 體系체계, 團體단체, 身體신체, 肉體육체, 全體전체, 媒體매체, 具體的구체적, 固體고체, 液體액체, 氣體기체, 體力체력, 實體실체, 主體주체, 客體객체, 物體물체, 天體천체, 一心同體일심동체, ❶物我一體물아일체

영어 **identity** [aidéntəti] **뜻** 정체성; 신원, 정체, 신분, (…와) 동일인[동일물]임 **풀이** The understanding of one's inherent and unchangeable characteristics, or a being with such characteristics(어떤 존재의 변하지 않는 원래의 특성을 깨닫는 성질. 또는 그 성질을 가진 존재)

예 외국인 이주민들이 자신의 정체성을 유지하면서 한국 사회의 진정한 구성원으로서 적응할 수 있도록 지원해야 한다 / 언어는 문화의 정체성을 강하게 보여 주기 때문에 한 나라에서 다양한 언어를 사용할 경우 갈등이 발생할 수 있다 / '나는 누구인가?'에 관한 답으로 자신의 성격, 가치관, 능력, 관심, 목표 등을 알고 명확히 한 상태를 ***자아** 정체성이라고 한다
• **자아**(自자 스스로·자기 我아 나 | ego[íːgou]) 나. 자기(自己). (다른 사람으로부터) **자신을 구별하는 자칭**(自稱: 자기 자신을 스스로 일컬음)

---

075 ★★☆ ▢▢

추상하다
공통적인 *성질만 뽑아내다
영 ****abstract**

抽추 뽑다
象상 모양·상징하다

뽑다(추) · 모양·상징하다(상) ⤳ 구체적인 여러 사물, 개념, 현상 들에서 / 관념적·일반적·대표적·핵심적·공통적 성질만 뽑아내다

한자 抽추 뽑다·빼다 ◉象상 코끼리·모양·상징하다

연관 한자 ◉貌모 모양 | 樣양 모양 | 形형 모양 | 態태 모양 | 象상 모양 | 狀상 형상 | 相상 서로·모양 | 況황 상황·모양 | 姿자 모양 ⤳ 모습을 뜻하는 낱말을 만듦 ↔ 모양(模樣) 형태(形態) 상황(狀況) 상태(狀態) 자태(姿態) 양태(樣態) 형상(形狀) 양상(樣相)

한자 활용 ◉現象현상, 印象인상, 對象대상, 象徵상징, 表象표상, 象形상형, 氣象기상, 象牙상아

영어 **abstract** [æbstrǽkt] **어원** abs(분리) + tract(끌어들이다) **뜻** 추상적인; (개념 등을) 추상하다 **풀이** pulling out and identifying a common characteristic, trait, etc., out of multiple objects or ideas(여러 가지 사물이나 개념에서 공통되는 특성이나 속성 등을 뽑아내어 파악하다)

예 빨강, 주황, 노랑, 초록, 파랑을 '색(色)'이라는 단어로 뽑아내는 것을 추상이라고 한다 / 빨간 우체통, 빨간 토마토, 빨간 사과, 떡볶이, 붉은 장미의 공통 성질만 골라내어 '빨강'이라는 단어로 추상했다
• **성질**(性성 성품 質질 바탕 | property[prάpərti]) (사물이나 현상이) **원래부터 갖고 있는 것**

---

❶ **물아일체物我一體** 물건·만물 물, 나 아, 한 일, 몸 체 **뜻** 만물과 내가 한 몸임 **풀이** 대상에 완전히 몰입된 경지. 외물(外物)과 자아(自我), 객관과 주관 또는 물질계와 정신계가 하나가 됨. 또는 그런 경지

076 ★★★ □□
상징하다
구체적 대상으로
나타내다
영 *symbolize

象象 모양·상징하다
徵징 부르다

어떤 모양(상)이라고·부르다(징) ⤳ 말로 설명하기 힘든 °추상적인 대상(사물, 개념, 생각, 느낌 따위)을 / °구체적인 대상으로 나타내다

한자 **象象** 코끼리·모양·상징하다 ◉**徵징** 부르다·소집하다·거두다(징수하다)

연관한자 ◉**召소** 부르다 | **喚환** 부르다 | **呼호** 부르다 | **招초** 부르다 | **聘빙** 부르다 ⤳ 부르다는 뜻을 가진 낱말을 만듦 ↪ 소환(召喚) 초빙(招聘) 환호(喚呼)

한자활용 ◉**特徵**특징, **徵兆**징조, **徵候**징후, **徵集**징집, **徵收**징수, **徵求**징구, **徵發**징발, **徵用**징용, **追徵**추징

영어 **symbolize** [símbəlàiz] 어원 그리스어 symbolon(표지, 증표), 라틴어 symbolus(인지 표시)+-ize(자동사를 만듦) 뜻 상징하다, 나타내다(be a symbol of, represent); 부호[기호]로 나타내다, 상징화하다(represent by symbols) 풀이 **To express an abstract matter or concept as a concrete thing**(추상적인 사물이나 개념을 구체적인 사물로 나타내다)

유 **표상하다**(表표 겉, 象상 상징하다)
예 눈에 보이지 않는 °추상적인 관념을 °구체적인 사물로 나타내는 것을 상징이라고 한다 / 비둘기는 평화를 상징한다 / 불교에서 연꽃은 자비를 상징한다 / 황금은 부를 상징하는 대명사이다 / 흰색은 순수를 상징하며, 붉은색은 열정을 상징한다 / 무궁화는 한국인의 정신과 의지를 상징하는 꽃이다
° **추상적**(抽추 뽑다 象상 모양 | abstract[æbstrǽkt]) **직접 경험할 수 없거나, 오감**(눈·코·귀·혀·살갗)**을 통해서 느낄 수 없는**
° **구체적**(具구 갖추다 體체 몸 | concrete[kɑ́nkriːt]) **사물이 일정한 모양과 성질을 갖추고 있는**

077 ★★☆ □□
유사하다
비슷하다, 거의 같다
영 **similar

類유 비슷하다
似사 닮다

비슷하다(유)·닮다·같다·비슷하다(사) ⤳ 어떤 것이 다른 것과·둘 이상의 것이 / 서로 거의 같다

한자 ◉**類유(류)** 무리·비슷하다(거의 같다) **似사** 닮다·같다·비슷하다
연관한자 ◉**群군** 무리 | **衆중** 무리 | **屬속** 무리 | **彙휘** 무리 | **徒도** 무리 | **輩배** 무리 | **黨당** 무리 | **等등** 무리

영어 **similar** [símələr] 뜻 (전체적으로) 유사한, 비슷한, 닮은; 같은, 똑같은, 동일한 풀이 **Similar to each other**(서로 비슷하다)

유 **비슷하다, 흡사하다**(恰흡 흡사하다, 似사), **근사하다**(近근 가깝다, 似사)
예 비유적 표현은 표현하려는 대상과 빗댄 대상 사이에 유사한 속성이 있다 / 표현하고자 하는 대상인 '보름달'과 빗댄 대상인 '쟁반' 사이에는 '둥글다'라는 유사한 성질이 있다 / 교통과 통신의 발달로 지역 간 교류가 활발해지면서 세계 각 지역의 문화가 유사한 모습으로 변해 가는 **문화의 세계화가** °가속화되고 있다
° **가속화되다**(加가 더하다 速속 빠르다 化화 되다 | accelerate[æksélərèit]) **점점 더 빨라지다**

1 다음 **국단어의 뜻**을 표로 정리하시오.

국단어	뜻	한자		영단어
함축하다		**含**함	**蓄**축	
관념		**觀**관	**念**념	
정체성		**正**정	**體**체	
		性성	–	
추상하다		**抽**추	**象**상	
상징하다		**象**상	**徵**징	
유사하다		**類**유	**似**사	

2 다음 중 **觀관(보다)**과 뜻이 비슷한 한자가 **아닌** 것은?

① 監감　② 見견　③ 閱열　④ 示시　⑤ 蓄축

3 다음 중 **象상(모양)**과 뜻이 비슷한 한자가 **아닌** 것은?

① 徵징　② 況황　③ 形형　④ 態태　⑤ 貌모

4 다음 중 **類류(무리)**와 뜻이 비슷한 한자가 **아닌** 것은?

① 衆중　② 群군　③ 屬속　④ 似사　⑤ 等등

5 다음 중 **徵징(부르다)**과 뜻이 비슷한 한자가 **아닌** 것은?

① 검소　② 抽추　③ 呼호　④ 聘빙　⑤ 招초

6 다음 문장을 읽고, 그 **뜻에 해당하는 낱말**을 쓰시오.

1 대상에 완전히 몰입된 경지 　＿＿＿＿＿＿＿

2 직접 경험할 수 없거나, 오감을 통해서 느낄 수 없는 　＿＿＿＿＿＿＿

3 사물이 일정한 모양과 성질을 갖추고 있는 　＿＿＿＿＿＿＿

7 빈칸에 알맞은 낱말을 넣어 문장을 완성하시오.

1 빨강, 주황, 노랑, 초록, 파랑을 '색(色)'이라는 단어로 뽑아내는 것을 ＿＿＿＿＿＿ 이라고 한다

2 **언어**는 문화의 ＿＿＿＿＿＿ 을 강하게 보여 주기 때문에 한 나라에서 다양한 언어를 사용할 경우 갈등이 발생할 수 있다

3 비유나 상징을 활용하면 많은 의미를 ＿＿＿＿＿＿ 하여 표현할 수 있다

4 **비유적 표현**은 표현하려는 대상과 빗댄 대상 사이에 ＿＿＿＿＿＿ 한 속성이 있다

5 돈이면 다 된다는 그릇된 ＿＿＿＿＿＿ 을 버리는 것이 좋다

3주 3일

---

078 ★★★ ☐☐

산업
물품, 서비스를 만들어
내는 일
영 ***industry

産産 생산하다
業업 산업

생산하다(산)·일(업) ～ 사람이 살아가는 데 필요한 / 물품, 서비스를 만들어 내는 일

한자 ⊙産산 낳다·생기다·생산하다·재산·**산물** **業업** 일·직업·산업

연관한자 ⊙出출 나다·태어나다·낳다 | 生생 나다·낳다·살다 | 活활 살다·생존하다 ↪ 출산(産) 출생(出生) 생활(生活) 산출(産出) 생산(生産)

한자활용 ⊙遺産유산, 資産자산, 生産생산, 生産者생산자, 財産재산, 不動産부동산, 出産출산, 國産국산, 産地산지, 原産地원산지, 産物산물, 産出산출, 産出物산출물, 副産物부산물, 特産物특산물, 林産物임산물, 農産物농산물, 水産物수산물, 畜産축산, 畜産物축산물, 海産物해산물, 鑛産業광산업, 産兒산아, 增産증산, 共産黨공산당, 産卵器산란기, 中産層중산층

영어 **industry** [índəstri] **어원** indu(속에)+stry(건립하다) → 근면한 것 → 산업 **뜻** 생산업, 산업, 실업; 제조업, 공업(manufacturing industry); (특정 분야의) 산업[공업·사업] **풀이**
An activity of creating goods, services, etc. such as agriculture, manufacturing, forestry, fishery, mining, service industry, etc(농업, 공업, 임업, 수산업, 광업, 서비스업 등과 같이 물품이나 서비스 등을 만들어 내는 일)

예 싱가포르는 태평양과 인도양을 연결하는 지리적인 이점을 활용하여 물류 산업의 중심지가 되었다 / 18세기 영국에서 시작된 산업 **혁명**은 농업 중심의 사회를 공업 중심의 사회로 변화시켰다 / **해안** 지역은 해안선을 따라 펼쳐지는 모래사장과 해안 절벽, 갯벌 등이 휴양이나 체험을 위한 장소로 활용되면서 관광 산업이 발달했다

---

079 ★★★ ☐☐

지리
어떤 장소의 모습
영 **geography

地지 장소
理리(이) 다스리다

지구상의 어떤 장소의 / 기후, 생물, 산과 강, 도시, 교통, 주민, 산업, 인구 따위의 모습

한자 地지 땅·대지·장소·처지(처해 있는 형편) ⊙理리(이) 다스리다·도리·이치

한자활용 ⊙理解이해, 理由이유, 整理정리, 原理원리, 理想이상, 倫理윤리, 理致이치, 理性이성, 理論이론, 道理도리, 窮理궁리, 義理의리, 眞理진리, 論理논리, 心理심리, 推理추리, 順理순리, 理念이념, 有理數유리수, 性理學성리학, 文理문리

영어 **geography** [dʒiːágrəfi] **어원** 그리스어 geo-(지구, 토지)+graphein(쓰다) **뜻** (어떤 지역의) 지리, 지형, 지세; 지리학 **풀이** The features of the earth, including climate, life, nature, transportation, cities, etc(지구 상의 기후, 생물, 자연, 교통, 도시 등의 상태)

예 **일반도**는 지형, 토지 이용, 마을, 도로 등 여러 가지 지리 현상을 담은 지도이며, **주제도**는 특정한 지리 현상만을 선택적으로 표현한 지도이다 / 우리가 살아가는 공간 및 지역에 관련된 지식과 정보를 지리 **정보**라고 한다 / 우리나라는 대륙을 통해 중국, 러시아, 유럽으로 진출할 수 있으며, 해양을 통해 태평양과 전 세계로 진출하는 데 유리한 지리적 장점을 가지고 있다

정보
모은 자료를 정리한 지식
영 ***information
*data

情정 사실
報보 갚다·알리다

어떤 사실, 현상을 / 관찰하거나 • 측정하여 / 모은 자료를 정리한 지식

한자 ◉**情정** 뜻·사랑·인정·사실 **報보** 갚다·알리다·판가름하다

연관한자 ◉**志지** 뜻·마음·감정 | **意의** 뜻·의미·생각 | **味미** 맛·기분·뜻·의의·의미

한자활용 ◉感情감정, 情緒정서, 友情우정, 愛情애정, 熱情열정, 多情다정, 人情인정, 事情사정, 表情표정, 同情동정, 冷情냉정, 心情심정, 情趣정취, 物情물정, 純情순정

영어 **information** [ìnfərméiʃən] 뜻 (보고·전문(傳聞)·독서 등으로 얻은 지식의 바탕이 되는, 대개 정리되어 있지 않은) 정보, 자료, 참고(되는 것) **data** [déitə] 뜻 (증명·판단·결론 등을 뒷받침하는) 데이터, 자료, 정보(facts, information) 풀이 A body of knowledge extracted from data which are put together after observing or evaluating a certain fact or phenomenon, or such data(어떤 사실이나 현상을 관찰하거나 측정하여 모은 자료를 정리한 지식)

예 친구와 약속 장소를 정하거나, 건물 안에서 안내도를 보며 자신의 위치를 확인하는 것은 **지리** 정보를 활용하는 예이다 / 과거에는 종이 지도에서 **지리** 정보를 얻었다 / 최근에는 과학과 정보 통신 기술의 발달로 인터넷 전자 지도, 항공 사진, 위성 사진 등에서 **지리** 정보를 얻을 수 있게 되었다

적합하다
알맞다
영 *be suitable for

適적 알맞다
合합 적합하다

알맞다(적) • 적합하다(합) ⤳ 어떤 일, 조건에 꼭 들어맞아 / *알맞다

한자 ◉**適적** 맞다·알맞다·마땅하다·즐기다 **合합** 합하다·모으다·적합하다

한자활용 ◉適應적응, 適用적용, 適當적당, 適切적절, 適時적시, 適期적기, 適正적정, 適法적법, 適格적격, 最適최적, 快適쾌적, 適性적성, 適中적중, ❶適材適所적재적소, ❷適者生存적자생존

영어 **be suitable for** [súːtəbəl] 뜻 ~에 적합하다 풀이 Suitable thanks to the quality of fully meeting certain requirements or conditions(어떤 일이나 조건에 꼭 들어맞아 알맞다)

유 **적절하다**(適適 알맞다, 切切 적절하다), **적당하다**(適適 알맞다, 當당 마땅하다)

예 이 지역은 매우 다습해서 벼농사에 적합하다 / 열대 밀림 주변에는 야생 동물이 살기 적합한 넓은 초원이 분포한다 / 이 지역은 강수량도 적당하고 크고 작은 하천들이 *즐비해 관개 농업에 적합하다 / 온대 기후 지역과 냉대 기후 지역의 남부에는 인간 활동에 유리한 기후가 나타나 거주에 적합하다

* **알맞다**(appropriate[əpróuprièit] suitable[súːtəbəl]) 넘치거나 모자라지 않다
* **즐비하다**(櫛즐 빗·늘어서다 比비 견주다·나란히 하다·(줄을)서다 | stand in a row) (많은 것이 빗살처럼) 가지런하고 빽빽하게 늘어서 있다

---

❶ **적재적소適材適所** 적당한 적, 재목 재, 적당한 적, 곳 소 뜻 적절한 재목을 적절한 곳에 사용함 풀이 인재를 적당한 자리에 알맞게 씀
❷ **적자생존適者生存** 적합할 적, 사람 자, 날 생, 있을 존 뜻 적합한 사람만이 살아 있음 풀이 환경에 잘 적응한 생물체만이 살아남고, 그렇지 못한 것은 도태되어 멸종함

3주 3일

---

082 ★☆☆ □□

고도
높이
영 *altitude

高고 높이
度도 정도

높이(고) · 정도(도) ⤳ *평균 해수면을 0이라고 기준 잡아서 측정한 / 대상 물체의 높이

[한자] **高고** 높다·크다·높이·고도 · ⊙**度도** 법도(법과 제도)·헤아리다·횟수(번)·도(온도 등의 단위)

[한자활용] ⊙速度속도, 溫度온도, 濕度습도, 密度밀도, 緯度위도, 角度각도, 濃度농도, 經度경도, 尺度척도, 法度법도, 頻度빈도, 限度한도, 制度제도, 態度태도, 程度정도, 難易度난이도

[영어] **altitude** [ǽltətjùːd] [어원] alti(높은) + tude((상태에 있는) 것) [뜻] (산·비행기 따위의 지표에서의) 고도(vertical height), (산·천체 등의) 높이; 해발 고도(sea level) [풀이] **The height of an object measured by setting the average sea level, etc., as 0**(평균 해수면 등을 0으로 하여 측정한 어떤 물체의 높이)

[유] **해발**(海해 바다, 拔발 뽑다), **해발 고도**(海拔高度)

[예] **해발** 고도는 *평균 해수면을 기준으로 하여 측정한 어떤 지점의 **높이**를 말한다 / 고도가 지나치게 높은 산지는 기온이 낮고, 산소가 부족하며, 평탄한 땅을 찾기 어렵기 때문에 사람이 살기에 불편하다 / **온대 기후** 지역은 계절에 따라 태양의 고도가 크게 달라지기 때문에 계절에 따라 기온의 차가 크게 나타난다

*평균 해수면(平평 평평하다 均균 고르다 海해 바다 水수 물 面면 표면 | sea level[si: lévəl]) 해면(바다 표면. 해수면)의 높이를 일정 기간 측정하여 평균한 해면 높이

---

083 ★★★ □□

기후
평균적인 날씨
영 *climate

氣기 날씨
候후 기후

기후(기) · 기후(후) ⤳ 일정한 지역의 여러 해에 걸쳐 나타난 / 강수량, 기온, 바람 등의 평균적인 날씨

[한자] **氣기** 기운·기세·날씨·기후 **候후** 기후·계절·상황·조짐(징후)

[영어] **climate** [kláimit] [뜻] (한 지방의 여러 해에 걸친 평균적) 기후; (기후적으로 본) 지방, 지역, 지대 [풀이] **Average weather seen in a certain area over a period of several years** (일정한 지역에서 여러 해에 걸쳐 나타난 평균적인 날씨)

[예] 기후는 어떤 지역에서 오랜 기간에 걸쳐 나타나는 기온, 강수, 바람 등을 평균한 것으로, 인간의 거주지 형성에 큰 영향을 준다 / 위도에 따른 기후 차이는 의식주 문화와 산업 활동 등 인간 생활에 많은 영향을 준다 / 세계의 기후는 **기온**과 **강수** 특성에 따라 다양하게 분포하며, 이에 따라 여러 지역으로 구분한다

1 다음 **국단어의 뜻**을 표로 정리하시오.

국단어	뜻	한자		영단어
산업		産산	業업	
지리		地지	理리	
정보		情정	報보	
적합하다		適적	合합	
고도		高고	度도	
기후		氣기	候후	

2 다음 중 **産산**(나다·낳다)과 뜻이 비슷한 한자를 **모두** 고르시오.

① 生생　　② 情정　　③ 適적　　④ 出출　　⑤ 報보

3 다음 문장을 읽고, 그 **뜻에 해당하는 낱말**을 쓰시오.

1 우리가 살아가는 공간 및 지역에 뜻이 비슷한 지식과 정보 _____

2 인재를 적당한 자리에 알맞게 씀 _____

3 환경에 잘 적응한 생물체만이 살아남고, 그렇지 못한 것은 도태되어 멸종함 _____

4 평균 해수면을 기준으로 하여 측정한 어떤 지점의 높이 _____

5 어떤 지역에서 오랜 기간에 걸쳐 나타나는 기온, 강수, 바람 등을 평균한 것 _____

4 빈칸에 알맞은 낱말을 넣어 문장을 완성하시오.

1 친구와 약속 장소를 정하거나, 건물 안에서 안내도를 보며 자신의 위치를 확인하는 것은 **지리** _____ 를 활용하는 예이다

2 **온대 기후** 지역은 계절에 따라 태양의 _____ 가 크게 달라지기 때문에 계절에 따라 기온의 차가 크게 나타난다

3 18세기 영국에서 시작된 _____ **혁명**은 농업 중심의 사회를 공업 중심의 사회로 변화시켰다

4 **일반도**는 지형, 토지 이용, 마을, 도로 등 여러 가지 _____ 현상을 담은 지도이며, **주제도**는 특정한 _____ 현상만을 선택적으로 표현한 지도이다

5 온대 기후 지역과 냉대 기후 지역의 남부에는 인간 활동에 유리한 기후가 나타나 거주에 _____ 하다

6 위도에 따른 _____ 차이는 의식주 문화와 산업 활동 등 인간 생활에 많은 영향을 준다

3주 4일

---

084 ★★★ ☐☐

요소
꼭 있어야 할 중요한 것
**영 **element

要요 중요하다
素소 성질

중요한(요) · 성질(소) ～ 무엇을 이루는 데, 꼭 있어야 할 / 중요한 성분 또는 조건

[한자] **要요** 구하다·원하다·중요하다·요약하다   ◉**素소** 본디(처음)·바탕·성질

[한자활용] ◉元素원소, 儉素검소, 平素평소, 素材소재, 素朴소박, 酸素산소, 窒素질소, 素數소수, 素因數소인수, 酵素효소, 素養소양, 營養素영양소, 葉綠素엽록소, 毒素독소, 素描소묘

[영어] **element** [éləmənt]   [뜻] (기본적이며 필수적인) 요소, 성분(component or constituent part); (화학) 원소   [풀이] **An important element or condition necessary for achieving something**(무엇을 이루는 데 반드시 있어야 할 중요한 성분이나 조건)

[예] 언어는 지역의 문화적 특성을 반영하는 중요한 문화 요소로, 세계의 문화 지역을 구분하는 기준이다 / 기후를 구성하는 기후 요소에는 기온, 강수량, 바람 등이 있다 / 기후 요소를 변하게 하는 *요인에는 위도, 육지와 바다의 분포, 지형, *해류 등이 있다

*요인(要요 중요하다 因인 말미암다(원인이 되다) | factor[fǽktər])   (무엇이 성립되는) 중요한 원인

*해류(海해 바다   流류(유) 흐르다·흐름 | sea current[si kə́:rənt] ocean current[óuʃən kə́:rənt])   성질이 비슷한 바닷물이 일정한 방향과 속도로 흐르는 것. 일정한 방향과 속도로 이동하는 바닷물의 흐름

---

085 ★★★ ☐☐

평균
고르게 한 것
**영 **average

平평 평평하다
均균 균등하다

평평하다(평) · 균등하다(균) ～ 여러 사물의 각각 다른 수, 양을 / *고르게 한 것

[한자] ◉**平평** 평평하다·고르다·안정되다·화목하다   **均균** 고르다·균등하다

[한자활용] ◉平衡평형, 平行평행, 平等평등, 平安평안, 平素평소, 平凡평범, 平生평생, 平和평화, 平穩평온, 蕩平策탕평책, 平坦평탄, 公平공평, 不平불평, 太平·泰平태평

[영어] **average** [ǽvəridʒ]   [뜻] 평균(mean proportion); 보통, 일반 표준(common run)   [풀이] **Evening out different qualities or quantities of different objects**(여러 사물의 각각 다른 질이나 양을 고르게 한 것)

[예] 기후는 한 지역에서 여러 해 동안 반복적으로 나타나는 평균적인 대기 상태이다 / 온대 기후 지역은 가장 추운 달의 평균 기온이 -3℃ 이상이며, 사계절의 변화가 비교적 뚜렷하다 / 생활 수준의 향상과 의료 기술의 발달로 평균 수명이 연장되면서 노인 인구가 빠르게 증가하고 있다

*고르다(even[í:vən])   (높낮이·크기·양 따위의) 차이가 없이 똑같다

선정하다
뽑아서 정하다

영 **select
***choose

選選 고르다·뽑다
定定 정하다

고르다·뽑다(선) • 정하다(정) ⤳ 여럿 가운데서 / 어떤 것을 *골라 뽑아서 정하다

[한자] 選選 *고르다·뽑다·가리다　定定 정하다·안정시키다

[영어] **select** [silékt]　[어원] se(떨어져) + lect(모으다, 고르다)→골라내다　[뜻] (가장 알맞은 사람·물건을 많은 것들 중에서) 선택하다, *고르다, 선발[선정]하다, 뽑다(pick out, choose)
choose [tʃuːz]　[뜻] (우수해 보이는 것을 취하여) *고르다, (선)택하다, (선)정하다(take as a choice, select); (어떤 일을 할 사람을) 뽑다, 선출하다, 선정하다(elect)　[풀이] **To choose one appropriate thing among many**(여럿 가운데에서 목적에 맞는 것을 골라 정하다)

[예] 자연환경은 과거 인류 문명이 발달하기 시작했을 때부터 거주 지역을 선정하는 데 많은 영향을 주었다 / 국립국어원은 '더치페이'를 대신할 우리말로 '각자 내기'를 선정하였다 / 동창회는 모교를 빛낸 올해의 인물로 김 감독을 선정하였다 / 서울이 올림픽 개최 도시로 선정되었다
* **고르다**(choose, select)　여럿 중에서 어떤 것을 가려내거나 뽑다

개발
쓸모 있게 만듦

영 *development

開開 개척하다
發發 계발하다

*개척하다(개) • 계발하다(발) ⤳ 토지, 천연자원 등을 / 쓸모 있게 만듦

[한자] ◉開開 열다·펴다·깨우치다·*개척하다·시작하다　發發 피다·쏘다·일어나다·계발하다
[한자활용] ◉*開拓개척, 開放개방, 開闢개벽, 開催개최, 開港개항, 開場개장, 開封개봉, 開化개화, 公開공개, 開業개업, 開閉개폐, 開始개시, 開國개국, 展開전개, 開化思想개화사상, ❶天地開闢천지개벽

[영어] **development** [divéləpmənt]　[어원] dis(반대) + velop(포장하다)+ment(명사를 만듦) → 포장을 풀다　[뜻] (사업·자원·토지·새로운 약 등의) 개발; (재능 따위의) 계발; 발전, 진전 (gradual progress, expansion); 발달, 성장(growth); 전개　[풀이] **The act of making land, natural resources, etc. useful, or easy to utilize**(토지나 천연자원 등을 이용하기 쉽거나 쓸모 있게 만듦)

[예] **열대 우림** 지역의 개발로 동식물의 *서식지가 파괴되어 동식물의 수와 다양성이 점차 줄어들고 있다 / 올레길 걷기 등과 같은 관광 상품이 개발되면서 많은 사람이 제주도를 찾고 있다 / 해안 지역의 무분별한 개발로 해안 침식, 환경 오염 등의 문제가 나타나면서, 그동안 개발의 대상으로만 여기던 해안에 대한 시각이 달라지고 있다 / 자연 보호를 위해 이 지역은 개발이 제한되어 있다
* **개척하다**(≒개간하다 | 開開 열다·개척하다 拓拓 넓히다·개척하다 | reclaim[rikléim])　거친 땅을 일구어 농사를 지을 수 있는 땅으로 만들다
* **서식지**(棲서 살다　息식 살다　地지 땅·곳 | habitat[hǽbətæt])　동식물이 보금자리를 만들어 자리를 잡고 사는 곳

---

❶ **천지개벽天地開闢** 하늘 천, 땅 지, 열릴 개, 열릴 벽　[뜻] 하늘과 땅이 열림　[풀이] 하늘과 땅이 열리고 뒤집어지듯 놀라운 변화가 일어나는 모습. 자연계에서나 사회에서 급격하게 바뀌 아주 달라지는 변화가 일어남

3주 4일

---

088 ★★★ ☐☐

거주하다
살다

영 ***live
*reside
*habitat

居거 살다
住주 살다

살다(거) · 살다(주) ⤳ 사람이 일정한 곳에 자리를 잡고 머물러 / 살다

한자 **居거** 살다·거주하다 ⊙**住주** 살다·거주하다
한자활용 ⊙住宅주택, 住居주거, 住民주민, 住所주소, 移住이주, 常住상주, 衣食住의식주

영어 **live** [liv] 뜻 (특정 장소에서) 살다[살아가다], 생활하다, 거주하다; (동물·식물이) 살아 있는 (living) **reside** [rizáid] 뜻 (사람이 …에) 거주하다, 살다(at, in); (물건·성질 등이) …에 있다, 존재하다 **habitat** [hǽbətæt] 어원 re(뒤에) + side(앉다) 뜻 (동식물의) 서식지
풀이 To stay and live in a certain place(일정한 곳에 머물러 살다)

유 **주거하다**(住주, 居거), **살다**
예 열대 우림 지역은 고온 다습한 기후 조건과 울창한 숲 등으로 사람이 거주하기에 불리하다 / 지구상에 사람들이 거의 살지 않는 곳도 많은데, 이는 인간 거주에 불리한 기후 조건이 나타나기 때문이다 / 산업화·도시화가 진행되어 자연환경 조건이 인간 거주에 미치는 영향은 과거보다 점차 줄어들고 있다 / 선사 시대의 사람들은 주로 움집에서 거주했다

---

089 ★★★ ☐☐

유리하다
이익이 있다

영 *advantageous

有유 있다
利리(이) 이익

있다(유) · 이익(리) ⤳ *이익이 있다

한자 **有유** 있다(존재하다)·가지고 있다(소유하다) ⊙**利리(이)** 이롭다(이익이 되다)·이익
한자활용 ⊙勝利승리, 利益이익, 利潤이윤, 利子이자, 金利금리, 利用이용, 便利편리, 利害이해, 利得이득, 權利권리, 利己이기, 利他이타, 功利공리, 地利지리, 暴利폭리, 實利실리, ❶漁夫之利어부지리, 甘言利說감언이설, 利用厚生이용후생, 利己主義이기주의

영어 **advantageous** [ædvəntéidʒəs] 뜻 유리한, 이로운(profitable), 유익한(useful) 풀이 Having an advantage(이익이 있다)

유 **이롭다**, **유익하다**(有유 있다, 益익 더하다·이롭다)
예 기후가 온화하고 비가 충분히 내려 인간 생활에 꼭 필요한 물을 쉽게 얻을 수 있어야 농사를 짓기에 유리하다 / 특정 정당이나 후보자에게 유리하거나 불리하도록 선거구를 일방적으로 결정하는 것을 **게리맨더링**이라고 한다 / 비타민을 섭취하는 것이 젊음을 유지하는 데 유리하다
＊**이익**(利이 益익 더하다·이롭다 | benefit[bénəfit]) 　물질적으로나 정신적으로 보탬이 되는 것

---

❶ **어부지리漁夫之利** 고기 잡을 어, 사내 부, 어조사(~의) 지, 이로울 리 　뜻 어부의 이로움 　풀이 두 사람이 서로 싸우는 사이에 엉뚱한 다른 사람이 이익을 얻게 됨

1 다음 국단어의 뜻을 표로 정리하시오.

국단어	뜻	한자		영단어
요소		要요	素소	
평균		平평	均균	
선정하다		選선	定정	
개발		開개	發발	
거주하다		居거	住주	
유리하다		有유	利리	

2 유리(有利)하다와 뜻이 비슷한 낱말을 쓰시오(2개). _____

3 거주(居住)하다와 뜻이 비슷한 낱말을 쓰시오(2개). _____

4 다음 문장을 읽고, 그 뜻에 해당하는 낱말을 쓰시오.

1 하늘과 땅이 열리고 뒤집어지듯 놀라운 변화가 일어나는 모습 _____

2 한 지역에서 여러 해 동안 반복적으로 나타나는 평균적인 대기 상태 _____

3 두 사람이 서로 싸우는 사이에 엉뚱한 다른 사람이 이익을 얻게 됨 _____

4 특정 정당이나 후보자에게 유리하거나 불리하도록 선거구를
일방적으로 결정하는 것 _____

5 빈칸에 알맞은 낱말을 넣어 문장을 완성하시오.

1 기후 _____ 를 변하게 하는 요인에는 위도, 육지와 바다의 분포, 지형, 해류 등이 있다

2 **열대 우림** 지역은 고온 다습한 기후 조건과 울창한 숲 등으로 사람이 _____ 하기에 불리하다

3 **온대 기후** 지역은 가장 추운 달의 _____ 기온이 −3℃ 이상이며, 사계절의 변화가 비교적 뚜렷
하다

4 **열대 우림** 지역의 _____ 로 동식물의 서식지가 파괴되어 동식물의 수와 다양성이 점차 줄어
들고 있다

5 자연환경은 과거 인류 문명이 발달하기 시작했을 때부터 거주 지역을 _____ 하는 데 많은
영향을 주었다

6 기후가 온화하고 비가 충분히 내려 인간 생활에 꼭 필요한 물을 쉽게 얻을 수 있어야 농사를 짓기에
_____ 하다

3주 5일

---

090 ★☆☆ ☐☐

수목
나무
영 **tree

樹수 나무
木목 나무

나무(수)·나무(목) ⤳ 살아 있는 나무

[한자] ⊙樹수 나무·심다·세우다   木목 나무
[한자활용] ⊙針葉樹침엽수, 闊葉樹활엽수, 常綠樹상록수, 街路樹가로수, 果樹과수, 果樹園과수원, 樹木園수목원, 樹立수립, 植樹식수, 樹液수액, 樹種수종

[영어] **tree** [triː]   뜻 (살아 있고, 키가 큰) 나무, 수목   풀이 A living tree(살아 있는 나무)

[예] 지중해성 기후 지역은 여름이 매우 건조하여 농작물이 말라 죽기 쉽기 때문에 가뭄에 잘 견디는 올리브, 포도, 오렌지 등을 재배하는 수목 농업이 발달하였다 / 대나무는 다른 나무들에 비해 탄력성이 큰 수목이다 / 그들은 사방이 잡초와 수목으로 둘러싸인 정글을 빠져나왔다

---

091 ★☆☆ ☐☐

초원
풀이 난 들판
영 *grassland

草초 초원
原원 들판

초원(초)·들판(원) ⤳ 풀이 난 •들판

[한자] 草초 풀·황야·초원·시초·시작하다   ⊙原원 언덕·근원·근본·들판(벌판)
[연관한자] ▮岸안 언덕 | ▮丘구 언덕 | ▮坵구 언덕 | ▮厓애 언덕 | ▮坂판 언덕 | ▮岍안 언덕 | ▮峙치 언덕
[한자활용] ⊙原因원인, 原理원리, 原則원칙, 原稿원고, 原子원자, 原始원시, 中原중원, 始原시원, 高原고원, 平原평원, 原點원점, 原形원형, 原本원본, 原罪원죄, 原料원료, 原産地원산지, 原動力원동력

[영어] **grassland** [græslænd]   뜻 초원, 풀밭   풀이 A field with grass(풀이 난 들판)

[예] 건조 지역은 강수량보다 증발량이 더 많아 나무가 거의 자라지 못하는 황량한 사막이나 초원 지대로 되어 있다 / 유목민은 일정한 거주지가 없고 초원을 따라 유랑한다 / 풀이 무성한 초원의 목장에서 가축이 무럭무럭 자란다 / 풀이 무성한 초원의 목장에서 가축이 무럭무럭 자란다

• 들판(≒벌판 | field[fiːld])   (풀이나 곡식들이 자라는) 편평하고 넓게 트인 땅

---

092 ★☆☆ ☐☐

확충하다
넓히고 늘려서 갖추다

擴확 넓히다·늘리다
充충 채우다·갖추다

넓히다·늘리다(확)·채우다·갖추다(충) ⤳ 넓히고 늘려서 알차게 갖추다·채우다

[한자] 擴확 넓히다·늘리다   ⊙充충 채우다·가득 차다·갖추다
[한자활용] ⊙補充보충, 充分충분, 充滿충만, 充實충실, 充足충족, 擴充확충, 充電충전
[예] 청소년들의 건전한 여가 활동을 위한 시설의 확충이 필요하다 / 맞벌이 부부를 위한 영유아 보육 시설의 확충이 필요하다 / 사회 복지의 확충을 통해 계층 간에 부를 적절히 재분배해야 한다 / 어린이 보호 구역을 확충하여 교통사고로부터 아이들을 보호해야 한다 / 정부는 관광 산업의 •진흥을 위해 먼저 교통과 숙박 시설을 확충하기로 했다

• 진흥(振진 떨치다 興흥 일으키다 | promotion[prəmóuʃən])   기운·세력을 활발하게 만듦

---

093 ★★★ ☐☐

지대
일정 구역이 땅

영 *zone
**region

地지 땅
帶대 지구 표면을
구분한 이름

땅(지) · 지구 표면을 구분한(대) ⤳ 자연적 또는 인위적으로 한정된 / 일정한 •구역의 땅

[한자] **地지** 땅·대지·장소 ⊙**帶대** 띠·띠를 두르다·지구 표면을 구분한 이름·장식하다

[한자활용] ⊙熱帶열대, 溫帶온대, 冷帶냉대, 環太平洋造山帶환태평양 조산대, 一帶일대, 携帶휴대, 連帶연대, 紐帶유대, 帶分數대분수

[영어] **zone** [zoun] [뜻] (그 특징이나 목적에 의하여 다른 것과 구별되는, 특정한 성격을 띤 일정한 범위를 가리키는) 지역, 지대; (한대·열대 등의) 대(帶) **region** [ríːdʒən] [뜻] (상당히 넓은 지역으로, 다른 곳과 확실히 구분되는 어떤 특징을 지닌) 지역, 지방, 지대(quarter, tract, area, district) [풀이] **The land of a certain area**(일정한 구역의 땅)

[유] **지역**(地지 땅, 域역 경계·구역), **구역**(區구 구분하다, 域역 경계·구역), **존**(zone)

[예] 이산화 탄소가 녹아 있는 물이 석회암 지대에 스며들면 석회암이 녹아서 **석회 동굴이** 만들어진다 / 사막 주변의 **초원** 지대에서는 사막처럼 농사를 지을 수 없는 땅으로 변하는 **사막화** 현상이 나타난다 / **스텝**(steppe)은 긴 건기와 짧은 우기가 나타나는 **건조 초원** 지대이다 / **사헬** 지대는 아랍어로 '가장자리' 또는 '변두리'라는 뜻으로, 사하라 사막 남부의 사막 기후와 스텝 기후가 만나는, 동서 방향의 띠 모양으로 분포하는 지대를 말한다

• **구역**(區구 구분하다 **域역** 경계·구역 | district[dístrikt]) (어떤 기준·특성에 따라) **여럿으로 나누어 놓은 지역 중 하나(땅)**

---

094 ★★★ ☐☐

형성하다
어떤 형상을 이루다

영 ***form

形형 형상
成성 이루다

형상(형) · 이루다(성) ⤳ 어떤 형상·모양을 이루다

[한자] ⊙**形형** 형상·모양 **成성** 이루다·갖추어지다·완성하다

[연관한자] ⊙**貌모** 모양 | **樣양** 모양 | **像상** 모양 | **象상** 코끼리·모양 | **像상** 모양 | **狀상** 형상 | **相상** 서로·모양 | **態태** 모양 | **況황** 상황·모양 | **姿자** 모양 ⤳ 모습을 뜻하는 낱말을 만듦 ↔ 모양(模樣) 형태(形態) 상황(狀況) 상태(狀態) 자태(姿態) 양태(樣態) 형상(形狀) 양상(樣相)

[한자활용] ⊙形象·形像형상, 形態형태, 象形상형, 形式형식, 圖形도형, 形便형편, 人形인형, 形勢형세, 原形원형, 成形성형, 形局형국, 形言형언, 形質형질, 奇形기형, 三角形삼각형, 形容詞형용사

[영어] **form** [fɔːrm] [어원] 라틴어 forma(모양, 형태) [뜻] (형태를) 만들다; 형성하다(shape, fashion, mold); 형식 [풀이] **To develop or acquire a certain character or form**(어떤 모습·모양을 갖추다)

[예] **열대 우림** 지역의 덥고 습한 기후는 나무가 잘 자랄 수 있는 환경을 제공하여 다양한 높이의 나무들이 빽빽하게 들어선 밀림을 형성한다 / **지역 방언**이란 한 언어에서 지역에 따라 달라져서 형성된 각 지방의 말을 뜻한다 / 상품을 사려고 하는 사람과 팔려고 하는 사람이 합의한 가격에서 시장 가격이 형성되고 거래가 이루어진다

095 ★☆☆ ▢▢

관개
물을 끌어와 논밭에 댐

영 *irrigation

灌관 물을 대다
漑개 물을 대다

물을 대다(관) · 물을 대다(개) ~~ 농사에 필요한 물을 끌어와 / 논밭에 •댐

한자 **灌관** 물을 •대다   **漑개** 물을 대다

영어 **irrigation** [ìrəgéiʃən] 어원 라틴어 ir(안으로)+rigare(물을 주다) 뜻 관개(물을 댐); 관수 풀이 **An act of supplying water to fields or paddies for crops**(농사에 필요한 물을 논밭에 끌어와 댐)

유 관수(灌관 물을 대다, 水수 물)

예 일부 건조 기후 지역은 •관개 농업이 발달하면서 유목민 중에서 정착 생활을 하는 사람들이 점차 늘어났다 / 아메리카와 오세아니아 등지의 스텝 지역에서는 관개 시설을 확충하여 대규모로 소를 방목하거나 밀을 재배하기도 한다 / 건조 지역에서는 작물을 생산할 목적으로 지하수를 지나치게 끌어올려 •관개 농업을 한 결과 사막화 현상이 발생한다

• 대다(irrigate[írəgèit])   (어떤 곳에 물이 고이거나 흐르도록) 물을 끌어 들이다

• 관개 농업(農농 농사   業업 일 | irrigation cultivation[ìrəgéiʃən kʌ̀ltəvéiʃən])   물을 인공적으로 농경지로 끌어와 작물을 재배하는 농업

---

096 ★☆☆ ▢▢

방목하다
가축을 풀어 놓고 기르다

영 *graze

放방 놓다
牧목 기르다

(풀어) 놓다(방) · 가축을 기르다(목) ~~ 가축을 / 우리에 가두지 않고 / 풀밭에 풀어 놓고 기르다

한자 **放방** 놓다·내쫓다·그만두다 ◉**牧목** (가축을)기르다·다스리다·목장
한자활용 ◉•牧畜목축, 遊牧유목, 遊牧民유목민, 牧畜業목축업, 牧場목장, 牧草목초, 牧草地목초지, 牧牛목우, 牧民목민, 牧歌목가, ❶牧歌的목가적, 牧童목동, 放牧地방목지, 放牧場방목장

영어 **graze** [greiz] 뜻 (가축이 들에서) 풀을 뜯다[뜯어 먹다](eat growing grass, feed in pasture); (가축을) 방목하다(pasture cattle) 풀이 **To tend livestock out loose in a pasture without keeping them in a cage**(가축을 우리에 가두지 않고 풀밭에 풀어 놓고 기르다)

예 인구가 증가함에 따라 더욱 많은 가축을 방목하게 되면서 삼림과 초원이 파괴되어 땅이 황폐해진다 / 일부 초원 지역에서는 넓은 목초지를 조성하여 유목을 하지 않고 방목을 하기도 한다 / 이 산촌에 사는 사람들은 보리를 재배하면서 소와 양을 방목하는 반농반목의 생활을 한다 / 해안가를 따라 드라이브를 하던 중에 방목하는 양들이 길가에서 풀을 뜯어 먹는 모습을 보았다

• 목축(牧목 (가축을)기르다 畜축 짐승·가축 | livestock farming[láivstɑːk fɑ́ːrmiŋ])   생계를 위하여 소, 양, 말, 돼지와 같은 가축(집에서 기르는 짐승)을 기르는 일

---

❶ 목가적牧歌的 가축 기를 목, 노래 가, 어조사(~의) 적 풀이 시골처럼 소박하고 평화로우며 서정적인(감정이나 정서를 듬뿍 담고 있는) (것)

1 다음 **국단어의 뜻**을 표로 정리하시오.

국단어	뜻	한자		영단어
수목		樹수	木목	
초원		草초	原원	
확충하다		擴확	充충	–
지대		地지	帶대	
형성하다		形형	成성	
관개		灌관	漑개	
방목하다		放방	牧목	

2 다음 중 **原원**(언덕)과 뜻이 비슷한 한자가 **아닌** 것은?

① 岸안　② 坵구　③ 坂판　④ 地지　⑤ 峙치

3 다음 중 **形형**(모양)과 뜻이 비슷한 한자가 **아닌** 것은?

① 象상　② 貌모　③ 帶대　④ 態태　⑤ 樣양

4 다음 중 **모습**과 비슷한 뜻을 갖는 낱말이 **아닌** 것은?

① 형태(形態)　② 상황(狀況)　③ 상태(狀態)　④ 상호(相互)　⑤ 양상(樣相)

5 다음 문장을 읽고, 그 **뜻에 해당하는 낱말**을 쓰시오.

1　건기와 짧은 우기가 나타나는 건조 초원 지대 _____

2　시골처럼 소박하고 평화로우며 서정적인 (것) _____

3　사하라 사막 남부의 사막 기후와 스텝 기후가 만나는,

　동서 방향의 띠 모양으로 분포하는 지대 _____

4　물을 인공적으로 농경지로 끌어와 작물을 재배하는 농업 _____

6 빈칸에 알맞은 낱말을 넣어 문장을 완성하시오.

1　맞벌이 부부를 위한 영유아 보육 시설의 _____ 이 필요하다

2　건조 지역은 강수량보다 증발량이 더 많아 황량한 사막이나 _____ 지대로 되어 있다

3　일부 초원 지역에서는 넓은 목초지를 조성하여 유목을 하지 않고 _____ 을 하기도 한다

4　이산화 탄소가 녹아 있는 물이 석회암 _____ 에 스며들면 석회암이 녹아서 석회 동굴이

　만들어진다

5　**지중해성 기후** 지역은 여름이 매우 건조하여 농작물이 말라 죽기 쉽기 때문에 가뭄에 잘 견디는 올리브,

　포도, 오렌지 등을 재배하는 _____ **농업**이 발달하였다

4주 1일

---

097 ★☆☆ □□

유목하다
떠돌며 가축을 기르다
⑱ *nomadism

遊유 떠돌다
牧목 기르다

떠돌며(유) · 가축을 기르다(목) ～ 사는 곳을 정하지 않고 물과 풀밭을 따라 옮겨 다니면서 / 소나 양 따위의 가축을 기르다

[한자] ◉遊유 놀다·즐기다·떠돌다·여행하다·친구·까닭　**牧**목 (가축을)기르다·다스리다·목장

[한자활용] ◉遊覽유람, 浮遊부유, 遊興유흥, 遊園地유원지, 外遊외유, 西遊記서유기, ❶西遊見聞서유견문

[영어] **nomadism** [nóumædìzm]　[뜻] 유목, 유목 생활, 유랑 생활　[풀이] A life of roaming to places to find grass and water for livestock such as cows and sheep(소나 양과 같은 가축이 먹을 풀과 물을 찾아 옮겨 다니면서 삶)

[예] 스텝 기후 지역은 강수량이 적어 농사를 짓기 어렵기 때문에 주민들은 주로 염소, 양 등을 기르며 물과 풀을 찾아 이동하는 유목 생활을 한다 / 전통적으로 순록을 유목하며 살던 **툰드라** 기후 지역의 주민들은 지하자원의 개발과 관광 산업의 발달 등으로 도시로 이주하여 정착하는 경우가 늘고 있다

*떠돌다(wander[wǽndər])　(한곳에 오래 머물지 않고) **이곳저곳을 옮겨 다니다**

---

098 ★☆☆ □□

사육하다
가축을 기르다
⑱ *breed

飼사 기르다
育육 기르다

기르다(사) · 기르다(육) ～ 가축, 짐승에게 먹이를 먹여서 / 기르다

[한자] ◉飼사 기르다·먹이다·양육하다·사육하다·사료　◉育육 기르다·자라다·낳다

[연관한자] ◉飼사 기르다 | 養양 (낳아)기르다·(젖)먹이다·(심어)가꾸다 ↪ 양육(養育) 사육(飼育) 사양(飼養)

[한자활용] ◉養育양육, 敎育교육, 體育체육, 育成육성, 育兒육아, 生育생육, 薰育훈육, 發育발육, 保育보육

[영어] **breed** [bríːd]　[뜻] (동식물의) 품종(race, stock); (소·말 등을) 기르다, 사육하다(raise); 육성하다, 양육하다(bring up)(to), 교육하다, 가르치다(educate, train)　[풀이] To raise livestock or animals by feeding and taking care of them(가축이나 짐승을 먹이고 돌보아 기르다)

[예] 연중 서늘하고 *습윤한 **서안 해양성** 기후 지역에서는 곡물 재배와 가축 사육을 함께하는 **혼합 농업**이 발달했다 / 이슬람교도가 돼지고기를 *금기시한 것은 이 지역의 건조한 기후와 유목 생활에 돼지 사육이 적합하지 않았기 때문이다 / 서부 유럽에서는 가축을 사육하여 우유, 버터, 치즈 등의 유제품을 만드는 낙농업이 발달하였다

*습윤하다(濕습 젖다　潤윤 젖다 | humid[hjúːmid])　(기후가) **습기가 많은 느낌이 있다. 습기가 많다**

*금기시하다(禁금 금하다　忌기 꺼리다　視시 보다)　(종교 또는 관습적인 이유로) **어떤 일을 하면 안 되거나 피해야 한다고 여기다**

---

❶ **서유견문西遊見聞** 서녘 서, 여행할 유, 볼 견, 들을 문　[뜻] 서양을 여행하며 보고 들음　[풀이] 조선 고종 때 유길준이 미국과 유럽을 여행하면서 느낀 점을 기록한 책

099 ★☆☆ □□

자초지종
처음부터 끝까지

自자 처음, 初초 처음
至지 이르다
終종 끝내다

처음(자) · 처음(초) · 이르다(지) · 끝내다(종) ⤳ 처음부터 끝까지의 과정

[한자] **自자** 스스로·자기·처음 ⊙**初초** 처음·시작 **至지** 이르다·도달하다 **終종** 마치다·끝내다

[한자활용] ⊙初場초장, 初期초기, 始初시초, 最初최초, 初心초심, 初步초보, 端初단초, 初等초등, 初面초면, 初婚초혼, 初入초입, ❶首丘初心수구초심, 今時初聞금시초문, 初志一貫초지일관

[예] 자초지종을 직접 듣고서야 오해가 풀렸다. / 싸움이 벌어진 자초지종에 대해 설명했다. / 약속 시간에 늦은 자초지종을 설명했다 / 사건의 자초지종을 차근차근 털어놓았다

---

100 ★☆☆ □□

개간하다
쓸모있는 땅으로
만들다
[영] *cultivate

開개 개척하다
墾간 개간하다

개척하다(개) · 개간하다(간) ⤳ 버려둔 거친 땅(황무지)을 일구어 / 논밭 따위의 쓸모 있는 땅으로 만들다

[한자] **開개** 열다·펴다·개척하다·시작하다·깨우치다 **墾간** 개간하다

[영어] **cultivate** [kʌ́ltəvèit] [어원] cultiv(경작된) + ate(상태로 하다) [뜻] (논밭을) 갈다, 경작하다; (땅을) 개간하다; (식물·작물 등을) 재배하다 [풀이] **To clear abandoned land to make cultivated land**(버려두어 쓸모없는 땅을 일구어 농사를 지을 수 있는 땅으로 만들다)

[유] **개척하다**(開개 열다·개척하다 拓척 넓히다·개척하다)

[예] 열대 우림 기후 지역은 인간이 활동하기에는 너무 덥고 습하며 밀림이 울창하여 *경지를 개간하는 데 어려움이 있다 / 산지의 주민들은 *경사지를 *농경지나 목초지로 개간하여 이용하거나 *임산물을 채취하면서 살아간다

• *경지(=농경지=경작지 | 農농 농사 耕경 농사짓다 作작 짓다 地지 땅 | farmland[faˈrmlæˌnd]) 농사를 짓는 땅

• *경사지(傾경 기울다 斜사 비스듬하다 地지 땅 | slope[sloup]) 바닥이 평평하지 않고 기울어진 땅

• *임산물(林림(임) 수풀 産산 낳다·산물 物물 물건·재물 | forest products[fɔ́:rist prɑ́dʌkts]) 산림(산과 숲)에서 나는 물품(쓸 만한 값어치가 있는 물건)

---

101 ★☆☆ □□

팽배하다
기운이 거세게
일어나다
[영] *prevail

澎팽 부풀어 오르다
湃배 물결치다

부풀어 오르다(팽) · 물결치다(배) ⤳ 어떤 사상, 기운 따위가 / 매우 거세게(거칠고 힘 있게) 일어나다

[한자] **澎팽** 물소리·물결치다·부풀어 오르다 **湃배** 물결치다

[영어] **prevail** [privéil] [어원] pre(…의 앞에) + vail(강한, 가치가 있는)→보다 더 강한 힘을 갖다 [뜻] 널리 퍼져 있다, 만연하다, 팽배하다, 유행하다(be prevalent); 승리하다, 이기다(be victorious)(over, against) [풀이] **For a certain energy, ideological trend, etc., to rise very strongly**(어떤 기세나 사상의 흐름 등이 매우 거세게 일어나다)

[예] 경제적인 위기감이 팽배하여 사회적 불안이 가중되고 있다 / 현대 자본주의 사회에서는 물질만능주의로 인한 각종 사회 범죄가 팽배해 있다

---

❶ **수구초심首丘初心** 머리 수, 언덕 구, 처음 초, 마음 심 [뜻] 여우가 죽을 때 머리를 제가 살던 굴을 향해 돌림 [풀이] (죽음을 앞두고) 고향을 그리워하는 마음

4주 1일

---

102 ★☆☆ □□

구비
말로 전해 내려옴

口구 입
碑비 비석

비석에 새긴 것처럼 오래도록 전해 내려온 말이라는 뜻으로 / 대대로 말로 전하여 내려옴

한자 ⊙**口구** 입·입구 **碑비** 비석·돌기둥

한자활용 ⊙食口식구, 家口가구, 港口항구, 浦口포구, 人口인구, 口實구실, 入口입구, 出口출구, 緘口함구, 口腔구강, 口傳구전, 口舌數구설수, ❶衆口難防중구난방, 一口二言일구이언, ❷有口無言유구무언, ❸口蜜腹劍구밀복검, 異口同聲이구동성, 糊口之策호구지책

유 **구전**(口구 입, 傳전 전하다)

예 구비 **문학**이란 입에서 입으로 말을 통해 전해진 **문학**을 말한다 / 판소리나 민속극도 구비 *전승의 문학이라는 점에서는 민요와 동일하다 / 향가는 구비 문학에 근원하는 것으로 알려져 있다

*전승하다(傳전 전하다 承승 잇다·계승하다 | hand down) 문화, 풍속, 제도 등을 **물려받아 이어 가다**. 또는 그것을 **물려주어 잇게 하다**

---

103 ★★☆ □□

수용하다
받아들이다
영 ***accept

受수 받아들이다
容용 받아들이다

받아들이다(수) · 받아들이다(용) ~ 어떠한 것을 받아들이다

한자 ⊙**受수** 받다·거두어들이다·받아들이다 **容용** 얼굴·받아들이다

한자활용 ⊙接受접수, 受賞수상, 受諾수락, 受領수령, 受惠수혜, 受益수익, 甘受감수, 受信수신, 受納수납, 享受향수, 受難수난, 感受性감수성, 受取人수취인, 受信者수신자

영어 **accept** [æksépt] **어원** ac(…을) + cept ((동의하여) 받아들이다) **뜻** (선물·제안 등을 호의적·적극적으로) 받아들이다(consent to take), (초대·제안·구혼·신청·임명·직책 등을) 받아들이다, 응하다, 수락하다, 수용하다(assent to); (책임·죄·설명·정정·수정 등을) 인정하다 **풀이** To accept something(어떤 것을 받아들이다)

유 **용납하다**(容용 얼굴·받아들이다, 納납 받아들이다)

예 지속적인 문화 접촉으로 새로운 문화를 수용하거나 자신의 문화를 전달하면서 쌍방향의 **문화 전파**가 일어난다 / 세계화로 외부에서 들어온 문화가 그대로 수용되기보다는 각 지역의 특성에 맞게 재구성되면서 새로운 문화를 생성하기도 한다 / 정부는 개혁 요구를 전면적으로 수용했다 / 도시 문제는 인구의 수용 능력을 넘어서는 과도시화 때문에 나타났다 / 이민을 수용하다 / 환자를 수용하다

---

❶ **중구난방衆口難防** 무리 중, 입 구, 어려울 난, 막을 방
뜻 여러 사람(무리)의 입을 막기는 어렵다 **풀이** 많은 사람이 제각기 자신의 의견을 내세워 한 가지 의견으로 통일되거나 합리적인 조정이 되지 않는 상황을 가리키는 말

❷ **유구무언有口無言** 있을 유, 입 구, 없을 무, 말씀 언
뜻 입은 있으나 말이 없음 **풀이** 잘못이 분명해 변명할 수 없어서 아무 말도 못 함

❸ **구밀복검口蜜腹劍** 입 구, 꿀 밀, 배 복, 칼 검
뜻 입에는 꿀이 있고 배 속에는 칼이 있음 **풀이** 말로는 친한 체하나 속으로는 해칠 생각을 가짐

1 다음 **국단어의 뜻**을 표로 정리하시오.

국단어	뜻	한자		영단어
유목하다		遊유	牧목	
사육하다		飼사	育육	
자초지종		自자	初초	−
		至지	終종	
개간하다		開개	墾간	
팽배하다		澎팽	湃배	
구비		口구	碑비	−
수용하다		受수	容용	

2 다음 중 **育육**(기르다)의 뜻을 갖는 한자를 **모두** 고르시오.

① 飼사   ② 澎팽   ③ 養양   ④ 墾간   ⑤ 牧목

3 다음 문장을 읽고, 그 **뜻에 해당하는 낱말**을 쓰시오.

1 (죽음을 앞두고) 고향을 그리워하는 마음　　　＿＿＿＿＿＿＿＿＿

2 말로는 친한 체하나 속으로는 해칠 생각을 가짐　　＿＿＿＿＿＿＿＿＿

3 잘못이 분명해 변명할 수 없어서 아무 말도 못 함　＿＿＿＿＿＿＿＿＿

4 각기 자신의 의견을 내세워 한 가지 의견으로 통일되지 않는 상황을 가리는 말＿＿＿＿＿＿

5 입에서 입으로 말을 통해 전해진 문학　　　　　＿＿＿＿＿＿＿＿＿

4 빈칸에 알맞은 낱말을 넣어 문장을 완성하시오.

1 ＿＿＿＿＿＿＿ 기후 지역은 강수량이 적어 농사를 짓기 어렵기 때문에 주민들은 주로 염소, 양 등을 기르며 물과 풀을 찾아 이동하는 ＿＿＿＿＿＿＿ 생활을 한다

2 현대 자본주의 사회에서는 물질만능주의로 인한 각종 사회 범죄가 ＿＿＿＿＿＿＿ 해 있다

3 세계화로 외부에서 들어온 문화가 그대로 ＿＿＿＿＿＿＿ 되기보다는 각 지역의 특성에 맞게 재구성되면서 새로운 문화를 생성하기도 한다

4 연중 서늘하고 습윤한 **서안 해양성** 기후 지역에서는 곡물 재배와 가축 ＿＿＿＿＿＿＿ 을 함께하는 ＿＿＿＿＿＿＿ **농업**이 발달했다

5 판소리나 민속극도 ＿＿＿＿＿＿＿ 전승의 문학이라는 점에서는 민요와 동일하다

6 산지의 주민들은 경사지를 농경지나 목초지로 ＿＿＿＿＿＿＿ 하여 이용하거나 임산물을 채취하면서 살아간다

4주 2일

---

104 ★☆☆ □□

단념하다
마음에 품었던 생각을
끊다

영 *abandon

斷단 끊다
念념 생각하다

끊다(단) · 생각하다·(마음에)두다(념) ～ 무엇을 하려고 마음속에 품었던 생각을 /
끊다, 그만두다, 미련 없이 버리다

[한자] ◉**斷**단 끊다·결단하다 **念**념 생각하다·(마음에)두다·외우다

[한자활용] ◉**遮斷**차단, **切斷**절단, **中斷**중단, **縱斷**종단, **橫斷**횡단, **判斷**판단, **決斷**결단, **斷乎**단호, **斷食**단식, **斷交**단교, **斷熱**단열, **斷面**단면, **獨斷的**독단적, **言語道斷**언어도단, **優柔不斷**우유부단

[영어] **abandon** [əbǽndən] [어원] a(…에) + bandon(권력의 범위)→타인의 권력 범위에 두다 [뜻] (책임이 있으므로 하는 수 없이 사람이나 물건을) 버리다; (사람·배·나라·장소·지위·집·고향 등을) 버리고 떠나다(forsake); (습관·일·계획·생각·희망 등을) 그만두다, 단념하다(relinquish); (권리·재산·자식 등을) 포기하다(give up); (나라·땅·요새·지배권·통제권 등을) …에게 내주다(surrender) [풀이] **To throw away or give up one's idea**(갖고 있던 생각을 버리거나 포기하다)

[예] 그는 가난 때문에 대학 진학을 단념하고 직장에 취직했다 / 지극한 정성이 의사도 단념했던 환자를 *소생시켰다 / 우리는 비록 한 번 패하기는 했으나 우승을 단념할 수 없었다
* **소생**(蘇소 되살아나다·소생하다 生생 낳다·살다 | revival[riváivəl])   다시 살아남. 회생(回生)

---

105 ★☆☆ □□

이변
예상치 못한
매우 이상한 일

異이 기이하다
變변 변고

기이하다(이) · 변고(변) ～ 예상하지 못한 일 또는 매우 이상한 일

[한자] **異**이 다르다·기이하다(기괴하고 이상하다) **變**변 변하다·고치다·변고(갑작스러운 재앙)

[연관한자] ◉**差**차 다르다 | **別**별 나누다·다르다 | **他**타 다르다 | **殊**수 다르다 ↔ 차이差異, 차별差別

[한자활용] ◉**差異**차이, **異常**이상, **異議**이의, **變異**변이, **怪異**괴이, **奇異**기이, **異見**이견, **特異性**특이성, **異邦人**이방인, **同床異夢**동상이몽, **大同小異**대동소이, ❶**異口同聲**이구동성, **同音異義**동음이의

[예] 오월에 눈이 내리는 이변이 벌어졌다 / *기상 이변으로 인해 세계 곳곳에서 대규모의 자연재해가 자주 발생하고 있다 / 하늘에서 고기떼가 비처럼 떨어지는 이변이 일어났다
* **기상**(氣기 기운 象상 코끼리·모양 | weather[wéðər])   비·눈·바람·안개·구름·기온 따위의 대기(지구를 둘러싸고 있는 공기층) 중에서 일어나는 모든 현상

---

106 ★☆☆ □□

거동
몸을 움직임

擧거 행하다
動동 움직이다

행하다(거) · 움직이다(동) ～ 몸을 움직임 또는 몸을 움직이는 동작

[한자] ◉**擧**거 들다·일으키다·행하다·거동 **動**동 움직이다·옮기다·흔들리다

[한자활용] ◉**選擧**선거, **薦擧**천거, **快擧**쾌거, **檢擧**검거, **列擧**열거, ❷**一擧兩得**일거양득

[유] 행동거지, 운신(運운 옮기다·움직이다, 身신 몸·신체)

[예] 거동이 수상쩍은 사람을 경찰에 신고하였다 / 몸이 불편하여 거동이 힘든 할머니를 부축해 드렸다 / 부러진 다리가 아직 완쾌되지 않아서 거동이 불편하다

---

❶**이구동성**異口同聲 다를 이, 입 구, 같을 동, 소리 성   [뜻] 다른 입에서 같은 소리가 남 [풀이] 여러 사람의 하는 말이 한결같고 의견이 일치함
❷**일거양득**一擧兩得 한 일, 행할 거, 두 량, 얻을 득   [뜻] 한 번 행하여 두 가지를 얻음 [풀이] 한 가지 일을 하여 두 가지 이익을 얻음 ≒일석이조(一石二鳥)

107 ★☆☆ □□

기미
일이 일어날 분위기
🔵 ***sign**

幾기 낌새
微미 작다

어떤 일을 느낌으로 알아차릴 수 있는 눈치 또는 일이 되어 가는 야릇한 분위기

한자 **幾기** 몇·얼마·자주·낌새 ⊙**微미** 작다·정교하다·꼼꼼하다

연관한자 ⊙**小소** 작다 | **細세** 가늘다·작다·드물다 ～～ 작다는 뜻을 갖는 낱말을 만듦 ↦ 소소하다(小小) 미미하다(微微) 미세하다(微細) °세세하다(細細)

한자활용 ⊙微微미미, 微細미세, 稀微희미, 微妙미묘, 微物미물, 微動미동, 微粒미립, 輕微경미, 微熱미열, 微溫미온, 微風미풍, 微量미량, 微生物미생물, 顯微鏡현미경, 微積分미적분

영어 **sign** [sain] 어원 라틴어 signare(표시하다), signum(표, 신호) 뜻 (계약을) 체결하다; (운동선수·음악가 등과) 계약하다; (편지·서류에) 서명하다, 사인하다; 징조, 조짐, 기미(indication); 징후(symptom); (어떤 사실을 보이거나 어떤 뜻을 전하는) 손짓, 몸짓(gesture), 신호(signal); 부호, 기호, 표시(mark) 풀이 **A mood that enables one to guess the progress of a situation or status**(어떤 일이 되어 가는 상황이나 상태를 짐작할 수 있는 분위기)

유 낌새(확실히 드러나지 않는 묘한 분위기. 또는 그런 것을 알아챌 수 있는 눈치)
예 하늘에 구름이 잔뜩 끼고 비가 올 기미가 있어서 우산을 챙겨 외출했다 / 상황이 점차 °호전될 기미가 보이고 있다 / 십 년 동안 계속된 전쟁이 끝날 기미가 보이지 않았다 / 두 아이는 서로 상대방을 탓하면서 화해할 기미를 전혀 보이지 않았다
°**세세하다**(細細 가늘다·자세하다) (사소한 것까지 놓치거나 빠뜨리지 않고) 아주 자세하다
°**호전**(好호 좋다 轉전 구르다·바꾸다 | getting better) 어떤 일이 잘되어 가기 시작함. 병의 증세가 나아지기 시작함

108 ★☆☆ □□

명분
겉으로 내세우는 이유

名명 명분
分분 나누다

어떤 일을 하기 위해 / 겉으로 내세우는 °이유

한자 ⊙**名명** 이름·평판(세상 사람들의 평가)·명분 **分분** 나누다·몫·나누어 주다·구별하다·명백하다

한자활용 ⊙名譽명예, 名聲명성, 姓名성명, 署名서명, 有名유명, 無名무명, 名士명사, 名品명품, 匿名익명, 功名공명, ❶空名帖공명첩, 陋名누명, 名節명절, 代名詞대명사, 芳名錄방명록, ❷立身揚名입신양명, ❸有名無實유명무실, ❹名不虛傳명불허전, 名實相符명실상부

유 구실(口구 입, 實실 열매), 명목(名명 이름, 目목 눈), 명색(名명 이름, 色색 빛·색채)
예 그는 어떤 일을 할 때 항상 명분을 찾았고, 그럴듯한 명분을 찾기 전까지 일을 시작하지 않았다 / 시민들은 그 정치인이 아무런 명분 없이 °사면되는 것을 반대했다 / 사람들은 이번 파업이 명분이 없다고 비난했다
°**이유**(理이 다스리다 由유 말미암다 | reason[ríːzən]) 어떤 결론·결과가 나온 근거
°**사면하다**(赦사 용서하다 免면 벗어나다·용서하여 놓아주다 | pardon[páːrdn]) 죄를 용서하여 벌을 받지 않게 하다

---

❶ **공명첩空名帖** 빌 공 이름 명, 문서 첩

❷**입신양명立身揚名** 설 립, 몸 신, 떨칠 양, 이름 명
❸**유명무실有名無實** 있을 유, 이름 명, 없을 무, 열매 실
❹**명불허전名不虛傳** 이름 명, 아닐 불, 빌 허, 전할 전

뜻 1677년(숙종 3년)에 국가 재정 확보를 위해 시행된 제도로 국가가 개인에게 돈이나 곡식을 받고 주었던 성명을 적지 않은 백지(白紙: 아무것도 쓰지 않은 종이)의 관직 임명장. 관아에서 돈이나 곡식 따위를 받고 관직을 팔 때 관직 이름은 써 주되 이에 임명된 자는 실무를 보지 않고 명색만 행세하게 됨
뜻 자신의 뜻을 확립하고 이름을 드날린다 풀이 입신출세(立身出世)하여 세상에 이름을 드날림
뜻 이름은 있으나 열매는 없음 풀이 겉보기에는 그럴 듯하지만 실제로는 아무 내용도 없음을 일컫는 말
뜻 이름은 헛되이 전해지지 않는다 풀이 명성이 널리 알려진 데는 그럴 만한 까닭이 있음을 이르는 말

4주 2일

---

109 ★☆☆ □□

도회지
도시

영 ***city

都都 도시
會회 대도시
地지 땅

도시(도)·대도시(회) ⤳ 사람이 많이 살고, °상공업이 발달한 번잡한 지역. 도시

| 한자 | ⊙**都도** °도읍·도시　**會회** 모이다·만나다·대도시(大都市)　**地지** 땅·장소 |

한자활용 ⊙**都市**도시, **首都**수도, **遷都**천도, **都邑**도읍

영어 **city** [síti]　뜻 (크거나 중요한) 도시, 시(large town), (막연히) 도시, 도회지　풀이 A highly-populated area where business and manufacturing are thriving(사람이 많이 살고 상공업이 발달한 번화한 지역)

예 복잡한 도회지를 떠나 조용한 시골로 가고 싶다 / 하나둘 도회지로 떠나고 이제 고향에는 우리 집만 남았다 / 노부부는 자식들이 모두 도회지로 나간 후 단둘이 시골에서 지내고 있다

° **상공업**(**商상** 장사 **工공** 장인·공업 **業업** 직업 | commerce and industry[kάmərs ænd índəstri]) 상업(商業: 상품을 사고파는 행위를 통하여 이익을 얻는 일)과 공업(工業: 자연물이나 원료를 사람의 힘, 또는 기계로 가공하여 보다 가치 있는 물건 및 재화를 생산하는 산업)

° **도읍**(≒서울) (**都도** 도읍 **邑읍** 고을 | capital[kǽpitl]) 예전에, 한 나라의 수도(서울)를 이르던 말

---

110 ★☆☆ □□

원관념
원래 표현하려는 대상

元원 처음
觀관 나타내다
念념 생각

처음(원)·나타내다(관)·생각(념) ⤳ 비유에서 실제로 나타내고자 하는 / 원래 °표현하려는 대상

| 한자 | ⊙**元원** 으뜸·처음　**觀관** 보다·나타내다　**念념** 생각 |

한자활용 ⊙**元素**원소, **元本**원본, **元金**원금, **元是**원시, **紀元前**기원전, **高次元**고차원, **一元化**일원화

예 '내 누님같이 생긴 꽃이여'에서 '꽃'은 원관념이다 / '내 마음은 호수요'라는 시 구절에서 원관념은 '내 마음'이고 빗대어 표현한 대상은 '호수'이다

° **표현하다**(**表표** 겉 **現현** 나타내다 | express[iksprés] represent[rèprizént]) (말·행동·글·음악·그림 따위를 통해서 생각·감정 등을) 겉으로 나타내다

---

111 ★☆☆ □□

보조 관념
빗대어 표현한 대상

補보 돕다
助조 돕다
觀관 나타내다
念념 생각

돕다(보조)·나타내다(관)·생각(념) ⤳ 비유에서 원관념(원래의 표현 대상)이 잘 드러나도록 돕는 / °빗대어 표현한 대상

| 한자 | ⊙**補보** 돕다·채우다　**助조** 돕다·힘을 빌리다　**觀관** 보다·나타내다　**念념** 생각 |

연관한자 ⊙**扶부** 돕다 | **輔보** 돕다·도움 | **助조** 돕다 | **佐좌** 돕다·보좌하다 | **援원** 돕다·구원하다 | **贊찬** 돕다 | **濟제** 돕다·구제하다 | **救구** 구원하다·돕다 | **護호** 돕다·보호하다 ⤳ 돕다는 뜻의 낱말을 만듦 ↪ 보조(補助) 원조(援助) 부조(扶助) 찬조(贊助) 구제(救濟) 구호(救護) 보좌(補佐·輔佐) 원호(援護)

한자활용 ⊙**補償**보상, **候補**후보, **補充**보충, **補給**보급, **補完**보완, **補藥**보약, **補陽**보양, **補助金**보조금

예 '가르마 같은 논길' '내 누님같이 생긴 꽃'에서 보조 관념은 '가르마' '내 누님'이다 / '내 마음은 호수요' '개나리는 봄을 밝히는 노란 전구'에서 '호수' '노란 전구'는 보조 관념이다

° **빗대다** (어떤 대상을 다른 대상에) 비교하다. 견주다. 비기다

1 다음 **국단어의 뜻**을 표로 정리하시오.

국단어	뜻	한자		영단어
단념하다		斷단	念념	
이변		異이	變변	–
거동		擧거	動동	–
기미		幾기	微미	
명분		名명	分분	
도회지		都도	會회	
		地지	–	
원관념		元원	觀관	
		念념	–	–
보조 관념		補보	助조	–

2 다음 중 **微미(작다)**의 뜻을 갖는 한자를 **모두** 고르시오.

① 理이 　② 細세 　③ 小소 　④ 轉전 　⑤ 赦사

3 다음 중 **異이(다르다)**의 뜻을 갖는 한자가 **아닌** 것은?

① 他타 　② 差차 　③ 殊수 　④ 別별 　⑤ 氣기

4 다음 중 **돕다**는 뜻을 갖는 낱말이 **아닌** 것은?

① 보조(補助) 　② 원시(元是) 　③ 구제(救濟) 　④ 보좌(補佐 · 輔佐) 　⑤ 원호(援護)

5 다음 문장을 읽고, 그 **뜻에 해당하는 낱말**을 쓰시오.

1 세상에 이름을 드날림 　_____

2 한 가지 일을 하여 두 가지 이익을 얻음 　_____

3 명성이 널리 알려진 데는 그럴 만한 까닭이 있음을 이르는 말 　_____

4 여러 사람의 하는 말이 한결같고 의견이 일치함 　_____

6 빈칸에 알맞은 낱말을 넣어 문장을 완성하시오.

1 하늘에서 고기떼가 비처럼 떨어지는 _____ 이 일어났다

2 시민들은 그 정치인이 아무런 _____ 없이 사면되는 것을 반대했다

3 '가르마 같은 논길' '내 누님같이 생긴 꽃'에서 _____ 은 '가르마' '내 누님'이다

4 그는 가난 때문에 대학 진학을 _____ 하고 직장에 취직했다

5 '쟁반같이 둥근 달' '사과 같은 내 얼굴'에서 _____ 은 '달'과 '내 얼굴'이다

4주 3일

---

112 ★★☆ ▢▢

비유하다
다른 대상을 빌려서
표현하다
영 **compare

比비 비교하다
喩유 비유하다

비교하다(비)·비유하다(유) ⤳ 원래 표현하려는 대상(원관념)을 직접 설명하지 않고 / 그와 비슷한 다른 대상(보조 관념)을 빌려서 표현하다

한자 ◉**比비** 견주다·비교하다　**喩유** 깨우치다·비유하다

한자활용 ◉比較비교, 比率비율, 對比대비, 比重비중, 比熱비열, 等比등비, 連比연비, 公比공비

영어 **compare** [kəmpéər]　어원 com(함께) + pare(대등하게 하다)　뜻 (A와 B를) 비교하다, 견주다(with, to); (A를 B에) 비유하다(liken), …에 비기다(to)　풀이 **To explain one thing effectively by comparing it with another thing that shares similarities**(어떤 것을 효과적으로 설명하기 위하여 그것과 비슷한 다른 것에 빗대어 설명하다)

유 **빗대다, 비기다**(빗대어 말하다)

예 용감무쌍한 사람을 호랑이에 비유한다 / 희망을 등불로 비유한다 / 눈썹을 초승달에 비유한다 / 여자의 마음을 이리 흔들리고 저리 쏠리는 갈대에 비유하곤 한다

---

113 ★★☆ ▢▢

직유법 (직유)
두 대상을 •직접
비유하는 표현법
영 *simile

直직 바로·직접
喩유 비유하다
法법 방법

바로·직접 (직)·비유하다(유)·방법(법) ⤳ 비슷한 성질, 모양을 가진 두 대상을 / '~같이' '~처럼' '~듯이'와 같은 말로 / 하나의 대상을 다른 대상에 •직접 비유하는(빗대어 표현하는) 표현법

한자 ◉**直직** 곧다·바르다·바로　**喩유** 깨닫다·비유하다　**法법** 법·방법

한자활용 ◉垂直수직, 正直정직, 直線직선, 直接직접, 直觀직관, 直立직립, 不問曲直불문곡직

영어 **simile** [síməlì:]　뜻 직유법, 직유　풀이 **How to directly connect one object(original idea) and another object(auxiliary idea) using conjunctions such as '~like' and '~as'**(한 대상(원관념)과 다른 대상(보조 관념)을 '~처럼' '~같이' 등의 연결어를 사용하여 직접 연결하는 방법)

예 비유법의 한 종류인 직유법은 '가르마 같은 논길' '내 누님같이 생긴 꽃' '구름에 달 가듯이 가는 나그네'와 같이, 'A는 B와 같다'의 형식을 갖는다 / '쟁반같이 둥근 달' '사과 같은 내 얼굴'과 같은 직유법은 표현하고자 하는 대상 A(원관념)를 다른 대상 B(보조 관념)에 •동등하게 비유한다

• **직접**(直직 곧다　接접 잇다 | direct[dirékt])　(중간에 아무것도 끼거나 거치지 않고) **바로**

• **동등하다**(同동 한가지·같다　等등 무리·같다 | equal[í:kwəl])　(등급·정도 따위가) **같다**

은유법
다른 대상에 숨겨서
비유하는 표현법
(영) *metaphor

隱은 숨다
喩유 비유하다
法법 방법

숨다(은) · 비유하다(유) · 방법(법) ⤳ 한 대상(A)을 다른 대상(B)에 °암시적 형식인 'A는 B이다'로 빗대어 표현하는 방법

[한자] ⊙隱은 숨다·음흉하다 喩유 깨닫다·비유하다 法법 법·방법

[한자활용] ⊙隱匿은닉, 隱蔽은폐, 隱遁·隱遯은둔, 隱密은밀, 隱身은신, 隱功은공, ❶隱忍自重은인자중

[영어] **metaphor** [métəfɔ̀ːr] [어원] 그리스어 metapherein(meta(초월해서)+pherein(옮기다)) [뜻] 은유 [풀이] In literature, a method of expressing something implicitly by using another expression without stating it directly(문학에서, 직접 말하지 않고 다른 말로 바꿔 암시적으로 나타내는 방법)

[예] 비유법의 한 종류인 은유법은 '인생은 여행' '내 마음은 호수' '개나리는 봄을 밝히는 노란 전구'와 같이, 'A는 B이다'의 형식으로 A를 B로 °대치한다 / 비유법에는 '호수같이 맑은 눈망울'처럼 유사성을 직접 드러내는 직유법과, '내 마음은 호수요'와 같이 유사성을 겉으로 드러내지 않고 숨겨서 비유하는 은유법이 있다

° **암시적**(暗암 어둡다·숨기다 **示시** 보이다 | implied[impláid]) 넌지시 알려 주는 (것)
° **대치하다**(代대 대신하다 **置치** 두다·내버려 두다 | replace[ripléis]) 다른 것으로 바꾸어 놓다

의인법
사물을 사람에
비유하는 표현법
(영) *personification

擬의 빗대어 말하다
人인 사람
法법 방법

빗대어 말하다(의) · 사람(인)에 · 방법(법) ⤳ 사람이 아닌 대상(사물)을 사람에 빗대어 / 사람이 행동하는 것처럼 표현하는 방법

[한자] ⊙擬의 빗대어 말하다(비유하다)·비교하다·모방하다 人인 사람 法법 법·방법

[한자활용] ⊙擬態語의태어, 擬聲語의성어, 模擬考查모의고사

[영어] **personification** [pəːrsɑ̀nəfikéiʃən] [어원] persona(인간)+facere(만들다) [뜻] 의인화(擬人化); 의인법 [풀이] The act of expressing something that is not a person, by attributing human characteristics to it(사람이 아닌 것을 사람에 빗대어 표현함)

[예] 비유법의 한 종류인 의인법은 '꽃이 웃는다' '별이 내게 속삭였다' '새가 노래를 부른다'와 같이, 사람이 아닌 것을 사람인 것처럼 표현하는 방법이다 / '나비가 춤을 춘다' '강물은 말없이 흐른다'는 비유법의 한 종류인 의인법을 활용한 표현이다

---

❶ **은인자중隱忍自重** 숨을 은, 참을 인, 스스로 자, 무거울 중 [뜻] 숨기고 참으며 몸가짐을 신중히 함 [풀이] 어떤 일이 있어도 겉으로 감정이나 사정을 드러내지 않고 몸가짐을 조심함. 겉으로 드러내지 않으면서 자신의 도리를 신중하게 깨달아 가는 모습

4주 3일

---

116 ★☆☆ ☐☐

식솔
식구

食식 밥
率솔 거느리다

한 집안에 딸린 식구

> 한자 ⊙**食식** 밥·음식·먹다·먹이다 **率솔** 거느리다·우두머리
>
> 한자활용 ⊙**飮食**음식, **穀食**곡식, **食事**식사, **食堂**식당, **食卓**식탁, **給食**급식, **配食**배식, **間食**간식, **食口**식구, **糧食**양식, **食糧**식량, **食品**식품, **飽食**포식, **衣食住**의식주, ❶**無爲徒食**무위도식, ❷**好衣好食**호의호식, ❸**弱肉強食**약육강식
>
> 유 **식구**(食식, 口구 입), **가족**(家가 집, 族족 겨레), **가구**(家가, 口구 입), **가솔**(家率)
>
> 예 딸린 식솔이 많아서 더 큰 집이 필요했다 / 한 집안의 가장이 된 그는 '무슨 짓을 하든 내 식솔 굶기지 않겠다'고 다짐했다 / 그는 식솔이 많은 집안의 가장 노릇을 하느라 허리가 휘도록 일했다

---

117 ★★☆ ☐☐

활유법
살아있는 것에
비유하는 표현법

活활 살아있다
喩유 비유하다
法법 방법

살아있다(활) · 비유하다(유) · 방법(법) ⤳ 생명이 없는 사물을 / 살아있는 것(생물)으로 빗대어 표현하는 방법

> 한자 **活활** 살다·살아있다 ⊙**喩유** 깨닫다·비유하다 **法법** 법·방법
>
> 한자활용 ⊙**比喩法**비유법, **隱喩法**은유법, **直喩法**직유법, **諷喩法**풍유법, **提喩法**제유법, **代喩法**대유법
>
> 예 비유법의 한 종류인 활유법은 '냉장고가 숨을 쉬고 있다' '나를 에워싸는 산' '울음 우는 바다'와 같이, 살아있지 않은 것을 살아있는 것처럼 표현하는 방법이다 / '꼬리를 감추며 달리는 기차' '저녁 해를 집어삼킨 바다'는 비유법의 한 종류인 활유법을 활용한 표현이다

---

118 ★☆☆ ☐☐

엄수하다
엄격히 지키다

嚴엄 엄격하다
守수 지키다

엄격히(엄) · 지키다(수) ⤳ 명령, 약속 따위를 / •엄격히 지키다

> 한자 ⊙**嚴엄** 엄하다· 엄격하다·지독하다 **守수** 지키다·다스리다
>
> 한자활용 ⊙**嚴肅**엄숙, **莊嚴**장엄, **威嚴**위엄, **尊嚴**존엄, **森嚴**삼엄, **嚴格**엄격, **嚴重**엄중, **嚴罰**엄벌
>
> 유 **준수하다**(遵준 좇다·따르다, 守수 지키다), **지키다**
>
> 예 군인은 명령을 철저히 엄수해야 한다 / 신용 있는 사람은 약속을 엄수하는 것을 •철칙으로 삼는다 / 아이는 일 년 동안 등교 시간을 엄수해서 한 번도 지각한 적이 없었다 / 교통사고를 예방하기 위해서는 보행자와 운전자 모두 교통 신호를 엄수해야 한다

• **엄격하다**(嚴엄 엄하다 格격 격식 | strict[strikt])   말·태도·규칙 따위가 엄하다(매우 바르고 철저하다)

• **철칙**(鐵철 쇠 則칙 법칙)   바꿀 수 없으며 꼭 지켜야 하는 원칙

---

❶ **무위도식無爲徒食** 없을 무, 할 위, 다만 도, 먹을 식   뜻 하는 일 없이 다만 먹음 풀이 아무 하는 일 없이 놀고먹기만 함

❷ **호의호식好衣好食** 좋을 호, 옷 의, 좋을 호, 음식 식   뜻 좋은 옷과 좋은 음식 풀이 남부러울 것 없이 풍족하게 잘사는 모습

❸ **약육강식弱肉強食** 약할 약, 고기 육, 굳셀 강, 먹을 식   뜻 약한 자의 고기는 강한 자가 먹음 풀이 강자가 약자를 지배하고 다스리는 세상. 승자와 패자가 힘과 권세로 엄격히 구별되는 상황. 생존 경쟁의 살벌함

1 다음 **국단어의 뜻**을 표로 정리하시오.

국단어	뜻	한자		영단어
비유하다		比비	喻유	
직유법		直직	喻유	
은유법		隱은	喻유	
의인법		擬의	人인	
식솔		食식	率솔	–
활유법		活활	喻유	–
엄수하다		嚴엄	守수	–

2 다음 중 **식솔**과 뜻이 비슷한 낱말이 **아닌** 것은?

① 식구(食口) ② 가솔(家率) ③ 가구(家口) ④ 가친(家親) ⑤ 가족(家族)

3 다음 문장을 읽고, 그 **뜻에 해당하는** 낱말을 쓰시오.

1 아무 하는 일 없이 놀고먹기만 함 _____

2 어떤 일이 있어도 겉으로 감정이나 사정을 드러내지 않고 몸가짐을 조심함 _____

3 남부러울 것 없이 풍족하게 잘사는 모습 _____

4 강자가 약자를 지배하고 다스리는 세상 _____

4 빈칸에 알맞은 낱말을 넣어 문장을 완성하시오.

1 비유법의 한 종류인 _____ 은 '꽃이 웃는다' '별이 내게 속삭였다' '새가 노래를 부른다'와 같이, 사람이 아닌 것을 사람인 것처럼 표현하는 방법이다

2 비유법의 한 종류인 _____ 은 '가르마 같은 논길' '내 누님같이 생긴 꽃' '구름에 달 가듯이 가는 나그네'와 같이, 'A는 B와 같다'의 형식을 갖는다

3 용감무쌍한 사람을 호랑이에 _____ 한다

4 그는 _____ 이 많은 집안의 가장 노릇을 하느라 허리가 휘도록 일했다

5 **비유법**에는 '호수같이 맑은 눈망울'처럼 유사성을 직접 드러내는 _____ 과, '내 마음은 호수요'와 같이 유사성을 겉으로 드러내지 않고 숨겨서 비유하는 _____ 이 있다

6 아이는 일 년 동안 등교 시간을 _____ 해서 한 번도 지각한 적이 없었다

7 비유법의 한 종류인 _____ 은 '냉장고가 숨을 쉬고 있다' '나를 에워싸는 산' '울음 우는 바다'와 같이, 살아있지 않은 것을 살아있는 것처럼 표현하는 방법이다

4주 4일

---

119 ★☆☆ □□

소양
갖추고 있는 지식
영 **knowledge

素소 평소
養양 수양하다

평소(소) · 수양하다(양) ⤳ 평소에 갈고 닦아서(수양하여) 갖추고 있는 / °학식, °지식

한자 **素소** 본디(처음)·바탕·성질·평소　◉**養양** 기르다·먹이다·가꾸다·수양하다·봉양하다

연관 한자 ◉**飼사** 기르다·먹이다 | **育육** 기르다·자라다·낳다 ↪ 사육飼育　양육養育

한자 활용 ◉養育양육, 奉養봉양, 涵養함양, 養成양성, 敎養교양, 供養공양, 供養米공양미, 培養배양, 養分양분, 營養分영양분, 滋養分자양분, 療養요양, 休養휴양, 營養영양, 營養劑영양제, 營養價영양가, 扶養부양, 入養입양, 入養兒입양아, 修養수양, 收養수양딸, 養子양자, 養女양녀, 罷養파양, 養蜂양봉, 養蜂場양봉장, 養殖양식, 養殖場양식장, 養魚場양어장, 養豚場양돈장, 養鷄場양계장, 供養米공양미, 養老院양로원

영어 **knowledge** [nάlidʒ]　뜻 (일반적인) 지식; (…에 대해) 아는 것, 알고 있음(familiarity, acquaintance)　풀이 Knowledge or information that one has accumulated(평소에 쌓아 둔 학문이나 지식)

유 **교양**(敎교 가르치다·익히다, 養양)

예 책을 많이 읽는 것은 문학적 소양을 쌓는 데 도움이 된다 / 사회 현상을 이해하는 데 인문학적 소양이 중요하다 / 한 분야의 전문인이 되기 위해서는 적절한 기술과 소양을 갖춰야 한다

° **학식**(學학 배우다 識식 알다·지식 | knowledge)　(어떤 분야를 체계적으로) **배워서 얻은 지식**

° **지식**(知지 알다·지식 識식 알다·지식 | knowledge) (배우거나 실천하여, 연구를 통해) **알게 된 것**

---

120 ★☆☆ □□

낙담하다
마음이 몹시 상하다
영 **disappoint
*discourage

落낙 쓸쓸하다
膽담 마음

쓸쓸하다(낙) · 마음(담) ⤳ 바라던 일이 뜻대로 되지 않아 / 마음이 몹시 °상하다

한자 ◉**落(락)** 떨어지다·쓸쓸하다·마을　**膽담** 쓸개·담력·마음·기백

한자 활용 ◉落榜낙방, 落第낙제, 脫落탈락, 墮落타락, 轉落전락, 墜落추락, 衰落쇠락, 沒落몰락, 落葉낙엽, 落花낙화, 落雷낙뢰, 落照낙조, 落膽낙담, 陷落함락, 零落영락, 村落촌락, 部落부락, 落札낙찰, 漏落누락, 落書낙서, 落胎낙태, 暴落폭락, 烏飛梨落오비이락, 難攻不落난공불락

영어 **disappoint** [dìsəpɔ́int] 어원 dis(반대) + appoint(일시·장소를)정하다 → 약속을 어기다　뜻 실망시키다, 실망을 안겨주다(fail to satisfy)　**discourage** [diskə́:ridʒd] 어원 dis(반대) + courage (용기) → 용기를 잃게 하다　뜻 …의 희망[용기]를 잃게 하다, 낙담시키다 (dishearten, dispirit)　풀이 To get disappointed or discouraged as something does not work out as wished(어떤 일이 바라던 대로 되지 않아 크게 실망하다)

유 **낙심하다**(落락 떨어지다, 心심 마음), **실망하다**(失실 잃다, 望망 바라다)

예 약속 장소에서 오랫동안 기다려도 그녀가 오지 않자 남자는 낙담한 채로 집으로 향했다 / 그는 병을 고칠 수 없다는 말을 듣고 낙담한 나머지 치료를 거부했다 / 성공하기 위해서는, 필연적으로 겪어야 할 실수와 실패에 낙담하지 않을 용기가 필요하다

° **상하다**(be hurt[həːrt])　(근심·슬픔·노여움 따위로) **기분이 안 좋아지다. 마음이 불편해지다**

무궁무진하다
끝없이 많다

영 *endless
*infinite

無무 없다
窮궁 다하다
無무 없다
盡진 다하다

없다(무) · 다하다(궁) · 없다(무) · 다하다(진) ⟿ *다함이 없을 정도로 / 끝없이 많다

한자 無무 없다 窮궁 다하다·*극에 달하다·가난하다 無무 ◉盡진 다하다·최고에 달하다

연관한자 ◉極극 극진하다·다하다 | 窮궁 다하다·궁하다

한자활용 ◉消盡소진, 蕩盡탕진, 賣盡매진, 極盡극진, 未盡미진, 脫盡탈진, 燒盡소진, 盡心진심, 苦盡甘來
고진감래, 興盡悲來흥진비래, 氣盡脈盡기진맥진, **❶**盡人事待天命진인사대천명

영어 **endless** [éndlis] **뜻** 끝없는, 끊임없는(incessant); 무한한, 한없는(everlasting, eternal, infinite) **infinite** [ínfənit] **어원** in(⋯이 없는) + finite(한정된) **뜻** 무한한, 한계가 없는(boundless, unlimited, endless); 한량없는, 헤아릴 수 없는(measureless, countless) **풀이** Having no end or being never exhausted(끝이나 다하는 것이 없다)

유 무진장하다(無무 없다, 盡진 다하다, 藏장 감추다)

예 인간의 *잠재 능력은 무궁무진한 까닭에 인류는 지속적인 발전과 진보를 이룰 것이다 / 유튜브에는 볼거리가 무궁무진해서 평생을 봐도 다 못 볼 것 같다 / 그는 무궁무진한 상상력을 갖고 있어서 공상 과학 소설을 백여 권 넘게 집필했다 / 상상할 수 없을 정도로 드넓은 우주 안에는 무궁무진한 수의 별들이 있다

*다하다 다 써 버려서 남아 있지 않다. 이어지지 않고 끝나다. 어떤 현상·때가 끝나다

*극(極극 극진하다·다하다 | extreme[ikstrí:m]) 어떤 정도가 더할 수 없을 만큼 다다른 지경

*잠재(潛잠 잠기다 在재 있다 | potentiality[poutènʃiǽləti]) (드러나지 않고) 속에 잠겨 있다

형상
모양

영 ***shape
***form

形형 형상
狀상 모양

형상(형) · 모양(상) ⟿ 사물의 생긴 모양

한자 形형 모양·형상 狀상 형상·모양 象상 코끼리·모양·상징하다 ◉像상 모양 相상 서로·모양

연관한자 ◉貌모 모양 | 樣양 모양 | 像상 모양 | 象상 코끼리·모양 | 象상 모양 | 狀상 형상 | 相상 서로·모양 | 態태 모양 | 姿자 모양 | 況황 상황·모양 ⟿ 모습을 뜻하는 낱말을 만듦 ↔ 모양(模樣) 형태(形態) 상황(狀況) 상태(狀態) 자태(姿態) 양태(樣態) 형상(形狀) 양상(樣相)

한자활용 ◉偶像우상, 現像현상, 銅像동상, 石像석상, 群像군상, 坐像좌상, 實像실상, 假像가상, 幻像환상, 殘像잔상, 想像力상상력, 女性像여성상, 肖像畵초상화, 動映像동영상

영어 **shape** [ʃeip] **뜻** 형태, 형상, 모양; 모양짓다, 형체를 이루다(form), (어떤 모양[형태]으로) 만들다 **form** [fɔːrm] **뜻** (사물의) 모양, 형상, 형태, 형체(shape, figure); 형식, 양식, 방식; (틀에 따라) 형태를 만들다, 형성(形成)하다(shape, fashion, mold) **풀이** The form or state of an object(사물의 생긴 모양이나 상태)

유 모습, 모양(模모 본뜨다, 樣양 모양), **형태**(形형 모양, 態태 모습), 꼴

예 해안가에서는 거친 파도에 깎인 기묘한 형상의 바위들을 볼 수 있다 / 사람 인(人)자는 사람이 사람과 엇기대어 있는 형상이다 / 제주도 남서쪽의 용머리 해안은 용이 바다로 들어가는 기이한 형상을 하고 있다

---

❶ 진인사대천명盡人事待天命 다할 진, 사람 인, 일 사, 기다릴 대, 하늘 천, 목숨 명 **뜻** 사람이 할 수 있는 일을 다 한 후 결과는 운명에 따름 **풀이** 사람으로서 할 수 있는 최선을 다한 후에는 오직 하늘의 뜻을 기다림

4주 4일

---

123 ★☆☆ □□

가늠하다
짐작으로 생각하다
영 **guess

사물의 상태, 상황을 / °대강 °짐작으로 생각하다

[영어] **guess** [ges]　[뜻] (불확실한 증거로 막연하게, 아무 근거도 없이) 추측하다, 짐작하다; (상당한 이유·재료를 기반으로) 추측하다, 추론하다; …일 것이라고 생각하다(think, suppose, believe)　[풀이] To make a rough guess about the status of something or the development of a situation(사물이나 상황의 상태를 대강 짐작으로 생각하다)

[유] 어림하다, 어림잡다, °짐작하다(斟짐 짐작하다, 酌작 술을 붓다), 어림짐작하다, 대중하다

[예] 아이들은 김 교사의 나이를 도무지 가늠할 수 없어서 "선생님 몇 살에요?"라고 캐물었다 / 그는 얼굴에 감정을 전혀 드러내지 않기 때문에 주변 사람들은 그의 속마음을 가늠할 수 없었다 / 범인의 말에 진실과 거짓이 교묘히 섞여 있어서 무엇이 진실이고 무엇이 거짓인지 가늠하기 어려웠다

° 대강[대강령](大대 크다·중요시하다 綱강 줄거리 領령 거느리다·중요한 부분 | outline[áutlàin]) 중심이 되는 부분만을 떼어 낸, 자세하지 않은 내용(줄거리)

° 짐작하다(斟짐 짐작하다 酌작 술을 붓다 | estimate[éstəmèit])　　(알고 있는 사실에 비추어) 무엇이 어찌할 것이라고 생각하다

---

124 ★☆☆ □□

계략
꾀
영 **trick

計계 꾀하다
略략 꾀

°꾀하다(계) · 꾀(략) ⤳ 어떤 일을 이루기 위해 생각해 낸 °꾀

[한자] ⊙計計 (수를)세다·셈하다·°꾀하다(일을 이루려고 힘쓰다)　略략 간단하다·약탈하다·꾀

[연관한자] ⊙劃획 긋다·계획하다·°꾀하다·구별하다 | 企기 꾀하다·도모하다 | 圖도 그림·꾀하다·도모하다 | 謀모 꾀·계책·꾀하다·도모하다 ⤳ 꾀하다·계획하다는 뜻의 단어를 만듦 ↔ 계획(計劃) 기획(企劃) 도모(圖謀) 기도(企圖)

[한자활용] ⊙計劃계획, 計算계산, 設計설계, 會計회계, 統計통계, 計略계략, 生計생계, 合計합계, 計量계량, °百年大計백년대계

[영어] **trick** [trik]　[뜻] (남을 속이는) 계략; 속이다(cheat, swindle), 속임수(deception, swindle); 묘기　[풀이] A devious trick devised to achieve something(어떤 일을 이루기 위해 생각해 낸 꾀)

[유] 계책(計계 (수를)세다, 策策 꾀), 책략(策策 꾀, 略략 간단하다·꾀), 계교(計계, 巧교 꾀)

[예] 혁명을 일으키기에 앞서 치밀하게 계략을 세웠다 / 무당의 계략에 빠져 굿을 하느라 많은 돈을 들였다 / 손해를 앙갚음하려고 그들은 계략을 세웠다 / 사기꾼의 계략에 걸려서 전 재산을 날렸다

° 꾀하다　(어떤 일을 이루거나 해결하려고) 방법을 찾으며 애쓰다

° 꾀　(일을 잘 꾸며 내거나 해결해 내거나 하는) 묘한 생각. 묘한 수단

---

❶ 백년대계百年大計 일백 백, 해 년, 큰 대, 셈할 계　[뜻] 백 년 후까지의 큰 계획　[풀이] 먼 앞날을 미리 내다보고 세우는 크고 중요한 계획

1 다음 **국단어의 뜻**을 표로 정리하시오.

국단어	뜻	한자		영단어
소양		素소	養양	
낙담하다		落낙	膽담	
무궁무진하다		無무	窮궁	
		無무	盡진	
형상		形형	象상	
가늠하다		–	–	
계략		計계	略략	

2 다음 중 **養양(기르다)**의 뜻을 갖는 한자를 **모두** 고르시오.

① 育육   ② 綱강   ③ 識식   ④ 飼사   ⑤ 潛잠

3 다음 중 **計계(꾀하다)**와 뜻이 비슷한 한자가 **아닌** 것은?

① 企기   ② 劃획   ③ 況황   ④ 圖도   ⑤ 謀모

4 다음 중 **盡진(다하다)**의 뜻을 갖는 한자를 **모두** 고르시오.

① 窮궁   ② 落락   ③ 識식   ④ 極극   ⑤ 態태

5 다음 중 **꾀하다·계획하다**의 뜻을 갖는 낱말이 **아닌** 것은?

① 계획(計劃)   ② 도모(圖謀)   ③ 기도(企圖)   ④ 대강(大綱)   ⑤ 기획(企劃)

6 다음 중 **가늠하다**와 비슷한 뜻을 갖는 낱말을 **모두** 고르시오.

① 어림하다   ② 짐작(斟酌)하다   ③ 실의(失意)하다   ④ 대중하다   ⑤ 수양(修養)하다

7 다음 문장을 읽고, 그 **뜻에 해당하는 낱말**을 쓰시오.

1 사람으로서 할 수 있는 최선을 다한 후에는 오직 하늘의 뜻을 기다림   _____

2 먼 앞날을 미리 내다보고 세우는 크고 중요한 계획   _____

8 빈칸에 알맞은 낱말을 넣어 문장을 완성하시오.

1 그는 얼굴에 감정을 전혀 드러내지 않기 때문에 주변 사람들은 그의 속마음을 _____ 할 수 없었다

2 사람 인(人)자는 사람이 사람과 엇기대어 있는 _____ 이다

3 책을 많이 읽는 것은 문학적 _____ 을 쌓는 데 도움이 된다

4 성공하기 위해서는, 필연적으로 겪어야 할 실수와 실패에 _____ 하지 않을 용기가 필요하다

4주 5일

---

125 ★☆☆ ☐☐

피신하다
몸을 피하다
- 영 **escape
　 *flee

避피 피하다
身신 몸

피하다(피)·몸(신)을 〰 위험으로부터 / 몸을 피하다

한자 ⦿**避피** 피하다·벗어나다 **身신** 몸·신체

한자활용 ⦿逃避도피, 避難피난, 避難民피난민, 忌避기피, 避暑피서, 避暑客피서객, 回避회피, 待避대피, 不可避불가피, 避身피신, 避身處피신처, 避亂피란, 避亂民피란민, 避姙藥피임약

영어 **escape** [iskéip] 어원 es(…의 바깥으로)+cape(망토) → 망토를 벗다 뜻 (추적·재난·감금·처벌 등으로부터) 달아나다, 탈출하다, 도망가다(get free, get clear away); (안 좋은 상황, 위험 등에서) 벗어나다, 도피하다 **flee** [fliː] 뜻 (위험·재해·적·추적자 등을 피해) 달아나다, 도망하다(run away); (안전한 곳으로) 피하다, 피신하다, 대피하다 풀이 **To hide in a safe area, away from danger**(위험을 피해 안전한 곳으로 몸을 숨기다)

유 **도피하다**(逃도 달아나다·피하다·숨다, 避피 피하다)

예 지진으로 건물이 흔들리자 사람들은 가까운 지하철역에 피신했다 / 미리 피신하지 못한 사람들은 대부분 전쟁 포로로 끌려갔다 / 적이 쳐들어오자 마을 사람들은 산굴로 피신했다

---

126 ★★☆ ☐☐

편성하다
짜서 만들다
- 영 **organize

編편 엮다·만들다
成성 이루다

엮어서 만들다(편)·이루다(성) 〰 예산, 집단, 프로그램 등을 어떤 목적에 맞게 °짜서 / 만들다 또는 °이루다

한자 ⦿**編편** 엮다·짓다·편집하다·만들다·편성하다 **成성** 이루다·갖추어지다·완성하다

한자활용 ⦿編輯편집, 編纂편찬, 改編개편, 斷編단편, 編曲편곡, 續編속편, ❶韋編三絶위편삼절

영어 **organize** [ɔ́ːrgənàiz] 어원 organ(기관)+ize(…으로 하다, …화하다) 뜻 (단체 따위를) 조직하다, 조직화하다, 편성하다, 구성하다 풀이 **To draw and form a budget, organization, group, etc**(예산, 조직, 무리 등을 짜서 이루다)

유 **조직하다**(組조 조직하다, 織직 짜다·만들다), **구성하다**(構구 얽다·이루다, 成성 이루다), **편제하다**(編편 엮다, 制제 짓다·만들다), **만들다, 짜다**

예 주민의 의견을 반영해 예산을 편성했다 / 남학생들을 여학생들과 섞어 조를 편성했다 / 성적에 따라 학급을 편성한다 / 피서객이 갑자기 몰려드는 바람에 임시 버스를 편성하여 운행했다

° **짜다**　부분을 맞추어 전체를 꾸며 만들다

° **이루다**(constitute[kάnstətjùːt], make up) (여럿이 모여 어떤 성질·모양을 띤 것이) **되게 하다**

---

❶**위편삼절韋編三絶** 가죽 위, 묶을 편, 석 삼, 끊을 절 뜻 (공자가 주역을 즐겨 읽어) 책을 묶은 가죽 끈이 세 번이나 끊어짐 풀이 책을 열심히 읽음. 열심히 공부함

127 ★☆☆ □□

낙향하다
시골로 이사하다

落낙 마을
鄕향 시골·향하다

마을(낙) · 시골·고향·향하다(향) ～ 시골로 / °거처를 옮기다 또는 °이사하다

[한자] 落낙 떨어지다·마을 ◉鄕향 시골·고향·향하다
[한자활용] ◉故鄕고향, 鄕愁향수, 歸鄕귀향, 鄕歌향가, 鄕校향교, 鄕約향약, ❶錦衣還鄕금의환향
[예] 도회지의 바쁜 생활에 지친 그는 퇴직 후에 고향으로 낙향하고 싶었다 / 도회지 생활에 염증을 느껴 시골로 낙향을 결심했다 / 평생 도시에 살았던 부부는 은퇴를 하고 시골로 낙향했다

° 거처(居거 살다 處처 곳 | residence[rézidəns]) (일정하게 자리를 잡고) 머물러 사는 곳
° 이사하다(移이 옮기다 徙사 옮기다·이사하다 | move[muːv]) 사는 곳을 다른 데로 옮기다

---

128 ★☆☆ □□

불현듯
갑자기 생각이
일어나는 모양
[영] **suddenly

불을 켜서 불이 일어나는 것과 같다는 뜻으로, 갑자기 어떤 생각이 걷잡을 수 없이 일어나는 모양

[영어] **suddenly** [sʌ́dnli] **[뜻]** 갑자기, 느닷없이, 불현듯 **[풀이]** A word describing a thought or feeling suddenly striking one's mind(어떤 생각이나 느낌이 갑자기 드는 모양)

[유] 불현듯이, 문득
[예] 혼자 밤길을 걸어가다 불현듯 무서운 생각이 나서 주위를 둘러보았다 / 지난 세월의 덧없음이 불현듯 그의 가슴을 때렸다 / 밤이 되면 불현듯 지난날의 추억이 떠오르곤 했다

---

129 ★☆☆ □□

단조하다
[단조롭다]
모두 하나같이 똑같다
[영] *monotonous

單단 하나
調조 고르다

모두·하나(단)같이 · 고르다(조) ～ 사물이 °단순하고 변화나 차이가 없이 모두 똑같다

[한자] ◉單단 홀로·하나·오직·혼자·모두 調조 고르다(높낮이·크기·양의 차이가 없이 똑같다)·조절하다
[한자활용] ◉簡單간단, 單純단순, 單語단어, 單位단위, 單獨단독, 單一단일, ❷單刀直入단도직입

[영어] **monotonous** [mənɑ́tənəs] **[뜻]** 단조로운, 변화가 없는, 천편일률적(千篇一律的)인, °지루한 **[풀이]** Simple and boring without any change(변화가 없이 단순하고 지루하다)

[예] 판에 박힌 듯 단조한 나날 / 한 가지 색으로만 꾸며 단조해 보인다 / 농촌에서의 생활은 단조롭기는 하지만 여유로워서 좋다 / 해안선이 굴곡이 없어 단조롭다 / 파도만이 단조롭게 밀려오고 또 밀려왔다

° 단순하다(單단 純순 순수하다 | simple[símpəl]) (복잡하지 않고) 간단하다
° 지루하다(boring[bɔ́ːriŋ]) 같은 상태가 계속되어 따분하고 싫증이 나다

---

❶ 금의환향錦衣還鄕 비단 금, 옷 의, 돌아올 환, 고향 향 **[뜻]** 비단옷을 입고 고향으로 돌아옴 **[풀이]** 벼슬을 하거나 크게 성공하여 고향에 돌아옴
❷ 단도직입單刀直入 홀 단, 칼 도, 곧을 직, 들 입 **[뜻]** 혼자서 칼 한 자루를 들고 적진으로 곧장 쳐들어감 **[풀이]** 여러 말을 늘어놓지 않고 바로 요점(중요한 점)이나 본문제를 중심적으로 말함

4주 5일

---

130 ★☆☆ □□

넋두리하다
하소연하듯 말을 길게
늘어놓다
영 **complain
*grumble

억울하거나 불만스러운 일로 / 자기의 처지, 신세를 *하소연하듯 / 말을 길게 늘어놓다

영어 **complain** [kəmpléin]   어원 com(매우) + plain(탄식하며 슬퍼하다)   뜻 불평하다, 불만을 말하다, 우는 소리를 하다, 투덜대다(grumble); (정식으로) 불만을 제기하다, 항의하다 (address a complaint)   **grumble** [grʌ́mbəl]   뜻 투덜거리다, 툴툴거리다; 낮은 소리로 중얼[꿍꿍]거리다; 불평, 불만   풀이 To make a long statement, complaining about one's status or situation(자기의 처지나 신세를 하소연하며 길게 말을 늘어놓다)

유 푸념하다, 신세타령하다(身신 몸, 世세 인간), *하소연하다
예 그는 "요즘 되는 일이 없다"고 한참 동안 넋두리하였다 / 사는 게 힘들다고 넋두리하는 그의 말 상대가 되어 주기란 정말 괴로운 일이었다 / 오랜만에 만난 친구에게 회사 생활의 고충을 넋두리했지만, 직장을 다니지 않는 친구는 나를 이해하지 못했다
* **하소연하다**(complain[kəmpléin])   (억울한 일, 잘못된 일, 딱한 사정 따위를) **말하다**

---

131 ★☆☆ □□

힐난하다
트집을 잡아 따지고
들다
영 *blame

詰힐 따지다
難난 힐난하다

묻다·따지다(힐) · 힐난하다(난) ⤳ 다른 사람을 *트집을 잡아 지나치게 많이 따지고 들다

한자 **詰힐** 묻다·따지다·꾸짖다   ⊙**難난(란)** 어렵다·꺼리다·힐난하다·재앙·난리

한자활용 ⊙困難곤란, 非難비난, 苦難고난, 避難피난, 論難논란, 災難재난, 患難환난, 難解난해, 難民난민, 難關난관, 難易度난이도, 無難무난, 難色난색, 難處난처, 難聽난청, 受難수난, ❶難兄難弟난형난제, ❷進退兩難진퇴양난, ❸衆口難防중구난방, ❹白骨難忘백골난망

영어 **blame** [bleim]   뜻 나무라다, 비난하다, 꾸짖다(find fault with, accuse, censure); (안 좋은 일에 대해) …을 탓하다, …의 탓[책임, 때문]으로 보다(lay the responsibility of); 비난, 책망(accusation, censure)   풀이 To find fault with someone in such a persistent and argumentative manner that it upsets the person(트집을 잡아 마음이 편하지 않을 정도로 따지고 들다)

유 비난하다(非비 아니다·옳지 않다·꾸짖다, 難난 어렵다)
예 하루 종일 휴대폰만 붙잡고 지내는 아이를 힐난했다 / 김 교사는 교실에서 갑자기 사라진 아이에게 "어디서 있다가 이제야 왔냐"고 힐난하며 쏘아보았다 / 엄마는 아이의 방이 지저분하다며 힐난했다
* **트집**(≒꼬투리)   남의 조그만 흠집을 들추어내어 괴롭게 함. 남을 해코지하거나 헐뜯을 만한 것

---

❶ **난형난제難兄難弟** 어려울 난, 맏 형, 어려울 난, 아우 제   뜻 누구를 형이라 하고 누구를 아우라 하기 어렵다   풀이 학문이나 재능이 비슷해서 우열을 가리기 곤란함

❷ **진퇴양난進退兩難** 나아갈 진, 물러날 퇴, 두 량, 어려울 난   뜻 나아갈 수도 없고 물러설 수도 없음   풀이 앞으로 나아가지도 못하고 뒤로 물러나지도 못하는 난처한 처지를 의미하는 말

❸ **백골난망白骨難忘** 흰 백, 뼈 골, 어려울 난, 잊을 망   뜻 죽어 백골이 되어도 잊기 어려움   풀이 남에게 큰 은혜나 덕을 입었을 때 고마움의 뜻으로 이르는 말. 다른 사람이 베풀어 준 은혜를 잊지 않겠다고 다짐할 때 주로 쓰는 표현 ≒각골난망(刻骨難忘)

1 다음 **국단어의 뜻**을 표로 정리하시오.

국단어	뜻	한자		영단어
피신하다		避피	身신	
편성하다		編편	成성	
낙향하다		落낙	鄕향	−
불현듯		−	−	
단조하다		單단	調조	
넋두리하다		−	−	
힐난하다		詰힐	難난	

2 다음 중 **편성하다**와 뜻이 비슷한 낱말이 **아닌** 것은?

① 구성(構成)하다   ② 편제(編制)하다   ③ 조직(組織)하다   ④ 도피(逃避)하다   ⑤ 짜다

3 다음 문장을 읽고, 그 **뜻에 해당하는 낱말**을 쓰시오.

1 학문이나 재능이 비슷해서 우열을 가리기 곤란함 _____

2 책을 열심히 읽음 _____

3 여러 말을 늘어놓지 않고 바로 요점(중요한 점)이나
   본문제를 중심적으로 말함 _____

4 앞으로 나아가지도 못하고 뒤로 물러나지도 못하는
   난처한 처지를 의미하는 말 _____

5 벼슬을 하거나 크게 성공하여 고향에 돌아옴 _____

6 남에게 큰 은혜나 덕을 입었을 때 고마움의 뜻으로 이르는 말 _____

4 빈칸에 알맞은 낱말을 넣어 문장을 완성하시오.

1 혼자 밤길을 걸어가다 _____ 무서운 생각이 나서 주위를 둘러보았다

2 도회지의 바쁜 생활에 지친 그는 퇴직 후에 고향으로 _____ 하고 싶었다

3 한 가지 색으로만 꾸며 _____ 해 보인다

4 지진으로 건물이 흔들리자 사람들은 가까운 지하철역에 _____ 했다

5 피서객이 갑자기 몰려드는 바람에 임시 버스를 _____ 하여 운행했다

6 그는 "요즘 되는 일이 없다"고 한참 동안 _____ 하였다

7 하루 종일 휴대폰만 붙잡고 지내는 아이를 _____ 했다

5주 1일

---

132 ★☆☆ □□

빙자하다
핑계 삼다

憑빙 기대다
藉자 의지하다

일의 원인을 무엇에 기대고(빙)·의지하다(자) ⤳ 어떤 일을 정당화하기 위해 / °핑계 삼다

[한자] **憑**빙 기대다·의지하다　**藉**자 (자리를)깔다·기대다·의지하다

[예] 더 이상 회사에 남아 있을 수 없게 되자 병을 빙자해 휴직했다 / 아이는 복통을 빙자해 조퇴를 하고 집에 돌아와서 휴대폰 게임을 즐겼다 / 엄마는 꾀병을 빙자해 학원에 빠진 아이를 °용납할 수 없었다

° **핑계**(excuse[ikskjúːz])　(내키지 않는 사태를 피하거나, 사실을 감추려고) 방패막이가 되는 다른 일을 내세움
° **용납하다**(**容**용 얼굴·받아들이다 **納**납 받아들이다 | permit[pəːrmít])　받아들이다

---

133 ★☆☆ □□

무안하다
부끄럽다
[영] **ashamed

無무 없다
顔안 얼굴

없다(무)·얼굴(안) ⤳ 얼굴(낯)을 들지 못할 만큼 / 부끄럽다

[한자] **無**무 없다·아니다·~하지 않다　◉**顔**안 낯·얼굴·표정
[연관한자] ◉**面**면 낯(얼굴)·평면 | **容**용 얼굴·모양·용모 | **貌**모 모양·얼굴 ⤳ '얼굴' '모습'을 뜻하는 낱말을 만듦 ↔ 안면(顔面) 용모(容貌) 용안(容顔) 면모(面貌) 면면(面面)
[한자활용] ◉**顔面**안면, **容顔**용안, **顔色**안색, **童顔**동안, ❶**厚顔無恥**후안무치, ❷**破顔大笑**파안대소

[영어] **ashamed** [əʃéimd]　[어원] a(모두) + shamed(부끄러워)　[뜻] (남들이 잘못됐다고 하는 것에 죄책감을 느껴) 부끄러운, 수치스러운, 창피한(feeling shame)　[풀이] **So shy or embarrassed that one cannot hold one's head up**(얼굴을 들지 못할 만큼 수줍거나 창피하다)

[유] **무색하다**(無무 없다, 色색 빛), **겸연쩍다**, **부끄럽다**, **창피하다**(猖창 미쳐 날뛰다, 披피 펴다·열다)
[예] 길바닥에 미끄러 넘어져 많이 아팠지만 무안함을 감추려고 아무렇지 않은 척하며 일어났다 / 노래 실력이 너무 형편없어서 듣고 있기가 무안할 정도였다 / 선생님의 질문에 엉뚱한 답변을 해 버린 아이는 무안을 느끼지 않을 수 없었다

---

❶ **후안무치厚顔無恥** 두터울 후, 얼굴 안, 없을 무, 부끄러울 치 [뜻] 얼굴(낯)이 두꺼워 부끄러움을 모름 [풀이] 체면을 차릴 줄 모르고 창피함을 모르는 뻔뻔한 사람을 가리키는 말
❷ **파안대소破顔大笑** 깨어질 파, 얼굴 안, 클 대, 웃을 소 　[뜻] 얼굴이 찢어질 정도로 크게 웃음 [풀이] 얼굴이 엉망이 될 만큼 시원스럽게 웃는 즐겁고 유쾌한 웃음

134 ★★★ ☐☐

이상
안전한 모습
영 *ideal

理이 이치
想상 생각

이치(이)에 맞는 · 생각(상) ⤳ 생각할 수 있는 범위 안에서 더할 나위 없이 / *완전하다고 생각되는 상태, 모습

한자 ◉理이(리) 다스리다·이치　想상 생각·생각하다·그리워하다·상상하다

한자활용 ◉理解이해, 理念이념, 理由이유, 整理정리, 攝理섭리, 原理원리, 眞理진리, 窮理궁리, 文理문리, 倫理윤리, 道理도리, 理致이치, 義理의리, 理性이성, 公理공리, 理論이론, 論理논리, 心理심리, 地理지리, 物理물리, 推理추리, 順理순리, 理想鄕이상향, 性理學성리학, 有理數유리수, 無理手무리수

영어 ideal [aidíːəl]　뜻 (현실에 존재하지 않는 완전·이상 또는 본으로 삼는 사람·사물에 적용한 것으로써의) 이상적인, 가장 좋은[알맞은], 완벽한, 더할 나위 없는(perfect); 이상, 극치(standard of perfection)　풀이 **The best state or form of something that one can think of**(어떤 것에 대하여 생각할 수 있는 것 중에서 가장 나은 상태나 모습)

예 좋아하는 일을 하며 사는 것이 그가 바라던 이상이다 / 그는 불치병에 걸린 사람들을 치료하겠다는 이상을 품고 의사가 되었다 / 인류의 가장 위대한 이상은 전쟁이 없는 세계 평화를 이룩하는 것이다 / 현실과 이상은 언제나 *괴리가 있기 마련이다

* **완전하다**(完완 완전하다　全전 온전하다 | complete[kəmplíːt])　(부족함이나 흠이 없이) 필요한 것이 모두 갖추어져 있다
* **괴리**(乖괴 어긋나다·다르다　離리 떠나다·갈라지다·떼어놓다)　서로 어긋나 떨어짐. 따로따로 갈라짐

135 ★☆☆ ☐☐

고심하다
애쓰며 생각하다

苦고 애쓰다
心심 생각

*애쓰다(고) · 생각하다(심) ⤳ 해결하기 어려운 일에 대해 / *애쓰며 생각하다

한자 ◉苦고 쓰다·괴롭다·*애쓰다(힘쓰다)　心심 마음·생각·심장·가운데(중심)

한자활용 ◉苦痛고통, 苦悶고민, 苦生고생, 苦惱고뇌, 苦難고난, 苦衷고충, 苦杯고배, 刻苦각고, 苦楚고초, 勞苦노고, 愁苦수고, 苦樂고락, 苦待고대, 苦戰고전, 苦盡甘來고진감래, 同苦同樂동고동락, ❶生死苦樂생사고락, ❷鶴首苦待학수고대, ❸苦肉之策고육지책, ❹甘呑苦吐감탄고토, 惡戰苦鬪악전고투, ❺塗炭之苦도탄지고

유 부심하다(腐부 썩다, 心심 마음)

예 온갖 약을 써 봐도 병이 호전될 기미가 없어서 어떻게 치료해야 할지 고심했다 / 직장을 옮기는 문제를 놓고 며칠을 고심한 끝에 *이직하기로 결론을 내렸다 / 김 교사는 골머리가 썩을 정도로 연일 터지는 학급 문제들의 해결책을 고심하고 있다

* **애쓰다**(try hard)　마음과 힘을 다하여 무엇을 이루려고 힘쓰다(힘들여 일하다)
* **이직하다**(移이 옮기다·바꾸다　職직 직책·벼슬·일 | change of job) 직장을 옮기다. 직업을 바꾸다

---

❶ **생사고락生死苦樂** 살 생, 죽을 사, 괴로울 고, 즐길 락　풀이 삶과 죽음, 괴로움과 즐거움

❷ **학수고대鶴首苦待** 두루미(학) 학, 머리 수, 괴로울 고, 기다릴 대　뜻 학이 머리를 길게 빼고 고되게 기다린다　풀이 고생을 하면서도 무언가를 간절히 기다림

❸ **고육지책苦肉之策** 괴로울 고, 살 육, 갈 지, 꾀 책　뜻 몸을 상해 가면서까지 꾸며 내는 계책　풀이 적을 이기기(어려운 상태에서 벗어나기) 위해서 자신의 몸을 괴롭히거나 버리는 것도 마다하지 않는 계책

❹ **감탄고토甘呑苦吐** 달 감, 삼킬 탄, 쓸 고, 토할 토　뜻 달면 삼키고 쓰면 뱉는다　풀이 제 비위에 맞으면 좋아하고 맞지 않으면 싫어함. 자기에게 이로우면 이용하고 필요 없는 것은 배척함

❺ **도탄지고塗炭之苦** 진흙 도, 숯 탄, 갈 지, 괴로울 고　뜻 진흙 수렁에 빠지고 숯불에 타는 듯한 고통　풀이 군주가 포악하고 착취가 심하여 백성들의 삶이 말할 수 없이 몹시 고통스러운 상황을 뜻하는 말

5주 1일

---

136 ★☆☆ □□

자청하다
스스로 청하다

영 *volunteer

自자 스스로
請청 청하다

스스로(자) • *청하다(청) ⋙ 어떤 일을 하겠다고 / 스스로 *청하다

한자 ⊙**自자** 스스로·몸소·자기(自己)   **請청** *청하다·바라다

한자활용 ⊙**自由**자유, **自然**자연, **自身**자신, **自律**자율, **自殺**자살, **自慢**자만, **自我**자아, **自動**자동, **自覺**자각, **各自**각자, **自愧**자괴, **自招**자초, **自敍傳**자서전, **自尊感**자존감, **自負心**자부심, **自信感**자신감, **自動車**자동차, **自轉車**자전거, **❶自畵自讚**자화자찬, **自業自得**자업자득, **自暴自棄**자포자기, **自給自足**자급자족, **❷自繩自縛**자승자박, **各自圖生**각자도생, **悠悠自適**유유자적, **自手成家**자수성가, **無爲自然**무위자연, **自激之心**자격지심, **隱忍自重**은인자중, **茫然自失**망연자실, **❸自家撞着**자가당착

영어 **volunteer** [vὰləntíər]   뜻 (…을 하겠다고) 자발적으로 나서다, 자원[지원]하다, 자진하여 일에 종사하다[일을 맡다]; 자원해서[자발적으로] 하는 사람; 봉사하다   풀이 To take it upon oneself to do something(어떤 일을 하겠다고 나서다)

예 별주부가 토끼의 간을 구하여 오겠다고 자청하고 토끼를 잡으러 물 밖으로 향한다 / 김 씨는 관광 안내를 자청하여 우리를 여기저기로 안내해 주었다 / 그 선수는 기자 회견을 자청하고 은퇴를 결심하게 된 속사정을 털어놓았다

*청하다(請請 | request[rikwést])   (어떤 일을 이루기 위해) 남에게 원하다·바라다·요청하다· 요구하다

---

137 ★☆☆ □□

취급하다
무엇이라고 생각하다
무엇으로 대하다

영 ***treat

取취 받아들이다
扱급 취급하다

무엇을 마음속으로 받아들이다(취) • 어떤 태도로 취급하다(급) ⋙ 다른 사람, 사건, 사물 따위를 / 마음속으로 무엇이라고 생각하다 또는 어떤 태도로 대하다

한자 **取취** 얻다·갖다·받다·받아들이다   **扱급** (영향을)미치다·다루다·처리하다·취급하다(대하다)

영어 **treat** [triːt]   뜻 (병·환부·환자 등을) 치료하다; (문제 따위를) 처리하다; 다루다(discuss, deal with, present), 취급하다; 대하다, 대우하다   풀이 To cope with or handle a person or an incident with a certain attitude(사람이나 사건을 어떤 태도로 대하거나 처리하다)

유 **간주하다**(看간 보다·바라보다, 做주 짓다·만들다), **대우하다**(待대 대접하다, 遇우 만나다· 대접하다)

예 그녀는 대학생이 된 아들을 아직도 어린애로 취급한다 / 버스 운전사는 승객들을 짐짝 처럼 취급했다 / 희토류는 총 17개 원소를 합쳐 부르는 말로, 이들 자원은 실험실에서나 취급될 정도로 주목받지 못했지만 지금은 반도체, 스마트폰, LCD 텔레비전 등을 만드 는 데 없어서는 안 될 중요한 자원이 되었다

---

❶ **자화자찬**自畵自讚 스스로 자, 그림 화, 스스로 자, 칭찬할 찬   뜻 자기 그림을 스스로 칭찬함   풀이 자기가 한 일을 자기가 스스로 칭찬함(자랑함)
❷ **자승자박**自繩自縛 스스로 자, 줄 승, 스스로 자, 묶을 박   뜻 자기가 만들 줄로 자기를 묶음   풀이 자기가 한 말과 행동으로 인해 자신이 어려움을 겪는 것
❸ **자가당착**自家撞着 스스로 자, 집 가, 칠 당, 붙을 착   뜻 스스로 부딪치기도 하고 붙기도 함   풀이 자신의 말이나 행동이 서로 앞뒤가 맞지 않음

1 다음 **국단어의 뜻**을 표로 정리하시오.

국단어	뜻	한자		영단어
빙자하다		**憑**빙	**藉**자	–
무안하다		**無**무	**顔**안	
이상		**理**이	**想**상	
고심하다		**苦**고	**心**심	–
자청하다		**自**자	**請**청	
취급하다		**取**취	**扱**급	

2 다음 중 **얼굴**과 뜻이 비슷한 한자가 **아닌** 것은?

① 貌모   ② 移이   ③ 顔안   ④ 容용   ⑤ 面면

3 다음 중 **얼굴·모습**과 비슷한 뜻을 갖는 낱말이 **아닌** 것은?

① 안면(顔面)   ② 용안(容顔)   ③ 용모(容貌)   ④ 용납(容納)   ⑤ 면모(面貌)

4 다음 문장을 읽고, 그 **뜻에 해당하는 낱말**을 쓰시오.

1 체면을 차릴 줄 모르고 창피함을 모르는 뻔뻔한 사람을 가리키는 말 _____

2 고생을 하면서도 무언가를 간절히 기다림 _____

3 제 비위에 맞으면 좋아하고 맞지 않으면 싫어함 _____

4 얼굴이 엉망이 될 만큼 시원스럽게 웃는 즐겁고 유쾌한 웃음 _____

5 자기가 한 말과 행동으로 인해 자신이 어려움을 겪는 것 _____

6 자신의 말이나 행동이 서로 앞뒤가 맞지 않음 _____

7 자신의 몸을 괴롭히거나 버리는 것도 마다하지 않는 계책 _____

8 백성들의 삶이 말할 수 없이 몹시 고통스러운 상황 _____

9 자기가 한 일을 자기가 스스로 칭찬함 _____

10 삶과 죽음, 괴로움과 즐거움 _____

5 빈칸에 알맞은 낱말을 넣어 문장을 완성하시오.

1 아이는 복통을 _____ 해 조퇴를 하고 집에 돌아와서 휴대폰 게임을 즐겼다

2 별주부가 토끼의 간을 구하여 오겠다고 _____ 하고 토끼를 잡으러 물 밖으로 향한다

3 선생님의 질문에 엉뚱한 답변을 해 버린 아이는 _____ 을 느끼지 않을 수 없었다

4 그녀는 대학생이 된 아들을 아직도 어린애로 _____ 한다

5 현실과 _____ 은 언제나 괴리가 있기 마련이다

5주 2일

---

138 ★★★ ⬜⬜

인식하다
알다
영 *perceive
   **recognize

認인 알다
識식 알다

알다(인) · 알다(식) ⤳ 무엇을 구별하고 판단해서 / 알다

한자 ⊙**認인** 알다·인식하다   **識식** 알다·지식·표시하다

한자활용 ⊙確認확인, 認定인정, 認知인지, 承認승인, 是認시인, 否認부인, 認可인가, 認容인용, 容認
용인, 認證인증, 誤認오인, 公認공인, 自他共認자타공인

영어 **perceive** [pərsíːv]   어원 per(완전히) + ceive(잡다)   뜻 (사물을 오감으로) 감지하다,
지각하다, 인지하다(observe); 인식하다, 알아채다, 파악하다(apprehend)

recognize [rékəgnàiz]   어원 re(다시) + cognize(알다)   뜻 인정하다; 인식하다, (외면
·특징으로) 알아보다, (보거나 듣고) 알다(know again, identify as previously known)

풀이 **To know and understand something exactly**(무엇을 분명히 알고 이해하다)

예 '저출산·고령 사회 대응 국민 °인식 조사' 결과에 따르면, 결혼한 사람이 아이를 더 낳지
않는 까닭 1위는 '자녀 키우는 데 돈이 너무 많이 들어서'로 나타났다 / 공부를 열심히
하기 위해서는 우선 공부의 필요성을 인식해야 한다 / 대부분의 사회 구성원들이
문제라고 인식하여 바람직한 방향으로 개선되어야 한다고 생각하는 사회 현상을 **사회
문제**라고 한다

° **인식(認識** | perception[pərsépʃən] cognition[kɑgníʃən] recognition[rèkəgníʃən])
사물을 분별하고 판단해서 아는 일. 무엇을 분명히 알고 이해함

---

139 ★☆☆ ⬜⬜

친숙하다
친해서 잘 알다
영 ***familiar

親친 친하다·가깝다
熟숙 익숙하다

친하다·가깝다(친) · 익숙하다(숙) ⤳ °친하게(가까이) 지내서 / 익숙하다(잘 알다)

한자 ⊙**親친** 친하다·가깝다   **熟숙** 익다·여물다·익숙하다

한자활용 ⊙親舊친구, 切親절친, 親戚친척, 親族친족, 親切친절, 父親부친, 母親모친, 養親양친, 六親
육친, 親子친자, 親庭친정, 親睦친목, 和親화친, 親密친밀, ❶四顧無親사고무친

영어 **familiar** [fəmíljər]   어원 family(가족) + ar(···의)   뜻 익숙한, 친숙한(well-known);
(무엇에 대해) 잘 아는; (자주 만나는, 잘 알고 있는) 친한 친구[사람]   풀이 Being close to
and familiar with someone, from whom one hides nothing(친하여 익숙하고 허물이
없다)

유 **익숙하다, 낯익다**

예 아기는 낯을 많이 가려서 친숙하지 않은 사람을 보면 울었다 / 그들은 마치 오래전부터
알고 지냈던 사이인 양 금방 친숙해졌다 / 새 학년이 되면 반 친구들과 친숙한 사이가
아니라서 조금 어색하다

° **친하다(親친** | close[klouz]) 가까이 사귀어 정이 두텁다. 가까이하다

---

❶ **사고무친四顧無親** 넷·사방(四方) 사, 돌아볼 고, 없을 무, 친할 친   뜻 사방을 돌아봐도 친한 사람이 없다   풀이 의지할 만한 곳이 전혀 없는, 외로운 상태

140 ★☆☆ ▢▢

교감하다
느낌이 통하다
영 *commune

交交 주고받다
感感 느끼다·느낌

주고받다(교) · 느낌이 통하다(감) ⤳ 서로의 마음, 생각, 감정을 / 주고받으며 •느낌이 통하다

한자 **交교** 사귀다·오고 가다·주고받다　◉**感감** 느끼다·느낌·느낌이 통하다·감동하다

한자활용 ◉感謝감사, 感情감정, 感性감성, 共感공감, 感應감응, 感覺감각, 感觸감촉, 觸感촉감, 感想감상, 感激감격, 感歎감탄, 感氣감기, 毒感독감, 感動감동, 感銘감명, 靈感영감, 實感실감, 鈍感둔감, 好感호감, 所感소감, 自信感자신감, 責任感책임감, 多情多感다정다감, ❶隔世之感격세지감, ❷感慨無量감개무량

영어 **commune** [kəmjúːn]　뜻 (남과 친밀하게) 교감하다, (친하게) 사귀다; 교감　풀이 To share and understand each other's feelings or thoughts even without being verbalized(말로 하지 않아도 서로의 감정이나 생각을 느끼다)

예 무당들은 죽은 이의 영혼과 교감할 수 있는 능력이 있다고 주장한다 / 관객들은 무대 위의 배우와 교감하면서 함께 울고 웃었다 / 인간은 원칙적으로 타인과 고통을 교감하는 것이 불가능하다
• **느낌**(feeling[fíːliŋ])　(몸의 감각이나 마음으로 느끼는) 기분. 기운. 감정

141 ★☆☆ ▢▢

능동적
능히 스스로 움직이는
영 **active

能能 능하다
動동 움직이다

능히 할 수 있다(능) · 움직이다(동) ⤳ 다른 것에 이끌리지 않고 / •능히 자기 스스로 움직이는 (것)

한자 ◉**能능** 능하다(할 수 있다)·능력·재능　**動동** 움직이다·옮기다　**的적** 어조사

한자활용 ◉可能가능, 能力능력, 才能재능, 萬能만능, 全能전능, 能通능통, 不能불능, 無能무능, 低能저능, 知能지능, 機能기능, 性能성능, 效能효능, 能率능률, 藝能예능, 修能수능, 放射能방사능, 官能的관능적, 能手能爛능수능란, 多才多能다재다능, 全知全能전지전능

영어 **active** [ǽktiv]　뜻 능동적인, 적극적인; (신체적으로) 활동적인, 활발한(busy, lively)　풀이 An attitude of judging on one's own and behaving positively(자기 스스로 판단하여 적극적으로 움직이는 것)

유 **자발적**(自자 스스로, 發발 일어나다), **적극적**(積적 쌓다, 極극 다하다), **진취적**(進진 나아가다, 取취 얻다)

예 책을 읽는 과정에서 궁금한 것이 생겼을 때 관련 자료를 찾아 참고하고, 새로 알게 된 내용을 기록하며 읽는 것을 능동적 독서라고 한다 / 글을 읽으면서 앞으로 전개될 내용을 예측하고, 핵심적인 내용을 간추리는 것은, 독서를 능동적으로 하고 있다는 증거이다 / 면담을 진행하는 과정에서 면담 상황에 맞춰 질문을 추가하거나 생략하는 등 능동적으로 면담을 진행해야 한다
• **능하다**(skillful[skílfəl])　(어떤 일 따위에) 뛰어나다. 잘하다

---

❶ **격세지감隔世之感** 사이 뜰 격, 대 세, 갈 지, 느낄 감　　뜻 다른 세상 같은 느낌　풀이 많은 변화를 겪어서 세상이 이전과 크게 달라졌다고 여겨지는 느낌
❷ **감개무량感慨無量** 낄 감, 슬퍼할 개, 없을 무, 헤아릴 량　　뜻 헤아릴 수 없을 정도로 깊은 느낌　풀이 마음속에서 배어 나오는 감동이나 느낌이 끝이 없음

5주 2일

---

142 ★★★ □□

예측하다
앞일을 내다보다
영 *predict

豫예 미리
測측 헤아리다

미리(예)·헤아리다(측) ↝ 어떤 일이 벌어지기 전에 / 어떻게 될 것이라고 / 앞일(앞으로 닥쳐올 일)을 °내다보다

한자 ◉豫예 미리·앞서·먼저   測측 헤아리다·재다

한자활용 ◉豫想예상, 豫見예견, 豫斷예단, 豫防예방, 豫算예산, 豫約예약, 豫備예비, 豫言예언, 豫知예지, 豫感예감, 豫定예정, 豫告예고, 豫報예보, 豫買예매, 豫習예습, 豫熱예열

영어 **predict** [pridíkt] 어원 pre(먼저) + dict(말하다) 뜻 예측하다, 전망하다, 예상하다; (…이라는 것을) 예언하다(prophesy) 풀이 **To guess what will happen in the future** (앞으로의 일을 미리 추측하다)

유 **내다보다**, **예상하다**(豫예 미리, 想상 생각), **전망하다**(展전 펴다·살펴보다, 望망 바라다·희망하다), **관측하다**(觀관 보다, 測측 헤아리다)

예 지진은 정확한 예측이 어려우므로 지진과 지진 해일로 인한 피해를 최소화하려면 정밀한 예보 체계를 구축해야 한다 / 글을 읽을 때는 글쓴이, 글 자체, 읽기가 이루어지는 구체적 상황 등의 읽기 맥락이나 자신의 배경지식을 활용하여 글의 내용을 예측할 수 있다 / 어떤 상황에서 같은 문화에 속한 사람이 어떤 행동을 할지 예측할 수 있는 것은 문화의 공유성 때문이다

°**내다보다**(forecast[fɔ́ːrkæ̀])   앞일을 미리 헤아리다(미루어 생각하다)

---

143 ★★★ □□

추론하다
알고 있는 사실을
바탕으로 새로운
사실을 생각해 내다
영 *infer
  *deduce

推추 헤아리다
論론 의견·논하다

헤아리다(추)·의견·논하다(말하다)(론) ↝ 알고 있는 사실, 정보를 바탕으로 / 알려지지 않은 새로운 사실, 결론, 판단을 / 생각해 내다

한자 ◉推추 밀다·헤아리다(미루어 생각하다)   論론 논하다(말하다)·논의하다·의견·견해

한자활용 ◉推理추리, 類推유추, 推薦추천, 推進추진, 推移추이, 推定추정, 推測추측, 推算추산

영어 **infer** [infə́ːr] 어원 in(안으로) + fer(운반하다) → 들고 들어가다 → 결론을 도출하다 뜻 추론하다, 추정하다, 추측하다(deduce, conclude) **deduce** [didjúːs] 뜻 (이미 알려진 사실·가설·근거 등을 통해 결론·진리 등을) 추정하다, 연역하다, 추론하다(infer) 풀이 **Based on known facts, information, and coming up with new facts, conclusions, and judgments**(알고 있는 사실, 정보를 근거로 삼아 새로운 사실, 결론, 판단을 생각해 내다)

유 **추리하다**(推추 밀다, 理리 다스리다·이치)

예 추론하며 읽기란 글에 직접 드러나지 않은 부분을 글의 앞뒤 사실로 미루어 생각하며 읽는 방법을 말한다 / 어려운 낱말의 뜻을 추론하면 국어사전을 찾지 않고도 글의 내용을 이해할 수 있다 / 추론하며 읽으면 글에 직접 드러나지 않은 내용에 대해 생각해 볼 수 있어서 이해가 잘 된다

1 다음 **국단어의 뜻**을 표로 정리하시오.

국단어	뜻	한자		영단어
인식하다		認인	識식	
친숙하다		親친	熟숙	
교감하다		交교	感감	
능동적		能능	動동	
예측하다		豫예	測측	
추론하다		推추	論론	

2 다음 중 **예측하다**와 뜻이 비슷한 낱말이 **아닌** 것은?

① 내다보다   ② 예상(豫想)하다   ③ 추리(推理)하다   ④ 전망(展望)하다   ⑤ 관측(觀測)하다

3 다음 문장을 읽고, 그 **뜻에 해당하는 낱말**을 쓰시오.

1 세상이 예전과 크게 달라졌다고 여겨지는 느낌 　　　　　　　　　　　_____

2 의지할 만한 곳이 전혀 없는, 외로운 상태 　　　　　　　　　　　_____

3 마음속에서 배어 나오는 감동이나 느낌이 끝이 없음 　　　　　　　_____

4 빈칸에 알맞은 낱말을 넣어 문장을 완성하시오.

1 책을 읽는 과정에서 궁금한 것이 생겼을 때 관련 자료를 찾아 참고하고, 새로 알게 된 내용을 기록하며

　읽는 것을 _____ **독서**라고 한다

2 새 학년이 되면 반 친구들과 _____ 한 사이가 아니라서 조금 어색하다

3 공부를 열심히 하기 위해서는 우선 공부의 필요성을 _____ 해야 한다

4 어떤 상황에서 같은 문화에 속한 사람이 어떤 행동을 할지 _____ 할 수 있는 것은 **문화의**

　공유성 때문이다

5 관객들은 무대 위의 배우와 _____ 하면서 함께 울고 웃었다

6 _____ 하며 읽기란 글에 직접 드러나지 않은 부분을 글의 앞뒤 사실로 미루어 생각하며 읽는

　방법을 말한다

144 ★★★ ☐☐

공동
다 같이 함께

共공 다 같이
同동 함께

다 같이·함께하다(공) · 함께·같이하다(동) ～ 어떤 일을 여러 사람, 단체가 / 다 같이 함께 함 또는 같은 자격으로 관계를 가짐

[한자] ⊙**共공** 한가지·함께·다 같이·함께하다　**同동** 한가지·함께·같다·같이하다·무리

[한자활용] ⊙共感공감, 公共공공, 共益공익, 共有공유, 共用공용, 共生공생, 共存공존, 共榮공영, 共存共榮공존공영, 共助공조, 共通공통, 共謀공모, 共和國공화국, 共産主義공산주의, 自他共認자타공인, 天人共怒천인공노

[예] 환경 문제는 개별 국가를 넘어 인류가 공동으로 해결해야 할 문제로, 전 지구적인 이해와 협력이 필요하다 / 교복을 공동으로 구매했더니 값이 훨씬 싸졌다 / 두 학생은 점수가 똑같아서 공동 1등을 차지했다 / **사회 집단**은 구성원의 **결합 의지**에 따라 공동 사회와 **이익** 사회로 구분한다

145 ★☆☆ ☐☐

이식하다
① 옮겨 심다
② 옮겨 붙이다
영 *transplant

移이 옮기다·옮겨 심다
植식 심다

옮기다·옮겨 심다(이) · 심다(식) ～ ① 식물 따위를 옮겨 심다 ② 살아 있는 조직이나 장기를 생체에서 떼어 내어, 같은 *개체나 다른 개체의 몸에 옮겨 붙이다

[한자] ⊙**移이** 옮기다·옮겨 심다　**植식** 심다·세우다

[한자활용] ⊙移徙이사, 移住이주, 移轉이전, 移民이민, 移職이직, 移動이동, 移行이행, 推移추이, 轉移전이, 移植이식, 移讓이양, ❶愚公移山우공이산

[영어] **transplant** [trænsplǽnt]　[어원] trans(건너서)+plantare(심다)　[뜻] (식물을 …에) 옮겨 심다, 이식하다; (기관·조직 따위를 남에게) 이식하다; 이식　[풀이] ① To replant a tree, etc., in another location(나무 등을 다른 곳으로 옮겨 심다) ② To move a tissue or an organ to another part of the body or another body(몸의 일부 조직이나 몸속 기관을 같은 몸의 다른 부위나 다른 몸에 옮겨 붙이다)

[유] 옮겨심기하다, 옮기다

[예] ① 식목일을 맞이하여 화분의 묘목을 뒷산에 이식했다 / 작은 화분에서 큰 화분으로 나무를 이식했다 ② 뇌사자의 심장을 심장 질환자에게 이식했다 / 안구 이식을 받아 시력을 되찾았다

* **개체**(個개 낱낱　體체 몸 | individual[ìndəvídʒuəl])　독립하여 존재하는 낱낱의 물체

---

❶ **우공이산愚公移山** 어리석을 우, 존칭·귀인 공, 옮길 이, 뫼 산　[뜻] 어리석은 사람이 산을 옮김　[풀이] 어리석어 보이는 일일지라도 무슨 일이든 끊임없이 노력하면 마침내 큰일을 이룰 수 있음

유희
놀이
영 ***play

遊유 놀다
戲희 놀다

놀다(유) · 놀다(희) ⤳ 여러 사람이 모여 장난을 치며 즐겁게 놂 또는 그런 놀이

한자 遊유 놀다·즐기다·떠돌다·여행하다   戲희 놀다·희롱하다(놀리다)

영어 **play** [plei] 뜻 놀이, 유희(frolic, sport); 놀다, 놀이[유희]하다(sport); (연극 등에서) …의 배역을 맡아하다; (악기 등을) 연주하다; 경기[시합]을 하다 풀이 An act of having fun while romping, joking, etc., or such playful activity(장난을 치며 즐겁게 놂. 또는 그런 놀이)

유 놀이, °놀음

예 우리나라에는 설날의 유희로서 남녀노소 누구나 즐길 수 있는 윷놀이가 있다 / 이 프로그램은 아이들이 유희 활동을 통해 단어를 쉽게 암기할 수 있도록 도와준다 / 아이들은 항상 체육 시간마다 신나게 유희하며 즐긴다

° 놀음[놀음놀이] (play[plei]) 여러 사람이 모여서 즐겁게 노는 일. 또는 그런 활동

지형
땅의 모양
영 *terrain

地지 땅
形형 모양

땅(지) · 모양(형) ⤳ 땅의 생긴 모양

한자 ⊙地지 땅·대지·장소 形형 모양·형상

한자활용 ⊙地球지구, 土地토지, 大地대지, 地域지역, 地方지방, 地境지경, 地帶지대, 地理지리, 陸地육지, 高地고지, 山地산지, 地圖지도, 地震지진, 天地천지, 地獄지옥, 陽地양지, 陰地음지, 植民地식민지, 棲息地서식지, 地下鐵지하철, 荒蕪地황무지, 遊園地유원지, 要衝地요충지, 易地思之역지사지, ❶驚天動地경천동지, ❷平地風波평지풍파, ❸伏地不動복지부동

영어 **terrain** [təréin] 어원 라틴어 terra(지구, 땅, 육지) 뜻 (특히 자연적 특징·군사적 이점에서 본) 지형, 지세; 지역, 지대 풀이 **The surface features of a place**(땅의 생긴 모양)

예 산지들이 길게 연속적으로 나타나는 지형을 **산맥**이라고 한다 / 해발 고도가 높은 곳에 있지만 지형의 높낮이가 크지 않고 평탄한 곳을 **고원**이라고 한다 / **갯벌**은 조류의 작용으로 미세한 흙이 퇴적되어 형성된 지형이다 / 강원도 남부와 충청북도 북동부 일대에는 석회암이 분포하여 다양한 **카르스트** 지형을 볼 수 있다

---

❶ **경천동지驚天動地** 놀랄 경, 하늘 천, 움직일 동, 땅 지   뜻 하늘이 놀라고 땅이 흔들림 풀이 세상을 크게 놀라게 함. 세상을 뒤흔들 만큼 놀랄 만한 일이나 사건을 가리키는 표현

❷ **평지풍파平地風波** 평평할 평, 땅 지, 바람 풍, 파도 파   뜻 평탄한 땅에 바람과 파도가 몰아침 풀이 뜻밖에 다툼이 일어남

❸ **복지부동伏地不動** 엎드릴 복, 땅 지, 아닐 부, 움직일 동   뜻 땅에 엎드려 움직이지 않음 풀이 해야 할 일을 하지 않은 채 스스로 움직여 일하지 않음

5주 3일

---

148 ★★★ □□

해안 (연해안)
바다와 맞닿은 땅
🔵 **coast

海해 바다
岸안 기슭

바다(해)·°기슭(안) ⟿ 바다와 맞닿은 부분의 / 땅

한자 ⊙**海해** 바다·바닷물·크다·널리 　**岸안** 언덕·°기슭·낭떠러지·층계

한자활용 ⊙**海洋**해양, **海邊**해변, **航海**항해, **深海**심해, **海岸**해안, **西海**서해, **海流**해류, **海峽**해협, **海上**해상, **海拔**해발, **海霧**해무, **海底**해저, **海水面**해수면, **海産物**해산물, ❶**人山人海**인산인해

영어 **coast** [koust] 　뜻 (큰 바다에 접한 육지로서) 연안, 해안, 바닷가(seashore, shore) 　풀이▶ **A place where sea and land meet**(바다와 육지가 맞닿은 곳)

유 **바닷가**, **연안**(沿연 물 따라가다, 岸안 언덕), **연해**(沿海), **해변**(海, 邊변 가)

예 바다와 육지가 만나는 해안에는 °파랑과 조류 등에 의해 침식, 운반, 퇴적 작용이 지속적으로 발생하며, 그 과정에서 다양한 해안 지형이 형성된다 / 바다와 육지가 만나는 해안은 구성하는 물질에 따라 **암석** 해안, **모래** 해안, **갯벌** 해안 등으로 구분할 수 있다

°**기슭**(bank[bæŋk] shore[ʃɔːr]) 　바다나 강, 호수의 물과 닿아 있는 땅의 부분

°**파랑**(波파 물결 浪랑(낭) 물결 | wave[weiv]) 　바닷물이 바람의 영향을 받아 일렁이는 물결

---

149 ★★★ □□

경관
자연의 모습
🔵 *landscape
*scenery

景경 경치
觀관 모양

경치(경)·모양(관) ⟿ 산이나 들, 강, 바다 따위의 / 자연의 모습 또는 지역의 모습

한자 ⊙**景경** 볕·햇살·해(태양)·경치(자연의 모습) 　**觀관** 보다·모양·용모·생각

연관한자 ⊙**光광** 빛·경치·풍경 | **風풍** 바람·경치·경관 | **致치** 이르다·경치 ⟿ 경치를 뜻하는 단어를 만듦 ↪ 풍경(風景) 풍광(風光) 경치(景致)

한자활용 ⊙**背景**배경, **景致**경치, **風景**풍경, **夜景**야경, **近景**근경, **遠景**원경, **全景**전경, **絕景**절경

영어 **landscape** [lǽndskèip] 　어원 land(토지) + scape(상태) 　뜻 (한눈에 바라보이는 넓은 어느 지역의) 경관, 풍경, 경치 　**scenery** [síːnəri] 　뜻 (보통 아름다운 시골의, 어떤 지방 전체의) 풍경, 경치, 경관 　풀이 **The overall or surrounding view of the landscape such as mountains, field, river, sea. etc**(산, 들, 강, 바다 등의 자연이나 주변의 전체적인 모습)

유 **경치**(景경 볕·경치, 致치 이르다·경치), **풍광**(風풍 바람·경치, 光광 빛·경치), **풍경**(風景), **풍물** (風, 物물 물건)

예 **해안**은 갯벌이나 모래사장, 해안 절벽 등 독특하고 아름다운 자연 경관으로 많은 사람이 즐겨 찾는 관광지이다 / 일반적으로 경제 발전의 수준이 높을수록 인공적인 경관이 두드러지며 현대적인 생활 모습이 나타난다 / **화산 지역**에서는 온천, 분화구 등 독특한 **지형** 경관을 이용한 관광 산업이 발달하기도 한다 / 새로 이사한 오피스텔은 한강에 인접해 있어서 경관이 매우 좋다

---

❶ **인산인해人山人海** 사람 인, 뫼 산, 사람 인, 바다 해 　뜻 사람으로 산과 바다를 이루다 　풀이 사람이 수없이 많이 모인 상태

1 다음 **국단어의 뜻**을 표로 정리하시오.

국단어	뜻	한자		영단어
공동		共공	同동	−
이식하다	① ②	移이	植식	
유희		遊유	戲희	
지형		地지	形형	
해안		海해	岸안	
경관		景경	觀관	

2 다음 중 **자연의 모습**을 뜻하는 한자가 **아닌** 것은?

① 光광   ② 景경   ③ 體체   ④ 風풍   ⑤ 致치

3 다음 중 **경관(景觀)**과 뜻이 비슷한 낱말이 **아닌** 것은?

① 파랑(波浪)   ② 풍경(風景)   ③ 풍광(風光)   ④ 경치(景致)   ⑤ 풍물(風物)

4 다음 중 **해안(海岸)**과 뜻이 비슷한 낱말이 **아닌** 것은?

① 연안(沿岸)   ② 연해(沿海)   ③ 바닷가   ④ 해양(海洋)   ⑤ 해변(海邊)

5 다음 문장을 읽고, 그 **뜻에 해당하는 낱말**을 쓰시오.

1 세상을 뒤흔들 만큼 놀랄 만한 일이나 사건을 가리키는 표현 _____

2 무슨 일이든 끊임없이 노력하면 마침내 큰일을 이룰 수 있음 _____

3 사람이 수없이 많이 모인 상태 _____

4 뜻밖에 다툼이 일어남 _____

5 스스로 움직여 일하지 않음 _____

6 빈칸에 알맞은 낱말을 넣어 문장을 완성하시오.

1 우리나라에는 설날의 _____ 로서 남녀노소 누구나 즐길 수 있는 윷놀이가 있다

2 **해안**은 갯벌이나 모래사장, 해안 절벽 등 독특하고 아름다운 자연 _____ 으로 많은 사람이 즐겨 찾는 관광지이다

3 작은 화분에서 큰 화분으로 나무를 _____ 했다

4 산지들이 길게 연속적으로 나타나는 _____ 을 **산맥**이라고 한다

5 **사회 집단**은 구성원의 **결합 의지**에 따라 _____ 사회와 _____ 사회로 구분한다

6 바다와 육지가 만나는 _____ 에는 파랑과 조류 등에 의해 침식, 운반, 퇴적 작용이 지속적으로 발생한다

150 ★☆☆ ☐☐

획일화되다
하나처럼 똑같게 되다

劃획 굿다·꾀하다
一일 하나
化화 되다

굿다(획) · 하나(일)가 · 되다(화) ～ 모두가 구별이 되지 않을 정도로 / 하나처럼 똑같게 되다

한자 ◉劃획 굿다·계획하다·*꾀하다·구별하다 一일 하나·첫째·오로지 化화 되다·달라지다

연관한자 ◉計계 세다·헤아리다·꾀하다·계획하다 | 企기 꾀하다·도모하다 | 圖도 그림·꾀하다·도모하다 | 謀모 꾀·계책·꾀하다·도모하다 ～ 꾀하다·계획하다는 뜻하는 단어를 만듦 ↪ 계획(計劃) 기획(企劃) 도모(圖謀) 기도(企圖)

한자활용 ◉計劃계획, 企劃기획, 區劃구획, 劃策획책, 劃期的획기적

예 한 지역의 문화가 다른 지역에서 비슷하게 나타나거나 전 세계적으로 같은 문화를 공유하는 현상을 **문화의 획일화**라고 한다 / **세계화**에 따라 강력한 영향력을 가진 *외래문화가 유입되면 전통문화가 사라지면서 문화가 획일화된다 / **대중문화**를 통해 비슷한 생활 양식이 퍼지면서 사람들의 생각이나 행동이 획일화되기도 한다

*꾀하다(attempt[ətémpt])   어떤 일을 이루거나 해결하려고 방법을 찾으며 애쓰다

*외래문화(外외 바깥 來래(내) 오다 文문 문장 化화 되다)   고유한 문화가 아닌 다른 나라(외국)에서 들어온 문화

151 ★★★ ☐☐

세계화
세계가 하나로
되어 가는 현상
영 *globalization

世세 세상
界계 세계
化화 되다

세상(세)이 · 하나의 세계(계) 되다(화) ～ 세계 여러 국가가 정치, 사회, 경제, 문화 등 다양한 분야에서 서로 영향을 주고받으면서 / 국제 사회가 국경을 초월하여 하나의 *지구촌으로 되어 가는 현상

한자 世세 인간·일생·세대·시대·세상 ◉界계 지경(땅의 가장자리)·둘레·한계·세계 化화 되다·달라지다

연관한자 ◉境경 지경·경계 | 區구 구분하다·지경 | 域역 지경·구역 ～ 갈라서 나누어 놓은 땅(지역)의 뜻을 갖는 낱말을 만듦 ↪ 경계(境界) 구역(區域)

한자활용 ◉世界세계, 境界경계, 限界한계, 視界시계, 動物界동물계

영어 **globalization** [glòubəlizéiʃən] **뜻** 세계화 **풀이** The act of understanding many countries and advancing globally, or making something that way(세계 여러 나라를 이해하고 세계적으로 나아감. 또는 그렇게 되게 함)

예 오늘날 전 세계는 교통과 통신 수단의 발달로 사람, 물자, 기술, 자본이 자유롭게 이동하면서 국경을 초월하여 긴밀하게 연결되고 있는데, 이러한 현상을 세계화라고 한다 / 국경을 넘어 세계가 긴밀하게 연결되어 서로 영향을 주고받으며 전 세계가 하나의 생활 단위로 통합되어 가는 현상을 세계화라고 한다

*지구촌(地지 땅 球구 공 村촌 마을 | global village[glóubəl vílidʒ])   (통신·교통 수단의 발달로 좁아져서) 지구 전체를 한 마을처럼 여겨 이르는 말

152 ★☆☆ ▢▢

융합하다
녹아서 하나로 합하다

融융 녹다
合합 합하다

녹다(융) · 합하다(합) ⤳ 다른 종류의 것이 녹아서 / 하나로 합하다 또는 하나로 합하여지다

[한자] **融융** 녹다·화하다·성하다 ⊙**合합** 합하다·모으다·적합하다

[한자활용] ⊙綜合종합, 統合통합, 聯合연합, 結合결합, 和合화합, 組合조합, 符合부합, 適合적합, 合同합동, 合作합작, 合格합격, 聚合취합, 集合집합, 會合회합, 混合혼합, 複合복합, 糾合규합, 封合봉합, 合倂합병, 合成합성, 合計합계, 合唱합창, 合席합석, 合乘합승, 合流합류, 合意합의, 宮合궁합, 競合경합, 合理性합리성, 光合成광합성, 合集合집합, 知行合一지행합일, ❶烏合之卒오합지졸, 離合集散이합집산, 意氣投合의기투합

[예] 우리나라의 온돌이 서양의 침대와 결합하여 돌침대가 만들어진 것처럼, 기존의 문화가 외국에서 들어온 문화와 만나 새로운 문화를 형성하는 **문화** 융합이 이루어지기도 한다 / 수소가 산소와 일정 비율로 융합하면 물이 된다 / 원효는 불교의 여러 종파를 융합하여 조화를 이루고자 힘썼다

---

153 ★★★ ▢▢

공존하다
함께 있다
영 *coexist

共공 함께
存존 있다

함께(공) · 있다(존) ⤳ 두 가지 이상의 사물, 현상이 / 함께 있다(존재하다)

[한자] **共공** 한가지·함께·여럿이 하다 ⊙**存존** 있다(존재하다)·살아 있다

[연관한자] ⊙**有유** 있다·존재하다·소유하다 | **在재** 있다·존재하다

[한자활용] 存在존재, 保存보존, 旣存기존, 生存생존, 依存의존, 實存실존, 存亡존망, 存廢존폐, 自存자존, 獨存독존, 現存현존, 殘存잔존, 存置존치, 存立존립, 存續존속, 適者生存적자생존, 共存共榮공존공영

[영어] **coexist** [kòuigzíst] [어원] co(함께)+exist(존재하다) [뜻] 공존하다, (같은 때[장소]에) 동시에 있다 [풀이] For two or more phenomena, properties or objects to exist together(두 가지 이상의 현상이나 성질, 사물이 함께 존재하다)

[예] **문화 상대주의**는 자신의 문화와 다른 문화를 있는 그대로 존중하고 차이를 인정하므로 다양한 문화가 공존할 수 있는 기초가 된다 / 모든 일에는 긍정적 측면과 부정적 측면이 공존한다 / **일장일단(一長一短)**은 하나의 장점과 하나의 단점이라는 뜻으로, 같은 정도로 공존하는 장점과 단점을 아울러 이르는 말이다

---

❶ **오합지졸烏合之卒** 까마귀 오, 모을 합, 갈 지, 군사 졸　　[뜻] 까마귀를 모아 놓은 군대　[풀이] 임시로 모여들어서 규율이 없고 무질서한 군사(병졸) 또는 군중

5주 4일

---

154 ★★★ □□

갈등
서로 부딪힘
영 **conflict**

葛갈 칡
藤등 등나무

칡(갈)과 · 등나무(등)가 서로 얽힘 ⤳ 서로 생각이 달라 부딪힘

한자 **葛갈** 칡 **藤등** 등나무

영어 **conflict** [kánflikt] 어원 con(함께) + flict(치다) 뜻 (심리적; 국가·개인들 사이의) 갈등; (무력에 의한 비교적 장기간의 물리적) 분쟁, 전쟁; (사람·생각·의견·감정·이해관계 등의) 대립 풀이 A situation where two parties are at odds with each other(서로 생각이 달라 부딪치는 것)

유 **충돌**(衝충 찌르다·부딪치다, 突돌 갑자기·부딪치다), **마찰**(摩마 문지르다, 擦찰 문지르다)
예 서로 다른 민족, 언어, 종교는 평화롭게 공존하기도 하지만 끊임없이 갈등을 일으키는 원인이 되기도 한다 / 이 소설에서는 주인공이 자신의 연인을 의심하는 마음이 깊어지면서 두 인물 간의 갈등이 고조되고 있다 / 많은 나라 사이의 갈등이 결국 2차에 걸친 세계 대전으로 확대되었다

---

155 ★★☆ □□

접촉하다
서로 맞붙어서 닿다
서로 영향을 주고받다

接접 접하다
觸촉 닿다

접하다(접) · 닿다(촉) ⤳ 어떤 사물이 다른 사물과 / 서로 맞붙어서 닿다 ⤳ 서로 영향을 주고받다

한자 ⊙**接접** 잇다·접하다(이어서 닿다)·접촉하다 **觸촉** 닿다·접촉하다·찌르다
연관한자 ⊙**繼계** 잇다·이어 나가다·계속하다 | **續속** 잇다·잇닿다·계속하다 ↪ 계속(이어 나감), 접속 (맞대어 이음)
한자활용 ⊙待接대접, 接待접대, 接受접수, 直接직접, 間接간접, 鄰接인접, 密接밀접, 接境접경, 內接내접, 外接외접, 接線접선, 面接면접, 接見접견, 接續접속, 接續語접속어, 接戰접전, 接合접합, 接接용접, 接近접근, 近接근접

예 **문화** 접촉이란 서로 다른 문화를 지닌 개인이나 집단이 문화적인 면에서 지속적으로 접촉하는 일을 말한다 / **원격 탐사**는 *관측 대상과의 직접 접촉하지 않고도 멀리 떨어진 곳의 정보를 수집하는 기술이다 / 우리 국어는 옛날부터 여러 언어와 접촉하면서 많은 외래어를 받아들이게 되었다
*관측(觀관 보다 測측 헤아리다 | observation[ὰbzərvéiʃən])   자연현상의 변화를 관찰하고 측정함

1 다음 **국단어의 뜻**을 표로 정리하시오.

국단어	뜻	한자		영단어
획일화되다		劃획	一일	−
세계화		世세	界계	
융합하다		融융	合합	−
공존하다		共공	存존	
갈등		葛갈	藤등	
접촉하다		接접	觸촉	−

2 다음 중 **劃획**(계획하다·꾀하다)과 뜻이 비슷한 한자가 **아닌** 것은?

① 圖도　　② 地지　　③ 計계　　④ 企기　　⑤ 謀모

3 다음 중 **지경**(地境: 땅의 가장자리)과 뜻이 비슷한 한자가 **아닌** 것은?

① 境경　　② 界계　　③ 企기　　④ 區구　　⑤ 域역

4 다음 중 **存존**(있다·존재하다)의 뜻을 갖는 한자를 **모두** 고르시오.

① 衝충　　② 觀관　　③ 球구　　④ 在재　　⑤ 有유

5 다음 문장을 읽고, 그 **뜻에 해당하는 낱말**을 쓰시오.

1 한 지역의 문화가 다른 지역에서 비슷하게 나타나거나

　전 세계적으로 같은 문화를 공유하는 현상　　　　　　　　_____

2 임시로 모여들어서 규율이 없고 무질서한 군사(병졸) 또는 군중　_____

3 국경을 넘어 세계가 긴밀하게 연결되어 서로 영향을 주고받으며

　전 세계가 하나의 생활 단위로 통합되어 가는 현상　　　　_____

6 빈칸에 알맞은 낱말을 넣어 문장을 완성하시오.

1 **세계화**에 따라 강력한 영향력을 가진 외래문화가 유입되면 전통문화가 사라지면서 문화가

　_____ 된다

2 수소가 산소와 일정 비율로 _____ 하면 물이 된다

3 **문화** _____ **주의**는 자신의 문화와 다른 문화를 있는 그대로 존중하고 차이를 인정하므로

　다양한 문화가 _____ 할 수 있는 기초가 된다

4 서로 다른 민족, 언어, 종교는 평화롭게 공존하기도 하지만 끊임없이 _____ 을 일으키는
　원인이 된다

5 **원격 탐사**는 관측 대상과의 직접 _____ 하지 않고도 멀리 떨어진 곳의 정보를 수집하는 기술이다

156 ★★☆ □□

전파하다
전하여 퍼뜨리다

傳전 전하다
播파 퍼뜨리다

전하다·널리 퍼뜨리다(전)·퍼뜨리다(파) ～ *전하여 널리 퍼뜨리다

[한자] ◉**傳전** *전하다·널리 퍼뜨리다·전기(傳記: 사람의 일대기)　**播파** (씨를)뿌리다·퍼뜨리다·도망하다

[한자활용] ◉傳統전통, 傳達전달, 傳送전송, 傳來전래, 口傳구전, 宣傳선전, 遺傳유전, 遺傳子유전자, 傳染전염, 傳染病전염병, 傳令전령, 訛傳와전, 傳說전설, 傳貰전세, 傳承전승, 列傳열전, 傳記文전기문, 偉人傳위인전, 自敍傳자서전, 傳道전도, 傳導전도, **❶以心傳心이심전심**, **❷名不虛傳명불허전**

[예] 문화 접촉이 반복적으로 이루어지고 시간이 흐르면 한 사회의 문화 요소가 다른 사회로 전해져 정착하게 되는데, 이를 **문화** 전파라고 한다 / 축구는 공 하나로 세계로 전파되었지만, 크리켓은 다양한 장비와 복잡한 규칙 때문에 쉽게 전파되지 않았다 / 지진이 발생하고 그 진동이 지구 내부를 통과하여 전파되는데, 이를 **지진파**라고 한다

*전하다(傳전 전하다 | deliver[dilívər] hand[hænd]) **어떤 것을 상대에게 옮겨 주다**

---

157 ★★☆ □□

변용
모습이 바뀜

變변 변하다
容용 모양

변하다(변)·모양(용)이 ～ 사물의 모습이 바뀜 또는 그 바뀐 모습

[한자] ◉**變변** 변하다·고치다·재앙·재난　**容용** 얼굴·모양·받아들이다

[한자활용] ◉變遷변천, 變形변형, 變態변태, 變身변신, 變動변동, 變壓변압, 變色변색, 變裝변장, 變種변종, 變性변성, 變節변절, 變心변심, 變則변칙, 急變급변, 突變돌변, 變革변혁, 逢變봉변, 變故변고, 政變정변, **❸朝變夕改조변석개**, **❹臨機應變임기응변**, 萬古不變만고불변, 天災地變천재지변, 甲申政變갑신정변, 乙未事變을미사변

[유] **변신**(身신 몸), **변모**(貌모 모양), **변형**(形형 모양)

[예] 지역 간 **문화 접촉**이나 **문화 전파**를 통해 둘 이상의 서로 다른 문화가 만나면 지역의 고유한 문화 형태에 변화가 나타나게 되는데, 이러한 현상을 **문화** 변용이라고 한다 / 한국에 수용된 성리학은 한국적 토양에 맞게 변용 과정을 거쳐 정착되었다 / 우리나라의 전통적인 난방 방식인 온돌을 서구식 거주 공간인 아파트에 적용한 사례는 다양한 문화가 융합되어 나타난 **문화** 변용의 사례이다

---

❶이심전심以心傳心 ~로써 이, 마음 심, 전할 전, 마음 심
❷명불허전名不虛傳 이름 명, 아닐 불, 빌 허, 전할 전

❸조변석개朝變夕改 아침 조, 변할 변, 저녁 석, 고칠 개
❹임기응변臨機應變 임할 임, 때 (시기) 기, 응할 응, 변할 변

[뜻] 마음에서 마음으로 전함　[풀이] 말이나 글로 전하지 않고 마음에서 마음으로 뜻이 통함
[뜻] 이름은 헛되이 전해지지 않는다　[풀이] 명성이나 명예가 널리 알려진 데는 그럴 만한 실력이나 사실이 있음
[뜻] 아침에 바꾸고 저녁에 고침　[풀이] 법령, 규칙, 계획, 결정 따위를 일관성이 없이 자주 고치는 것
[뜻] 어떤 사건에 임하여(어떤 사태나 일에 직면하다) 때(시기)에 맞춰 응하고 변함　[풀이] 그때그때 형편에 따라 알맞게 일을 처리함

158 ★☆☆ ☐☐

동화되다
서로 닮아서 같게 되다
(영) *assimilate

同動 같다
化화 되다

같다(동)·되다(화) ∿ 서로 다른 것이 닮아서 / 같게 되다

[한자] **同동** 한가지·같다·함께 **化화** 되다·화하다(化)·달라지다

[영어] **assimilate** [əsíməlèit] [어원] as-(ad-, 방향)+similate(가장하다) [뜻] 동화되다 (become absorbed); (사람·습관·사고 방식 등을) 비슷하게[같게] 만들다, 동질화하다(make similar)(to, with) [풀이] For qualities or forms to become the same by resembling each other(서로 닮게 되어 성질이나 형식 등이 같게 되다)

[예] 세계의 수많은 민족들이 고유 언어, 고유문화를 지키지 못하고 외래문화에 동화되었다 / '밥물[밤물] 신라[실라] 독립[동닙]'처럼 앞의 받침이 그 뒤에 오는 음절의 첫소리와 만났을 때 서로 닮아 한쪽 또는 양쪽의 소리가 바뀌는 현상을 **자음** 동화라고 한다

159 ★☆☆ ☐☐

고갈
없어짐
(영) *exhaustion

枯고 마르다
渴갈 고갈되다

마르다(고)·고갈되다(갈) ∿ 물, 자원, 물질 등을 / 다 써서 없어짐

[한자] ⊙**枯고** 마르다·시들다·약해지다 **渴갈** 목마르다·고갈되다
[연관한자] ⊙**乾건** 하늘·마르다 | **燥조** 마르다 | **渴갈** 목마르다 ↔ 건조(乾燥) 고갈(枯渴)

[영어] **exhaustion** [igzɔ́:stʃən] [어원] ex(바깥으로)+haust((물을) 푸다) [뜻] (자원·식량·재산·힘 등의) 고갈, 소진(complete consumption); (극도의) 피로, 기진맥진, 탈진(intense fatigue) [풀이] Water dries up and disappears, resources or materials are used up and disappears(물이 말라서 없어지거나, 자원이나 물질 등이 다 써서 없어짐)

[예] 석유, 천연가스 등의 자원은 매장량이 한정되어 있어 언젠가 고갈될 수 있다 / 태양열, 풍력, 조력, 바이오 에너지 등의 지속 가능한 자원은 *재생이 가능해서 고갈될 염려가 적다
*재생하다(再재 재차·거듭·다시 生생 나다·낳다·살다·만들다 | recycle[ri:sáikəl]) 버리게 된 물건을 모아 새로운 것을 만들어 쓰다

160 ★☆☆ ☐☐

폐기하다
버리다
(영) *discard

廢폐 못쓰게 되다
棄기 버리다

못쓰게 되다(폐)·버리다(기) ∿ 못 쓰게 된 것을 버리다

[한자] **廢폐** 폐하다·못쓰게 되다·버리다 **棄기** 버리다·그만두다·돌보지 않다
[한자활용] ⊙廢止폐지, 荒廢황폐, 廢墟폐허, 廢校폐교, 廢水폐수, 廢家폐가, 廢人폐인, 廢品폐품, 廢業폐업, 廢棄物폐기물, 撤廢철폐, 全廢전폐, 廢位폐위, 廢妃폐비, 廢王폐왕

[영어] **discard** [diskɑ́:rd] [어원] dis(떨어져)+card(카드)→패를 버리다 [뜻] (폐물·습관·의견·쓸데없는 것을) 버리다, 폐기하다(give up, abandon) [풀이] To throw away things that have become useless or obsolete(못 쓰게 된 것을 버리다)

[예] 도서관 사서는 훼손이 심한 책들을 폐기했다 / 원자력 발전소는 건설하기보다도 폐기하는 것이 더 어렵다 / 농약에 오염된 수입 농산물이 관계 당국에 의해 폐기되었다 / 그 법률안은 반대쪽이 과반수를 넘어 자동적으로 폐기되었다

161 ★★☆ ☐☐

검증하다
자세히 살펴서 사실을
밝혀내다
영 *verify
　**prove

檢검 검사하다
證증 증명하다·밝히다

검사하다(검) • 증명하다(증) ↝ •증거를 바탕으로 검사하여(자세히 살펴서) / 증명하다(사실을 •밝혀내다)

[한자] ⊙**檢검** 검사하다·조사하다　**證증** 증거·증명하다·밝히다

[연관한자] ⊙**審심** 살피다(자세히 보다) | **査사** 조사하다 | **觀관** 보다 | **察찰** 살피다 | **監감** 보다 | **省성** 살피다 | **閱열** 보다 | **覽람(남)** 보다 | **示시** 보이다·보다 ↝ 보다·살피다는 뜻을 가진 낱말을 만듦 ↔ 심사(審査) 검사(檢査) 감찰(監察) 성찰(省察) 시찰(視察) 사찰(査察) 검찰(檢察) 관찰(觀察) 관람(觀覽) 열람(閱覽) 검열(檢閱)

[한자활용] ⊙**檢査**검사, **點檢**점검, **檢討**검토, **檢索**검색, **檢證**검증, **檢出**검출, **檢閱**검열

[영어] **verify** [vérəfài]　[어원] very+fy → verus(진실된)+facere(만들다)　[뜻] (증거 등에 의해···이 진실임·정확함을) 입증하다, 검증하다; (진실성·정확성 여부를) 확인하다(ascertain, make sure of, check)　**prove** [pruːv]　[뜻] (증거 등에 의해) ···을 증명하다, 입증하다(demonstrate)　[풀이] To inspect and prove that something is true(검사하여 사실임을 증명하다)

[유] **논증하다**(論논 논하다(말하다), 證), **입증하다**(立입 서다, 證), **증명하다**(證, 明명 밝다·밝히다)

[예] 우리는 차례에 따라서 한 명씩 그의 얘기를 번갈아듣고 나서 진술자의 진실성을 검증하기로 했다 / 이 제품은 아직까지 인체 무해성이 검증되지 않아서 사용을 자제해야 한다 / 국회는 이 법안이 국민의 요구와 합치하는지 검증하기 위해 공청회를 두 차례 열었다

•**증거**(證증 據거 근거 | evidence[évidəns])　**증명할 수 있는 근거**

•**밝혀내다**(discover[diskʌ́vər])　(모르거나 알려지지 않은 사실, 옳고 그름 따위를 따져서) 분명하게 드러내다·알아내다

162 ★★★ ☐☐

요약하다
중요한 내용만
짧게 쓰다
영 **summarize

要요 중요하다
約약 묶다

중요하다(요) • 묶다(약) ↝ 말, 글에서 중요한 내용만 골라서 짧게 쓰다

[한자] ⊙**要요** 구하다·원하다·중요하다·요약하다　**約약** 묶다·약속하다·맺다

[한자활용] ⊙**概要**개요, **必要**필요, **需要**수요, **所要**소요, **重要**중요, **緊要**긴요, **要緊**요긴, **主要**주요, **要求**요구, **要請**요청, **要望**요망, **要素**요소, **要因**요인, **要件**요건, **要諦**요체, **要旨**요지, **要職**요직, **要領**요령, **要衝地**요충지, ❶**訓要十條**훈요십조

[영어] **summarize** [sʌ́məràiz]　[어원] 라틴어 summus(정상의, 중대한)+-ize(···화하다)　[뜻] ···을 요약하다(sum up)　[풀이] To select major points from one's speech or writing and make them brief(말이나 글에서 중요한 것을 골라 짧게 만들다)

[예] 이 소설의 주제를 한 문장으로 요약하면, '착하게 살아야 한다'이다 / 글을 다섯 문단으로 나누고 각 문단의 중심 내용을 요약했다 / 글을 요약할 때는 먼저 각 문단의 중심 문장을 찾아야 한다

---

❶**훈요십조訓要十條** 가르칠 훈, 요긴(중요)할 요, 열 십, 가지 조　[풀이] 고려의 태조 왕건이 후손에게 남긴 열 가지 유언으로서, 불교 장려, 도참설 중시, 거란 배격 등 나라를 다스리는 데 새겨야 할 내용을 요약한 것

1 다음 **국단어의 뜻**을 표로 정리하시오.

국단어	뜻	한자		영단어
전파하다		傳전	播파	–
변용		變변	容용	–
동화되다		同동	化화	
고갈		枯고	渴갈	
폐기하다		廢폐	棄기	
검증하다		檢검	證증	
요약하다		要요	約약	

2 다음 중 **마르다·목마르다**와 뜻이 비슷한 한자가 **아닌** 것은?

① 枯고   ② 渴갈   ③ 乾건   ④ 再재   ⑤ 燥조

3 다음 중 **보다·살피다**의 뜻을 갖는 한자가 **아닌** 것은?

① 傳전   ② 審심   ③ 查사   ④ 監감   ⑤ 察찰

4 다음 중 **검증(檢證)하다**와 비슷한 뜻을 갖는 낱말이 **아닌** 것은?

① 논증(論證)하다   ② 입증(立證)하다   ③ 증진(增進)하다   ④ 증명(證明)하다   ⑤ 밝혀내다

5 다음 문장을 읽고, 그 **뜻에 해당하는 낱말**을 쓰시오.

1 법령, 규칙, 계획, 결정 따위를 일관성이 없이 자주 고치는 것 _____

2 그때그때 형편에 따라 알맞게 일을 처리함 _____

3 말이나 글로 전하지 않고 마음에서 마음으로 뜻이 통함 _____

4 명성이나 명예가 널리 알려진 데는 그럴 만한 실력이나 사실이 있음 _____

6 빈칸에 알맞은 낱말을 넣어 문장을 완성하시오.

1 태양열, 풍력, 조력, 바이오 에너지 등의 지속 가능한 자원은 재생이 가능해서 _____ 될 염려가 적다

2 세계의 수많은 민족들이 고유 언어, 고유문화를 지키지 못하고 외래문화에 _____ 되었다

3 지역 간 **문화 접촉**이나 **문화 전파**를 통해 둘 이상의 서로 다른 문화가 만나면 지역의 고유한 문화 형태에 변화가 나타나게 되는데, 이러한 현상을 **문화** _____ 이라고 한다

4 농약에 오염된 수입 농산물이 관계 당국에 의해 _____ 되었다

5 지진이 발생하고 그 진동이 지구 내부를 통과하여 _____ 되는데, 이를 **지진파**라고 한다

6 이 제품은 아직까지 인체 무해성이 _____ 되지 않아서 사용을 자제해야 한다

6주 1일

---

163 ★☆☆ ▢▢

가설
임시로 정한 결론
영 *hypothesis

假가 임시
說설 말씀

임시(가)로 정한 · 말(설) ⤳ 연구에서, 아직은 사실인지 아닌지 분명하지 않은 것을 / 사실인 것처럼 *임시로 정하여 내린 결론

한자 **假가** 거짓·가짜·*임시·빌려주다　◉**說설** 말씀·이야기하다·말하다

연관한자 ◉**話화** 말씀·이야기 | **言언** 말씀 | **語어** 말씀·이야기 | **談담** 말씀·이야기 | **辭사** 말씀 ⤳ 말·이야기와 관련된 낱말 ↪ 언어(言語) 설화(說話) 언사(言辭) 담화(談話) 사설(辭說)

한자활용 ◉**說明**설명, **小說**소설, **說得**설득, **傳說**전설, **說話**설화, **辱說**욕설, **逆說**역설, **發說**발설, **一說**일설, **說敎**설교, ❶**說往說來**설왕설래, **語不成說**어불성설, **甘言利說**감언이설, **橫說竪說**횡설수설

영어 **hypothesis** [haipάθəsis]　어원 그리스어 hupo(밑에) + thesis(놓다)　뜻 가설; 가정(假定)　풀이 A proposition that is expected to explain a situation an idea, etc. in a study, which is yet to be proved(연구에서 어떤 내용을 설명하려고 예상한 것으로 아직 증명되지 않은 가정)

유 **가정**(假가 임시, 定정 정하다)

예 김 박사는 데이터를 바탕으로 세운 가설이 검증된 후에 본격적인 연구를 시작했다 / 김 교수가 학계에 제시한 가설이 20년 만에 증명되었다 / 이 학설은 *확증되지는 않았으므로 아직까지는 가설에 불과하다 / 자연 과학자는 자연 현상에 대해 가설을 설정하고, 검증을 통해 법칙을 발견할 수 있어야 한다

*임시(臨임 임하다·임시 時시 때 | temporary[témpərèri])　**일시적인 동안**

*확증(確확 굳다·확실하다 證증 증거)　**확실히 증명함**(proof positive). **확실한 증거**(clear evidence)

---

164 ★★☆ ▢▢

배출하다
밖으로 밀어 내보내다
영 *emit

排배 밀어내다
出출 내놓다

밀어내다(배) · 내놓다(출) ⤳ 불필요한 물질을 안에서 밖으로 밀어 *내보내다

한자 ◉**排배** 밀다·밀어내다(물리치다, 배척하다)　**出출** 낳다·나가다·떠나다·내놓다

한자활용 ◉**排斥**배척, **排除**배제, **排水**배수, **排尿**배뇨, **排便**배변, **排泄**배설, **排擊**배격, **排他的**배타적

영어 **emit** [imít]　어원 라틴어 e-(밖으로)+mittere(보내다)　뜻 (빛·열·냄새·소리 따위를) 내다, 내뿜다, 방출하다　풀이 To send out something that was made inside something else(안에서 만들어진 것을 밖으로 밀어 내보내다)

예 화석 연료는 대기 오염 물질을 배출하여 환경을 오염시킨다 / 공장 폐수가 *정화되지 않고 강으로 배출되고 있다 / 산업 폐기물과 생활 쓰레기, 자동차 배기가스나 폐수 등의 오염 물질이 배출되면서 환경 오염이 심각한 사회 문제로 등장하였다

*내보내다(send out)　**밖으로 나가게 하다**

*정화(淨정 깨끗하다 化화 되다 | purification[pjùərəfikéiʃən]) (불순한·더러운 것을) **깨끗하게 함**

---

❶**설왕설래說往說來** 말씀 설, 갈 왕, 말씀 설, 올 래　　뜻 말이 가고 말이 온다　풀이 의견이 일치되지 않고 옥신각신함(옳으니 그르니 하고 서로 다투는)

말살하다
완전히 없애다
영 *annihilate

抹末 지워 없애다
殺살 죽이다

지워 없애다(말) · 죽이다(살) ～ 존재하는(있는) 사물을 지워서 / 아주 완전히 없애 버림

[한자] **抹말** 지우다·지워 없애다　◎**殺살** 죽이다·죽다·없애다

[연관한자] ◎**滅멸** (불이)꺼지다·없어지다·죽다 | **絶절** 끊다·숨이 그치다·없애다 | **亡망** 망하다·없애다· 죽다 | **死사** 죽다·죽이다 | **斃폐** 죽다 | **消소** 사라지다·없애다 ～ 없어지다·없애다·죽다를 뜻하는 낱말을 만듦 ↦ 멸망(滅亡) 멸절(滅絶) 절멸(絶滅) 사망(死亡) 사멸(死滅) 폐사(斃死) 소멸(消滅)

[한자활용] ◎**殺人살인, 殺害살해, 殺蟲살충, 殺菌살균, 暗殺암살, 自殺자살, 他殺타살, 被殺피살, 銃殺 총살, 虐殺학살, 擲殺척살, 屠殺도살, 沒殺몰살, 殺戮살육, 殺生살생, 殺伐살벌, 殺氣살기, 殺意 살의, ❶寸鐵殺人촌철살인, ❷殺身成仁살신성인, ❸矯角殺牛교각살우

[영어] **annihilate** [ənáiəlèit] **[어원]** an(ad(···에))+nihil(무(無)) **[뜻]** 전멸[절멸·괴멸·멸망·멸종] 시키다(destroy entirely) **[풀이]** To eliminate everything that exists(있는 것들을 아주 없애 버리다)

[예] 일제 강점기에 일본은 우리 국어를 말살하는 정책을 펼쳤다 / 주입식 교육은 학생들의 개성과 창의력을 말살하는 결과를 가져온다 / 전쟁 중에는 흔히 *인권과 자유가 말살되기 일쑤이다 / 김 교수는 획일적인 교육이 개성의 말살을 낳았다고 주장했다 / 일제는 우리의 국민정신을 말살시키기 위하여 황국 신민 정책을 내세웠다
*인권(人인 사람 權권 권리 | human rights[hjú:mən raitz]) 　인간으로서 당연히 갖는 기본적 권리

조합하다
여럿을 모아 짜서
하나로 만들다
영 **combine

組조 짜서 만들다
合합 합하다·모으다

짜서 만들다(조) · 합하다·모으다(합) ～ 여럿을 모아 짜서 하나로 만들다

[한자] ◎**組조** (베를)짜다·조직하다(짜서 만들다)　**合합** 합하다·모으다·적합하다

[한자활용] ◎**組織조직, 組立조립, 組成조성, 改組개조, 勞組노조**

[영어] **combine** [kəmbáin] **[어원]** com(함께)+bini(둘씩) **[뜻]** ···을 결합하다, 합치다, 조합하다 (join together, unite) **[풀이]** To gather a number of things and form them into one mass(여럿을 한데 모아 한 덩어리로 짜다)

[유] 합하다(合합), 결합하다(結結 맺다·모으다, 合합)

[예] 자동차에는 수만 개의 부품이 조합되어 있다 / 외국어가 고유어와 조합되어 새로운 낱말이 생겨나기도 한다 / 여기저기서 읽은 멋진 문장들을 조합해서 그럴듯한 시를 한 편 썼다 / 한글은 자음 14개, 모음 10개로 총 1만 1172자를 조합해 낼 수 있는 문자이다

---

❶ **촌철살인寸鐵殺人** 마디 촌, 쇠 철, 죽일 살, 사람 인　**[뜻]** 한 치의 쇠붙이로 사람을 죽임 **[풀이]** 간단한 말로도 남을 감동하게 하거나 남의 약점을 찌를 수 있음
❷ **살신성인殺身成仁** 죽일 살, 몸 신, 이룰 성, 어질 인　**[뜻]** 자신의 몸을 죽여 仁(인)을 이룸 **[풀이]** 옳은 일을 위하여 목숨을 바침
❸ **교각살우矯角殺牛** 바로잡을 교, 뿔 각, 죽일 살, 소 우　**[뜻]** 뿔 모양을 바로잡으려다가 소를 죽임 **[풀이]** 작은 결점을 고치려다 오히려 큰 손해를 입음

6주 1일

---

167 ★★☆ □□

본질
원래부터 갖고 있는
성질

영 *essence

本본 근본·뿌리
質질 바탕

뿌리(근)가 되는 • 바탕(질) ⤳ 어떤 사물을 그 *자체가 되도록 하는 / 사물의 *고유한 성질

한자 ⊙**本**본 *근본·뿌리　**質**질 바탕·품질·본질

연관한자 ⊙**根**근 뿌리·근본 | **源**원 근원·원천·기원 | **基**기 기초·토대·근본 | **元**원 으뜸·처음·시초·근본·근원 | **原**원 언덕·근본·근원 | **始**시 일찍·시초·근본·근원 | **初**초 처음·시작·근본·근원 ⤳ 시작·맨 처음·처음 생긴 곳을 뜻하는 낱말을 만듦 ↪ 기본(基本) 근본(根本) 근원(根源) 본원(本源) 기원(起源·起原) 시원(始原) 원시(原始·元始) 원초(原初) 시초(始初)

한자활용 ⊙**根本**근본, **基本**기본, **本體**본체, **資本**자본, **本性**본성, **本分**본분, **本色**본색, **本人**본인, **脚本**각본, **臺本**대본, **本然**본연, ❶**拔本塞源**발본색원

영어 **essence** [ésəns]　뜻 본질; (증류 등에 의하여 추출한) 에센스, 진액　풀이 The original characteristic of something, which determines its identity(어떤 사물이 그 사물 자체가 되게 하는 원래의 특성)

예 인간은 혼자 태어나 혼자 죽는 존재이므로 본질적으로 고독하다 / 우리가 쓰는 한국어를 포함하여 전 세계의 다양한 언어들이 공통적으로 지닌 특질을 가리켜 **언어의 본질**이라고 한다 / 언어는 모두 임의적으로 정해져 있는 기호들을 반복해서 배우고 익힌 것인데, 이러한 언어의 본질을 **언어의 자의성**이라고 한다

*자체(自자 스스로 體체 몸 | self[self])　(다른 것을 제외한) 그 자신
*고유하다(固고 굳다 有유 있다 | unique[juːníːk])　본디(처음)부터 지니고 있다. 무엇이 어느 사물에만 특별히 있다
*근본(根근 뿌리 本본 근본 | essence[ésəns])　사물·생각 등이 생기는 본바탕[본질·본체]

---

168 ★☆☆ □□

결여되다
없다, 모자라다

영 **lack

缺결 없다
如여 같다

모자라다·없다(결) • 같다(여) ⤳ 마땅히 있어야 할 것이 빠져서 / 없거나 모자라다

한자 ⊙**缺**결 없다·없어지다·않다·모자라다　**如**여 같다·같게 하다·좇다·따르다

한자활용 ⊙**缺乏**결핍, **缺陷**결함, **缺點**결점, **缺損**결손, **缺勤**결근, **可缺**가결, **不可缺**불가결, **缺員**결원, **缺格**결격, **缺席**결석, **缺試**결시, **缺講**결강, **缺食**결식, **缺航**결항, **無缺**무결, **缺禮**결례

영어 **lack** [læk]　뜻 (보충을 필요로 하는 부족함을 내포하지 않고, 중립적인 의미로) 결핍되다, 모자라다, 부족하다(be deficient in); (희망하는 것이나 당연히 있어야 할 것이) 없다　풀이 For something necessary to be missing or lacking(있어야 할 것이 없거나 모자라다)

예 이 작품은 작가만의 독창미가 결여되어 있어 *식상한 느낌이다 / 이번 신곡은 대중성이 결여되어 인기를 끌지 못했다 / 심사 위원이 경력이 없어 전문성이 결여되었다는 문제가 제기되었다 / 자기 학문에 대한 열정과 문제의식이 결여된 사람은 학자라고 할 수 없다
*식상하다(食식 밥 傷상 상처·다치다)　일·사물이 되풀이되어 질리다. 어떤 음식을 자꾸 먹어 물리다

---

❶**발본색원拔本塞源** 뽑을 발, 밑 본, 막을 색, 근원 원　뜻 뿌리를 뽑고 근원을 막음　풀이 일을 올바로 처리하기 위해 폐단의 근원을 뽑아서 모조리 없애 버림

1 다음 **국단어의 뜻**을 표로 정리하시오.

국단어	뜻	한자		영단어
가설		假가	說설	
배출하다		排배	出출	
말살하다		抹말	殺살	
조합하다		組조	合합	
본질		本본	質질	
결여되다		缺결	如여	

2 다음 중 **殺살(죽이다)**과 뜻이 비슷한 한자가 **아닌** 것은?

① 亡망　② 斃폐　③ 絶절　④ 滅멸　⑤ 體체

3 다음 중 **本본(근본·뿌리)**의 뜻을 갖는 한자가 **아닌** 것은?

① 基기　② 始시　③ 證증　④ 元원　⑤ 初초

4 다음 중 **시작·맨 처음·처음 생긴 곳**을 뜻하는 낱말이 **아닌** 것은?

① 원시(原始)　② 고유(固有)　③ 기본(基本)　④ 근본(根本)　⑤ 기원(起源)

5 다음 중 **없애다·죽다**는 뜻을 담고 있는 낱말이 **아닌** 것은?

① 멸망(滅亡)　② 멸절(滅絶)　③ 소멸(消滅)　④ 결핍(缺乏)　⑤ 폐사(斃死)

6 다음 문장을 읽고, 그 **뜻에 해당하는 낱말**을 쓰시오.

1 옳은 일을 위하여 목숨을 바침 _____

2 의견이 일치되지 않고 옥신각신함 _____

3 일을 올바로 처리하기 위해 폐단의 근원을 뽑아서 모조리 없애 버림 _____

4 간단한 말로도 남을 감동하게 하거나 남의 약점을 찌를 수 있음 _____

7 빈칸에 알맞은 낱말을 넣어 문장을 완성하시오.

1 양심이 _____ 된 범죄자들에게 엄한 처벌을 내려야 한다는 여론이 일고 있다

2 전 세계의 다양한 언어들이 공통적으로 지닌 특질을 가리켜 **언어의** _____ 이라고 한다

3 한글은 자음 14개, 모음 10개로 총 1만 1172자를 _____ 해 낼 수 있는 문자이다

4 이 학설은 확증되지는 않았으므로 아직까지는 _____ 에 불과하다

5 화석 연료는 대기 오염 물질을 _____ 하여 환경을 오염시킨다

6 김 교수는 획일적인 교육이 개성의 _____ 을 낳았다고 주장했다

6주 2일

---

169 ★☆☆ □□

모방하다
똑같이 만들다
흉내내다
영 **imitate

模모 본뜨다
倣방 본뜨다

본뜨다(모) · 본뜨다(방) ⤳ 이미 있는 사물을 °본으로 삼아서 / 그것과 똑같이 만들다 또는 흉내내다

[한자] ◉模모 °본뜨다 · 본받다 · 형상 倣방 본뜨다 · 닮다 · 본받다

[한자활용] ◉模樣모양, 模糊모호, 模範모범, 模範生모범생, 模擬모의, 模型 · 模形모형, 模造모조, 模造品모조품, 模唱모창, 模作모작, 規模규모, 模糊性모호성, 聲帶模寫성대모사

[영어] imitate [ímitèit] [뜻] 모방하다, 흉내내다, 따라하다 [풀이] To copy something else or imitate another person's behavior(다른 것을 본뜨거나 남의 행동을 흉내 내다)

[유] °본뜨다(本본 근본 · 뿌리)

[예] 그는 손재주가 좋아서 남의 것을 모방하는 데는 뛰어나지만, 창의성이 부족하여 °독창적인 작품을 내놓지는 못한다 / 어린이는 대개 어른의 행동을 모방하기 마련이다 / 예술 세계에서는 모방보다 °창조를 더 소중히 여긴다

° 본(本본 근본 · 뿌리 | example[igzǽmpəl]) 본보기가 될 만한 올바른 방법. 모범으로 삼을 만한 대상

° 본뜨다(本본 | imitate[ímitèit]) 무엇을 본보기로 삼아 그대로 따라하다(benchmark, imitate). 이미 있는 것을 그대로 따라서 만들다(imitate, copy)

° 독창적(獨독 홀로 · 혼자 創창 시작하다 · 만들다 | creative[kriːéitiv]) 새로운 것을 처음으로 만들어 내거나 생각해 내는 (것)

° 창조(創창 시작하다 · 만들다 造조 짓다 · 만들다 | creation[kriːéiʃən]) (전에 없던 것을) 처음으로 만듦

---

170 ★★☆ □□

개성
그것만 특별히 갖고 있는 성질
영 **individuality

個개 하나하나
性성 성질

하나하나(개) · 성질(성) ⤳ 다른 사람이나 개체와 구별되는 / 한 개인이나, 각 개체가 / 갖고 있는 °특유한 성질

[한자] ◉個개 하나하나 · 낱낱(따로따로의 한 개 한 개) · 하나 · 사람 性성 성품 · 성질

[한자활용] ◉個人개인, 個個人개개인, 個體개체, 個別개별, 各個각개, 別個별개, 個數개수

[영어] individuality [ìndəvìdʒuǽləti] [어원] in(…이 없는) + dividu(나누다) + al(성질의) + -ity(추상 명사를 만듦) [뜻] (다른 것과 구별되는 두드러진) 개성(individual character), (개인적) 특성 [풀이] A unique feature that distinguishes one thing from other things (다른 것과 구별되는 고유의 특성)

[예] 글의 문체는 작가 고유의 개성이 드러나기 마련이다 / 그녀는 평범한 디자인의 옷도 자신의 개성을 살려 입는다 / 그는 너무 개성이 강해서 다른 사람들과의 °친화가 어렵다 / 대중문화의 획일성으로 인해 개인의 개성이 상실되거나 문화의 다양성이 °저하되는 문제점이 나타나기도 한다

° 친화(親친 친하다 和화 화목하다 | friendship[fréndʃip]) 서로 뜻이 맞거나 사이좋게 지냄

° 저하되다(低저 낮다 下하 아래) (정도 · 수준 · 능률 등이) 떨어져 낮아지다

---

171 ★☆☆ ☐☐

피란
난리를 피함
영 *refuge
*evacuation

避피 피하다
亂란(난) 난리

피하다(피) · 난리(란) ↝ *난리를 피함 또는 난리를 피해 다른 곳으로 옮겨감

[한자] ⊙避피 피하다·벗어나다·회피하다　⊙亂란(난) 어지럽다·난리·재앙

[한자활용] ⊙騷亂소란, 混亂혼란, 搖亂요란, 攪亂교란, 國亂국란, 患亂환란, 避亂피란, 亂離난리, 叛亂반란, 紊亂문란, 亂雜난잡, 亂流난류, 散亂산란, 亂射난사, 一絲不亂일사불란, ❶自中之亂자중지란, ❷快刀亂麻쾌도난마, 壬辰倭亂임진왜란, 丙子胡亂병자호란, 壬午軍亂임오군란

[영어] **refuge** [réfjuːdʒ]　[어원] re(뒤로) + fuge(도망치다)　[뜻] (위험·재난 등으로부터의) 피난; 피난처(shelter)　**evacuation** [ivækjuéiʃən]　[뜻] (재난·공습 등을 피하기 위해 위험한 지역 등에서 안전한 곳으로) 피난, 철수　[풀이] An act of running away from a catastrophe such as a war, disturbance, etc(전쟁이나 난리 등을 피해 멀리 도망감)

[예] 전쟁이 일어나자 남쪽으로 피란하는 행렬이 줄을 이었다 / 긴 전쟁으로 백성들은 피란 생활을 이어 갔다 / 부산으로 피란을 가 피란민 수용소에 *수용되었다

*난리(亂난 어지럽다·난리 離리 떠나다·흩어지다 | chaos[kéias] disorder[disɔ́ːrdər]) 전쟁이나 분쟁 따위로 세상이 어지러워진 상태

*수용(收수 거두다 容용 얼굴·받아들이다 | accommodating[əkàmədéiʃən]) (범법자·포로·난민·관객 따위를) 일정한 곳에 모아 넣음

---

172 ★☆☆ ☐☐

인부
돈 받고 일하는 사람
영 *laborer
**worker

人인 사람
夫부 노동일을 하는
남자

사람(인) · 노동일을 하는 남자(부) ↝ 작업장에 *고용되어 / 돈을 받고 남의 일을 해주는 사람

[한자] ⊙人인 사람·인간　⊙夫부 남편·사내·노동일을 하는 남자·군인

[한자활용] ⊙工夫공부, 夫婦부부, 農夫농부, 漁夫어부, 鑛夫광부, 丈夫장부, 大丈夫대장부, 夫人부인, 興夫傳흥부전, 漁夫之利어부지리, ❸匹夫匹婦필부필부, 一夫多妻일부다처

[영어] **laborer** [léibərər]　[어원] 라틴어 labor(수고, 노력, 일, 노동)+ -er(…하는 사람)　[뜻] 노동자, 근로자, 인부　**worker** [wə́ːrkər]　[뜻] (특정한 종류의 일을 하는) 근로자, 노동자 (laborer)　[풀이] A person who engages in manual labor at a certain occupation to earn money(돈을 받고 육체노동을 하는 사람)

[예] 공사장의 인부들이 벽돌을 나르고 있다 / 농장물 수확에 열 명의 인부가 필요하다 / 날이 밝자 인부들이 건설장으로 하나둘 모여들었다 / 건물의 화장실 청소를 담당할 인부 세 명을 *고용했다

*고용하다(雇고 고용하다 用용 쓰다 | employ[emplɔ́i]) 보수(일한 대가로 주는 돈이나 물품) 를 주고 사람을 시켜 일하게 하다

---

❶ **자중지란自中之亂** 스스로 자, 가운데 중, 어조사 지, 어지러울 란　[뜻] 자기편 가운데서 일어나는 혼란　[풀이] 같은 편 사이에서 일어나는 싸움이나 난리

❷ **쾌도난마快刀亂麻** 통쾌할 쾌, 칼 도, 어지러울 난, 삼 마　[뜻] 잘 드는 칼로 헝클어진 삼(뽕나뭇과의 한해살이풀) 가닥을 자름　[풀이] 복잡하게 얽힌 사물이나 꼬인 문제들을 명확하면서도 빠른 시간에 해결함

❸ **필부필부匹夫匹婦** 짝 필, 지아비·남자 부, 짝 필, 아내·여자 부　[뜻] 평범한 남자와 여자　[풀이] 보통의 평범한 사람≒갑남을녀(甲男乙女), 장삼이사(張三李四), 초동급부(樵童汲婦)

6주 2일

---

173 ★☆☆ □□

승낙하다
부탁을 들어주다

영 **consent
***permit

承承 들어주다
諾낙(락) 허락하다

어떤 사람의 부탁을 들어주다(승)·허락하다(낙) ↝ 다른 사람이 / 부탁하는 일을 *들어주다

한자 ⦿承승 이어받다·받들다·들어주다 諾낙(락) 허락하다·승낙하다

연관한자 ⦿絡락(낙) 잇다 | 繼계 잇다·이어나가다·계속하다 | 續속 잇다·계속하다 ↝ 이어나가다는 뜻을 가진 낱말을 만듦 ↪ 계속(繼續) 승계(承繼) 계승(繼承)

한자활용 ⦿承繼승계, 繼承계승, 傳承전승, 承認승인, 承服승복

영어 **consent** [kənsént] 뜻 동의하다, (…하는 것을) 승낙[허락]하다(accede, agree); (…하는 데 대한) 승낙, 승인, 동의(assent, permission) **permit** [pəːrmít] 어원 per(…을 통하여) + mit(보내다)→통과시키다 뜻 (행위·사물 등을) 허락하다, 허가하다, 허용하다 (allow) 풀이 To accept another's request(남이 부탁하는 것을 들어주다)

유 **허하다**(許허 허락하다), **허가하다**(許허, 可 옳을 가), **허락하다**(許허, 諾락)

예 친구의 간절한 부탁을 거절하기가 어려워 마지못해 승낙했다 / 처음에는 반대하셨던 부모님께서 결혼을 끝내 승낙하셨다 / 엄마는 아이의 외출을 승낙하면서 용돈까지 주었다

*들어주다(receive[risíːv]) (청하는 것이나 원하는 것을) 허락하다. 받아들이다

---

174 ★☆☆ □□

구애되다
방해가 되다

拘구 거리끼다
礙애 방해하다

구애받다(구)·방해하다(애) ↝ 일, 행동 따위를 마음대로 하지 못해 / *얽매이다 또는 *거리끼다

한자 **拘구** 잡다·체포하다·거리끼다·구애받다 **礙애** 거리끼다·방해하다·장애(障礙)가 되다

유 **거리끼다, 구속되다**(拘구 잡다, 束속 묶다·결박하다), **얽매이다**

예 그의 꿈은 부자가 되어 평생 돈의 구애 없이 사는 것이다 / 자료가 부족해서 숙제를 하는 데 구애를 받았다 / 그는 한평생 아무것에도 구애 받지 않고 제멋대로 살다 갔다 / 사소한 일에 너무 구애되면 큰일을 그르치게 된다 / 그는 부모의 뜻에 구애되지 않고 자기의 길을 떠났다

*얽매이다(be bound[baund]) 마음대로 행동할 수 없게 몹시 구속되다

*거리끼다 (일이나 행동 등을 하는 데에) 걸려서 방해가 되다. 꺼림칙하게 마음에 걸리다

1 다음 **국단어의 뜻을** 표로 정리하시오.

국단어	뜻	한자		영단어
모방하다		模모	倣방	
개성		個개	性성	
피란		避피	亂란	
인부		人인	夫부	
승낙하다		承승	諾낙	
구애되다		拘구	礙애	–

2 다음 중 **이어나가다는** 뜻을 가진 낱말을 **모두** 고르시오.

① 계속(繼續)　② 저하(低下)　③ 승계(承繼)　④ 계승(繼承)　⑤ 수용(受容)

3 다음 중 **보통의 평범한 사람을** 뜻하는 사자성어가 **아닌** 것은?

① 갑남을녀(甲男乙女)　② 초동급부(樵童汲婦)　③ 갑론을박(甲論乙駁)　④ 필부필부(匹夫匹婦)

⑤ 장삼이사(張三李四)

4 다음 문장을 읽고, 그 **뜻에 해당하는 낱말을** 쓰시오.

1 복잡하게 얽힌 사물이나 꼬인 문제들을 명확하면서도 빠른 시간에 해결함 _____

2 보통의 평범한 사람 _____

3 같은 편 사이에서 일어나는 싸움이나 난리 _____

5 빈칸에 알맞은 낱말을 넣어 문장을 완성하시오.

1 전쟁이 일어나자 남쪽으로 _____ 하는 행렬이 줄을 이었다

2 사소한 일에 너무 _____ 되면 큰일을 그르치게 된다

3 예술 세계에서는 _____ 보다 창조를 더 소중히 여긴다

4 친구의 간절한 부탁을 거절하기가 어려워 마지못해 _____ 했다

5 날이 밝자 _____ 들이 건설장으로 하나둘 모여들었다

6 대중문화의 획일성으로 인해 개인의 _____ 이 상실되거나 문화의 다양성이 저하되는

문제점이 나타난다

175 ★★☆ ☐☐

선사하다
선물을 주다

영 ***present

膳善 선물
賜사 주다

선물(선)·주다(사) ⤳ 존경, 축하, 애정의 뜻으로 / 남에게 선물을 주다

한자 膳善 선물·반찬·음식   ◉賜사 주다

연관한자 ◉附부 붙다·주다 | 與여 주다·같이하다 | 給급 주다 | 授受 주다·수여하다 | 贈증 주다·보내다 ⤳ 주다는 뜻을 가진 낱말을 만듦 ↪ 부여(附與) 수여(授與) 증여(贈與) 급여(給與)

영어 **present** [prizént]   어원 pre(앞에) + esse(있다) + ent(상태)   뜻 현재의([préznt], current); (검토·논의 등을 하도록) 주다, 내놓다, 제시하다, 제출하다(introduce); 증정하다, 선물하다, 선사하다(give or offer as a present); (친한 사람끼리의) 선물; (어떠하게) 보여 주다, 나타내다, 묘사하다(exhibit, show)   풀이 **To give an object to, or perform an act of kindness for, someone in order to show one's respect, love, etc., and to make him/her feel good**(존경이나 사랑 등의 마음을 나타내기 위해 남에게 물건을 주거나 어떤 행동을 해 좋은 감정을 느끼게 해 주다)

유 **선물하다**(膳善, 物物 物件 건)

예 오늘 음악회는 청중들에게 새로운 차원의 감동을 선사했다 / 졸업을 한 언니에게 꽃다발을 한 아름 선사했다 / 고마움의 표시로 멋진 그림을 선사했다 / 그 개그맨은 관객에게 끊임없는 웃음보따리를 선사했다

176 ★★☆ ☐☐

언어의 사회성
'글자'와 '뜻'을 개인이 마음대로 바꿀 수 없는 성질

言언 말
語어 말
社사 모이다
會회 모이다
性성 성질

언어에서, 글자(기호, 문자, 형식)와 뜻(내용, 의미)의 관계가 사회적으로 약속된 후에는 / 개인이 마음대로 바꿀 수 없는 특성

한자 言언 말·글   語어 말   ◉社사 모이다   會회 모이다·만나다   性성 성품·성질

한자활용 ◉社會사회, 會社회사, 本社본사, 公社공사, 入社입사, 退社퇴사, 社交사교

예 언어는 그 언어를 사용하는 사람들 사이의 사회적 약속이기 때문에 개인이 마음대로 바꿀 수 없는데, 이러한 특성을 언어의 사회성이라고 한다 / 언어는 사회성이라는 특성이 있기 때문에 '사과'를 마음대로 '과사'로 바꾸어 부르면 다른 사람들은 그 말을 이해할 수 없다 / 시인 '이상'의 시를 난해시라고 평가하는 이유 중의 하나는, '이상'이 언어의 사회성을 무시하고 *독자적인 문법 세계를 *구축했기 때문이다

*독자적(獨독 홀로·혼자 自자 스스로·자기(自己) | distinctive[distíŋktiv])   다른 것과 구별되는 혼자만의 특유한 (것)

*구축하다(構구 얽다·집을 짓다 築축 쌓다 | establish[istǽbliʃ])   기초를 닦아 세우거나 마련하다. 쌓아올려 만들다

언어의 자의성
'글자'와 '뜻'이
마음대로 결합되는
성질

恣자 마음대로
意의 뜻·의미
性성 성질

마음대로(자)·뜻(의)이 정해지는 성질(성) ～ 언어에서, 글자(기호, 문자, 형식)와 뜻(내용, 의미)이 사회적 약속에 의하여 / 마음대로(*임의적으로) 결합되는 성질

[한자] 恣자 마음대로·제멋대로   意의 뜻·의미·생각   ⊙性성 성품·성질

[한자활용] ⊙性格성격, 性品성품, 人性인성, 個性개성, 本性본성, 心性심성, 根性근성, 理性이성, 知性지성, 感性감성, 性質성질, 屬性속성, 特性특성, 適性적성, 慣性관성, 惰性타성, 慢性만성, 性別성별, 男性남성, 女性여성, 酸性산성, 可能性가능성, 蓋然性개연성, 彈性力탄성력, 正體性정체성

[예] 한국어에서는 '나비[나비]'라고 부르지만, 중국어에서는 '蝴蝶[후뎨]', 일본어에서는 'ちょう[조]', 이탈리아어에서는 'farfalla[파르팔라]라고 부르는데, 이처럼 언어의 의미와 말소리는 *필연적으로 결합한 것이 아니라, 우연히 그렇게 맺어진 것으로, 이러한 특성을 언어의 자의성이라고 한다 / 언어의 자의성이란, 한국어로 '어머니', 영어로 'mother', 독일어로 'mutter'와 같이, 언어의 의미와 형식(기호)의 관계가 *필연적이지 않다는 것이다

*임의적(任임 맡기다·마음대로 意의 뜻 | optionally[ɑ́pʃənəlli]) 하고 싶은 마음대로 하는 (것)

*필연적(必필 반드시·틀림없이 然연 그러하다·틀림이 없다 | inevitable[inévitəbəl]) 반드시 그렇게 될 수밖에 없는 (것)

언어의 역사성
언어가 생기고
사라지고 변하는 성질

歷력(역) 지나다
史사 역사
性성 성질

시간이 지남에 따라 / 새로운 말이 생기거나·있던 말이 사라지거나·소리나 의미가 변하는 / 언어의 성질

[한자] 歷력(역) 지나다·겪다·분명하다   ⊙史사 역사   性성 성품·성질

[한자활용] ⊙史記사기, 三國史記삼국사기, 女史여사, 史官사관, 史觀사관, 史禍사화, 正史정사, 野史야사, 自然史자연사, 國史국사, 世界史세계사, 史學家사학가, 先史선사

[예] 언어는 시간의 흐름에 따라 있던 말이 사라지거나, 새로운 말이 생기기도 하고, 소리나 의미가 변하기도 하는데, 이러한 특성을 언어의 역사성이라고 한다 / '어리다'의 의미가 '어리석다'에서 '나이가 적다'로, 그 의미가 변화한 것이 언어의 역사성에 해당하는 사례이다

*음운(音음 소리 韻운 소리 | phoneme[fóuni:m]) (물'과 '불'이 다른 뜻의 말이 되게 하는, 'ㅁ'과 'ㅂ'처럼) 말의 뜻을 구별하여 주는 소리의 가장 작은 단위

언어의 창조성
문장을 무한히 만들어
낼 수 있는 언어의 성질

創창 만들다
造조 짓다·만들다
性성 성질

만들다(창)·만들다(조)·성질(성) ～ 한정된 단어를 가지고 / 새로운 문장을 무한히 만들어 낼 수 있는 언어의 성질

[한자] ⊙創창 (처음)시작하다·만들다   ⊙造조 짓다·만들다   性성 성품·성질

[한자활용] ⊙創意창의, 創出창출, 創業창업, 創作창작, 創製·創制창제, 獨創독창, 創黨창당, 創設창설, 創立창립, 創建창건, 創社창사, 創刊창간, 創始창시, 創案창안

[예] 언어의 창조성 덕분에 우리는 한정된 양의 언어로 끊임없이 이야기하고 새로운 표현을 만들 수 있다 / 새로운 문장을 무한히 만들어 낼 수 있는 것은 언어가 창조성을 가지고 있기 때문이다.

6주 3일

---

180 ★★☆ □□

결합하다
합쳐서 하나로 묶다
영 **combine

結結 모으다·묶다
合合 합하다

모으다·묶다(결) · 합하다(합) ～ 둘 이상이 서로 관계를 맺고 / 합쳐서 하나로 묶다

〔한자〕 ⊙結결 맺다·모으다·묶다　合합 합하다·모으다·적합하다

〔연관한자〕 ⊙契계 맺다·약속하다 | 約약 맺다·약속하다 | 束속 묶다 ↪ 계약(契約) 결속(結束) 약속(約束)

〔한자활용〕⊙結束결속, 結婚결혼, 結果결과, 結實결실, 結論결론, 結末결말, 終結종결, 歸結귀결, 締結체결, 妥結타결, 連結연결, 結局결국, 完結완결, 凝結응결, 凍結동결, 團結단결, ❶結草報恩결초보은, ❷結者解之결자해지, 起承轉結기승전결, 大同團結대동단결, ❸姉妹結緣자매결연

〔영어〕 **combine** [kəmbáin]　〔어원〕 라틴어 com(함께)+bini(둘씩)　〔뜻〕 결합하다, 연합하다, 합치다(join together, unite)　〔풀이〕 For two or more people or objects to be connected into one(이상의 사물이나 사람이 서로 관계를 맺어서 하나로 합쳐지다)

〔예〕 언어는 **창조성**이 있기 때문에 한정된 단어들을 결합하여 무한한 수의 문장을 만들어 낼 수 있다 / **열대 우림** 기후 지역은 유럽인들의 식민 지배 이후 선진국의 자본과 기술에 원주민의 노동력이 결합한 대규모의 상업적 농업 형태인 **플랜테이션**이 발달하였다 / 서부 유럽에서는 식량 생산과 가축 사육이 결합된 **혼합 농업**이 발달했다 / 사회 집단은 구성원의 결합 의지에 따라 공동 사회와 **이익 사회**로 구분한다

---

181 ★★☆ □□

인상
마음에 남는 느낌
영 *impression

印인 인상
象상 모습

도장 찍은(인) 것처럼 · 어떤 모습(상)이 기억에 남다 ～ 어떤 대상을 보거나 들었을 때 / 그것이 사람의 마음에 남는 느낌

〔한자〕 ⊙印인 도장·인상·찍다　象상 코끼리·모습·형상

〔한자활용〕⊙捺印날인, 烙印낙인, 封印봉인, 印刷인쇄, 印章인장, 印鑑인감, 刻印각인, 印朱인주, 調印조인

〔영어〕 **impression** [impréʃən]　〔어원〕 im(안으로) + press(밀다)　〔뜻〕 (어떤 대상으로부터 받는) 인상, 느낌; (경험이나 사람이 주는) 감명, 감동; (막연한) 느낌, 기분, 생각(notion)　〔풀이〕 A feeling that a certain object or person gives(어떤 사물이나 사람이 주는 느낌)

〔유〕 감명(感감 느끼다·감동하다, 銘명 새기다·조각하다)

〔예〕 뉴욕에 가서 받은 인상은 활기찬 도시라는 것이었다 / 사람들의 눈길을 끌어 강한 인상을 남기는 인포그래픽은 정보를 효과적으로 전달할 수 있어서 다양한 분야에 널리 활용된다 / 한쪽에서는 공장 굴뚝에서 매연을 내뿜고, 다른 한쪽에서는 광활한 자연이 펼쳐진 상반된 풍경이 인상적이다

---

❶ **결초보은結草報恩** 맺을 결, 풀 초, 갚을 보, 은혜 은　〔뜻〕 풀을 묶어 은혜를 갚음 〔풀이〕 죽어서도 잊지 않고 은혜를 갚음
❷ **결자해지結者解之** 맺을 결, 사람 자, 풀 해, 어조사('~이') 지　〔뜻〕 맺은(결(結)) 사람이 푼다(해(解)) 〔풀이〕 문제를 일으킨 사람이 그 문제를 해결해야 함
❸ **자매결연姉妹結緣** 손위 누이 자, 누이 매, 맺을 결, 인연 연　〔뜻〕 자매의 관계를 맺는 일 〔풀이〕 어떤 지역이나 단체가 다른 지역·단체와 서로 돕기 위해 친밀한 관계를 맺는 일

1 다음 **국단어의 뜻**을 표로 정리하시오.

국단어	뜻	한자		영단어
선사하다		膳선	賜사	
언어의 사회성		社사	會회	–
언어의 자의성		恣자	意의	–
언어의 역사성		歷역	史사	–
언어의 창조성		創창	造조	–
결합하다		結결	合합	
인상		印인	象상	

2 다음 중 **賜사**(주다)와 뜻이 비슷한 한자가 **아닌** 것은?

① 附부 ② 授수 ③ 給급 ④ 銘명 ⑤ 贈증

3 다음 중 **주다**는 뜻을 담고 있는 낱말이 **아닌** 것은?

① 잔여(殘餘) ② 급여(給與) ③ 수여(授與) ④ 증여(贈與) ⑤ 부여(附與)

4 다음 중 **結결**(맺다)과 뜻이 비슷한 한자를 **모두** 고르시오.

① 膳선 ② 契계 ③ 銘명 ④ 韻운 ⑤ 約약

5 다음 문장을 읽고, 그 **뜻에 해당하는 낱말**을 쓰시오.

1 문제를 일으킨 사람이 그 문제를 해결해야 함 _____

2 어떤 지역이나 단체가 다른 지역 · 단체와 서로 친밀한 관계를 맺는 일 _____

3 죽어서도 잊지 않고 은혜를 갚음 _____

4 언어의 의미와 말소리가 필연적으로 결합한 것이 아니라,
우연히 맺어진 언어의 특성 _____

5 시간의 흐름에 따라 있던 말이 사라지고, 새로운 말이 생기고,
소리나 의미가 변하는 언어의 특성 _____

6 빈칸에 알맞은 낱말을 넣어 문장을 완성하시오.

1 서부 유럽에서는 식량 생산과 가축 사육이 _____ 된 **혼합 농업**이 발달했다

2 '어리다'의 의미가 '어리석다'에서 '나이가 적다'로, 그 의미가 변화한 것이 언어의 _____ 에
해당하는 사례이다

3 언어는 _____ 이라는 특성이 있기 때문에 '사과'를 마음대로 '과사'로 바꾸어 부르면 다른 사람
들은 그 말을 이해할 수 없다

182 ★☆☆ □□
낙천적
인생을 즐거워하는
영 *optimistic

樂락(낙) 즐기다
天천 천성

인생을 즐기다·즐거워하다(낙) · *천성(천) ⇝ 세상과 인생에 대하여 즐겁고 좋게 생각하는

[한자] 樂락(낙) 즐기다·즐거워하다 天천 하늘·성질·*천성 的적 어조사(~의, ~한 상태로 되는)

[한자활용] ⊙娛樂오락, 快樂쾌락, 極樂극락, 悅樂열락, 苦樂고락, 享樂향락, 樂園낙원, 樂觀낙관, ❶同苦同樂동고동락, ❷安貧樂道안빈낙도, 喜怒哀樂희로애락, 生死苦樂생사고락

[영어] **optimistic** [ɑ̀ptəmístik] [어원] optim(최선) + istic(주의의) [뜻] (…에 대해) 낙천적인, 낙관적인 [풀이] Viewing the world and life as pleasant and good(세상과 인생을 즐겁고 좋게 생각하는)

[예] 항상 밝게 웃는 그녀는 낙천적 성격의 소유자이다 / 인생을 즐겁게 살려면 낙천적인 사고방식이 필요하다 / 그는 살기가 고되어도 콧노래를 부르며 일을 나가는 낙천적인 성격이다

*천성(天천 하늘 性성 성품 | personality[pə̀:rsənǽləti]) (어떤 사람이나 사물이) 본래부터 가지고 있는 성품(性品: 사람의 성질과 됨됨이)

183 ★☆☆ □□
절제하다
정도를 넘지 않도록 하다
영 *restrain

節절 절제하다
制제 절제하다

절제하다(절) · 절제하다(제) ⇝ 무엇의 상태를 알맞게 맞춰서 / *정도를 넘지 않도록 하다

[한자] ⊙節절 (식물의)마디·(동물의)관절·예절·절기·기념일·항목·절제하다 制제 절제하다

[한자활용] ⊙季節계절, 節氣절기, 名節명절, 禮節예절, 調節조절, 節度절도, 節約절약, 關節관절, 光復節광복절, 開天節개천절, 句句節節구구절절, 禮儀凡節예의범절

[영어] **restrain** [ristréin] [어원] re(뒤로) + stingere(끌어당기다) [뜻] (어떤 감정·행위 등을 못하도록) 제지하다, 못하게 하다(check, prevent)(from); (감정을) 참다, 억제하다, 억누르다 (repress) [풀이] To regulate and limit something so it will not exceed a certain degree(정도에 넘지 않도록 알맞게 조절하여 제한하다)

[예] 그는 소비 욕구를 절제하지 못해서 *파산하고 말았다 / 아이는 감정을 절제하지 못하고 울음을 터뜨렸다 / 비만을 예방하려면 칼로리가 높은 음식을 절제해야 한다

*정도(程정 한도 度도 법도 | line[lain]) 넘어서서는 안 되는 일정한 수준. 또는 알맞은 한도
*파산하다(破파 깨뜨리다 産산 낳다·재산 | go bankrupt[bǽŋkrʌpt]) 재산을 모두 날려 버리다

❶동고동락同苦同樂 같을 동, 괴로울 고, 같을 동, 즐거울 락 [뜻] 고생도 함께 하고 기쁨도 함께 함 [풀이] 괴로운 일이든 즐거운 일이든 함께 함
❷안빈낙도安貧樂道 편안할 안, 가난할 빈, 즐거울 락, 길 도 [뜻] 가난을 편안히 여기고 도를 즐김 [풀이] 가난한 생활을 하면서도 편안한 마음으로 도를 지키며 즐김 (가난을 탓하지 않고 의롭게 살아가는 삶의 자세)

184 ★☆☆ □□

단정하다
딱 잘라 정하다

斷단 끊다·결단하다
定정 정하다

끊다·결단하다(단) · 정하다(정) ⁓ 어떤 일에 대해 의견, 태도를 / 딱 잘라 정하다

[한자] **斷단** 끊다·결단하다   **定정** 정하다·바로잡다
[유] **결단하다**(決결 결단하다 , 斷단 끊다), **결정하다**(決결 결단하다, 定정 정하다)
[예] 사람의 겉모습만 보고 그 사람의 성격을 단정하면 안 된다 / 그 한 가지만 보고 그가 나쁜 사람이라고 단정할 수는 없다 / 열심히 해 보지 않고 공부가 재미없다고 쉽게 단정해 버리면 안 된다
• **결론짓다**(結결 맺다 論론 논하다 | conclude[kənklúːd])   마지막으로 판단을 내려 끝을 맺다

---

185 ★☆☆ □□

부합하다
서로 꼭 들어맞다
[영] *correspond

符부 부합하다
合합 적합하다

부합하다(부) · 적합하다(합) ⁓ 사물, 현상이 / 서로 꼭 •들어맞다

[한자] ⊙**符부** 부호·기호·증표·부합하다(들어맞다)   **合합** 합하다·모으다·적합하다·맞다
[한자활용] ⊙符號부호, 相符상부, 符籍부적, 免罪符면죄부, 終止符종지부, 名實相符명실상부

[영어] **correspond** [kɔ̀ːrəspánd]   [어원] cor(함께) + respond(답하다) → (서로) 응답하다   [뜻] (구조·기능·양 따위가 똑같이 일치하지는 않지만 많은 면에서) 해당하다, 상응하다(similar, equal) (to); 일치하다, 부합하다(to, with)   [풀이] For objects or phenomena to coincide with each other(사물이나 현상 등이 서로 꼭 들어맞다)

[유] **맞다, 들어맞다, 일치하다**(一일 하나, 致치 이르다(어떤 장소나 시간에 닿다))
[예] 예상에 부합하는 선거 결과가 나왔다 / 그의 •추리는 사실과 잘 부합된 것이었다 / 이번 시험에서 부모님의 기대에 부합하는 성적을 얻었다
• **들어맞다**   (예견이나 추측이) **정확하게 꼭 맞다**(그렇다, 옳다, 틀림없다)
• **추리**(推추 헤아리다·밀다 理리(이) 다스리다·이치 | reasoning[ríːzniŋ])   아는 것을 바탕으로 알지 못하는 것을 미루어 생각함

---

186 ★☆☆ □□

군림하다
남을 압도하다
[영] *reign

君군 임금
臨림(임) 다스리다

다스리다(림) ⁓ (비유적으로) 어떤 분야에서 절대적인 세력을 가지고 / 남을 •압도하다

[한자] **君군** 임금   ⊙**臨림(임)** 임하다(어떤 사태나 일에 직면하다)·다스리다·대하다
[한자활용] ⊙臨時임시, 降臨강림, 君臨군림, 再臨재림, 臨迫임박, 臨終임종, 臨床임상, 臨場임장, 臨界點임계점, 臨時方便임시방편, 臨機應變임기응변, 臨戰無退임전무퇴

[영어] **reign** [rein]   [뜻] (국왕이) 다스리다, 통치하다, 지배하다, 군림하다; (왕의) 통치; (왕의) 통치 기간   [풀이] To control others with absolute power or ability from a dominant position(절대적인 힘이나 능력으로 남을 누르고 지배적인 세력을 가지다)

[예] 미국은 세계의 최강대국으로 군림하고 있다 / 그녀는 골프계의 •여제로 군림하고 있다 / 한때 영국은 유럽에서 제일의 해군국으로 군림하였다
• **압도하다**(壓압 누르다 倒도 넘어지다 | overwhelm[òuvərhwélm])   (보다 뛰어난 힘, 세력, 재주 따위로) **상대를 꼼짝 못 하게 누르다**
• **여제[여황]**(女여 여자 帝제 임금 | empress[émpris])   **여자 황제**

---

187 ★★☆ □□

입증하다
증거를 들어 밝히다
영 **prove

立립(입) 정해지다
證증 증거

정하다(입) · 증명하다(증) ⤳ 무엇이 참인지 거짓인지, 옳은지 그른지 / *증거를 들어서 *밝히다

한자 **立립(입)** 서다·똑바로 서다·정해지다 ◉**證증** 증거·*증명하다·알리다

한자활용 ◉**證據**증거, 證言증언, 證人증인, 證書증서, 證票증표, 立證입증, 確證확증, 證明증명, 檢證검증, 論證논증, 認證인증, 傍證방증, 保證보증, 公證공증, 偽證위증, 證憑증빙, 證券증권, 辨證法변증법, 資格證자격증, 領收證·領受證영수증

영어 **prove** [pru:v] 어원 라틴어 probare(조사하다) 뜻 (증거 등에 의해 …을) 증명하다, 입증하다(demonstrate); (…임이) 밝혀지다, 드러나다, 판명되다(turn out) 풀이 **To prove a certain fact by presenting proof**(증거를 내놓아서 어떤 사실을 증명하다)

유 *증명하다(證, 明명 밝다·밝히다), 검증하다(檢검 검사하다, 證), 논증하다(論논 논하다, 證)

예 대회에서 일등을 함으로써 실력을 입증했다 / 그 사고는 목격자가 없어 입증이 불가능했다 / 김 박사는 바이러스가 그 병의 원인이라는 것을 입증하였다 / 변호사는 피고인의 무죄를 입증하기 위해 *백방으로 노력했다 / 서류를 모두 태워 버렸기 때문에 그의 비리를 입증하기가 힘들다

* 증거(證증 증거 據據 근거 | evidence[évidəns]) (어떤 사건이나 사실을) 증명할 수 있는 근거
* 밝히다(clarify[klǽrəfài]) (옳고 그름을 가려) 분명하게 하다
* 증명하다(證증 증거 明명 밝히다 | testify[téstəfài]) (참·거짓, 진짜·가짜를) 증거를 들어 밝히다
* 백방(百백 일백·여러·모두·온갖 方방 방위·방법) 온갖(모든 종류의·여러 가지의) 방법

---

188 ★☆☆ □□

축적
모아서 쌓음
영 *accumulate

蓄축 모으다
積적 쌓다

모으다(축) · 쌓다(적) ⤳ 지식, 경험, 돈 등을 / 모아서 쌓음

한자 **蓄축** 모으다·쌓다 ◉**積적** 쌓다·저축

한자활용 ◉累積누적, 蓄積축적, 積善적선, 積金적금, 積立적립, 過積과적, 積載量적재량, 積雪적설, 見積견적, 面積면적, 積分적분, 微積分미적분, 容積용적, 堆積物퇴적물, 積極的적극적

영어 **accumulate** [əkjú:mjəlèit] 어원 ac(거듭하여) + cumulate(쌓아 올리다) 뜻 (돈·재산·물건 등을 장기간에 걸쳐 조금씩 연속적으로 모아 큰 더미로) 모으다, 축적하다(amass) 풀이 **To gather and pile up knowledge, experience, money, etc**(지식, 경험, 돈 등을 모아서 쌓다)

유 모으다, 쌓다, 적립하다(積적 쌓다, 立립 서다)

예 앞선 세대의 지식과 경험이 언어와 문자 등을 통해 전달되고 축적되어 다음 세대로 전승되는 것을 문화의 축적성이라고 한다 / 상공업을 통해 부를 축적한 시민 계급은 정치에 참여할 권리와 경제적 자유를 얻기 위해 시민 혁명을 주도하였다

1 다음 **국단어의 뜻**을 표로 정리하시오.

국단어	뜻	한자		영단어
낙천적		樂낙	天천	
절제하다		節절	制제	
단정하다		斷단	定정	–
부합하다		符부	合합	
군림하다		君군	臨림	
입증하다		立입	證증	

2 다음 중 **입증(立證)하다**와 뜻이 비슷한 낱말을 <u>모두</u> 고르시오.

① 증명(證明)하다　② 적립(積立)하다　③ 검증(檢證)하다　④ 압도(壓倒)하다　⑤ 논증(論證)하다

3 다음 중 **단정(斷定)하다**와 뜻이 비슷한 낱말을 <u>모두</u> 고르시오.

① 결정(決定)하다　② 단결(團結)하다　③ 추리(推理)하다　④ 결단(決斷)하다　⑤ 단속(團束)하다

4 다음 문장을 읽고, 그 **뜻에 해당하는 낱말**을 쓰시오.

1　가난한 생활을 하면서도 편안한 마음으로 도를 지키며 즐김　————————

2　괴로운 일이든 즐거운 일이든 함께 함　————————

5 빈칸에 알맞은 낱말을 넣어 문장을 완성하시오.

1　그 한 가지만 보고 그가 나쁜 사람이라고 ——————— 할 수는 없다

2　비만을 예방하려면 칼로리가 높은 음식을 ——————— 해야 한다

3　변호사는 피고인의 무죄를 ——————— 하기 위해 백방으로 노력했다

4　그는 살기가 고되어도 콧노래를 부르며 일을 나가는 ——————— 적인 성격이다

5　한때 영국은 유럽에서 제일의 해군국으로 ——————— 하였다

6　이번 시험에서 부모님의 기대에 ——————— 하는 성적을 얻었다

7　상공업을 통해 부를 ——————— 한 **시민 계급**은 정치에 참여할 권리와 경제적 자유를 얻기 위해

　　시민 혁명을 주도하였다

---

189 ★☆☆ ☐☐

재단
재산의 집단
🔘 *foundation

財財 재산
團단 집단

재산(재)을 모아 놓은 • 집단(단) ～～ 일정한 목적을 위하여 돈을 모아서 구성한 / *재산의 집단

한자 ◉**財財** 재물·재산　**團團** 둥글 둥글다·모이다·집단

연관한자 ◉**貨화** 재물 | **資자** 재물 | **物物** 물건·재물 | **産산** 낳다·만들다·재산·자산 ～～ 돈이나 값나가는 물건(물품)을 뜻하는 낱말을 만듦 ↦ 재(財) 재산(財産) 재화(財貨) 자산(資産) 재물(財物)

한자활용 ◉財貨재화, 財物재물, 財産재산, 財源재원, 財閥재벌, 財政재정, 財務재무, 橫財횡재, 財力家재력가, 文化財문화재, 自由財자유재, 公共財공공재, 消費財소비재, 生産財생산재, 補完財보완재, 代替財대체재

영어 **foundation** [faundéiʃən] **어원** 라틴어 fundus(바닥) **뜻** (학교·도서관·병원·사회사업 단체 등의) 재단; (기관·단체 등의) *창설, 창건, 창립, *설립(founding, establishment); (사물·사상·학설·소문·보도 등의) 기초, 기반(base) **풀이** A group of property formed by collecting money for a certain purpose(일정한 목적을 위하여 돈을 모아서 구성한 재산의 집단)

예 그는 평생 모은 재산으로 장학 재단을 *설립하였다 / 생태계 보호를 위해 환경 재단을 *설립했다 / 돌아가신 아버님의 뜻을 받들어 재단을 *설립했다

*재산(財財 재물 産산 낳다 | asset[ǽset]; property[prɑ́pərti]) 　교환 가치가 있는 자기 소유의 돈과 값나가는 물건

*창설(創창 만들다 設설 세우다 | establishment[istǽbliʃmənt]) 　처음으로 만들어 세움

*설립(設설 세우다 立립 서다·세우다 | establishment) 　(기관·조직체 따위를) 새로 만들어 세움

---

190 ★★☆ ☐☐

매장되다
땅속에 묻혀 있다

埋매 묻다
藏장 감추다

묻다(매) • 감추다(장) 있다 ～～ 지하자원이 / 땅속에 묻혀 있다

한자 **埋매** (땅에)묻다·감추다　◉**藏장** 감추다·숨다

한자활용 ◉貯藏저장, 埋藏매장, 冷藏庫냉장고, 藏氷庫장빙고, 鹽藏염장, 包藏포장, 祕藏비장

예 카스피해에 다량의 석유와 천연가스가 매장되어 있는 것으로 알려지면서 주변 국가 간에 갈등이 발생하고 있다 / 최근 지구 온난화로 석유와 천연가스 등이 풍부하게 매장되어 있는 북극해의 개발 가능성이 커지면서 북극해를 향한 '콜드러시' 현상이 나타나고 있다 / 할아버지의 시신은 당신의 유언대로 고향땅에 매장되었다 / 뒷마당에 금화 단지가 깊이 매장되어 있었다

191 ★★★ ☐☐

추세
일이 나아가는 흐름
영 **trend

趨추 달려가다
勢세 형세

달려가다(추) • 형세(세) ⤳ 어떤 일, 현상이 / 일정한 방향으로 나아가는 °경향

한자 趨추 달아나다·달려가다·뒤쫓다 ◉勢세 °형세·권세·기세

한자활용 ◉姿勢자세, 權勢권세, 威勢위세, 氣勢기세, 優勢우세, 運勢운세, 大勢대세, 勢力세력, 政勢정세, 形勢형세, 得勢득세, 合勢합세, 强勢강세, 弱勢약세, 勢家세가, 時勢시세, ❶虛張聲勢허장성세, ❷騎虎之勢기호지세, ❸破竹之勢파죽지세, ❹伯仲之勢백중지세

영어 **trend** [trend] 뜻 (여론·상황 등의) 동향, 경향, 추세(general tendency, drift); (옷 등의) 트렌드, 유행; (어떤 방향으로) 향해[기울어져] 있다(bend, slope, go); (사태·정세 등이 어떤 방향으로) 기울다 풀이 A tendency of a certain incident or phenomenon progressing into a fixed direction(어떤 일이나 현상이 일정한 방향으로 나아가는 경향)

유 경향(傾경 기울다, 向향 향하다), 흐름
예 지난 수십 년 동안 지구의 연평균 기온은 계속 상승하는 추세를 보였다 / 혼인 연령이 늦어지는 것은 남녀 불문의 추세이다 / 집값 하락 추세가 2년째 계속되고 있다
° 경향(傾경 기울다 向향 향하다 | tendency[téndənsi]) 형세가 한쪽으로 기울어짐. 또는 그런 방향
° 형세(形형 모양 勢세 형세 | situation[sìtʃuéiʃən]) 일이 되어 가는 모습

192 ★★★ ☐☐

어휘
낱말의 무리
영 *vocabulary

語어 말
彙휘 무리

말(어) • 무리(휘) ⤳ 어떤 일정한 범위 안에서 사용되는 / °낱말의 수 또는 그 낱말의 전체

한자 語어 말·이야기·말하다 彙휘 무리(모여서 뭉친 한 동아리)

영어 **vocabulary** [voukǽbjulèri/-ləri] 어원 vocabul(단어) + ary(…에 관한) 뜻 (한 언어·한 개인·어떤 직업·계급 따위의 사람들이 쓰고 있는) 어휘, 단어 풀이 The number of words used within a particular scope; or the aggregate of such words(일정한 범위에서 쓰이는 낱말의 수. 또는 그런 낱말 전체)

예 우리가 사용하는 단어들은 공통된 특징을 가지는 단어들끼리 묶을 수 있는데, 이렇게 묶인 단어의 집합을 어휘라고 한다 / 우리말 어휘는 어종(말의 뿌리)에 따라 고유어, 한자어, 외래어로 분류할 수 있다 / 외래어는 다른 나라에서 들어왔지만 우리말처럼 쓰이는 말로, 우리말 어휘를 풍부하게 해 주는 한편 무분별하게 사용될 경우 우리말의 정체성을 위협할 수 있다
° 낱말[단어](word[wəːrd]) 일정한 뜻과 기능을 가지며 홀로 쓰일 수 있는 가장 작은 말의 단위

---

❶ **허장성세虛張聲勢** 빌 허, 베풀 장, 소리 성, 기세 세
  뜻 비어 있고 과장된 형세로 소리를 냄 풀이 실력이 없으면서 허세를 부림. 실속은 없이 헛소문과 허세만 부림

❷ **기호지세騎虎之勢** 말 탈 기, 범 호, 어조사 지, 형세 세
  뜻 범에 올라탄 기세 풀이 이미 시작한 일이라 도중에 그만두려 하여도 그만둘 수 없는 상황

❸ **파죽지세破竹之勢** 깰 파, 대나무 죽, 어조사 지, 기세 세
  뜻 대나무를 쪼개는 듯한 기세 풀이 세력이 강대해 감히 대적할 상대가 없음. 거칠 것 없이 맹렬한 기세로 나아가는 모습

❹ **백중지세伯仲之勢** 맏 백, 버금 중, 어조사 지, 기세 세
  풀이 서로 우열을 가리기 힘든 형세

6주 5일

---

193 ★☆☆ □□

배타적
다른 대상을 밀어내는
영 *exclusive

排배 밀어내다
他타 다른 사람

밀어내다(배) · 다른 사람(타) ⤳ 다른 사람, 대상을 받아들이지 않고 / 밀어내는 경향이 있는 (것)

한자 **排배** 밀다·밀어내다(물리치다, 배척하다)   ⊙**他타** 다르다·다른·다른 사람(남)   **的적** 어조사

연관 한자 ⊙**差차** 다르다·차별·등급 | **別별** 나누다·다르다 | **異이** 다르다 ⤳ 차이(差異) 차별(差別)

한자 활용 ⊙他人타인, 他者타자, 自他자타, 他鄕타향, 他國타국, 利他이타, 其他기타, 餘他여타, 出他출타, 他意타의, 他殺타살, ❶他山之石타산지석, 自他共認자타공인

영어 **exclusive** [iksklú:siv]   어원 ex(밖으로) + clausus(닫힌)   뜻 배타적인(having tendency to exclude all others); 독점적인(not shared or divided); (신문·잡지 등의) 독점 기사, 특종; 고급의, 상류의(fashionable)   풀이 **Having the tendency to hate, reject and exclude other people**(남을 싫어하여 거부하고 따돌리는 경향이 있는)

예 통일을 위해서는 남북한이 서로 배타적 시각을 버려야 한다 / 자신의 신앙만이 옳다고 생각하는 배타적 사고방식은 바람직하지 않다 / **저작권**이란, 자기가 창조한 *저작물에 대한 배타적 권리이다

*저작물(著저 나타나다·짓다 作作 짓다·만들다 物물 물건 | work[wə:rk])   어떤 분야에 관해 글로 써서 펴낸 책이나 작품

---

194 ★★☆ □□

양상
일의 모양
일의 상태
영 **aspect

樣양 모양
相상 모양

모양(양) · 모양(상) ⤳ 바뀌어 달라지는 가운데 어떤 시점에서 드러나는 / 일의 *모양, 상태

한자 ⊙**樣양** 모양·견본   **相상** 서로·모양

연관 한자 ⊙**貌모** 모양 | **形형** 모양·형상 | **像상** 모양 | **象상** 코끼리·모양 | **象상** 모양 | **狀상** 형상 | **相상** 서로·모양 | **態태** 모양 | **姿자** 모양 | **況황** 상황·모양 ⤳ 모습을 뜻하는 낱말을 만듦 ↔ 모양(模樣) 형태(形態) 상황(狀況) 상태(狀態) 자태(姿態) 양태(樣態) 형상(形狀) 양상(樣相)

한자 활용 ⊙貌樣모양, 外樣외양, 樣式양식, 樣態양태, 文樣문양, 多樣다양, ❷各樣各色각양각색

영어 **aspect** [ǽspekt]   어원 라틴어 ad(…에)+specere(보다)   뜻 양상; (문제를 보는) 측면, 각도   풀이 **The way an object looks or a phenomenon unfolds**(사물이나 현상의 모양이나 상태)

예 종교·언어 갈등은 대개 인종과 민족의 차이, 영토 및 영해를 둘러싼 갈등, 지역 간 경제적 격차 등의 요소와 섞여 복잡한 양상을 띤다 / 다차원적인 변동이 일어나는 현대 사회에서는 사회 문제 역시 복잡하고 다양한 양상으로 나타난다

*모양(模모 본뜨다 樣양 모양)   겉으로 나타나는 생김새나 모습(shape). 어떤 형편이나 상태 또는 일이 돌아가는 상황(state)

---

❶ **타산지석他山之石** 다를 타, 뫼 산, 어조사 지, 돌 석

뜻 다른 산의 돌   풀이 다른 산의 못생긴 돌멩이라도 자기의 구슬을 가는 데 쓰인다 즉, 다른 사람의 사소한 허물, 실수, 실패도 나에게는 커다란 교훈이나 도움이 됨

❷ **각양각색各樣各色** 각기 각, 모양 양, 각기 각, 빛 색

뜻 여러 가지 모양과 빛   풀이 여러 가지 다른 모양

1 다음 **국단어의 뜻**을 표로 정리하시오.

국단어	뜻	한자		영단어
재단		財재	團단	
매장되다		埋매	藏장	−
추세		趨추	勢세	
어휘		語어	彙휘	
배타적		排배	他타	
양상		樣양	相상	

2 다음 중 **재물**의 뜻을 갖는 한자가 **아닌** 것은?

① 財재   ② 貨화   ③ 資자   ④ 作작   ⑤ 産산

3 다음 중 **다르다**는 뜻을 담고 있는 낱말이 **아닌** 것은?

① 他타   ② 模모   ③ 別별   ④ 異이   ⑤ 差차

4 다음 중 **돈이나 값나가는 물건**을 뜻하는 낱말이 **아닌** 것은?

① 재물(財物)   ② 재화(財貨)   ③ 저작(著作)   ④ 재산(財産)   ⑤ 자산(資産)

5 다음 문장을 읽고, 그 **뜻에 해당하는 낱말**을 쓰시오.

1 이미 시작한 일이라 도중에 그만두려 하여도 그만둘 수 없는 상황 _____

2 실력이 없으면서 허세를 부림. 실속은 없이 헛소문과 허세만 부림 _____

3 여러 가지 다른 모양 _____

4 거칠 것 없이 맹렬한 기세로 나아가는 모습 _____

5 다른 사람의 사소한 허물, 실수, 실패도 나에게는 커다란 교훈이나 도움이 됨 _____

6 서로 우열을 가리기 힘든 형세 _____

7 빈칸에 알맞은 낱말을 넣어 문장을 완성하시오.

1 지난 수십 년 동안 지구의 연평균 기온은 계속 상승하는 _____ 를 보였다

2 종교 · 언어 갈등은 대개 인종과 민족의 차이, 영토 및 영해를 둘러싼 갈등, 지역 간 경제적 격차 등의 요소
와 섞여 복잡한 _____ 을 띤다

3 **저작권**이란, 자기가 창조한 저작물에 대한 _____ 권리이다

4 최근 지구 온난화로 석유와 천연가스 등이 풍부하게 _____ 되어 있는 북극해의 개발 가능성
이 커지면서 북극해를 향한 '콜드러시' 현상이 나타나고 있다

5 우리말 _____ 는 어종(말의 뿌리)에 따라 **고유어, 한자어, 외래어**로 분류할 수 있다

기원

195 ★★☆ □□

기원
처음 생김
처음 생긴 곳
영 **origin

起기 처음으로
　시작하다
源원 근원·기원

처음으로 시작하다(기) · 근원(원) ～ 사물이 / 처음으로 생김 또는 처음 생겨난 곳

[한자] ⊙**起기** 일어나다·시작하다·비롯하다(처음으로 시작하다)　**源원** •근원·기원

[한자활용] ⊙**起床기상, 起寢기침, 蜂起봉기, 蹶起궐기, 起泡기포, 隆起융기, 想起상기, 喚起환기, 起色기색, 突起돌기, 起案기안, 起動기동, ❶起死回生기사회생, 起承轉結기승전결, 七顛八起칠전팔기**

[영어] **origin** [ɔ́:rədʒin]　[어원] 라틴어 oriri(떠오르다, 나타나다)　[뜻] (발생한 최초의 형태로서의) 기원, 근원; (어떤 것을 발생시킨) 출처(source)(beginning)　[풀이] A state in which an object or phenomenon begins to exist; or the beginning of such existence (사물이나 현상이 처음으로 생김. 또는 그 처음)

[유] **근원**(根근 뿌리 源원 근원), **시초**(始시 처음, 初초 처음), **원천**(源원 근원, 泉천 지하수)

[예] 고대 그리스의 행사가 올림픽의 기원이 되었다 / 민주주의라는 말은 '다수에 의한 통치'를 의미하는 그리스어에 기원을 두고 있다 / '감'은 고유어, '포도'는 한자어, '바나나'는 외래어인데, 이렇게 각각 다른 어휘로 분류하는 것은 이 단어들의 기원이 서로 다르기 때문이다

•**근원**(根근 뿌리 源원 근원 | origin[ɔ́:rədʒin]) **사물이 생겨나는 본바탕**(본래부터 가지고 있는 성질)

청중

196 ★★☆ □□

청중
듣기 위해 모인 사람들
듣는 무리
영 **audience

聽청 듣다
衆중 무리

듣다(청) · 무리(중) ～ 강연, 설교, 음악 등을 / 듣기 위해 모인 사람들 또는 듣는 •무리

[한자] ⊙**聽청** 듣다　**衆중** 무리(모여서 뭉친 한 동아리)

[한자활용] ⊙**傾聽경청, 盜聽도청, 監聽감청, 聽力청력, 難聽난청, 幻聽환청, 視聽시청, 傍聽방청, 聽取청취, 聽覺청각, ❷垂簾聽政수렴청정**

[영어] **audience** [ɔ́:diəns]　[어원] audi(듣다) + ence(일)　[뜻] (영화·연극 등의) 관중, 관객; (강연회·음악회 등의) 청중(assembly of listeners)　[풀이] A crowd of people gathered for a lecture, concert, etc(강연이나 음악 등을 듣기 위해 모인 사람들)

[예] 그녀는 오페라 아리아를 완벽하게 불러 청중으로부터 열광적인 박수를 받았다 / 심포지엄이란 토의 주제에 대해 전문가들이 여러 각도에서 의견이나 해결책을 강연식으로 발표하고 난 뒤 청중으로부터 질문을 받고 대답하는 시간을 갖는 토의이다 / 포럼이란 어떤 문제에 대하여 의견이 다른 토의 참여자들이 간단히 자신의 의견을 발표한 후, 청중과 의견을 주고받는 토의이다

•**무리**(group[gruːp]) **여럿이 모여 한 동아리**(패)**를 이룬 사람들. 또는 짐승의 떼**

---

❶**기사회생起死回生** 일어날·다시 기, 죽을 사, 돌아올 회, 살 생　[뜻] 죽을 목숨을 다시 살려냄　[풀이] 죽을 고비에서 벗어나 다시 살아남. 죽거나 졌다고 생각하는 순간 다시 힘을 내 새롭게 일어서는 모습

❷**수렴청정垂簾聽政** 드리울 수, 발 렴, 들을 청, 정사 정　[뜻] 발(햇빛 등을 가리는 기다란 물건)을 드리우고 정사(政事: 나라를 다스리는 일)를 들음　[풀이] 나이 어린 왕이 즉위했을 때 성인이 될 일정 기간 동안 왕대비나 대왕대비가 국정(國政: 나라의 정치, 나랏일)을 대신 하는 일

197 ★☆☆ □□

방언
일부 지역에서만
쓰는 말
영 *dialect

方방 장소
言언 말

나라 전체가 아닌 일부 장소(방)에서만 • 쓰는 말(언) ⤳ 한 나라의 언어 중에서 표준어가 아닌 / 일부 지역에서만 쓰는 말

한자 ⊙**方방** 네모·방위·방향·나라·장소·방법·처방(약방문)　**言언** 말씀·말

한자활용 ⊙方向방향, 方法방법, 方便방편, 方案방안, 方面방면, 方針방침, 方便방편, 臨時方便임시방편, 方式방식, 方程式방정식, 四方사방, 地方지방, 邊方변방, 方位방위, 四方八方사방팔방, 八方美人팔방미인, 處方箋처방전, ❶死後藥方文사후약방문

영어 **dialect** [dáiəlèkt]　어원 그리스어 dia(사이에)+legein(말하다)　뜻 (지역적인) 방언, 사투리(local or regional dialect); (특정 사회·계급에서 쓰는) 언어, 방언(social or class dialect)　풀이 **The everyday language spoken by the people of a specific area or social group**(어떤 지역이나 계층의 사람들만 쓰는 독특한 언어)

유 **사투리**
예 한 언어가 지역적 원인 또는 사회적 원인에 따라 달라진 말을 방언이라고 한다 / 지리적으로 떨어져 있어 오랜 시간이 흐르면서 지역에 따라 달라진 말을 **지역** 방언이라고 한다 / 직업, 나이, 성별 등 사회적·문화적 요인에 따라 형성된 말을 **사회** 방언이라고 한다 / 그는 평소에 표준어를 쓰다가 고향 친구들을 만나면 고향의 방언으로 대화한다

---

198 ★★☆ □□

정서
일어나는 마음
느끼는 기분
영 **emotion

情정 마음의 작용
緖서 마음

마음의 작용(정) • 마음(서) ⤳ 사람의 마음에 일어나는 기쁨, 슬픔, 사랑, 미움, 분노, 두려움 따위의 온갖 •감정 또는 그러한 감정을 불러일으키는 기분, 분위기

한자 **情정** 뜻·마음의 작용·사랑·인정　**緖서** 실마리·첫머리(시초)·마음

영어 **emotion** [imóuʃən]　어원 e(밖으로)+mot(움직이다)+tion(일) → 밖으로의 (마음의) 움직임　뜻 (희비·애증·공포·희로애락 등의) 정서, 감정(feeling)　풀이 **A variety of feelings arising in the human mind such as joy, sorrow, love and hate**(기쁨, 슬픔, 사랑, 미움 등과 같이 사람의 마음에 일어나는 여러 가지 감정)

유 **감정**(感감 느끼다, 情정 뜻)
예 우리 민족의 삶과 밀접한 관련을 맺으면서 오랜 기간 함께 발달해 온 **고유어**에는 우리 민족이 지닌 고유의 정서와 문화가 담겨 있다 / **고유어**는 본디부터 우리의 것인 순우리말로 우리 민족의 특유한 문화나 정서를 표현한다 / **지역 방언**은 그 지역의 생활 언어로 그 지역 사람들의 정서가 담겨 있다

•**감정**(感감 느끼다 情정 뜻 | emotion[imóuʃən] feeling[fíːliŋ])　느끼어 일어나는 슬픔·기쁨·좋음·싫음 따위 **마음 상태**

---

❶ **사후약방문死後藥方文** 죽을 사, 뒤 후, 약 약, 모 방, 글 문　뜻 죽은 뒤에 약방문을 씀　풀이 일이 틀어진 후에 뒤늦게 대책을 세우지만 때가 이미 늦었음

199 ★☆☆ □□

분화하다
나누어지다
영 ***divide

分분 나누다
化화 되다

나누다(분)·되다(화) ↝ 원래 하나이던 것에서 / 서로 다른(이질적인) 여러 개로 / 나누어지다

[한자] ⊙**分분** 나누다·구별하다·몫·분수·인연·신분 **化화** 되다·화(化)하다·달라지다

[연관한자] ⊙**區구** 구분하다·나누다 | **別별** 나누다 | **班반** 나누다·구분하다 ↝ 구분(區分) 구별(區別) 분별(分別)

[한자활용] ⊙**分數**분수, **分析**분석, **成分**성분, **區分**구분, **分別**분별, **分類**분류, **分離**분리, **分散**분산, **分裂**분열, **分布**분포, **分配**분배, **分割**분할, **分解**분해, **部分**부분, **持分**지분, **分野**분야, **分讓**분양, **分娩**분만, **分明**분명, **充分**충분, **春分**춘분, **秋分**추분, **鹽分**염분, **氣分**기분, **德分**덕분, **名分**명분, **分身**분신, **線分**선분, **微分**미분, **積分**적분, **分水嶺**분수령, ❶**四分五裂**사분오열, ❷**安分知足**안분지족

[영어] **divide** [diváid] [어원] dis(떨어져) + videre(나누다) [뜻] (…을 여러 부분으로) 나누다, 분할하다; (여러 개로) 쪼개다(separate into parts) [풀이] **For something to be divided into several different parts or kinds**(원래 하나이던 것에서 서로 다른 여러 갈래나 종류로 나누어지다)

[예] **방언**은 지역 요인이나 사회 요인에 따라 **분화**된 말의 체계이다 / **방언**에는 지역적으로 분화된 **지역 방언**과 사회적 요인에 따라 분화된 **사회 방언**이 있습니다 / 한자어는 고유어에 비해 좀 더 정확하고 분화된 의미를 지니고 있어서 고유어를 보완하는 역할을 한다

---

200 ★☆☆ □□

냉각하다
식혀서 차갑게 하다

冷랭(냉) 차다
却각 물리치다

차다·식히다(냉) ↝ 식혀서(식어서) 차갑게 하다

[한자] **冷랭(냉)** 차다·식히다·쌀쌀하다·얼다 **却각** 물리치다·돌아가다

[연관한자] ⊙**寒한** 차다·춥다

[한자활용] ⊙**寒冷**한랭, **冷冷**냉랭, **冷溫**냉온, **冷凍**냉동, **冷房**냉방, **冷藏庫**냉장고, **冷麵**냉면, **冷淡**냉담, **冷笑**냉소, **冷害**냉해, **冷戰**냉전, **冷水**냉수

[예] 상승한 더운 공기는 *단열 팽창에 의해 **냉각**되어 구름이 된다 / 이산화 탄소가 일정 온도 이하로 **냉각**되면 드라이아이스가 된다 / **심성암**은 마그마가 지하 깊은 곳에서 천천히 **냉각**되어 굳어진 암석이다 / **용암동굴**은 용암이 지하에서 식으면서 **냉각** 속도의 차이에 의해 형성된 지형이다 / **화성암**을 이루는 알갱이의 크기는 마그마의 **냉각** 속도에 따라 달라진다

*단열 팽창(**斷단** 끊다 **熱열** 덥다·더워지다 **膨팽** 부풀다 **脹창** 부풀다) **외부와 열교환 없이 물체의 부피가 늘어나는 현상**. 부피를 늘리는 데 필요한 열을 내부에너지로부터 얻기 때문에 물체의 온도는 내려감

---

❶ **사분오열四分五裂** 넉 사, 나눌 분, 다섯 오, 찢을 렬(열)

[뜻] 넷으로 나뉘고 다섯으로 찢어짐 [풀이] 여러 갈래로 분열되어 단결되지 못하는 상황. 천하가 어지럽게 분열되어 다투는 모습

❷ **안분지족安分知足** 편안할 안, 나눌 분, 알 지, 넉넉할 족

[뜻] 분수에 편안하고 만족할 줄 앎 [풀이] 자기 신세나 형편에 불만을 가지지 않고 편안한 마음으로 분수를 지켜 만족함을 앎

1 다음 **국단어의 뜻**을 표로 정리하시오.

국단어	뜻	한자		영단어
기원		起기	源원	
청중		聽청	衆중	
방언		方방	言언	
정서		情정	緖서	
분화하다		分분	化화	
냉각하다		冷냉	却각	–

2 다음 중 **나누다**의 뜻을 갖는 한자가 **아닌** 것은?

① 根근　　② 區구　　③ 分분　　④ 別별　　⑤ 班반

3 다음 문장을 읽고, 그 **뜻에 해당하는 낱말**을 쓰시오.

1 자기 신세나 형편에 불만을 가지지 않고 편안한 마음으로

　 분수를 지켜 만족함을 앎　　　　　　　　　　　　　　　＿＿＿＿＿＿＿＿＿

2 죽을 고비에서 벗어나 다시 살아남　　　　　　　　　　＿＿＿＿＿＿＿＿＿

3 일이 틀어진 후에 뒤늦게 대책을 세우지만 때가 이미 늦었음　　＿＿＿＿＿＿＿＿＿

4 여러 갈래로 분열되어 단결되지 못하는 상황　　　　　　＿＿＿＿＿＿＿＿＿

5 나이 어린 왕이 즉위했을 때 성인이 될 일정 기간 동안

　 왕대비나 대왕대비가 국정을 대신 하는 일　　　　　　　＿＿＿＿＿＿＿＿＿

4 빈칸에 알맞은 낱말을 넣어 문장을 완성하시오.

1 **지역 방언**은 그 지역의 생활 언어로 그 지역 사람들의 ＿＿＿＿＿＿＿＿ 가 담겨 있다

2 **민주주의**라는 말은 '다수에 의한 통치'를 의미하는 그리스어에 ＿＿＿＿＿＿＿＿ 을 두고 있다

3 ＿＿＿＿＿＿＿＿ 이란 어떤 문제에 대하여 의견이 다른 토의 참여자들이 간단히 자신의 의견을 발표한

　 후, ＿＿＿＿＿＿＿＿ 과 의견을 주고받는 토의이다

4 **화성암**을 이루는 알갱이의 크기는 마그마의 ＿＿＿＿＿＿＿＿ 속도에 따라 달라진다

5 **방언**에는 지역적으로 ＿＿＿＿＿＿＿＿ 된 **지역 방언**과 사회적 요인에 따라 ＿＿＿＿＿＿＿＿ 된 **사회**

　 방언이 있습니다

6 한 언어가 지역적 원인 또는 사회적 원인에 따라 달라진 말을 ＿＿＿＿＿＿＿＿ 이라고 한다

201 ★☆☆ □□

산물
생겨난 것
영 *fruit

産산 생기다
物물 물건

생기다(산)·물건(물) ↝ 어떤 일의 결과로 생겨나거나 얻어지는 것

한자 **産산** 낳다·생기다   ◉**物물** 물건·사물·만물·재물·제품·상품

연관한자 ◉**件건** 물건 | **品품** 물건 ↔ 물건(物件) 물품(物品)

한자활용 ◉物質물질, 物件물건, 物體물체, 萬物만물, 事物사물, 貨物화물, 遺物유물, 風物풍물, 財物재물, 祭物제물, 鐵物철물, 禮物예물, 寶物보물, 膳物선물, 賂物뇌물, 人物인물, 俗物속물, 植物식물, 動物동물, 生物생물, 穀物곡물, 鑛物광물, 特産物특산물, 林産物임산물, 堆積物퇴적물, 廢棄物폐기물, 障礙物장애물, 微生物미생물, 動物園동물원, 抛物線포물선, ❶見物生心견물생심, 物物交換물물교환, 物我一體物아일체, 物心兩面물심양면, 無用之物무용지물

영어 **fruit** [fruːt]   뜻 (씨가 있는) 과일, 열매; 결과, 성과(result, effect); 산물(product) (figurative)   풀이 **A thing or phenomenon created by something**((비유적으로) 어떤 것에 의해 생겨나는 사물이나 현상)

예 행운은 우연한 요행의 산물이지만, 행복은 성실하고 꾸준한 노력의 산물이다 / **문화**는 인류가 삶을 편리하고 풍요롭게 만드는 과정에서 탄생한 산물이다

---

202 ★☆☆ □□

협약
협력하기로 맺은 약속
영 *convention
　*agreement

協협 협력하다
約약 약속하다

협력하다(협)·약속하다(약) ↝ 공동의 목적을 이루기 위해 / 여러 사람, 단체, 국가 간에 힘을 모아 어떤 일을 협력하기로 / 약속을 맺음 또는 그 약속

한자 ◉**協협** 화합하다·돕다·협력하다   **約약** 묶다·약속하다·맺다

한자활용 ◉協力협력, 協同협동, 協心협심, 協議협의, 妥協타협, 協商협상, 協演협연, 協奏협주, 協助협조, 協贊협찬, 農協농협, 畜協축협, 水協수협, ❷不協和音불협화음

영어 **convention** [kənvénʃən]   어원 con(함께) + vention(오는 것)→모이는 것   뜻 (우편·특허권·저작권 등에 관한 국제) 협약, 조약(international agreement); (전문직 종사자들이나 정당·정치·종교 등의 대규모) 대회, 협의회; (정치·종교·교육·노조 등의) 집회 **agreement** [əgríːmənt]   뜻 협정, 합의, 협약; 동의, 합의   풀이 **A state in which many people reach an agreement through discussion to accomplish a common goal; or the agreement**(공동의 목적을 이루기 위해 여러 사람이 의논하여 약속을 맺음. 또는 그 약속)

유 협정(協협, 定정 정하다), *조약(條조 조목, 約약)

예 유네스코는 세계 문화 및 자연 유산 보호를 위한 협약을 채택하고 이에 따라 세계 유산을 지정하고 보호해 왔다

*조약(條조 가지·법규 約약 맺다 | treaty[tríːti])   국가 간 또는 국가와 국제기구 사이의 합의에 따라 세부적인 항목을 세워 서로의 권리와 의무를 정한 약속. 또는 그런 문서

---

❶ **견물생심見物生心** 볼 견, 물건 물, 날 생, 마음 심   뜻 물건을 보면 마음이 생김   풀이 물건을 보면 그것을 갖고 싶은 마음이 생김
❷ **불협화음不協和音** 아닐 불, 화합할 협, 화목할 화, 소리 음   풀이 서로 뜻이 맞지 않아서 일어나는 충돌. 어떤 집단 내의 사람들 사이가 원만하지 않음을 비유적으로 이르는 말

203 ★☆☆ □□

불가사의
매우 이상한 일
영 **mystery

不불(부) 못하다
可가 옳다
思사 생각
議의 의견

보통 사람의 생각으로는 설명하거나 알 수 없는 / 매우 이상한 일, 사물

[한자] **不불(부)** 아니다·못하다·없다 **可가** 옳다·허락하다 **思사** 생각 **議의** 의논하다·의견

[연관자] ⊙**否부** 아니다 | **弗불** 아니다 | **未미** 아니다·못하다 | **非비** 아니다

[한자활용] ⊙不世出불세출, 不老長生불로장생, ❶過猶不及과유불급, 身土不二신토불이, 語不成說어불성설, 不問曲直불문곡직, ❷手不釋卷수불석권, 表裏不同표리부동, ❸權不十年권불십년, 優柔不斷우유부단, 不問可知불문가지, 名不虛傳명불허전, 獨不將軍독불장군, 生面不知생면부지, 萬古不變만고불변, 難攻不落난공불락, 百戰不敗백전불패, 不協和音불협화음, 不知其數부지기수, 百聞不如一見백문불여일견

[영어] **mystery** [místəri] **[뜻]** (정체를 몰라서 호기심·두려움·놀라움을 갖게 하는) 신비, 불가사의

[풀이] A very strange matter or thing that cannot be explained or understood with common sense(보통 사람의 생각으로는 설명하거나 알 수 없는 매우 이상한 일이나 사물)

[유] **신비**(神신 귀신, 祕비 숨기다), **미스터리**(mystery)

[예] 인간이 만든 기적에 가까운 건축물 일곱 가지를 세계 7대 불가사의라고 한다 / 우주의 탄생에 대한 의문은 영원한 불가사의로 남지는 않을 것이다 / 피라미드가 기원전 2700년에서 2500년 사이에 세워졌다니 정말 불가사의한 일이 아닐 수 없다

---

204 ★☆☆ □□

보전
보호하고 지켜서
온전하게 함
영 *preservation
*conservation

保보 보호하다·지키다
全전 온전하다

보호하다·지키다(보)·온전하다(전) ⤳ 보호하고 지켜서 °온전하게 함

[한자] **保보** 보호하다·지키다·책임지다 ⊙**全전** 온전하다·갖추어지다·흠이 없다·완전하다

[한자활용] ⊙安全안전, 穩全온전, 完全완전, 純全순전, 全體전체, 全國전국, 全部전부, 全般전반, 全力전력, 健全건전, 全敗전패, 全滅전멸, 全無전무, 全廢전폐, 全知全能전지전능, 全心全力전심전력, 完全無缺완전무결

[영어] **preservation** [prèzərvéiʃən] **[어원]** pre(앞에) + serve(유지하다)+tion(추상 명사) **[뜻]** (위험·부패 등으로부터 원래의 상태나 좋은 상태를 유지하도록 하는) 보존; (잃지 않도록) 보전 **conservation** [kànsəːrvéiʃən] **[어원]** con(함께) + serve(유지하다) + tion(추상 명사) **[뜻]** (자연 환경·천연 자원·문화재 등의) 보존, 보전(preservation); (자연·환경 등의) 관리, 보호(conservancy) **[풀이]** The act of protecting and maintaining something so that it does not change(변하는 것이 없도록 잘 지키고 유지함)

[예] 국가는 생물 다양성 보전을 위해 개체 수가 줄어 사라질 위기에 처한 생물을 멸종 위기종으로 지정하여 보호하고 있다 / 환경 보전에 힘쓰는 것은 우리 후손을 위한 일이다 / 모든 동물은 종족을 보전하려는 본능을 가지고 있다

° **온전하다**(穩온 편안하다 全전 온전하다)   본래의 모습이 그대로 고스란히 있다

---

❶ **과유불급過猶不及** 지나칠 과, 같을 유, 아닐 불, 미칠 급   **[뜻]** 지나침은 미치지 못함과 같다 **[풀이]** 지나침은 부족함(미치지 못함)과 같다
❷ **수불석권手不釋卷** 손 수, 아닐 불, 놓을 석, 책 권   **[뜻]** 손에서 책을 놓지 않음 **[풀이]** 손에서 책을 놓지 않고 열심히 공부함
❸ **권불십년權不十年** 권세 권, 아닐 불, 열 십, 해 년   **[뜻]** 권력이 10년을 가지 못함 **[풀이]** 아무리 막강한 권력도 10년을 넘기지 못함. 권력이 영원할 것 같지만 오래 가지 못해 결국은 무너짐

205 ★☆☆ □□
다양성
모양이 많은 성질
⑨ *diversity

多다 많다
樣양 모양
性성 성질

많다(다) · 모양(양) · 성질(성) ~ 모양, 빛깔, 형태, 양식 따위가 / 여러 가지로 많은 성질

[한자] ◉多다 많다·낫다·겹치다 樣양 모양·본보기·견본(표본) 性성 성품·성질

[한자활용] 多幸다행, 多情다정, 多彩다채, 多數다수, 多項式다항식, 多民族다민족, 多方面다방면, 多島海다도해, 多多益善다다익선, 多情多感다정다감, 多事多難다사다난, 多才多能다재다능, 博學多識박학다식, ❶好事多魔호사다마, ❷薄利多賣박리다매, 高溫多濕고온다습

[영어] **diversity** [divə́ːrsəti, dai-] **[뜻]** 다양, 형형색색, 다양성(multiformity); 다름, 상이 (difference) **[풀이]** A quality of having various kinds of composition, shapes, colors, etc(모양, 색, 구성 등이 여러 가지 많은 특성)

[예] 생물·다양성이 높으면 생물이 멸종될 위험이 줄어들어 생태계가 안정적으로 유지될 수 있다 / 특정 문화가 획일적으로 확산되면 지역의 전통문화가 소멸하기도 하고 문화적 다양성이나 정체성이 훼손될 수도 있다 / 문화적 갈등을 극복하기 위해서는 우리와 다른 언어, 종교 등 문화적 요소의 다양성을 인정하고 존중하는 자세가 필요하다

206 ★★★ □□
분류하다
비슷한 것끼리 나누다
⑨ *classify
***sort

分분 나누다
類류(유) 비슷하다·
무리

나누다(분) · 비슷하다·무리(류) ~ 어떤 •무리를 비슷한 종류에 따라 나누다

[한자] 分분 나누다·베풀어 주다·구별하다 ◉類류(유) 무리·같다·비슷하다·(비슷한 것끼리)나누다

[연관한자] ◉群군 무리 | 屬속 무리 | 衆중 무리 중 | 輩배 무리 | 黨당 무리 | 彙휘 무리 | 徒도 무리 | 等등 무리

[한자활용] ◉種類종류, 分類분류, 類型유형, 同類동류, 同類項동류항, 人類인류, 哺乳類 포유류, 語類어류, 穀類곡류, 衣類의류, 酒類주류, 類似유사, 類例유례, 類推유추, 類比유비, ❸類類相從유유상종

[영어] **classify** [klǽsəfài] **[어원]** class(계급, 종류) + ify(…으로 하다) **[뜻]** (조직적으로) 분류하다; (공문서를) 기밀 취급으로 하다 **sort** [sɔːrt] **[뜻]** 종류(kind, class); (사람·물건을) 분류하다 **[풀이]** To divide things into groups(여럿을 종류에 따라서 나누다)

[예] 생물을 분류할 때에는 생물의 생김새, 속 구조, 한살이, 번식 방법, 호흡 방법 등 생물이 가진 고유한 특징을 기준으로 나눈다 / 현재 지구상에는 약 6,000여 종의 언어가 존재하며, 이 언어들은 구조나 어법에 따라 비슷한 계통끼리 묶어 몇 가지의 •어족으로 분류할 수 있다 / 사회 집단은 구성원의 소속감에 따라 **내집단**과 **외집단**으로 분류할 수 있다

•**무리**(group[gruːp]) 여럿이 모여 한 동아리(패)를 이룬 사람들. 또는 짐승의 떼

•**어족**(語어 말씀 族족 겨레·무리 | language family[lǽŋgwidʒ fǽməli]) 선사 시대부터 존재한 공통된 언어에서 갈라져 나온 언어들의 집합. 같은 기원에서 나온 언어들의 묶음

---

❶ **호사다마好事多魔** 좋아할 호, 일 사, 많을 다, 마귀 마 **[뜻]** 좋은 일에는 마가 많음 **[풀이]** 좋은 일에는 시샘하는 듯이 안 좋은 일들이 많이 생김
❷ **박리다매薄利多賣** 엷을·적을 박, 이로울·이익 리, 많을 다, 팔 매 **[뜻]** 이익은 적지만 많이 팖 **[풀이]** 이익을 적게 보면서 많이 판매하여(팔아서) 큰 이익을 남김
❸ **유유상종類類相從** 무리 류, 무리 류, 서로 상, 좇을 종 **[뜻]** 같은 무리끼리 서로 좇음 **[풀이]** 같은 성격을 가진 비슷한 무리끼리 모이고 사귀는 모습

1 다음 **국단어의 뜻**을 표로 정리하시오.

국단어	뜻	한자		영단어
산물		産산	物물	
협약		協협	約약	
불가사의		不불	可가	
		思사	議의	
보전		保보	全전	
다양성		多다	樣양	
분류하다		分분	類류	

2 다음 중 **무리**의 뜻을 갖는 한자가 **아닌** 것은?

① 群군   ② 衆중   ③ 條조   ④ 類류   ⑤ 彙휘

3 다음 중 **아니다**의 뜻을 갖는 한자가 **아닌** 것은?

① 未미   ② 否부   ③ 不불   ④ 全전   ⑤ 非비

4 다음 문장을 읽고, 그 **뜻에 해당하는 낱말**을 쓰시오.

1 어떤 집단 내의 사람들 사이가 원만하지 않음을 비유적으로 이르는 말　_____

2 아무리 막강한 권력도 10년을 넘기지 못함　_____

3 같은 성격을 가진 무리끼리 모이고 사귀는 모습. 비슷한 부류의 인간 모임　_____

4 물건을 보면 그것을 갖고 싶은 마음이 생김　_____

5 좋은 일에는 시샘하는 듯이 안 좋은 일들이 많이 생김　_____

6 손에서 책을 놓지 않고 열심히 공부함　_____

7 지나침은 부족함(미치지 못함)과 같다　_____

5 빈칸에 알맞은 낱말을 넣어 **문장을 완성**하시오.

1 문화는 인류가 삶을 편리하고 풍요롭게 만드는 과정에서 탄생한 _____ 이다

2 국가는 생물 다양성 _____ 을 위해 사라질 위기에 처한 생물을 멸종 위기종으로 지정하여 보호하고 있다

3 사회 집단은 구성원의 **소속감**에 따라 **내집단**과 **외집단**으로 _____ 할 수 있다

4 피라미드가 기원전 2700년에서 2500년 사이에 세워졌다니 정말 _____ 한 일이 아닐 수 없다

5 문화적 갈등을 극복하기 위해서는 우리와 다른 언어, 종교 등 문화적 요소의 _____ 을 인정하고 존중하는 자세가 필요하다

7주 3일

---

207 ★☆☆ □□

서식지
동식물이 자리 잡고
사는 곳
(영) *habitat

棲서 살다
息식 살다
地지 곳

•깃들이다(서) • 살다(식) • 곳(지) ⟿ 동식물이 보금자리를 만들어 자리를 잡고 사는 곳

[한자] 棲서 •깃들이다·살다·집(보금자리) ⊙息식 쉬다·숨 쉬다·살다·번식하다 地地 땅(대지)·곳(장소)
[한자활용] ⊙消息소식, 休息휴식, 安息안식, 歎息·嘆息탄식, 窒息질식, 瞬息間순식간, ❶姑息之計고식지계

[영어] **habitat** [hǽbətæt] [뜻] (동식물의) 서식지 [풀이] A place where a living thing dwells(생물이 보금자리를 만들어 사는 곳)

[예] 숲의 나무를 베거나 습지를 없애 생물의 서식지가 파괴되었다 / 열대 우림 지역의 개발로 동식물의 서식지가 파괴되어 동식물의 수와 다양성이 점차 줄어들고 있다 / 유네스코 세계 자연 유산은 탁월한 가치를 지닌 자연 지역이나 동식물의 서식지를 보존하기 위해 유네스코가 지정한 것이다

•깃들이다　짐승이 보금자리를 만들어 그 속에 들어 살다(nest[nest]). 어느 곳에 사람이 살거나 건물 따위가 자리 잡다(settle[sétl])

---

208 ★☆☆ □□

기상
대기에서 일어나는
현상
(영) ***weather

氣기 공기·날씨
象상 모양

날씨(기) • 모양(상) ⟿ 바람, 구름, 비 등 / 대기에서 일어나는 모든 현상

[한자] ⊙氣기 기운·공기·날씨·기후　象상 코끼리·모양·상징하다
[한자활용] ⊙空氣공기, 大氣대기, 氣候기후, 氣壓기압, 濕氣습기, 水蒸氣수증기 氣溫기온, 氣化기화, 電氣전기, 勇氣용기, 氣魄기백, 傲氣오기, 虛氣허기, 氣分기분, 氣質 기질, 雰圍氣분위기, 香氣향기, 感氣감기, 煙氣연기, 氣運기운, 氣合기합, 元氣원기, 生氣생기, 氣味기미, 狂氣광기, 活氣활기, 精氣정기, 節氣절기, 氣體기체, 氣勢기세, 人氣인기, 磁氣場자기장, ❷浩然之氣호연지기, ❸意氣揚揚의기양양, 氣盡脈盡기진맥진, ❹意氣投合의기투합

[영어] **weather** [wéðər] [뜻] 날씨, 기상, 일기 [풀이] A phenomenon where wind, rain, cloud or snow is generated in the atmosphere(바람, 비, 구름, 눈 등의 대기 속에서 일어나는 현상)

[유] 날씨, 일기(日일 날, 氣기 기운)
[예] 기상에 의한 재해에는 홍수나 태풍 등으로 인한 •풍수해, 가뭄, 폭설, 우박, 해일, 안개, 토네이도, 폭염, 한파 등이 있다 / 인구 증가와 산업화에 따라 온실가스가 증가하면서 지구촌 곳곳에서 가뭄과 홍수, 폭설 등 기상 재해가 발생하고 있다

•풍수해(風풍 바람　水수 물　害해 손해·해·재앙) 폭풍우(강한 바람과 비)와 홍수로 입은 피해

---

❶ **고식지계姑息之計** 잠시 고, 쉴 식, 어조사 지, 꾀 계　　[뜻] 잠시 쉬기 위한 계략　[풀이] 우선 당장 편한 것만을 택하는 꾀나 방법. 한때의 안정을 얻기 위하여 임시로 둘러맞추어 처리하거나 이리저리 주선하여 꾸며 내는 계책

❷ **호연지기浩然之氣** 넓을 호, 그럴 연, 어조사(~의) 지, 기운 기　　[뜻] 천지간에 가득 차 있는 넓고 큰 기운　[풀이] 사람의 마음에 차 있는 너르고 크고 올바른 기운. 하늘과 땅 사이를 가득 채울 만큼 넓고 커서 어떠한 일에도 굴하지 않고 맞설 수 있는 당당한 마음

❸ **의기양양意氣揚揚** 뜻 의, 기운 기, 오를 양, 오를 양　　[풀이] 뜻한 바를 이루어 만족한 마음이 얼굴에 가득 나타나는 모양. 또는 뜻한 바를 이루어 우쭐거리며 뽐내는 모양

❹ **의기투합意氣投合** 뜻 의, 기운 기, 던질 투, 합할 합　　[뜻] 뜻과 기운을 던져 서로 합침　[풀이] 마음이나 뜻이 서로 맞음

209 ★☆☆ ☐☐

동반하다
함께 생기게 하다
영 **accompany

同동 함께
伴반 동반하다

함께(동)·동반하다(반) ⤳ 어떤 사물, 현상이 다른 사물이나 현상을 / 함께 생기게 하다

한자 **同동** 한가지·함께·같다 **伴반** 짝·반려(짝이 되는 동무)·동반자·동반하다

영어 **accompany** [əkʌ́mpəni] 어원 ac(···에) + company(한패)→한패로서 뜻 동행하다 동행하다, 동반하다, 함께[같이] ~하다 풀이 For something to occur at the same time as something else(어떤 일이나 현상이 함께 나타나다)

예 열대 저기압은 강한 바람과 집중 호우를 동반하며, 그 영향이 미치는 범위가 수백 km에 달한다 / 스콜(squall)은 적도 부근의 **열대 우림** 기후 지역에서 거의 매일 한낮(오후 3~4시경)에 내리는 세찬 소나기로, 강풍, 천둥, 번개를 동반한다 / 산업화에는 환경 오염이라는 문제를 동반하기 마련이다 / **도시화**는 빈부 격차나 인간 소외, 교통지옥과 같은 온갖 사회악을 동반한다

210 ★☆☆ ☐☐

범람하다
넘치다
영 *overflow

氾범 넘치다
濫람(남) 넘치다

넘치다(범)·넘치다(람) ⤳ 큰물이 계곡, 하천 등에서 넘치다

한자 **氾범** 넘치다·흐르다 **濫람(남)** 넘치다·과하다(지나치다)

영어 **overflow** [òuvərflóu] 어원 over(과도하게) + flow(흐르다) 뜻 (강이) 범람하다; (물이) 넘치다(run over), 넘쳐 흐르다 풀이 For a river, stream, etc., to overflow(강이나 개천 등의 물이 흘러넘치다)

예 홍수는 한꺼번에 많은 비가 내려 하천이 범람하여 사람들의 생활 터전이 물에 잠기는 등 피해를 입는 현상이다 / 홍수로 하천이 범람하면 한꺼번에 많은 물과 영양분이 공급되어 땅이 *비옥해지고, 가뭄 문제가 해결되기도 한다 / 나일강은 주기적으로 범람하면서 상류로부터 영양분이 많은 퇴적물을 공급하여 *비옥한 평야를 형성하였다
*비옥하다(肥비 살찌다·기름지다 沃옥 기름지다·비옥하다 | fertile[fə́ːrtl]) 흙에 식물이 잘 자랄 수 있게 하는 성분이 많이 들어 있다 ≒기름지다

211 ★☆☆ ☐☐

배수하다
물을 밀어 내보내다
영 *drain

排배 밀다
水수 물

밀어내다(배)·물(수) ⤳ 안에 있거나 고여 있는 / 물을 다른 곳으로 밀어 내보내다

한자 **排배** 밀다·밀어내다(물리치다, 배척하다) **水수** 물

영어 **drain** [drein] 뜻 물을 빠지게 하다[빼내다], 배수하다(carry away water from); (재물·힘 등을) 차츰 소모시키다(exhaust), 고갈시키다; (재물·인재를) 국외로 유출시키다(away, off) 풀이 carry off water that is inside or stagnant to another place(안에 있거나 고여 있는 물을 다른 곳으로 내보내다)

예 비가 많이 내릴 때는 배수를 잘해 주어야 홍수의 피해를 막을 수 있다 / 이 땅은 배수가 좋지 않아 비만 내리면 빗물이 고인다 / 이 땅은 배수가 좋지 않아 농작물을 심기에 나쁘다

---

212 ★☆☆ □□

해일
바닷물이 넘쳐 육지로
들어오는 일

영 *tsunami

海해 바닷물
溢일 넘치다

바닷물(해) · 넘치다(일) ⤳ 지진, 화산의 폭발, 해상의 폭풍 등으로 바다에 큰 물결이
/ 갑자기 일어나 육지로 넘쳐 들어오는 일

한자 **海해** 바다·바닷물·크다·널리   **溢일** 넘치다·가득하다

영어 **tsunami** [tsunɑ́ːmi] 뜻 쓰나미, 해일(tidal wave), 지진 해일 풀이 **A sudden surge of high tide rushing onto the land; or such a phenomenon**(갑자기 바닷물이 크게 일어서 육지로 넘쳐 들어오는 것. 또는 그런 현상)

예 지진 해일은 해양 지각에서 발생한 지진, 화산 활동으로 바닷물이 일시적으로 멀리까지 빠져나갔다가 높은 파도와 함께 해안으로 밀려오면서 해안 지역에 큰 피해를 주는 현상이다 / 주로 화산 활동과 지진이 잦은 인도양과 태평양 일대에서 발생하는 **지진** 해일은 빠른 속도로 진행되며, 발생 지점으로부터 수천 km 떨어진 곳까지 영향을 미친다

---

213 ★★☆ □□

유입되다
흘러 들어오게 되다

流유(류) 흐르다
入입 들다

흐르다(유) · 들다(입) ⤳ 액체, 기체, 열 또는 문화, 지식, 사상 따위가 / 흘러 들어오게 되다

한자 ⊙**流유(류)** 흐르다·전하다·떠돌다   **入입** 들다·빠지다·간여하다

한자활용 ⊙交流교류, 風流풍류, 漂流표류, 對流대류, 亂流난류, 流通유통, 流出유출, 流布유포, 流行유행, 亞流아류, 潮流조류, 流浪유랑, 流配유배, 流水유수, 急流급류, 逆流역류, 合流합류, 上流상류, 中流중류, 下流하류, 放流방류, 主流주류, 支流지류, 電流전류, 直流직류, 寒流한류, ❶落花流水낙화유수, ❷靑山流水청산유수, 流言蜚語유언비어

예 **외래어**는 외국에서 새로운 개념이나 문물과 함께 유입되어 국어의 어휘를 풍부하게 해 준다 / **도시화**로 인해 숲이 줄어들면서 하천으로 유입되는 빗물의 양이 많아져 홍수 발생 위험이 커진다

---

214 ★☆☆ □□

밀폐하다
빈틈없이 막다

密밀 빈틈없다
閉폐 막다

빈틈없다(밀) · 막다(폐) ⤳ 외부의 공기나 습기가 스며들지 않게 또는 내용물이 샐 틈이 없도록 / 빈틈없이 막다

한자 **密밀** 빽빽하다·빈틈없다·자세하다   ⊙**閉폐** 닫다·막다·가리다

한자활용 ⊙開閉개폐, 全閉전폐, 閉鎖폐쇄, 閉門폐문, 幽閉유폐, 自閉症자폐증, 閉止폐지, 閉校폐교, 閉會폐회, 閉業폐업, 閉廷폐정, 閉店폐점, 閉幕폐막, 閉場폐장

예 사방이 밀폐된 가스실 안에는 희뿌연 최루탄 가스가 가득 차 있었다 / 그녀는 하루 종일 밀폐된 녹음실에서 작업을 했다 / 대부분의 현대인이 밀폐된 실내에서 생활하기 때문에 폐가 나빠질 수 있다 / 구운 김은 밀폐가 가능한 용기에 보관하면 오랫동안 맛있게 먹을 수 있다

---

❶ **낙화유수落花流水** 떨어질 낙, 꽃 화, 흐를 유, 물 수   뜻 떨어지는 꽃과 흐르는 물 풀이 ① 가는 봄의 경치 ② 남녀가 서로 그리워함 ③ 살림이나 세력이 약해져 아주 보잘것없이 됨

❷ **청산유수靑山流水** 푸를 청, 뫼 산, 흐를 류(유), 물 수   뜻 푸른 산속을 흐르는 물 풀이 산속을 흐르는 물줄기처럼 막힘없이(거침없이) 말을 잘하는 모습

1 다음 **국단어의 뜻**을 표로 정리하시오.

국단어	뜻	한자		영단어
서식지		棲서	息식	
기상		氣기	象상	
동반하다		同동	伴반	
범람하다		氾범	濫람	
배수하다		排배	水수	
해일		海해	溢일	
유입되다		流유	入입	−
밀폐하다		密밀	閉폐	−

2 다음 중 **기상(氣象)**과 뜻이 비슷한 낱말을 **모두** 고르시오.

① 풍수(風水)　② 대기(大氣)　③ 날씨　④ 기운(氣運)　⑤ 일기(日氣)

3 다음 문장을 읽고, 그 **뜻에 해당하는** 낱말을 쓰시오.

1 마음이나 뜻이 서로 맞음

2 산속을 흐르는 물줄기처럼 막힘없이(거침없이) 말을 잘하는 모습

3 ① 가는 봄의 경치 ② 남녀가 서로 그리워함 ③ 세력이 약해져 보잘것없이 됨

4 뜻한 바를 이루어 우쭐거리며 뽐내는 모양

5 사람의 마음에 차 있는 너르고 크고 올바른 기운

6 우선 당장 편한 것만을 택하는 꾀나 방법

4 빈칸에 알맞은 낱말을 넣어 문장을 완성하시오.

1 **열대 우림** 지역의 개발로 동식물의 ＿＿＿＿＿＿＿ 가 파괴되어 동식물의 수와 다양성이 점차 줄어들고 있다

2 나일강은 주기적으로 ＿＿＿＿＿＿＿ 하면서 상류로부터 영양분이 많은 퇴적물을 공급하여 비옥한 평야를 형성하였다

3 주로 화산 활동과 지진이 잦은 인도양과 태평양 일대에서 발생하는 **지진** ＿＿＿＿＿＿＿ 은 빠른 속도로 진행되며, 발생 지점으로부터 수천 km 떨어진 곳까지 영향을 미친다

4 ＿＿＿＿＿＿＿ 은 적도 부근의 **열대 우림** 기후 지역에서 거의 매일 한낮에 내리는 세찬 소나기로, 강풍, 천둥, 번개를 ＿＿＿＿＿＿＿ 한다

5 비가 많이 내릴 때는 ＿＿＿＿＿＿＿ 를 잘해 주어야 홍수의 피해를 막을 수 있다

6 **외래어**는 외국에서 새로운 개념이나 문물과 함께 ＿＿＿＿＿＿＿ 되어 국어의 어휘를 풍부하게 해 준다

215 ★☆☆ □□

탐사하다
찾아서 조사하다
영 *explore

探탐 찾다
查사 조사하다

찾다(탐) · 조사하다(사) ⤳ 알려지지 않은 *미지의 대상, 사물, 사실 따위를 / 샅샅이 더듬어서 *찾아보다

[한자] ◉探탐 찾다·깊이 연구하다　查사 조사하다(자세히 살펴보거나 찾아보다)

[연관한자] ◉索색 찾다·탐구하다 | 求구 구하다·찾다 | 尋심 찾다·탐구하다 | 訪방 찾다·탐구하다 ⤳ 찾다는 뜻을 가진 낱말을 만듦 ↪ 탐색(探索) 탐구(探求) 탐방(探訪)

[한자활용] ◉探究탐구, 探索탐색, 探險탐험, 探訪탐방, 探偵탐정, 廉探염탐

[영어] **explore** [iksplɔ́ːr]　[어원] ex(바깥으로) + plore(외치다) → (큰 소리로) 외쳐서 (사냥감을) 불러내다　[뜻] (문제·사건·가능성 등을)탐구하다, 분석하다, 조사하다(investigate, examine); (미지의 지역·세계·땅·바다 등을) 탐험하다, 탐사하다　[풀이] To look for an unknown object or look into an unknown fact, leaving nothing untouched(알려지지 않은 사물이나 사실을 빠짐없이 조사하다)

[예] 땅속에 묻힌 석유를 탐사하다 / 깊은 바닷속을 탐사하다 / 우주선이 화성에 연착륙해서 탐사를 시작했다 / 고구려 역사의 자취를 더듬으며 유적을 탐사했다 / 암스트롱은 달을 탐사하고 돌아왔다

*미지(未미 아니다·못하다 知지 알다 | unknown[ʌnnóun]) (어떠한 사실 따위를) 아직 알지 못함
*찾아보다(look up)　원하는 정보를 얻기 위해 살펴보다(찾거나 알아보다)

216 ★★★ □□

논의하다
의견을 주고받다
영 ***discuss

論론(논) 논의하다
議의 의논하다

논의하다(논) · 의논하다(의) ⤳ 어떤 문제에 대하여 각자의 생각을 말하고 들으며 / 서로 의견을 주고받다

[한자] ◉論론(논) 논하다·논의하다·서술하다·의견·학설　議의 의논하다·토의하다

[한자활용] ◉議論의논, 論題논제, 論據논거, 討論토론, 公論공론, 談論담론, 辯論변론, 擧論거론, 論爭논쟁, 反論반론, 論駁논박, 輿論여론, 理論이론, 論理논리, 推論추론, 論證논증, 論述논술, 言論언론, 論評논평, 序論서론, 本論본론, 結論결론, 論文논문, 論難논란, 進化論진화론, 相對論상대론, ❶論功行賞논공행상, ❷卓上空論탁상공론, ❸甲論乙駁갑론을박

[영어] **discuss** [diskʌ́s]　[어원] dis(각자) + cuss(흔들다) → 검토하다　[뜻] (건설적인 의견·견해를 우호적으로(사이 좋게) 이것저것 검토하면서) 논의하다, 의논하다, 협의하다　[풀이] To exchange opinions by sharing each other's thoughts and ideas about an issue (어떤 문제에 대하여 각자의 생각을 말하고 들으며 의견을 주고받다)

[유] 의논하다(議의, 論논), 토의하다(討討 치다, 議의 의논하다)
[예] 각국 대표들이 모여 세계 경제 문제 해결을 위한 방안을 논의하였다 / 대학 진학 문제에 대하여 선생님과 논의했다 / 여름철을 맞아 홍수에 대한 대비책을 논의했다 / 물가가 연일 오르자 정부 관계자들이 모여 해결 방안에 대하여 논의했다 / 회사 측 대표는 임금을 얼마나 인상할지에 대해 노사 측 대표와 일주일 넘게 논의하고 있다

217 ★★★ ☐☐

토의하다
해결책을 찾기 위해
의논하다
영 ***discuss

討討 찾다
議議 의논하다

찾다(토) · 의논하다(의) ⟿ 공동의 문제를 해결하기 위해 여러 사람이 모여 / 의논하다

한자 **討討** 치다·공격하다·비난하다·찾다·연구하다 **◉議議** 의논하다·토의하다·의견

한자활용 ◉議論의논, 論議논의, 審議심의, 協議협의, 會議회의, 問議문의, 謀議모의, 抗議항의, 建議건의, 議席의석, 代議대의, 決議결의, 爭議쟁의, 議決權의결권, 主議주의

영어 **discuss** [diskʌs] 어원 dis(각자)+cuss(흔들다) → 검토하다 뜻 (…에 대해서 건설적인 의견·견해를 우호적으로) 논의하다, 의논하다, 협의하다 풀이 For many people to go over and share thoughts on the details of a certain issue(여러 사람이 어떤 문제에 대해 자세히 따지고 의논하다)

유 **논의하다**(議의, 論논 논하다), **의논하다**(議論)
예 토의는 공동의 문제를 해결하기 위해 의견을 모으는 협력적인 의사소통의 과정이다 / 토의는 공통의 문제에 대한 최선의 해결 방안을 얻기 위한 말하기이다 / 토의는 *토론과 달리 주제에 대한 찬성과 반대의 입장으로 나뉠 수 없고 서로 같은 방향의 해결안을 제시하게 된다 / 학생들은 '자리를 어떻게 바꿀까?'를 주제로 토의를 했다
*토론(討討 論논(론) 논하다 | debate[dibéit]) 서로 의견이 다른 문제를 놓고 자기 생각을 말하거나 따지고 의논하는 것

---

218 ★★★ ☐☐

경계하다
조심하다

警警 조심하다
戒戒 조심하고
　　　주의하다

경계하다(경) · 조심하고 주의하다(계) ⟿ 뜻밖의 사고가 생기지 않도록 또는 옳지 않은 일이나 잘못된 일들을 하지 않도록 / 주의를 기울여 *조심하다

한자 **警警** 깨우치다·경계하다·조심하다 **戒戒** 경비하다(막아 지키다)·조심하고 주의하다

한자활용 ◉警察경찰, 巡警순경, 警備경비, 警護경호, 警告경고, 警鐘경종, 警報경보, 警笛경적, 警句경구, 警覺心경각심

예 여름에 산행하는 사람들은 뱀에 물리지 않도록 경계해야 한다 / 사람은 자신의 이익을 너무 챙기려고 하는 욕망을 경계해야 한다 / 좋은 리더인 그는 독단적 태도를 경계하고 팀원의 의견을 존중했다 / 능력도 없으면서 말만 앞세우는 사람을 경계해야 한다
*조심하다(操조 잡다·조심하다 心심 마음) (잘못·실수가 없도록) 말이나 행동에 마음을 쓰다

---

❶ **논공행상論功行賞** 의논할 논, 공훈 공, 행할 행, 상줄 상　뜻 공로를 의논하여 상을 줌 풀이 공로의 있음과 없음, 크고 작음을 논하여 그에 알맞은 상을 줌
❷ **탁상공론卓上空論** 높을 탁, 위 상, 빌 공, 논의할 론　뜻 책상 위의 텅 빈 논의 풀이 현실은 고려치 않고 책상 위에서 나누는 쓸데없는(현실성이나 실천 가능성이 없는) 의논
❸ **갑론을박甲論乙駁** 첫째 천간 갑, 의논할 론, 둘째 천간 을, 반박할 박　뜻 갑이 의견을 말하고 을이 반박을 함 풀이 서로 자기 의견을 내세우고 다른 사람의 의견을 반박하는 모습

219 ★☆☆ □□

밀접하다
가깝게 접하다
영 ***close

密밀 가깝다
接접 접하다

가깝다(밀) · 접하다(접) 〰 두 대상이 / 아주 가깝게 *접하다 또는 서로 가까운 관계를 맺고 있다

[한자] ⊙密밀 빽빽하다 · 빈틈없다 · 가깝다 · 비밀로 하다 · 숨기다 · 몰래 接접 있다 · 접하다

[한자활용] ⊙密閉밀폐, 過密과밀, 密度밀도, 緻密치밀, 綿密면밀, 細密세밀, 密集밀집, 密着밀착, 親密친밀, 濃密농밀, 緊密긴밀, 隱密은밀, 機密기밀, 祕密비밀, 內密내밀, 密約밀약, 密買밀매, 密談밀담, 密告밀고, 密會밀회, 密輸밀수, 密獵밀렵, 密林밀림, 奧密稠密오밀조밀, ❶周到綿密주도면밀

[영어] **close** [klouz] [뜻] (시간·공간·거리적으로) 밀접한, 가까운; (문·가게·창문·서랍 등을) 닫다(shut); (눈을) 감다; 친한, 친밀한; 마감하다 [풀이] Being adjacent and very close to something, or being in such relations(아주 가깝게 마주 닿아 있다. 또는 그런 관계에 있다)

[예] 통일성 있는 글을 쓰기 위해서는 하나의 주제를 정하고, 그 주제와 밀접하게 *관련되도록 내용을 선정하고 조직해야 한다 / 고유어는 오랜 기간 우리 민족의 삶과 밀접한 관련을 맺고 발달해 왔다 / 스마트폰은 우리 생활과 밀접하게 연관되어 있다
*접하다(接접 접하다 | border[bɔ́ːrdər]) 서로 이웃하다. 서로 이어서 닿다
*관련(關관 관계하다 聯련(연) 있다 · 연결하다 | relation[riléiʃən]) (둘 이상의 사람·사물·현상 등이) 서로 영향을 주고받도록 관계를 맺고 있음. 또는 그 관계

220 ★☆☆ □□

정제하다
물질을 깨끗하게
만들다
영 *refine

精정 깨끗하다
製제 만들다

깨끗하다(정) · 만들다(제) 〰 물질에 섞인 불순물을 없애서 / 그 물질만 남도록 깨끗하게 만들다

[한자] 精정 깨끗하다 · 정성스럽다 ⊙製제 짓다 · 만들다
[연관한자] ⊙創창 비롯하다 · 시작하다 · 만들다 | 造조 짓다 · 만들다 | 作작 짓다 · 만들다 | 做주 짓다 · 만들다 〰 만든다는 뜻의 낱말을 만듦 ↪ 창조(創造) 창제(創制) 창작(創作) 제작(製作) 제조(製造) 주작(做作) 조작(造作)
[한자활용] ⊙製作제작, 製造제조, 調製조제, 精製정제, 製鍊제련, 製品제품, 製鐵제철, 製紙제지, 製菓제과, 製藥제약, 製糖제당, 製鹽제염, 製氷제빙, 製靴제화, 製圖제도, 製本제본, 製字제자, 手製수제, 縫製봉제, 木製목제, 鐵製철제, 複製복제, 剝製박제

[영어] **refine** [rifáin] [어원] re(다시) + fine(가늘게 하다) [뜻] (석유·설탕·기름 따위를) 정제하다; (불순물을 제거하여) 맑게 하다(clarify) [풀이] To clean something by removing impurities in it(물질에 섞인 더러운 것을 없애 깨끗하게 하다)

[예] 정유 회사들은 원유를 정제하여 여러 가지 석유 제품을 만든다 / 이 카라멜 시럽은 사탕수수를 정제하여 만든 것이다 / 염전에서 채취한 소금은 불순물을 정제한 후에 식용으로 쓸 수 있다 / 이 약은 각종 유해 물질을 없애고 유효 성분만을 정제하여 만든 것이다

---

❶ **주도면밀周到綿密** 두루 주, 이를 도, 이어질 면, 빽빽할 밀 [뜻] 주의가 두루 미쳐 세밀하고 빈틈이 없음 [풀이] 주의가 두루 미쳐서 일을 꼼꼼하고 빈틈없이 처리함

1 다음 **국단어의 뜻**을 표로 정리하시오.

국단어	뜻	한자		영단어
탐사하다		探탐	査사	
논의하다		論논	議의	
토의하다		討토	議의	
경계하다		警경	戒계	–
밀접하다		密밀	接접	
정제하다		精정	製제	

2 다음 중 **探탐**(찾다)과 뜻이 비슷한 한자가 **아닌** 것은?

① 索색　　② 求구　　③ 未미　　④ 尋심　　⑤ 訪방

3 다음 중 **製제**(만들다)와 비슷한 뜻을 갖는 한자가 **아닌** 것은?

① 創창　　② 淨정　　③ 造조　　④ 做주　　⑤ 作작

4 다음 중 **만들다**는 뜻을 담고 있는 낱말이 **아닌** 것은?

① 창조(創造)　　② 창의(創意)　　③ 제작(製作)　　④ 창제(創制)　　⑤ 제조(製造)

5 다음 중 **찾다**는 뜻을 갖는 낱말을 **모두** 고르시오.

① 미지(未知)　　② 탐구(探求)　　③ 탐색(探索)　　④ 탐욕(貪慾)　　⑤ 탐방(探訪)

6 다음 문장을 읽고, 그 **뜻에 해당하는** 낱말을 쓰시오.

　1　서로 자기 의견을 내세우고 다른 사람의 의견을 반박하는 모습　　＿＿＿＿＿＿＿

　2　주의가 두루 미쳐서 일을 꼼꼼하고 빈틈없이 처리함　　＿＿＿＿＿＿＿

　3　현실은 고려치 않고 책상 위에서 나누는 쓸데없는 의논　　＿＿＿＿＿＿＿

　4　공로의 있음과 없음, 크고 작음을 논하여 그에 알맞은 상을 줌　　＿＿＿＿＿＿＿

7 빈칸에 알맞은 낱말을 넣어 문장을 완성하시오.

　1　**고유어**는 오랜 기간 우리 민족의 삶과 ＿＿＿＿＿＿＿ 한 관련을 맺고 발달해 왔다

　2　사람은 자신의 이익을 너무 챙기려고 하는 욕망을 ＿＿＿＿＿＿＿ 해야 한다

　3　물가가 연일 오르자 정부 관계자들이 모여 해결 방안에 대하여 ＿＿＿＿＿＿＿ 했다

　4　정유 회사들은 원유를 ＿＿＿＿＿＿＿ 하여 여러 가지 석유 제품을 만든다

　5　＿＿＿＿＿＿＿ 는 토론과 달리 주제에 대한 찬성과 반대의 입장으로 나뉠 수 없고 서로 같은 방향의

　　해결안을 제시하게 된다

7주 5일

---

221 ★★☆ ▢▢

타당성
마땅히 옳은 성질
영 *validity

妥타 타당하다
當당 마땅하다
性성 성질

타당하다(타)·마땅하다(당)·성질(성) ⤳ 어떤 가치 기준에 비추어 볼 때 / 이치에 맞아 올바른 성질

[한자] 妥타 *마땅하다·타당하다　◉當당 *마땅하다·당하다(사리에 맞다)　性성 성품·성질

[한자활용] ◉❶當爲性당위성, 當然당연, 擔當담당, 當番당번, 該當해당, 堪當감당, 穩當온당, 宜當의당, 應當응당, 適當적당, 可當가당, 合當합당, 正當정당, 不當부당, 當選당선, 當籤당첨, 當付당부, 當場당장, 當面당면, 當代당대, 當時당시, 當日당일, 當月당월, 當年당년, 當初당초, 麻當마당, 相當數상당수, 手當수당, ❷一騎當千일기당천

[영어] **validity** [vəlídəti]　뜻 (이유·주장·결론 등의) 타당성, 정당성(soundness, cogency); 유효성 (effectiveness), 합법성(legal soundness or force)　풀이 The characteristic of something standing to reason because it is appropriate as something(사물의 이치에 맞아 올바른 성질)

[예] 타당성이란 의사소통 과정에서 말하는 이의 주장과 근거가 이치에 맞고 합리적인지를 판단하는 기준이다 / 그의 말에 상당한 타당성이 있어서 고개를 끄덕이며 귀를 기울였다 / 타당성은 설득력 있는 주장을 위한 객관적이고 신뢰할 수 있는 조건이다 / 논리가 갑자기 *비약하는 바람에 그의 주장은 타당성을 잃었다

*마땅하다　(그렇게 하거나 되는 것이) 이치로 보아 옳다 ≒당연하다, 합당하다

*비약하다(飛비 날다　躍약 뛰다 | jump[dʒʌmp])　(말·생각 등이 논리의 순서·단계를 제대로 거치지 않고) 건너뛰다

---

222 ★☆☆ ▢▢

순화하다
순수하게 하다
영 *purify

醇순 순수하다
化화 화하다

순수하다(순)·화하다(화) ⤳ 불순한(잡스러운) 것을 없애고 / *순수하게 하다

[한자] 醇순 순수하다　化화 되다·화하다(化)·달라지다

[영어] **purify** [pjúərəfài]　어원 purus(순수한)+facere(만들다)　뜻 (정신적으로) 깨끗하게 하다, 정화하다; (물질적으로) 더러움을 제거하다, 정화[순화]하다, 깨끗이 하다; (언어·국어를) 순화하다　풀이 To make someone or something pure by eliminating impurities (불순한 것을 없애고 순수하게 하다)

[예] 음악은 우리의 정서를 순화하여 정신적인 위안과 안정을 얻게 한다 / 그는 우리말에 흔히 쓰이는 일본식 한자말을 순화시키는 데 평생을 바쳤다 / 네티즌(netizen)은 가상 공간에서 활동하는 사람을 지칭하는 낱말인데, 이는 외래어이므로 '누리꾼'으로 순화해야 한다

*순수하다(純순 순수하다　粹수 순수하다 | pure[pjuər])　다른 것이 전혀 섞이지 않다

*정화하다(淨정 깨끗하다　化화 되다 | purify[pjúərəfài])　(더러운 것을 없애) 깨끗하게 하다

---

❶ 당위성當爲性 마땅 당, 할 위, 성품·성질 성　　풀이 마땅히 그렇게 해야 할 성질
❷ 일기당천—騎當千 한 일, 말 탈 기, 당할 당, 일천 천　　뜻 한 사람의 기병(말을 타고 싸우는 군인)이 천 명을 당해 냄　풀이 무예나 능력이 아주 뛰어남

223 ★☆☆ ☐☐

추모하다
죽은 사람을
그리워하다

追추 그리워하다
慕모 그리워하다

그리워하다(추) · 그리워하다(모) ⤳ 죽은 사람을 생각하며 그리워하다

[한자] ⊙追추 쫓다·거슬러 올라가다·그리워하다 慕모 그리워하다

[한자활용] ⊙追憶추억, 追念추념, 追求추구, 追跡추적, 追擊추격, 追越추월, 追放추방, 追加추가, 追徵추징, 追悼추도, 追窮추궁, 追從추종, 追後추후, ❶訴追소추, ❷彈劾訴追權탄핵소추권

[예] 돌아가신 할머니를 추모하여 제사를 지냈다 / 우리는 조상을 추모하고 감사하는 마음을 잊지 않아야 한다 / 장례식장은 고인을 추모하는 장중한 분위기로 가득하였다

---

224 ★★☆ ☐☐

소외
따돌리며 멀리함
[영] *alienation

疏소 멀어지다
外외 멀리하다

멀어지다(소) · 멀리하다(통) ⤳ 어떤 무리에서 / 믿거나 싫은 사람을 *따돌리며 멀리함

[한자] 疏소 소통하다·멀어지다 ⊙外외 바깥(밖)·표면·멀리하다

[한자활용] ⊙內外내외, 外部외부, 外面외면, 外貌외모, 外皮외피, 外出외출, 外家외가, 野外야외, 郊外교외, 外地외지, 外野외야, 海外해외, 外國외국, 外交외교, 外賓외빈, 外務외무, 場外장외, 除外제외, 例外예외, 列外열외, 門外문외, 門外漢문외한, 度外視도외시, 意外의외, 紫外線자외선, 外界人외계인, 外柔內剛외유내강, 奇想天外기상천외, 內憂外患내우외환

[영] **alienation** [èiljənéiʃən] [뜻] 멀리함, 소외 [풀이] A state in which a certain group of people keep away from or exclude someone(어떤 무리에서 멀리하거나 따돌림)

[예] 끼리끼리 통하는 아이들이 노는 데 끼었다가 그만 소외당하고 말았다 / 아이는 전학 온 자신을 소외하지 않고 친절하게 다가와 준 친구들에게 고마움을 느꼈다 / 그는 가족으로부터 버림받고 친구로부터 소외되었다

* **따돌리다**(exclude[iksklúːd]) 믿거나 싫은 사람을 떼어 멀리 하다

---

225 ★☆☆ ☐☐

박탈하다
강제로 빼앗다
[영] *deprive

剝박 빼앗다
奪탈 빼앗다

빼앗다(박) · 빼앗다(탈) ⤳ 남의 재물, 권리, 자격 따위를 / 강제로 빼앗다

[한자] 剝박 빼앗다·약탈하다·(가죽을)벗기다 ⊙奪탈 빼앗다·약탈하다·잃다

[한자활용] ⊙爭奪쟁탈, 侵奪침탈, 掠奪약탈, 簒奪찬탈, 收奪수탈, 劫奪겁탈, 奪還탈환, 換骨奪胎환골탈태

[영] **deprive** [dipráiv] [어원] de(완전히) + prive(빼앗다) [뜻] …에게서 (…을) 빼앗다, 박탈하다 (strip, take away from forcibly) [풀이] The act of taking another person's property, right, qualification, etc., away with force(남의 재물이나 권리, 자격 등을 강제로 빼앗음)

[예] 선거 관리 위원회는 후보자의 불법 행위가 적발될 경우 후보 등록 자격을 박탈하기로 했다 / 자유가 박탈되어 본 사람만이 자유의 진정한 기쁨을 만끽할 수 있다 / 약물 검사에서 금지 약물 복용한 사실이 발각되면 출전 자격을 박탈한다

---

❶ **소추訴追** 호소할 소, 쫓을 추 [풀이] 검사가 특정한 형사 사건에 관하여 공소를 제기하는 일. 고급 공무원이 직무를 집행할 때 헌법이나 법률을 위배하였을 경우 국가가 탄핵을 결의하는 일

❷ **탄핵소추권彈劾訴追權** 탄알 탄, 꾸짖을 핵, 호소할 소, 쫓을 추, 권세 권 [풀이] 법률에 의하여 신분이 보장되고 징계나 형사 소추가 곤란한 특정 공무원(대통령, 국무총리, 법관, 검사 등 고위공무원)이 법에 위배되는 잘못을 저질렀을 때, 그들의 위법을 고발해서 해임하거나 처벌을 요구할 수 있는 국회의 권리

7주 5일

---

226 ★☆☆ □□

인위적
사람이 만든
부자연스러운
📘 *artificial

人인 사람
爲위 ~을 하다

사람(인)이 · 억지로 하다(위) ⤳ 자연적으로 이루어진 것이 아닌 사람의 힘으로 이루어진(만들거나 생긴) (것) ⤳ 사람의 힘으로 억지로 만든 (것) ⤳ 부자연스러운

[한자] 人인 사람·인간·타인 ◉爲위 ~을 하다·~을 위하다·되다(이루어지다) 的적 어조사

[한자활용] ◉無爲무위, 無作爲무작위, 行爲행위, 作爲的작위적, ❶不作爲부작위, 營爲영위, 當爲性당위성, ❷爲政者위정자, ❸轉禍爲福전화위복, 指鹿爲馬지록위마, 無所不爲무소불위, 無爲徒食무위도식

[영어] artificial [ɑ́ːrtəfíʃəl] **[어원]** art(기술; 인위)+fice(만들다)+ial(형용사를 만듦) **[뜻]** 인조의, 인공적인, 인위적인(made by human art); 거짓된, 꾸민, 부자연한, 어색한(unnatural, affected) **[풀이]** Being done by human power, not created by nature(자연적으로 만들어진 것이 아닌 사람의 힘으로 이루어진)

[유] 인공적(人인 工공 장인)
[예] 최근 산업화와 도시화로 인한 인위적인 환경 변화는 자연환경의 균형을 파괴하여 자연재해의 피해를 증가시키고 있다 / 나이 들면서 피부가 노화하는 것은 인위적으로 막을 수 없는 일이다 / 환경 오염의 주된 원인은 사람들이 인위적으로 발생시키는 오염물 때문이다

---

227 ★☆☆ □□

배정하다
나누어 정하다
📘 *assign

配배 나누다
定정 정하다

나누다(배) · 정하다(정) ⤳ 각자의 몫을 알맞게 / 나누어 정하다

[한자] ◉配배 나누다·아내·짝짓다·걸맞다 定정 정하다·안정시키다·편안하다

[한자활용] ◉配慮배려, 分配분배, 配給배급, 配分배분, 配食배식, 配役배역, 配布배포, 配偶者배우자, 配匹배필, 配置배치, 配當배당, 配合배합, 配列배열, 配送배송, 配達배달, 宅配택배

[영어] assign [əsáin] **[어원]** as(…에)+sign(흔적을 남기다) **[뜻]** (일 등을 남에게) 맡기다, 배정하다, 할당하다(allot); (특정 임무·직책에 사람을) 선임[선정]하다(appoint); (시일·한도 등을) 정하다, 지정하다(fix) **[풀이]** To divide and assign per share(각자의 몫을 알맞게 나누어 정하여 주다)

[유] 할당하다(割할 베다·나누다, 當당 마땅), 배당하다(配배 나누다, 當), 분배하다(分분 나누다), 배분하다(配分)
[예] 학교에서는 신입생들에게 반을 배정하는 간단한 시험을 치르기로 하였다 / 시험을 보고 그 순위에 따라서 근무지를 배정했다 / 공연 좌석은 예매순으로 우선 배정된다 / 일반적으로 주관식 문제는 객관식보다 높은 점수가 배정된다

---

❶ **부작위不作爲** 아닐 부, 지을 작, 할 위 **[풀이]** 마땅히 해야 할 것으로 기대되는 일정한 행위를 하지 않는 일
❷ **위정자爲政者** 할 위, 나라를 다스릴 정, 사람 자 **[풀이]** 정치를 하는 사람
❸ **전화위복轉禍爲福** 구를 전, 재앙 화, 할 위, 복 복 **[뜻]** 재앙이 복으로 바뀜 **[풀이]** 재앙(화)이 바뀌어 오히려 복이 됨

1 다음 **국단어의 뜻**을 표로 정리하시오.

국단어	뜻	한자		영단어
타당성		妥타	當당	
순화하다		醇순	化화	
추모하다		追추	慕모	–
소외		疏소	外외	
박탈하다		剝박	奪탈	
인위적		人인	爲위	
배정하다		配배	定정	

2 다음 중 **배정(配定)하다**와 뜻이 비슷한 낱말이 **아닌** 것은?

① 분배(分配)하다   ② 할당(割當)하다   ③ 배열(配列)하다   ④ 배당(配當)하다   ⑤ 배분(配分)하다

3 다음 문장을 읽고, 그 **뜻에 해당하는 낱말**을 쓰시오.

1 검사가 특정한 형사 사건에 관하여 공소를 제기하는 일. 고급 공무원이 직무를 집행할 때

헌법이나 법률을 위배하였을 경우 국가가 탄핵을 결의하는 일   _____

2 마땅히 해야 할 것으로 기대되는 일정한 행위를 하지 않는 일   _____

3 재앙(화)이 바뀌어 오히려 복이 됨   _____

4 법률에 의하여 신분이 보장되고 징계나 형사 소추가 곤란한 특정 공무원(대통령, 국무총리, 법관, 검사 등

고위공무원)이 법에 위배되는 잘못을 저질렀을 때, 그들의 위법을 고발해서 해임하거나 처벌을 요구할 수

있는 국회의 권리   _____

5 무예나 능력이 아주 뛰어남   _____

6 정치를 하는 사람   _____

4 빈칸에 알맞은 낱말을 넣어 문장을 완성하시오.

1 장례식장은 고인을 _____ 하는 장중한 분위기로 가득하였다

2 음악은 우리의 정서를 _____ 하여 정신적인 위안과 안정을 얻게 한다

3 약물 검사에서 금지 약물 복용한 사실이 발각되면 출전 자격을 _____ 한다

4 최근 산업화와 도시화로 인한 _____ 인 환경 변화는 자연환경의 균형을 파괴하여 자연재해의

피해를 증가시키고 있다

5 학교에서는 신입생들에게 반을 _____ 하는 간단한 시험을 치르기로 하였다

6 _____ 이란 의사소통 과정에서 말하는 이의 주장과 근거가 이치에 맞고 합리적인지를 판단하는

기준이다

8주 1일

---

228 ★☆☆ ☐☐

진화
생물이 발전해
나아가는 일
영 *evolution

進진 나아가다
化화 달라지다

더 좋은 상태로 나아가다(진)·달라지다(화) ↝ 지구상의 생물들이 살아가면서 / 환경에 적응하고 *발전해 나아가는 과정

한자 ◉**進진** 나아가다·오르다 **化화** 되다·변천하다·달라지다

한자활용 ◉**進步**진보, **邁進** 매진, **推進** 추진, **進行**진행, **前進**전진, **後進**후진, **不進**부진, **進出**진출, **進入**진입, **進路**진로, **進展**진전, **促進**촉진, **躍進**약진, **進級**진급, **昇進**승진, **特進**특진, **急進**급진, **增進**증진, **自進**자진, **進學**진학, **進退**진퇴, **進軍**진군, **先進國**선진국, **進退兩難**진퇴양난, ❶**一進一退**일진일퇴

영어 **evolution** [èvəlú:ʃən] 어원 e(바깥으로)+volu(구르다)+tion(것) 뜻 (종(種)·기관 따위의) 진화; (사회적·정치적·경제적인 점진적) 변화, 발전, 진전(gradual development) 풀이 A phenomenon in which a living creature develops gradually after its first formation(생물이 생명이 생긴 후부터 조금씩 발전해 가는 현상)

예 생물들은 대개 생존하는 데에 유리한 방향으로 진화를 거쳤다 / 사막여우와 북극여우는 자연환경에 적응하여 진화한 동물들이다 / 과거의 종이 지도는 오늘날 다양한 첨단 지리 정보 기술로 진화했다 / 1인 미디어는 개인이 유행을 만들고 수익까지 창출하는 '문화 창업 모델'로 진화하고 있다

*발전하다(發발 피다 展전 펴다 | develop[divéləp]) (더 앞서고 좋은 상태, 더 높은 단계로) 나아가다

---

229 ★★☆ ☐☐

함유
들어 있음
영 **contain

合함 머금다
有유 가지고 있다

머금다·품다(함)·가지고 있다(유) ↝ 어떤 성분이 물질에 / 들어 있음

한자 ◉**合함** 머금다·품다·담다·싸서 가지다 **有유** 있다·존재하다·가지고 있다·소유하다

영어 **contain** [kəntéin] 어원 con(함께)+tain(유지하다) 뜻 (어떤 것이 그 일부로 …을) 함유하다, (어떤 것 속에 …이) 함유되어[들어] 있다(hold); (책·서류 등이 무엇을) 포함하다, 담다(include) 풀이 For a substance to have a certain ingredient(물질이 어떤 성분을 갖고 있다)

예 카페인이 많이 함유된 음료는 건강에 좋지 않다 / 다이어트를 하려면 지방이 많이 함유된 음식을 피해야 한다 / 공장에서 흘러나온 폐수에는 중금속 물질이 다량 함유되어 있다 / 이 과일에는 비타민이 많이 함유되어 있다 / 바닷물에는 소금기가 함유되어 있다

---

❶**일진일퇴**一**進**一**退** 한 일, 나아갈 진, 한 일, 물러날 퇴 뜻 한 번 나아가고 한 번 물러남 풀이 일정한 형세가 유지되는 것이 아니라 상황이 좋아졌다 나빠졌다를 반복함

230 ★★☆ ☐☐

섭취하다
먹어서 양분을 취하다
영 *ingest

攝섭 빨아들이다
取취 취하다

빨아들이다(섭)·*취하다(취) ～ 생물체가 *영양분 따위를 / 먹어서 *취하다 또는 몸속에 빨아들이다

[한자] 攝섭 다스리다·빨아들이다 ◉取취 가지다·*취하다
[한자활용] ◉取扱취급, 取得취득, 受取수취, 聽取청취, 錄取녹취, 取材취재, 採取채취, 爭取쟁취, 掠取약취, 搾取착취, 竊取절취, 奪取탈취, 喝取갈취, 騙取편취, 進取性진취성

[영어] ingest [indʒést] [어원] in(안으로)+gest(운반된)→섭취하다 [뜻] (음식·약 등을) 섭취하다, *취하다 [풀이] To take nutrients, etc., in one's body(영양분 등을 몸속에 받아들이다)

[예] 동물은 음식물을 섭취하여 생활에 필요한 에너지를 얻는다 / 성장기의 청소년은 영양분을 충분히 섭취해야 한다 / 뼈를 튼튼하게 하기 위해 철분을 섭취해야 한다 / 인간은 음식물을 통해 간접으로 약 1.0리터의 물을 섭취한다 / 음식물을 과다하게 섭취하면 위에 무리가 간다
* **취하다**(take[teik]) (자기 것으로 만들어) **가지다**
* **영양분[양분]**(營영 경영하다 養양 기르다 分분 나누다 | nutrient[njúːtriənt]) 생물의 생명 유지와 성장에 필요한 성분

---

231 ★☆☆ ☐☐

비장하다
서럽지만 굳세고
위엄 있다

悲비 슬프다
壯장 씩씩하다

슬프고 서러운(비) 일을 겪었으나 *씩씩하게(장) 대처하다 ～ 사람, 언행, 분위기 따위가 *서럽지만 / 그 감정을 억눌러 굳세고 *위엄 있다

[한자] ◉悲비 슬프다·서럽다 壯장 씩씩하다·장하다(기상이나 인품이 훌륭하다)·굳세다
[한자활용] ◉悲哀비애, 悲劇비극, 悲慘비참, 悲觀비관, 悲痛비통, 悲愴비창, 悲戀비련, 悲歡·悲嘆비탄, 悲鳴비명, 慈悲자비, 興盡悲來흥진비래, 喜悲희비, ❶一喜一悲일희일비

[예] 그는 마치 죽기를 결단한 사람처럼 비장해 보인다 / 죽음에 맞서 싸우던 그는 비장한 최후를 맞이했다 / 그는 '전국 최고가 아니면 죽는다'는 비장한 각오로 장사를 시작했다 / 장군은 '죽음을 불사하고서라도 이 성을 지켜야 한다'고 비장하게 말했다
* **서럽다**(sad[sæd]) (처지나 일의 형편이) **분하고 답답하고 슬프다**
* **위엄**(威위 위엄 嚴엄 엄하다 | dignity[dígnəti]) 존경할 만한 지위와 위세가 있어 점잖고 엄숙함. 또는 그런 태도나 분위기

---

❶ **일희일비─喜─悲** 한 일, 기쁠 희, 한 일, 슬플 비 [뜻] 기쁜 일과 슬픈 일이 번갈아 일어남 [풀이] 기뻐하다가 금세 다시 슬퍼하는, 좋아하다가 어느 순간 마음 아파하는 것처럼 상황에 따라 감정이 급격하게 변하는 상태

232 ★☆☆ □□

기근
굶주림
부족한 현상
영 *famine

飢기 굶주리다
饉근 주리다

굶주리다·흉년이 들다(기) · 주리다·흉년 들다(근) ↝ ① 흉년으로 먹을 양식이 모자라 굶주림 ② 비유적으로, 최소한의 수요에도 따르지 못할 만큼 부족한 현상

한자 **飢기** 굶주리다·흉년이 들다   **饉근** *주리다·흉년 들다

영어 **famine** [fǽmin] 어원 fam(굶주림) + ine(…의 것) 뜻 기근, 굶주림, 기아(hunger, starvation) 풀이 ① The state of being hungry for the lack of edible food(먹을 양식이 모자라 굶주림) ② (figurative) A state of seriously lacking a necessity (비유적으로) 필요한 것이 매우 모자라는 상태

유 **기아**(飢기 굶주리다, 餓아 굶주리다), **굶주림**

예 ① 여러 해에 걸친 심한 가뭄으로 농민들이 기근에 허덕이게 되었다 / 감자와 고구마는 흉년으로 기근이 심할 때 주식물 대신 먹을 수 있는 ❶구황 작물 중 하나이다 / 옛날 조상들은 기근이 들면 산에서 풀뿌리를 캐 먹으며 *연명했다 ② 가격 인상 전에 물품을 사 두려는 사람들의 사재기로 생필품 기근 현상이 나타났다 / 우수한 선수들의 해외 진출이 늘자 국내 스카우터들은 선수 기근을 염려하고 있다

*주리다(starve[stɑːrv])   먹을 것을 제대로 먹지 못하거나 굶다
*연명하다(延연 늘이다·잇다 命명 목숨 | subsist[səbsíst])   목숨을 겨우 이어 살아가다

233 ★☆☆ □□

선망하다
부러워하며 그렇게
되기를 바라다
영 *envy

羨선 부러워하다
望망 바라다

부러워하다(선) · 바라다·기대하다(망) ↝ 사람이 무엇을 / 부러워하여 자기도 그렇게 되기를 바라다

한자 **羨선** 부러워하다   ⊙**望망** 바라다·기대하다·바라보다
연관한자 ⊙**希희** 바라다 │ **願원** 원하다·바라다 │ **期기** 기약하다·바라다·기대하다 ↪ 희망(希望) 기원(祈願)
한자활용 ⊙希望희망, 野望야망, 大望대망, 欲望욕망, 失望실망, 難望난망, 怨望원망, 展望전망, 觀望관망, 眺望조망, 望望망루, 要望요망, 所望소망, 熱望열망, 渴望갈망, 羨望선망, 絕望절망, 責望책망, 名望명망, 望夫石망부석, ❷望雲之情망운지정, ❸望洋之歎망양지탄

영어 **envy** [énvi] 어원 en(반대) + vy(보다) → 비난의 눈으로 보다 뜻 (자기가 원하는 것을 남이 갖고 있어서) 부러워하다, 선망하다(feel envy of); 질투하다, 샘내다; 부러움, 선망 풀이 To envy and want to be likewise(부러워하며 그렇게 되기를 바라다)

예 건물주를 선망하며 건물주가 되기를 꿈꾸는 젊은이들이 적지 않다 / 요즘 청소년들 사이에는 연예인을 선망하는 경향이 있다 / 얼굴이 예쁘고 공부까지 잘했던 그녀는 모든 학생들의 선망의 대상이었다

---

❶ **구황작물救荒作物** 구원할 구, 거칠·흉년이 들 황, 지을 작, 물건 물   풀이 흉년이 들어 곡식이 부족할 때 기근을 해결하기 위해 주곡 대신 소비할 수 있는 작물. 생육기간이 짧은 조·피·기장·메밀·고구마·감자 등이 이에 속함

❷ **망운지정望雲之情** 바랄 망, 구름 운, 어조사 지, 인정 정   뜻 구름을 바라보며 그리워함   풀이 객지에 나온 자녀가 고향에 계신 부모님을 그리워하는 마음

❸ **망양지탄望洋之歎** 바랄 망, 바다 양, 어조사 지, 탄식할 탄   뜻 넓은 바다를 바라보며 탄식함   풀이 자신보다 뛰어난 인물을 보면서 자신의 부족함을 탄식하는 (한숨을 쉬며 한탄하는) 모습

1 다음 **국단어의 뜻**을 표로 정리하시오.

국단어	뜻	한자		영단어
진화		進진	化화	
함유		含함	有유	
섭취하다		攝섭	取취	
비장하다		悲비	壯장	–
기근		飢기	饉근	
선망하다		羨선	望망	–

2 다음 중 **바라다**의 뜻을 갖는 한자가 **아닌** 것은?

① 希희   ② 望망   ③ 期기   ④ 願원   ⑤ 羨선

3 다음 중 **굶주림·흉년**과 관련이 있는 낱말이 **아닌** 것은?

① 기아(飢餓)   ② 주리다   ③ 포식(飽食)   ④ 구황작물(救荒作物)   ⑤ 기근(饑饉)

4 다음 문장을 읽고, 그 **뜻에 해당하는 낱말**을 쓰시오.

1 기뻐하다가 금세 다시 슬퍼하는, 좋아하다가 어느 순간 마음 아파하는

　 것처럼 상황에 따라 감정이 급격하게 변하는 상태　　　　　　　　_____

2 흉년이 들어 곡식이 부족할 때 기근을 해결하기 위해 주곡 대신

　 소비할 수 있는 작물　　　　　　　　_____

3 자신보다 뛰어난 인물을 보면서 자신의 부족함을 탄식하는 모습　　_____

4 객지에 나온 자녀가 고향에 계신 부모님을 그리워하는 마음　　　　_____

5 일정한 형세가 유지되는 것이 아니라 상황이 좋아졌다 나빠졌다를 반복함　_____

5 빈칸에 알맞은 낱말을 넣어 문장을 완성하시오.

1 인간은 음식물을 통해 간접으로 약 1.0리터의 물을 _____ 한다

2 감자와 고구마는 흉년으로 _____ 이 심할 때 주식물 대신 먹을 수 있는 구황 작물 중 하나이다

3 공장에서 흘러나온 폐수에는 중금속 물질이 다량 _____ 되어 있다

4 요즘 청소년들 사이에는 연예인을 _____ 하는 경향이 있다

5 그는 '전국 최고가 아니면 죽는다'는 _____ 한 각오로 장사를 시작했다

6 사막여우와 북극여우는 자연환경에 적응하여 _____ 한 동물들이다

8주 2일

234 ★☆☆ □□

기피하다
싫어하며 피하다

영 ***avoid

忌기 싫어하다
避피 피하다

싫어하다(기) · 피하다(피) ⤳ 사물, 일 따위가 자신에게 해가 될까 해서 / 싫어하며 피하다

[한자] **忌기** 싫어하다·꺼리다·질투하다·미워하다 　 **避피** 피하다·벗어나다·회피하다

[영어] **avoid** [əvɔ́id] [어원] a(…을 이탈하여) + void(헛되이 하다) 　 [뜻] (원하지 않는 사람·사물·위험을) 피하다, 회피하다(evade, shun, keep away from); (좋지 못한 일이 생기는 것을) 막다, 방지하다 　 [풀이] To dislike and avoid doing something(싫어하여 피하다)

[유] *꺼리다, 회피하다(回회 돌아오다, 避피 피하다)

[예] 그는 입학시험에 낙제한 트라우마에 시달리며 공부를 기피하고 있다 / 병역을 기피하기 위한 부정한 방법이 늘고 있어 사회적 문제가 되고 있다 / 우리나라에서는 죽을 사(死)와 발음이 같다는 이유로 숫자 4를 기피하는 사람이 많다 / 결혼을 기피하는 *풍조와 함께 결혼을 해도 아이를 낳지 않는 경우가 많아 출생률이 급감하고 있다

*꺼리다(be unwilling[ʌnwíliŋ]) (사물·일 등이) **자신에게 피해가 될까 해서 피하거나 싫어하다**

*풍조(風풍 풍속 潮조 밀물 | trend[trend] tendency[téndənsi]) 　 **시대에 따라 달라지는 세상의 모습**

---

235 ★☆☆ □□

부산물
부수적으로 생기는
물건

영 *by-product

副부 둘째
産산 생기다
物물 물건

둘째(부)로 · 생긴(산) · 물건(물) ⤳ 주요 생산물을 만드는 과정에서 / *부수적으로 생기는 물건

[한자] ⊙**副부** 버금가다(으뜸의 바로 아래가 되다)·둘째·돕다 　 **産산** 낳다·생기다 　 **物물** 물건
[한자활용] ⊙副業부업, 副詞부사, 副作用부작용, 副賞부상, 副收入부수입, 副次的부차적

[영어] **by-product** [báiprɑ̀dəkt] 　 [뜻] 부산물 　 [풀이] **Something produced in the making of another thing that is main and fundamental**(중심이 되거나 기본적인 물건을 만들 때 딸려 생기는 물건)

[예] 굴 양식의 부산물로 나오는 굴 껍데기는 해마다 이십칠만 톤에 이르고 있다 / 페인트를 만드는 과정에서 나오는 부산물은 위험한 오염 물질 가운데 하나이다 / 소는 살코기뿐만 아니라 뼈, 곱창, 위 등과 같은 부산물도 모두 식용으로 쓸 수 있다 / 석유가 연소될 때 이산화 탄소, 질소 산화물, 탄화수소, 황산화물 등의 유해한 부산물이 나온다

*부수적(附부 붙다 隨수 따르다 | additional[ədíʃənəl]) (중심이 되거나, 기본적인 것에) **붙어서 따르는**

236 ★☆☆ ▢▢

심사
미옴
영 **feeling

心심 마음
思사 심정·마음

마음(심) · 심정·마음(사) ⤳ 어떤 일에 대하여 느끼는 / 감정, 마음

한자 ◉**心심** 마음·생각·중심(가운데)　**思사** 생각·심정·마음

한자활용 ◉無心무심, 心臟심장, 關心관심, 操心조심, 良心양심, 疑心의심, 熱心열심, 中心중심, 眞心진심, 初心초심, 核心핵심, 欲心욕심, 小心소심, 安心안심, 童心동심, 心理심리, 決心결심, 銘心명심, 放心방심, 心身심신, 寒心한심, 心情심정, 以心傳心이심전심, ❶全心全力전심전력, ❷作心三日작심삼일, 一心同體일심동체, ❸切齒腐心절치부심, ❹人面獸心인면수심

영어 **feeling** [fíːliŋ]　뜻 (감각(sensation)에 대해서 마음이 받아들이는) 느낌, 감정　풀이 An emotion or mind toward something(어떤 일에 대한 감정이나 마음)

유 **심경**(心심, 境경 경계·상태), **심정**(心심, 情정 뜻·사랑·인정)

예 아이는 친구들이 자기만 빼놓고 만나서 놀았다는 소리를 들어 심사가 불편했다 / 그는 시험에 떨어져 심사가 편하지 않았다 / 아이는 친구들이 다 자기를 놀리는 것 같아서 심사가 편치 못했다 / 아이는 단짝 친구와 잘 놀다가도 괜히 *심사가 뒤틀리면 싸웠다

*심사가 뒤틀리다　(사람이) 기분이 나빠 고약하고 심술궂은 마음이 일어나다

---

237 ★☆☆ ▢▢

부유하다
떠다니다
영 **float

浮부 떠다니다
遊유 떠돌다

떠다니다(부) · 떠돌다(유) ⤳ 물 위, 물속, 공기 중에 *떠다니다

한자 ◉**浮부** (물에)뜨다·떠다니다·가볍다　**遊유** 놀다·떠돌다·여행하다

한자활용 ◉浮力부력, 浮刻부각, 浮上부상, 浮揚부양, 浮沈부침, 浮標부표, 浮草부초, 浮浪부랑

영어 **float** [flout]　뜻 (물체·배·기구 등이 물 위나 공중에서) 떠[흘러]가다[떠돌다], 떠다니다, 부유하다　풀이 To float on water, in water, or in the air(물 위나 물속, 공기 중을 떠다니다)

예 새어 들어온 햇빛 속에는 미세한 공기 입자들이 부유하고 있었다 / 저기 물 위에 부유하고 있는 식물이 개구리밥이다 / 물고기 한 마리가 어항 속을 이리저리 부유하며 돌아다닌다

*떠다니다(float[flout])　공중이나 물 위를 떠서 오고 가고 하다

*뜨다(float[flout])　(사물이 물위에) 솟아오르거나 머물러 있는 상태가 되다

---

❶**전심전력全心全力** 온전 전, 마음 심, 온전 전, 힘 력
　뜻 온 마음과 온 힘　풀이 온 마음과 온 힘을 한곳에 다 기울임
❷**작심삼일作心三日** 만들 작, 마음 심, 석 삼, 날 일
　뜻 마음을 먹은 지 3일을 넘기지 못함　풀이 결심이 굳지 못함. 결심한 것을 쉽게 포기하는 모습
❸**절치부심切齒腐心** 갈 절, 이 치, 썩을 부, 마음 심
　뜻 이를 갈고 마음을 썩임　풀이 몹시 분하여 이를 갈고 마음을 썩임. 매우 분하여 한을 품음
❹**인면수심人面獸心** 사람 인, 얼굴 면, 짐승 수, 마음 심
　뜻 사람의 얼굴을 하였으나 마음은 짐승과 같음　풀이 사람의 도리를 지키지 못하고 짐승처럼 행동이 무례하고 흉악한 사람

8주 2일

---

238 ★☆☆ ☐☐

방치하다
내버려두다
(영) **neglect

放방 내버려두다
置치 내버려두다

내버려두다(방)·내버려두다(치) ⤳ 무엇을 건드리거나 상관하지 않고 / 그대로 내버려두다

[한자] ⊙**放방** 놓다·내쫓다·내버려두다   **置치** 두다·내버려두다

[한자활용] ⊙放學방학, 放課後방과후, 放送방송, 放映방영, 開放개방, 放蕩방탕, 奔放분방, 放縱방종, 解放해방, 追放추방, 放火방화, 放牧방목, 放生방생, 放心방심, 放任방임, 放浪방랑, 放漫방만, 放出방출, 放電방전, 放水방수, 放流방류, 放射能방사능

[영어] **neglect** [niglékt]   [어원] neg(…않는)+lect(택하다, 주워 올리다)   [뜻] 무시하다, 도외시하다, 대수롭지 않게 여기다, 등한시하다(disregard); 방치하다(take no care of, leave unattended, slight); (의무·일 따위를) 게을리하다, 태만히 하다(fail to perform)   [풀이] To leave something abandoned, unattended and ignored(무관심하게 그대로 내버려두다)

[예] 음식을 *상온에 오랫동안 방치하면 상하게 된다 / 주민들이 쓰레기를 방치해서 온 동네가 지저분해졌다 / 죽은 물고기가 저수지에 그대로 방치된 채 썩고 있었다 / 환경 오염의 문제를 방치할 경우 인류는 공멸할 수도 있다

***상온(常**상 항상 **溫**온 따뜻하다)   가열하거나 냉각하지 않은 자연 그대로의 기온. 보통 15℃를 가리킨다

---

239 ★☆☆ ☐☐

분해하다
나누다
(영) *decompose

分분 나누다
解해 해체하다

나누다(분)·해체하다(해) ⤳ 한 종류의 *화합물을 / 간단한 두 가지 이상의 물질로 나누다

[한자] **分분** 나누다·나누어 주다 ⊙**解해** 풀다·깨닫다·벗기다·해체하다(쪼개다)

[한자활용] ⊙融解융해, 溶解용해, 解消해소, 解決해결, 難解난해, 誤解오해, 曲解곡해, 解釋해석, 解讀해독, 讀解독해, 解除해제, 解體해체, 解散해산, 和解화해, 諒解양해, 解脫해탈, 理解이해, 見解견해, 解放해방, 解剖해부, 解雇해고, 解止해지, 解酲해장, 解氷期해빙기, 結者解之결자해지

[영어] **decompose** [dìːkəmpóuz]   [어원] de(반대·부정의 뜻)+com(함께)+pose(두다) → 구성하다, 조립하다   [뜻] (…을 성분·요소로) 분해하다(break up); (자연스러운 화학 작용에 의해) 부패하다   [풀이] To separate something comprised of several parts into those parts(여러 부분으로 이루어진 것을 그 부분이나 성분으로 따로따로 나누다)

[예] 일반 플라스틱 병이 분해되는 데는 약 450년이 걸린다 / 수소를 얻으려면 물을 수소와 산소로 분해하면 된다 / 음식으로 섭취한 단백질은 아미노산으로 분해되어 흡수된다 / 실험실에서 *화합물을 성분별로 분해해 보는 실험을 하였다

***화합물(化**화 되다 **合**합 합하다 **物**물 물건 | compound[kəmpáund])   두 개 이상의 원소가 만나 화학 작용을 통해 새롭게 만들어진 순물질(홑원소 물질 또는 화합물이 단독으로 존재할 때, 혼합물과 구별하기 위하여 쓰는 말)

1 다음 **국단어의 뜻**을 표로 정리하시오.

국단어	뜻	한자		영단어
기피하다		룡기 避피		
부산물		副부 産산		
		物물	–	
심사		心심 思사		
부유하다		浮부 遊유		
방치하다		放방 置치		
분해하다		分분 解해		

2 다음 중 **심사(心思)**와 뜻이 비슷한 낱말을 **모두** 고르시오.

① 부수(副率)　② 심정(心情)　③ 심신(心身)　④ 심경(心境)　⑤ 심해(深海)

3 다음 문장을 읽고, 그 **뜻에 해당하는** 낱말을 쓰시오.

1　결심한 것을 쉽게 포기하는 모습 　_____

2　온 마음과 온 힘을 한곳에 다 기울임 　_____

3　사람의 도리를 지키지 못하고 짐승처럼 행동이 무례하고 흉악한 사람 　_____

4　몹시 분하여 이를 갈고 마음을 썩임 　_____

5　두 개 이상의 원소가 만나 화학 작용을 통해 새롭게 만들어진 순물질 　_____

4 빈칸에 알맞은 낱말을 넣어 문장을 완성하시오.

1　굴 양식의 _____로 나오는 굴 껍데기는 해마다 이십칠만 톤에 이르고 있다

2　저기 물 위에 _____ 하고 있는 식물이 개구리밥이다

3　아이는 친구들이 자기만 빼놓고 만나서 놀았다는 소리를 들어 _____가 불편했다

4　수소를 얻으려면 물을 수소와 산소로 _____ 하면 된다

5　우리나라에서는 죽을 사(死)와 발음이 같다는 이유로 숫자 4를 _____ 하는 사람이 많다

6　죽은 물고기가 저수지에 그대로 _____ 된 채 썩고 있었다

8주 3일

---

240 ★☆☆ □□

품사
성질이 같은 낱말의
무리

品品 성질
詞사 말

성질(品)이 같은 • 말(詞)들끼리 묶은 것 ～～ 문장을 이루는 여러 단어들을 / 그 성질이
같은 것끼리 묶어 놓은 낱말의 무리

[한자] ⊙**品品** 물건·등급·품격·성질 **詞사** 말·글
[연관한자] ⊙**物물** 물건 | **件건** 물건 ↔ 물건(物件) 물품(物品)
[한자활용] ⊙商品상품, 製品제품, 用品용품, 備品비품, 品目품목, 作品작품, 名品명품, 骨董品골동품,
品位품위, 品格품격, 人品인품, 性品성품, 品性품성, 品質품질, 品評품평, 正品정품, 一品일품,
上品상품, 下品하품, 廢品폐품, 品階품계, 正一品정일품, 骨品골품, 品種품종, 食品식품,
藥品약품, 小品소품, 所持品 소지품, 金品금품, 嗜好品기호품, 奢侈品사치품

[예] 품사는 공통된 **의미**에 따라, 문장 안에서 어떤 역할을 하는지 그 **기능**에 따라, 그리고 **형태
변화**에 따라 나눌 수 있다 / 우리말에는 명사, 대명사, 수사, 동사, 형용사, 관형사, 부사, 조
사, 감탄사의 아홉 개 품사가 있다 / 한국어의 단어 중 그 수가 가장 많은 품사는 명사이다

---

241 ★☆☆ □□

명사
이름을 나타내는 말
영 **noun

名명 이름
詞사 말

이름(名) • 말(詞) ～～ 구체적인 대상이나 추상적인 대상의 / 이름을 나타내는 말

[한자] **名명** 이름 ⊙**詞사** 말·문장
[한자활용] ⊙歌詞가사, 作詞작사, 臺詞대사, 動詞동사, 品詞품사, 冠詞관사, 助詞조사, 形容詞형용사,
冠形詞관형사, 關係詞관계사, 前置詞전치사, 代名詞대명사, 數詞수사, 分詞분사

[영어] **noun** [naun] [뜻] 명사 [풀이] A part of speech that indicates a person, place or
thing(사물의 이름을 나타내는 품사)

[예] 사랑, 정, 아픔과 같은 명사들은 형태가 없는 추상적인 개념을 나타낸다 / '논밭' '눈물'
등은 두 개의 명사가 합성되어 만들어진 **합성** 명사이다 / 명사 중에서 특정한 사물에
붙여진 이름을 고유명사라고 하며, 그 밖의 명사들을 **보통**명사라고 한다

---

242 ★☆☆ □□

대명사
이름을 대신해 쓰는 말
영 **pronoun

代대 대신하다
名명 이름
詞사 말

대신하다(代) • 이름(名) • 말(詞) ～～ 사람, 사물, 장소 등의 / 이름을 °대신하여 쓰는 말

[한자] ⊙**代대** 대신하다·시대(時代)·세대(世代) **名명** 이름 **詞사** 말·문장
[한자활용] ⊙代替대체, 代案대안, 交代교대, 代役대역, 時代시대, 古代고대, 近代근대, 世代세대, 先代
대대, 後代후대, 當代당대, 歷代역대, 代納대납, 代金대금, 代用대용, 代置대치, 代理人대리인,
代代孫孫대대손손, 一生一代일생일대, ❶前代未聞전대미문, 太平聖代태평성대

[영어] **pronoun** [próunàun] [어원] pro(…의 대신) + noun(명사) [뜻] 대명사 [풀이] A word
that substitutes for a noun referring to a person, place, object, etc(다른 명사를
대신하여 사람, 장소, 사물 등을 가리키는 낱말)

[예] '너' '그거' '거기'처럼 사람이나 사물, 장소의 이름을 대신하여 가리키는 단어를 대명사
라고 한다 / 대명사는 사람을 가리키는 **인칭**대명사와 사물이나 장소를 가리키는 **지시**
대명사로 나뉜다

243 ★☆☆ ☐☐

수사
수를 니타내는 말
영 *numeral

數수 세다
詞사 말

수를 세는(수)·말(사) ⤳ 사물의 °수량, 순서를 나타내는 말

한자 ⊙**數수** (일정한)수·(수를)세다·계산하다·운수   **詞사** 말·문장

한자활용 ⊙**數學**수학, **數字**숫자, **數値**수치, **數爻**수효, **數量**수량, **多數**다수, **分數**분수, **約數**약수, **倍數**배수, **小數**소수, **素數**소수, **實數**실수, **指數**지수, **變數**변수, **未知數**미지수, **常數**상수, **函數**함수, **運數**운수, ❷**權謀術數**권모술수, ❸**不知其數**부지기수, ❹**幾何級數**기하급수

영어 **numeral** [njú:mərəl]   뜻 숫자; 수사(數詞)   풀이 **A word that expresses the amount or order of something**(수량이나 순서를 나타내는 말)

예 '사과 둘이 있다'에서 '둘'의 품사는 수사이다 / 시합에서 셋째로 높은 점수를 받았다'에서 '셋째'는 수사로 사용된 예이다 / 수사에는 '하나, 둘, 셋, 넷, 일, 이, 삼, 사'처럼 °**수량을 나타내는** 양수사와 '첫째, 둘째, 셋째'처럼 **순서를 나타내는** °서수사가 있다

°**수량(數수 量량(양)** 헤아리다)   **수효**(사물의 수, number)**와 분량**(무게·부피·크기·넓이 등의 많고 적음과 크고 작은 정도, quantity)

°**서수사(序서 차례 數수 수 詞사 말 | ordinal numeral**[ɔ́:rdənəlnjú:mərəl])   **순서(차례)를 나타내는 수사.** 첫째, 둘째, 셋째… 제일, 제이, 제삼… 따위

---

244 ★★☆ ☐☐

주체
주가 되어 이끄는 집단

主주 주체
體체 물체

주가 되다(주)·물체(체) ⤳ 어떤 일에 °주가 되어 / 적극적으로 나서서 이끌어 나가는 집단

한자 ⊙**主주** 주인·주체·°주(主)되다   **體체** 몸·신체·물질·물체

한자활용 ⊙**主張**주장, **主人**주인, **主人公**주인공, **主題**주제, **主義**주의, **主體**주체, **主催**주최, **主觀**주관, **主權**주권, **宿主**숙주, **君主**군주, **主要**주요, **民主**민주, **戶主**호주, **主客**주객, **主將**주장

예 정치 과정에서 일정한 역할을 하며 영향력을 행사하는 개인이나 집단을 **정치** 주체라고 한다 / **국회, 정부, 법원**은 국가 기관으로서 °**공식적으로 정책을 결정하고 집행하는** 핵심적인 역할을 하는 **정치** 주체이다 / **대중**은 대중문화의 수동적인 소비자로 머무르지 말고, 바람직한 대중문화를 형성하기 위해 스스로 주체가 되어 참여해야 한다

°**주되다(be main**[mein]) **중심이 되다. 주장**(主將: 어떤 일을 책임지고 맡아 행하는 사람)**이 되다**

°**공식적(公公** 공공 **公적(公的)인 것 式식** 법 **的적** 어조사(~의, ~한 상태로 되는) **| official**[əfíʃəl]) **국가나 사회에 의해 공적(公的: 국가나 사회에 관계되는)으로 인정된 형식이나 내용을 가진 (것)**

---

❶ **전대미문前代未聞** 앞 전, 대 대, 아닐 미, 들을 문   뜻 이전 시대까지 들어보지 못함   풀이 이전까지는 전혀 들어본 적이 없는 놀라운 사건이나 새로운 일

❷ **권모술수權謀術數** 권세 권, 꾀할 모, 꾀 술, 셈할 수   뜻 권모와 술수   풀이 목적 달성을 위해 수단과 방법을 가리지 않는 온갖 수단과 방법

❸ **부지기수不知其數** 아닐 부, 알 지, 그 기, 셈할 수   뜻 그 수를 알지 못함   풀이 헤아릴 수가 없을 만큼 많음. 너무 많아서 그 수를 헤아릴 수가 없음. 또는 그 수

❹ **기하급수幾何級數** 몇·얼마 기, 어찌 하, 등급 급, 셈 수   풀이 수나 양이 짧은 시간에 갑자기 많아짐

245 ★☆☆ □□
체언
명사, 대명사, 수사

體체 몸
言언 말

몸(체) · 말(언) ～ 문장에서, 몸통 역할을 하는 주어나 목적어의 기능을 하는 / 명사, 대명사, 수사를 통틀어 이르는 말

[한자] **體체** 몸·신체 **言언** 말

[예] 명사, 대명사, 수사는 주로 문장의 주체가 되는 품사로, 이 셋을 묶어 체언이라고 부른다 / 체언은 문장에서 주로 동작이나 상태의 '주체(누가/무엇이)'가 되거나 동작의 '대상(누구를/무엇을)'이 된다 / 문장에서 체언만이 주어 역할을 할 수 있고 다른 품사는 할 수 없다 / 체언은 문장에서 주로 주어나 목적어로 쓰여 문장의 몸체 역할을 한다

246 ★☆☆ □□
관형사
체언을 꾸며 주는 말

冠관 *갓
形형 몸
詞사 말

*갓(모자)을 쓰고 외모를 꾸미는 것처럼(관) · 문장에서 몸(형)이 되는 체언을 꾸며 주는 · 말(사) ～ 문장에서, 체언(명사 대명사 수사) 앞에 놓여서, 그 체언의 내용을 자세히 꾸며 주는 역할을 하는 말

[한자] **冠관** *갓·(갓을)쓰다 **形형** 모양·얼굴·형상·몸 **詞사** 말·문장

[예] '모든 사람들이 뛰기 시작했다'라는 문장에서 '모든'은 체언인 '사람들이'를 꾸며 주는 관형사에 해당한다 / '헌 책, 첫 수업, 저 두 사람에서' '헌, 첫, 저'와 같이 뒤에 오는 체언을 꾸며 주는 역할을 하는 단어를 관형사라고 한다

*갓   옛날에, 어른이 된 남자가 머리에 쓰던 테가 넓고 둥근 모자

247 ★☆☆ □□
형용사
상태, 성질을
나타내는 말
[영] *adjective

形형 모양
容용 모양
詞사 말

모양(형) · 모양(용) · 말(사) ～ 문장에서, 사람이나 사물의 / 상태, 성질을 나타내는 말

[한자] **形형** 모양·얼굴·형상·몸 ⊙**容용** 얼굴·모양 **詞사** 말·문장

[연관한자] ⊙**面면** 낯·얼굴·모양·모습 | **顔안** 낯·얼굴 ～ 얼굴을 뜻하는 낱말을 만듦 ↪ 안면(顔面) 용안(容顔)

[한자활용] ⊙內容내용, 容恕용서, 寬容관용, 受容수용, 收容所수용소, 容易용이, 容納용납, 包容포용, 包容力포용력, 許容허용, 容認용인, 容貌용모, 美容미용, 容顔용안, 容器용기, 容量용량, 容積용적, 所容소용, ❶文化變容문화변용

[영어] **adjective** [ǽdʒiktiv] [어원] ad(…에)＋ject(던져진)＋ive(것) [뜻] 형용사 [풀이] **A part of speech that shows the quality or state of a person or thing**(사람이나 사물의 성질이나 상태를 나타내는 품사)

[예] '작다, 많다, 조용하다, 아름답다, 노랗다, 빠르다, 즐겁다' 등 사람이나 사물의 성질 및 상태를 나타내는 품사를 형용사라고 한다 / 한국어에서 '젊다'는 상태를 나타내기 때문에 형용사이고, '늙다'는 동사이다 / '높다', '푸르다'처럼 사람이나 사물의 성질이나 상태를 나타내는 단어를 형용사라고 한다

---

❶ **문화변용文化變容** 글월 문, 될 화, 변할 변, 얼굴 용   [풀이] 둘 이상의 서로 다른 문화가 직접적, 지속적으로 접촉하여 그 한쪽 또는 양쪽이 원래의 문화 형태에 변화가 일어나는 현상

1 다음 **국단어의 뜻**을 표로 정리하시오.

국단어	뜻	한자		영단어
품사		品품	詞사	–
명사		名명	詞사	
대명사		代대	名명	
		詞사	–	
수사		數수	詞사	
주체		主주	體체	–
체언		體체	言언	–
관형사		冠관	形형	–
형용사		形형	容용	

2 다음 중 **물건**과 뜻이 비슷한 한자를 **모두** 고르시오.

① 件건　　② 商상　　③ 物물　　④ 作작　　⑤ 品품

3 다음 중 **얼굴**과 비슷한 뜻을 갖는 낱말이 **아닌** 것은?

① 顔안　　② 容용　　③ 形형　　④ 體체　　⑤ 面면

4 다음 문장을 읽고, 그 뜻에 해당하는 낱말을 쓰시오.

1 이전까지는 전혀 들어본 적이 없는 놀라운 사건이나 새로운 일　　_____

2 수나 양이 짧은 시간에 갑자기 많아짐　　_____

3 둘 이상의 서로 다른 문화가 직접적, 지속적으로 접촉하여 그 한쪽 또는

　양쪽이 원래의 문화 형태에 변화가 일어나는 현상　　_____

4 목적 달성을 위해 수단과 방법을 가리지 않는 온갖 수단과 방법　　_____

5 헤아릴 수가 없을 만큼 많음　　_____

5 빈칸에 알맞은 낱말을 넣어 문장을 완성하시오.

1 **명사, 대명사, 수사**는 주로 문장의 주체가 되는 품사로, 이 셋을 묶어 _____ 이라고 부른다

2 '너' '그거' '거기'처럼 사람이나 사물, 장소의 이름을 대신하여 가리키는 단어를 _____ 라고 한다

3 '사과 둘이 있다'에서 '둘'의 품사는 _____ 이다

4 **국회, 정부, 법원**은 국가 기관으로서 공식적으로 정책을 결정하고 집행하는 핵심적인 역할을 하는 정치

　_____ 이다

5 '모든 사람들이 뛰기 시작했다'라는 문장에서 '모든'은 체언인 '사람들이'를 꾸며 주는 _____ 이다

6 한국어에서 '젊다'는 **상태**를 나타내기 때문에 _____ 이고, '늙다'는 **동사**이다

8주 4일

---

248 ★☆☆ □□

동사
움직임을 나타내는 말
영 **verb

動동 움직이다
詞사 말

움직임(동)・말(사) 〰 문장에서, 사람이나 사물의 / 움직임, 작용을 나타내는 말

한자 ⊙**動동** 움직이다・옮기다・움직임・동물(動物)   **詞사** 말・문장

연관한자 **搬반** 옮기다 | **搖요** 흔들다・움직이다 | **擧거** 들다・행하다・행위 | **爲위** 하다・행위 | **移이** 옮기다 | **履리(이)** 밟다・행하다 | **行행** 다니다・행하다 | **運운** 옮기다・움직이다 〰 움직이다・행하다를 뜻하는 낱말을 만듦 ↦ 운동(運動) 행위(行爲) 행동(行動) 이행(履行) 거행(擧行) 운행(運行) 이동(移動) 요동(搖動) 동요(動搖) 거동(擧動)

한자활용 ⊙運動운동, 行動행동, 移動이동, 活動활동, 生動생동, 動作동작, 律動율동, 勞動노동, 震動진동, 波動파동, 搖動요동, 激動격동, 變動변동, 胎動태동, 蠢動준동, 反動반동, 發動발동, 衝動충동, 出動출동, 動物동물, 動機동기, 感動감동, 不動부동, 不動産부동산, 自動자동, 能動능동, 動向동향, 動力동력, 原動力원동력, 受動수동, 流動性유동성, ❶伏地不動복지부동, ❷搖之不動요지부동

영어 **verb** [vəːrb]   뜻 동사   풀이 **A part of speech that expresses the movement of a person or thing**(사람이나 사물의 움직임을 나타내는 품사)

예 국어 동사의 원형은 •어간에 •어미 '-다'를 붙인 형태이다 / '내리다', '흐르다'처럼 사람이나 사물의 움직임을 나타내는 단어를 동사라고 한다
•**어간**(語어 말 **幹간** 줄기 | stem[stem])   **용언**(동사・형용사)**의 활용에서 형태가 변하지 않는 부분**. '먹다, 믿다'에서 '먹, 믿' 따위
•**어미**(語어 말 **尾미** 꼬리・끝 | ending of a word)   **어간에 붙어 그 쓰임에 따라 형태가 변하여 다양하게 활용되는 부분**. '먹다, 먹고, 먹으면'에서 '다, 고, 으면' 따위

---

249 ★★☆ □□

용언
동사, 형용사

用용 쓰다
言언 말

문장에서, 체언의 움직임, 상태, 성질 등을 설명하는 기능을 하는 / 동사, 형용사를 이르는 말

한자 ⊙**用용** 쓰다・부리다・일하다・용도(用度: 쓰이는 데)・행하다   **言언** 말

한자활용 ⊙使用사용, 適用적용, 活用활용, 應用응용, 愛用애용, 有用유용, 效用효용, 實用실용, 所用소용, 代用대용, 無用무용, 無用之物무용지물, 引用인용, 費用비용, 利用이용, 日用일용, 常用상용, 公用공용, 私用사용, 食用식용, 通用통용, 誤用오용, 濫用남용, 過用과용, 盜用도용, 信用신용, 服用복용, 着用착용, 作用작용, 用役용역, 登用등용, 任用임용, 雇用고용, 借用차용, 用水용수, 用度용도, 兼用겸용, 用法용법, 徵用징용, 用品용품, ❸用意周到용의주도, ❹利用厚生이용후생

예 **동사**와 **형용사**는 주로 주체의 움직임, 상태, 성질 등을 서술하는 기능을 하는 품사로, 이 둘을 묶어 용언이라고 부른다 / 문장에서 '어찌하다', '어떠하다'와 같이 주로 사물이나 사람의 움직임, 상태, 성질을 설명하는 역할을 하는 말을 용언이라고 한다 / 용언인 **동사**와 **형용사**는 문장에서 주로 서술하는 역할을 하며, 문장에서 쓰일 때 그 형태가 변하는데(예를 들어 '먹다'가 '먹고' '먹으니' '먹어서'), 이를 **활용**이라고 한다

250 ★☆☆ □□

부사
용언을 꾸며 주는 말
영 *adverb

副部 돕다
詞사 말

문장을 꾸며 주는 것을 돕는(부)·말(사) ⤳ 문장에서, 용언(동사·형용사), 다른 부사, 문장 전체 등을 / 꾸며 주는 말

한자 **副부** 버금(으뜸의 바로 아래)·돕다 **詞사** 말·문장

영어 **adverb** [ǽdvəːrb] 어원 ad(…을 (수식하는))+verb(동사, 말) 뜻 부사 풀이 A word that usually occurs before a verb or an adjective and specifies their meaning(주로 동사나 형용사 앞에 쓰여 그 뜻을 분명하게 하는 말)

예 부사의 가장 주된 역할은 어떤 단어나 문장을 *수식해 그 의미를 더욱 자세하게 하는 것이다 / '매우'는 용언 중 형용사 앞에만 쓸 수 있는 부사로서 '매우 가다'처럼 동사와는 같이 쓸 수 없다 / '잘 익었다, 많이 먹다, 너무 궁금하다'에서 '잘, 많이, 너무'와 같이 '어떻게'의 의미를 지니고 주로 뒤에 오는 용언을 꾸며 주는 단어를 부사라고 한다

*수식하다(修수 닦다·익히다·꾸미다 飾식 꾸미다)   문법에서, 관형어나 부사어 등을 체언이나 용언에 덧붙여 그 뜻을 분명하게 하거나 꾸미다

251 ★☆☆ □□

조사
낱말들의 관계를
나타내는 품사

助조 돕다
詞사 말

두 낱말 사이에 놓여 문법적 관계를 표시하거나 낱말의 뜻을 도와주는(조)·말(사) ⤳ 문장에서, '이/가', '을/를'과 같이 주로 체언(명사, 대명사, 수사), 부사, 어미(語尾) 따위의 뒤에 붙어 / 뒤에 오는 다른 낱말과의 문법적 관계를 나타내거나 ·특별한 뜻을 더해 주는 말

한자 ⊙**助조** 돕다·힘을 빌리다 **詞사** 말·문장
연관한자 ⊙**扶부** 돕다 | **輔보** 돕다·도움 | **補보** 꿰매다·돕다 | **佐좌** 돕다·보좌하다 | **援원** 돕다·구원하다 | **贊찬** 돕다 | **濟제** 건너다·돕다·구제하다 | **救구** 구원하다·돕다 | **護호** 돕다·보호하다 ⤳ 돕다는 뜻의 낱말을 만듦 ↪ 원조(援助) 보조(補助) 부조(扶助) 찬조(贊助) 구제(救濟) 구호(救護) 보좌(補佐·輔佐) 원호(援護)
한자활용 ⊙助詞조사, 援助원조, 補助보조, 扶助부조, 贊助찬조, 贊助金찬조금, 協助협조, 救助구조, 助言조언, 助力조력, ⑤相扶相助상부상조

예 '엄마와 아이가 책을 읽는다'라는 문장에서 '와'는 엄마와 아이를 이어 주는 **접속**조사이며, '가'는 엄마, 아이를 문장에서 주체가 되도록 하는 **주격** 조사이고, '을'은 문장에서 책을 행위의 대상이 되도록 만들어 주는 **목적격** 조사이다 / 조사는 독립적으로 쓰일 수 없고 다른 말 뒤에 붙어서 다른 말과의 문법적 관계를 나타내어 **관계언**이라고 한다 / 조사는 문장에서 홀로 쓰이지 못하고 다른 단어(주로 체언)에 붙어서 쓰인다

---

❶ **복지부동伏地不動** 엎드릴 복, 땅 지, 아니 부(불), 움직일 동 뜻 땅에 엎드려 움직이지 않음 풀이 스스로 움직여 일하려 하지 않는 모습. 마땅히 해야 할 일을 하지 않음

❷ **요지부동搖之不動** 흔들릴 요, 어조사 지, 아닐 부(불), 움직일 동 뜻 흔들어도 전혀 움직이지 않음 풀이 어떠한 자극에도 움직이지 않거나 태도의 변화가 없음. 결코 자신의 뜻을 굽히지 않는 고집 센 모습

❸ **용의주도用意周到** 쓸 용, 뜻 의, 두루 주, 이를 도   뜻 뜻이 미치지 않는 곳이 없어 빈틈이 없음 풀이 어떤 일을 행함에 있어 빈틈이 없이 꼼꼼히 신경을 쓰는 모습

❹ **이용후생利用厚生** 이로울 리, 쓸 용, 두터울 후, 날 생   풀이 백성들이 사용하는 각종 기구와 수단을 편리하게 만들고(이용利用), 입을 것과 먹을 것 등을 풍족하게 하여 백성의 삶을 풍요롭게 만드는 것(후생厚生)

❺ **상부상조相扶相助** 서로 상, 도울 부, 서로 상, 도울 조   뜻 서로 도움 풀이 서로서로 도움

---

252 ★☆☆ ☐☐

기점
시작되는 점(때·곳)
영 *starting point

起기 일어나다
點점 점

어떤 일이 일어나거나 시작하는(기) · 점(점) ⤳ 어떠한 것이 처음으로 / 일어나는 때 또는 시작되는 곳

한자 **起기** 일어나다·시작하다·비롯하다(처음으로 시작하다) ◉**點점** 점
한자활용 ◉觀點관점, 焦點초점, 長點장점, 短點단점, 缺點결점, 點檢 점검, ❶畫龍點睛화룡점정

영어 **starting point** [stáːrtiŋ pɔint] 뜻 기점, 출발점 풀이 Time or a place at which something starts(어떤 일이 처음 시작되는 시간이나 곳)

유 **시점**(始시 처음), **시작점**(始, 作작 짓다·비롯하다), **출발점**(出출 나가다, 發발 떠나다)
예 *동지(冬至)를 기점으로 밤이 짧아지고 낮이 다시 길어진다 / 오늘 자정을 기점으로 휘발유 가격이 오십 원 인상된다 / 서울을 기점으로 여행을 시작해 최종 목적지인 부산에 도착할 예정이다 / 대통령은 오늘밤 0시를 기점으로 국가 비상사태를 *선포할 예정이다
*동지(冬동 겨울 至지 이르다·동지)   일 년 중 밤이 가장 긴 날로 이십사절기의 하나
*선포하다(≒반포[공포·공고·공시]하다 | 宣선 베풀다·널리 펴다 布포 베·펴다·베풀다 | declare [diklέər])   (어떤 사실이나 내용을 공식적으로) 세상에 널리 알리다

---

253 ★☆☆ ☐☐

국한하다
범위를 정하다
영 **limit
**confine

局국 구분
限한 경계·한정하다

구분·구획(국) · 경계를 한정하다(한) ⤳ 일정한 부분으로 좁혀서 / 범위를 정하다

한자 ◉**局국** (장기바둑)판·관청·구분·구획   **限한** *한하다·*한정하다·경계·경계를 긋다·한계
한자활용 ◉形局형국, 板局판국, 政局정국, 局面국면, 結局결국, 局限국한

영어 **limit** [límit] 뜻 제한; 한계, 한도; (정도·범위 등의 한계를)*한정하다, 제한하다(restrict)
confine [kənfáin] 어원 con(완전히) + fine(끝을 마무리짓다)→경계를 짓다 뜻 (활동 범위·주제·지역 등을 따위를) 국한시키다, *한정하다(limit, keep); (사람·동물 등을 좁은 장소나 폐쇄된 곳에) 가두다(shut up), 감금하다(imprison) 풀이 To restrict the extent or limit of something to a certain level(범위나 한계를 일정한 부분이나 정도에 한정하다)

유 *한정하다(限한, 定정 정하다), **제한하다**(制제 절제하다, 限한)
예 지원 자격을 30세 미만으로 국한하다 / 제품의 판매 범위를 국내로 국한하여 계획을 세웠다 / 장학금 수혜 대상을 성적 상위 10퍼센트에 해당하는 학생으로 국한했다 / 백화점은 명절을 맞아 일부 품목에 국한하지 않는 전 품목 세일에 들어갔다
*한하다(限한 한하다 | be limited[límitid], be restricted[ristríktid])   어떤 조건·범위가 정해지다. 제한하여 정해지다(한정되다)
*한정하다(限한 한하다 定정 정하다 | limit[límit] restrict[ristríkt])   수량·범위 등을 제한하여 정하다

---

❶**화룡점정畫龍點睛** 그림 화, 용 룡, 점 점, 눈동자 정   뜻 용을 그리고 마지막으로 눈동자에 점을 찍음 풀이 가장 핵심이 되는 부분을 마무리함으로써 일을 완벽하게 끝냄. 무슨 일을 하는 데에 가장 중요한 부분을 완성함

1 다음 **국단어의 뜻**을 표로 정리하시오.

국단어	뜻	한자		영단어
동사		動동	詞사	
용언		用용	言언	–
부사		副부	詞사	
조사		助조	詞사	–
기점		起기	點점	
국한하다		局국	限한	

2 다음 중 **助조**(돕다)와 같은 뜻을 갖는 한자가 **아닌** 것은?

① 援원   ② 限한   ③ 輔보   ④ 護호   ⑤ 扶부

3 다음 중 **움직이다·행하다**는 뜻을 담고 있는 낱말이 **아닌** 것은?

① 이동(移動)   ② 운동(運動)   ③ 거동(擧動)   ④ 동지(冬至)   ⑤ 운행(運行)

4 다음 중 **행위·행하다**과 비슷한 뜻을 갖는 낱말이 **아닌** 것은?

① 爲위   ② 修수   ③ 擧거   ④ 履리   ⑤ 行행

5 다음 중 **돕다**는 뜻을 갖는 낱말이 **아닌** 것은?

① 구호(救護)   ② 부조(扶助)   ③ 상호(相互)   ④ 원조(援助)   ⑤ 구제(救濟)

6 다음 문장을 읽고, 그 **뜻에 해당하는 낱말**을 쓰시오.

1   어떠한 자극에도 움직이지 않거나 태도의 변화가 없음 _____

2   서로서로 도움 _____

3   가장 핵심이 되는 부분을 마무리함으로써 일을 완벽하게 끝냄 _____

4   스스로 움직여 일하려 하지 않는 모습. 마땅히 해야 할 일을 하지 않음 _____

5   어떤 일을 행함에 있어 빈틈이 없이 꼼꼼히 신경을 쓰는 모습 _____

7 빈칸에 알맞은 낱말을 넣어 문장을 완성하시오.

1   _____ 는 문장에서 홀로 쓰이지 못하고 다른 단어(주로 체언)에 붙어서 쓰인다

2   장학금 수혜 대상을 성적 상위 10퍼센트에 해당하는 학생으로 _____ 했다

3   _____ 의 가장 주된 역할은 어떤 단어나 문장을 수식해 그 의미를 더욱 자세하게 하는 것이다

4   _____ 인 **동사**와 **형용사**는 문장에서 주로 서술하는 역할을 하며, 문장에서 쓰일 때 그 형태가

변하는데, 이를 _____ 이라고 한다

8주 5일

---

254 ★★☆ □□

전제하다
먼저 조건을 제시하다

前전 먼저·미리
提제 제시하다

먼저·미리(전) • 제시하다(제) ⤳ 어떤 사물, 상황이 이루어지기 위한 조건으로 무엇을 / 먼저 *끌어와서 제시하다

[한자] 前전 앞·먼저·미리·앞서다   ◉提제 끌다·끌어당기다·제시하다

[연관한자] ◉引인 (수레를)끌다·당기다·이끌다·인도하다 | 牽견 이끌다·거느리다·끌다

[한자활용] ◉提案제안, 提議제의, 提示제시, 提起제기, 提出제출, 提供제공, 提携제휴, 提訴제소, 提唱제창

[예] 부모님은 "이번에는 용서해 주겠지만 그 전에 잘못을 인정하고 반성해야 한다"고 전제하셨다 / 희곡은 무대 상연을 전제로 하는 문학이다 / 약속은 당사자들끼리 지킬 것을 전제로 성립한다 / 결혼에는 무엇보다 사랑이 전제되어야 한다

*끌어오다(bring[briŋ])   멀리 있는 것을 구해서 필요한 곳으로 가져오다

---

255 ★☆☆ □□

배제하다
밀어내어 제외하다
물리쳐 없애다
[영] *exclude

排배 밀어내다
除제 없애다·제외하다

밀어내다(배) • 제외하다(제) ⤳ 어떤 사실, 가능성 따위를 / 밀어내어 *제외하다 또는 *물리쳐 없애다

[한자] 排배 밀다·밀어내다·*물리치다·배척하다   ◉除제 덜다·없애다·*제외하다·나눗셈

[연관한자] ◉損손 덜다·줄이다·감소하다·잃다·손해를 보다 | 減감 감소하다·덜다·줄다

[한자활용] ◉除去제거, 削除삭제, 解除해제, 免除면제, 除外제외, 除籍제적, 驅除구제, 除濕제습, 除草제초, 除毛제모, 除數제수, 被除數피제수, 等分除등분제, 加減乘除가감승제

[영어] **exclude** [iksklúːd]   [어원] ex(바깥으로) + clude(닫다, 닫히다)   [뜻] *제외하다(leave out, except); (가능성을) 배제하다(forbid)   [풀이] To leave out something without accepting or including it(받아들이거나 포함하지 않고 제외시켜 빼놓다)

[유] *제외하다(除제 덜다, 外외 바깥)

[예] 공정한 판결을 내리기 위해서는 사적인 감정을 철저히 배제해야 한다 / 우리는 어느 누구에 대해서도 잠재력이 개발될 가능성을 배제해서는 안 된다 / 근대 시민 혁명 이후에도 여전히 정치에서 배제되었던 노동자, 농민, 여성 등은 정치에 참여할 권리를 얻기 위해 꾸준히 노력하였다

*제외하다(除제 덜다 外외 바깥 | exclude[iksklúːd])   (어떤 대상이나 셈에서) 빼다. 범위 밖에 두다

*물리치다   적 등을 공격해 물러가게 하다. 극복하거나 없애다. 거절하여 받아들이지 않다

256 ★☆☆ ☐☐
지연하다
시간을 늦추다
ⓔ **delay

遲지 더디다·늦다
延연 지체하다

더디다·늦다(지) · 지체하다(연) ⤳ 무슨 일을 더디게 끌어 / 미리 정한 때보다 시간을 늦추다

[한자] ⊙**遲지** 더디다·늦다 **延연** 늘이다·늘어놓다·지체하다(때를 늦추거나 질질 끌다)

[한자활용] ⊙遲刻지각, 遲延지연, 遲滯지체, 遲參지참, 遲攻法지공법, 遲進兒지진아, ❶遲遲不進지지부진

[영어] **delay** [diléi] [어원] de(떨어져서) + lay(가다) [뜻] (정해진 시간까지 진행·완성·도착을) 지연시키다, 지체시키다(make late, detain); 연기하다, 미루다(put off, postpone); 지연, 지체(lingering, tardiness) [풀이] **To make something take longer than expected or drag on**(일을 예정보다 오래 걸리게 하거나 시간을 늦추다)

[예] 약속 시간에 늦은 사람들을 기다리느라 버스 출발 시각이 지연되고 있었다 / 운동을 하고 체중 줄이고 당분과 탄수화물 섭취를 줄이면 *발병을 예방하거나 지연시킬 수 있다 / 열차 도착이 지연되는 바람에 승객들이 불편을 겪었다 / 안개가 많이 끼어 비행기 착륙이 지연되고 있다

• **발병**(發발 일어나다 病병 질병) **병이 나다**
• **복구**(復복 되돌리다 舊구 옛 | restoration[rèstəréiʃən]) **이전의 상태로 되돌림**

257 ★☆☆ ☐☐
속성
본래부터 갖고 있는 성질
ⓔ **property *attribute

屬속 거느리다
性성 성질

원래부터 거느리고(속) 있는 · 성질(성) ⤳ 사물이 본래부터 가지고 있는 / *성질, *특징

[한자] ⊙**屬속** 무리·거느리다·속하다(관계되어 딸리다) **性성** 성품·성질

[연관한자] ⊙**類류** 무리 | **彙휘** 무리 | **徒도** 무리 | **群군** 무리 | **衆중** 무리 | **輩배** 무리 | **黨당** 무리 | **等등** 무리

[한자활용] ⊙屬性속성, 所屬소속, 附屬부속, 直屬직속, 歸屬귀속, 隸屬예속, 從屬종속, 族屬족속, 屬國속국

[영어] **property** [prɑ́pərti] [어원] proper(자기 자신의) + ty(것) [뜻] (본래 물질이 갖추고 있는 고유한) 속성, 특성(attribute, characteristic); 부동산; (동산·부동산을 포함한 소유물을 뜻하는) 재산 **attribute** [ətríbjuːt] [어원] at(…에게) + tribute(주다) [뜻] 속성; 특질(characteristic); (특정한 성격·성질·특성이 있다고) 여기다, 생각하다; (…을 …의) 덕분[결과·탓]으로 보다[돌리다](ascribe, assign)(to) [풀이] **Essential characteristics or qualities of an object**(사물이 본래부터 가지고 있는 특징이나 성질)

[예] 비유적 표현에서 표현하고자 하는 대상과 빗댄 대상 사이에는 유사한 속성이 있다 / 대중문화는 일반적으로 상업성이라는 속성을 띤다 / 용수철을 잡아당기면 길이가 늘어나지만 잡아당긴 손을 놓으면 원래 길이로 되돌아가는 속성이 있는데, 이처럼 변형된 물체가 원래 모양으로 되돌아가는 성질을 탄성이라고 한다

• **성질**(性성 성품 質질 바탕 | property[prɑ́pərti]) (사물이나 현상이) **원래부터 갖고 있는 것**
• **특징**(特특 특별하다 徵징 부르다 | feature[fíːtʃər]) (다른 것에 비해) **특별히 달라서 눈에 띄는 점**

---

❶ **지지부진遲遲不進** 늦을 지, 늦을 지, 아니 부, 나아갈 진 [뜻] 더뎌서 나아가지 않음 [풀이] 매우 더디어 일이 진행되지 않음

8주 5일

---

258 ★☆☆ □□

자생하다
스스로 살아가다

自자 스스로
生생 살다

스스로(자) · 살다(생) ∿ 자기 자신의 힘으로 / 스스로 살아가다

[한자] **自자** 스스로   ◉**生생** 태어나다·낳다·살다·삶·만들다·백성·선비·사람

[연관한자] ◉**出출** 나다 | **存존** 있다·살아 있다 | **活활** 살다 | **産산** 낳다 ↪ 생존(生存) 생활(生活) 생산(生産) 출생(出生) 출산(出産)

[한자활용] ◉先生선생, 學生학생, 生命생명, 生物생물, 微生物미생물, 生活생활, 人生인생, 生涯생애, 平生평생, 誕生탄생, 生日생일, 出生출생, 生家생가, 生存생존, 生死생사, 生成생성, 同生동생, 生産생산, 再生재생, 發生발생, 派生파생, 苦生고생, 共生공생, 寄生기생, 生態系생태계, 生計생계, 衛生위생, ❶白面書生백면서생, 見物生心견물생심, 起死回生기사회생, 生死苦樂생사고락, 適者生存적자생존, 利用厚生이용후생

[예] 교육의 목적 중 하나는 혼자 살아갈 수 있는 자생의 힘을 길러 주는 것이다 / 이곳은 대나무가 자생하는 지역이라 이 근처 식당에는 대통밥을 파는 곳이 많다 / 그는 산속 깊은 곳에서 자생하는 고사리를 캐기 위해 산속으로 들어갔다

---

259 ★☆☆ □□

책망하다
잘못을 꼬집어 말하다
[영] *reproach

責책 꾸짖다
望망 책망하다

꾸짖다(책) · 책망하다(망) ∿ 다른 사람의 실수나 잘못을 못마땅히 여겨 / 잘못한 점을 꼬집어 말하다

[한자] ◉**責책** *꾸짖다·*나무라다·책망하다·책임   **望망** 바라다·기대하다·책망하다

[연관한자] ◉**非비** 아니다·꾸짖다 | **難난** 어렵다·나무라다 | **叱질** 꾸짖다 | **咤타** 꾸짖다 | **詰힐** 꾸짖다 | **譴견** 꾸짖다 ∿ 꾸짖다·나무라다는 뜻을 갖는 낱말을 만듦 ↪ 질타(叱咤) 질책(叱責) 힐책(詰責) 힐난(詰難) 비난(非難) 견책(譴責)

[한자활용] ◉叱責질책, 詰責힐책, 譴責견책, 責任책임, 責務책무, 職責직책, 重責중책, 免責면책, 罪責죄책, 歸責귀책, 自責자책, 呵責가책

[영어] **reproach** [ripróutʃ]   [어원] re(원 위치에) + proach(가깝게)   [뜻] (상대방의 실수 등을 불쾌한 듯이) 나무라다, 책망하다, 꾸짖다(upbraid, reprove); (행위 등을) 비난하다(blame), 공격하다(censure, rebuke); 책망, 나무람, 비난(censure, blame)   [풀이] **To scold or blame a person for his/her fault**(잘못을 꾸짖거나 나무라다)

[유] **꾸짖다**[꾸중하다·꾸지람하다], **나무라다**, **비난하다**(非非 아니다·나무라다, 難난 어렵다·나무라다), **야단치다**, **질책하다**(叱질 꾸짖다, 責책), **질타하다**(叱, 咤타 꾸짖다), **힐책하다**(詰힐 꾸짖다, 責책)

[예] 하루 종일 휴대폰만 붙잡고 있는 아이를 심하게 책망했다 / 아이는 자주 실수를 저지르기 때문에 부모님께 자주 책망을 받았다 / 선생님은 숙제를 해 오지 않은 학생들을 책망했다

• **꾸짖다**[꾸중하다] (scold[skould])   윗사람이 아랫사람의 잘못에 대하여 엄하게 나무라다

• **나무라다**(blame[bleim])   상대방의 잘못이나 부족한 점을 꼬집어 말하다

---

❶**백면서생白面書生** 흰 백, 낯 면, 글 서, 선비 생   [뜻] 글만 읽어 얼굴이 창백한 선비   [풀이] 글만 읽고 세상일에는 조금도 경험이 없는 사람. 글만 읽어 세상 물정에 어둡고 경험이 없는 사람

1 다음 **국단어의 뜻**을 표로 정리하시오.

국단어	뜻	한자		영단어
전제하다		前전	提제	–
배제하다		排배	除제	
지연하다		遲지	延연	
속성		屬속	性성	
자생하다		自자	生생	–
책망하다		責책	望망	

2 다음 중 **生생**(태어나다·낳다·살다)과 뜻이 비슷한 한자가 **아닌** 것은?

① 活활 ② 等등 ③ 存존 ④ 産산 ⑤ 出출

3 다음 중 **提제**(끌다)의 뜻을 갖는 한자를 **모두** 고르시오.

① 等등 ② 復복 ③ 引인 ④ 發발 ⑤ 牽견

4 다음 중 **除제**(덜다)와 뜻이 비슷한 한자를 **모두** 고르시오.

① 徒도 ② 損손 ③ 黨당 ④ 輩배 ⑤ 減감

5 다음 중 **責책**(꾸짖다)과 비슷한 뜻을 갖는 한자가 **아닌** 것은?

① 詰힐 ② 叱질 ③ 舊구 ④ 咤타 ⑤ 譴견

6 다음 중 **꾸짖다·나무라다**는 뜻을 갖는 낱말이 **아닌** 것은?

① 질책(叱責) ② 힐난(詰難) ③ 질타(叱咤) ④ 타자(他者) ⑤ 견책(譴責)

7 다음 문장을 읽고, 그 **뜻에 해당하는 낱말**을 쓰시오.

1 글만 읽어 세상 물정에 어둡고 경험이 없는 사람　＿＿＿＿＿＿＿

2 매우 더디어 일이 진행되지 않음　＿＿＿＿＿＿＿

8 빈칸에 알맞은 낱말을 넣어 문장을 완성하시오.

1 비유적 표현에서 표현하고자 하는 대상과 빗댄 대상 사이에는 유사한 ＿＿＿＿＿＿＿ 이 있다

2 하루 종일 휴대폰만 붙잡고 있는 아이를 심하게 ＿＿＿＿＿＿＿ 했다

3 공정한 판결을 내리기 위해서는 사적인 감정을 철저히 ＿＿＿＿＿＿＿ 해야 한다

4 교육의 목적 중 하나는 혼자 살아갈 수 있는 ＿＿＿＿＿＿＿ 의 힘을 길러 주는 것이다

5 부모님은 "이번에는 용서해 주겠지만 그 전에 잘못을 인정하고 반성해야 한다"고 ＿＿＿＿＿＿＿ 하셨다

---

260 ★★☆ ▢▢

성찰하다
스스로를 반성하고
살피다

省성 살피다
察찰 살피다

살피다(성) • 자세하다·살피다(찰) ⤳ 자신의 말과 행동, 생각 등의 잘잘못 따위를 / 자세히 •살펴보다

[한자] **省성** 살피다·깨닫다·관청　◉**察찰** 살피다·살펴서 알다·자세하다

[연관한자] ◉**檢검** 검사하다 | **査사** 조사하다 | **審심** 살피다(자세히 보다) | **觀관** 보다 | **察찰** 살피다 | **見견** 보다 | **監감** 보다 | **省성** 살피다 | **閱열** 보다 | **覽람(남)** 보다 | **示시** 보이다·보다 ⤳ 보다·살피다는 뜻을 가진 낱말을 만듦 ↪ 심사(審査) 검사(檢査) 감찰(監察) 시찰(視察) 사찰(査察) 검찰(檢察) 관찰(觀察) 관람(觀覽) 열람(閱覽) 검열(檢閱)

[한자활용] ◉**觀察**관찰, **監察**감찰, **査察**사찰, **檢察**검찰, **考察**고찰, **洞察**통찰, **診察**진찰, **偵察**정찰, **巡察**순찰, **警察**경찰, **不察**불찰, ❶**觀察使**관찰사

[유] **반성하다**(반反 돌이키다, 省성 살피다), **돌이키다**

[예] 철학자들은 삶과 죽음에 대해 깊이 성찰했다 / 인문학은 인간에 대한 근본적인 문제를 성찰하는 학문이다 / 깨달음을 얻는 일은 오랜 성찰을 통해서만 가능하다 / 시련이 크면 클수록 자기 자신에 대한 성찰은 깊어질 수 있다

•**살펴보다(살피다)** 자세히 따져서 생각하다. 하나하나 자세히 주의해서 보다

---

261 ★★☆ ▢▢

우연
뜻하지 않게 일어난 일
[영] *by chance

偶우 우연
然연 그러하다

아무런 •인과 관계가 없이 / 뜻하지 않게 일어난 일

[한자] **偶우** 짝·우연　**然연** 그러하다·틀림이 없다

[영어] **by chance** [bai tʃæns]　[뜻] 우연히, 뜻밖에　[풀이] **Something happened by chance without a proper cause**(마땅한 이유 없이 어쩌다가 일어난 일)

[예] 행운은 우연한 요행의 산물이지만, 행복은 성실하고 꾸준한 노력의 산물이다 / 다리가 붕괴되고 아파트가 붕괴되는 것을 우연으로 볼 수는 없다 / 카페를 운영하던 그는 우연한 기회에 인생의 궤도가 바뀌어 소설가가 되었다 / 우등상을 탄 것은 노력에 의한 것이지 결코 우연한 일이 아니다

•**인과(因인** 인하다(어떤 사실이 원인이나 이유가 되다) **果과** 열매 | cause and effect[kɔːzæn-difékt]) 원인과 결과

---

❶**관찰사觀察使** 볼 관, 살필 찰, 하여금 사　　[풀이] 조선 때, 각 도의 으뜸 벼슬. 민정·군정·재정·형정(刑政) 등을 지휘하고 감독하던 종이품 벼슬

262 ★☆☆ □□

생성하다
새로 생겨나다
영 **generate

生生 생겨나다·만들다
成성 이루다

生生 생겨나다·만들다(생) · 이루다(성) ⤳ 없던 사물이 새로 °생겨나다

[한자] **生생** 나다·낳다·살다·만들다　◎**成성** 이루다·갖추어지다·완성되다
[한자활용] ◎構成구성, 成績성적, 成就성취, 成果성과, 成功성공, 成事성사, 達成달성, 大成대성, 形成형성, 成形성형, 成長성장, 成熟성숙, 成年성년, 長成장성, 編成편성, 造成조성, 合成합성, 成分성분, 成立성립, 養成양성, 育成육성, 作成작성, 光合成광합성, 集大成집대성, ❶**大器晚成**대기만성, ❷**自手成家**자수성가, 家和萬事成가화만사성, 語不成說어불성설

[영어] **generate** [dʒénərèit]　[어원] gener(생기다) + ate(…하게 하다)　[뜻] (물리적·화학적으로 전기·열 등을) 생성하다, 발생시키다(produce); (결과·상태·행동·감정 등을) 일으키다, 생기게 하다, 초래하다(give rise to)　[풀이] **For something new that did not exist to form, or to form a new thing**(없던 사물이 새로 생겨나다. 또는 사물이 생겨 이루어지게 하다)

[유] **발생하다**(發발 피다·일어나다, 生생)
[예] 풍력 발전은 환경을 파괴하지 않고 에너지를 생성할 수 있는 방법이다 / 백두산 천지는 화산 폭발로 생성된 화구호이다 / 지각의 압력과 온도에 의해서 기존의 암석이 재결정하여 **변성암**을 생성한다 / 자동차와 전기 제품의 과도한 사용이 이산화 탄소를 생성하여 지구 온난화를 일으키고 있다

°**생겨나다** 없던 것이 있게 되다. 생기다

---

263 ★☆☆ □□

소멸하다
사라지다, 없어지다
영 *extinct

消소 사라지다
滅멸 없어지다

消소 사라지다(소) · 멸하다(멸) ⤳ 사라져 없어지다

[한자] **消소** 사라지다·소멸하다·없애다　◎**滅멸** (불이)꺼지다·멸하다(없어지다·없애다)·죽다
[연관한자] ◎**殺살** 죽이다·죽다 | **絕절** 끊다·숨이 그치다·없애다 | **亡망** 망하다·없애다·죽다 | **死사** 죽다·죽이다 | **斃폐** 죽다 | **消소** 사라지다·없애다 ⤳ 없어지다·없애다·죽다를 뜻하는 낱말을 만듦 ↳ 멸망(滅亡) 멸절(滅絕) 절멸(絕滅) 사망(死亡) 사멸(死滅) 폐사(斃死)
[한자활용] ◎滅亡멸망, 滅種멸종, 全滅전멸, 死滅사멸, 自滅자멸, 撲滅박멸, 潰滅궤멸, 殲滅섬멸, 破滅파멸, 壞滅괴멸, 掃滅소멸, 不滅불멸, 滅菌멸균, 證據湮滅증거인멸, 明滅명멸

[영어] **extinct** [ikstíŋkt]　[뜻] (종족·동식물 등이) 멸종된(having died out, nonexistent); (생명·희망 등이) 다 사라진, 소멸된, 끝난(having ceased)　[풀이] **To be extinguished and gone**(사라져 없어지다)

[예] 언어는 살아 움직이는 생명체와 같아 말하는 사람들이 쓰지 않으면 소멸하기 마련이다 / 인터넷의 발달로 인해 종이 신문은 소멸의 길을 걷게 되었다 / 1970년 이후 전 세계 언어 중 6%는 이미 사라졌고, 25%는 다음 세대에 완전히 전승되지 않아 소멸할 위험에 처해 있다 / 선진국의 거대 기업에 의해 지역 문화가 소멸하고 문화가 획일화된다

---

❶ **대기만성大器晚成** 큰 대, 그릇 기, 늦을 만, 이룰 성　[뜻] 큰 그릇은 늦게 만들어짐　[풀이] 큰 인물은 늦게야 두각을 나타내어 성공함. 크게 될 인물의 참모습은 시간이 지난 후에 늦게 능력을 발휘함

❷ **자수성가自手成家** 스스로 자, 손 수, 이룰 성, 집 가　[뜻] 자기 손으로 집을 이룸　[풀이] 남의 도움 없이 오롯이 자기 힘으로 성공을 이룸(집안을 일으켜 세움)

9주 1일

---

264 ★☆☆ ☐☐

입자
물질을 이루는
매우 작은 알갱이
영 *particle

粒입(립) 낟알
子자 아들

특정 물질을 이루는 / 매우 작은 낱낱의 알갱이

한자 粒입(립) 낟알(껍질을 벗기지 아니한 곡식의 알)　子자 아들·자식(子息)

영어 **particle** [pάːrtikl]　어원 part(부분)+cle(작은)　뜻 입자, 분자, 먼지, 지극히 작은 조각(minute part)　풀이 A tiny body that constitutes a substance and has its own properties(어떤 물질을 이루면서 그 물질의 성질을 지니고 있는 아주 작은 크기의 물체)

예 공기를 포함한 모든 물질은 입자로 구성되어 있으며, 입자들은 스스로 운동한다 / 물체의 진동이 커질수록 공기 입자의 진동이 크므로 소리의 *진폭이 커져 큰 소리가 난다 / 물질을 구성하는 입자의 배열에 따라 고체, 액체, 기체로 상태가 달라진다 / 물질의 상태가 고체, 액체, 기체로 변할 때 물질을 이루고 있는 입자의 종류와 개수는 변하지 않고 입자의 **배열**만 달라진다

* **진폭**(振진 떨다 幅폭 폭·너비 | amplitude[ǽmplitjùːd])　진동하는 물체에서, **진동의 한 주기 안에서 최댓값과 최솟값의 차이의 반**. 진동의 중심이 되는 기준점, 즉 **매질의 평형 상태로부터 최대 변위(최댓값)**까지의 수직 거리

---

265 ★★☆ ☐☐

압력
누르는 힘
영 **pressure

壓압 누르다
力력(역) 힘

누르다(압)·힘(력) ⤳ 물체가 다른 물체를 / 수직으로 누르는 힘

한자 ⊙**壓압** 누르다·막다　**力력(역)** 힘·힘쓰다·일꾼
한자활용 ⊙壓迫압박, 彈壓탄압, 鎭壓진압, 抑壓억압, 暴壓폭압, 外壓외압, 壓倒압도, 制壓제압, 威壓위압, 壓卷압권, 壓縮압축, 血壓혈압, 高血壓고혈압, 氣壓기압, 大氣壓대기압, 等壓線등압선, 低氣壓저기압, 電壓전압, 變壓器변압기, 重壓感중압감, 滲透壓삼투압

영어 **pressure** [préʃər]　어원 라틴어 premere(누르다)　뜻 (한정된 공간·용기 내의 기체·액체의) 압력; 압박(oppression); 압력을 가하다, 압박하다　풀이 The force applied to press something(누르는 힘)

예 밀폐된 용기에 들어 있는 기체 입자가 용기의 벽면에 충돌하면 용기를 **밖으로 미는 힘**이 작용하는데, 이 때문에 기체의 압력이 나타난다 / 기체 입자가 **모든 방향으로** 끊임없이 움직이므로 기체의 압력도 모든 방향으로 똑같이 작용한다 / 기체 입자가 물체에 충돌할 때 그 물체는 힘을 받는데, 이때 **일정한 면적에 작용하는 기체의 힘을 기체의 압력**이라고 한다

1 다음 **국단어의 뜻**을 표로 정리하시오.

국단어	뜻	한자		영단어
성찰하다		省성	察찰	–
우연		偶우	然연	
생성하다		生생	成성	
소멸하다		消소	滅멸	
입자		粒입	子자	
압력		壓압	力력	

2 다음 중 **滅滅(멸하다·죽다)**과 뜻이 비슷한 한자가 **아닌** 것은?

① 振진   ② 斃폐   ③ 殺살   ④ 亡망   ⑤ 死사

3 다음 중 **보다**는 뜻을 갖는 한자가 **아닌** 것은?

① 發발   ② 見견   ③ 監감   ④ 閱열   ⑤ 覽람

4 다음 중 **보다·살피다**는 뜻을 가진 낱말이 **아닌** 것은?

① 시찰(視察)   ② 검사(檢查)   ③ 관찰(觀察)   ④ 인과(因果)   ⑤ 관람(觀覽)

5 다음 중 **없어지다·없애다·죽다**는 뜻을 가진 낱말이 **아닌** 것은?

① 멸절(滅絶)   ② 폐사(斃死)   ③ 절멸(絶滅)   ④ 사멸(死滅)   ⑤ 명멸(明滅)

6 다음 문장을 읽고, 그 **뜻에 해당하는 낱말**을 쓰시오.

1 큰 인물은 늦게야 두각을 나타내어 성공함 _____

2 집안이 화목하면 모든 일이 잘되어 나감 _____

3 남의 도움 없이 오롯이 자기 힘으로 성공을 이룸 _____

4 일정한 면적에 작용하는 기체의 힘 _____

7 빈칸에 알맞은 낱말을 넣어 문장을 완성하시오.

1 지각의 압력과 온도에 의해서 기존의 암석이 재결정하여 **변성암**을 _____ 한다

2 기체 입자가 **모든 방향**으로 끊임없이 움직이므로 기체의 _____ 도 모든 방향으로 똑같이 작용한다

3 물질을 구성하는 _____ 의 배열에 따라 고체, 액체, 기체로 상태가 달라진다

4 인터넷의 발달로 인해 종이 신문은 _____ 의 길을 걷게 되었다

5 깨달음을 얻는 일은 오랜 _____ 을 통해서만 가능하다

9주 2일

266 ★★☆ □□

천연
자연 그대로 상태
영 **natural

天천 자연
然연 그러하다·상태

자연(천)·상태(연) ⤳ 사람의 힘을 가하지 않은, 저절로 이루어진 / 자연 그대로의 상태

[한자] **天천** 하늘·하느님·천자(임금)·자연 ◉**然연** 그러하다·틀림이 없다·불태우다·상태를 나타내는 접미사

[한자활용] ◉自然자연, 本然본연, 偶然우연, 突然돌연, 杳然묘연, 毅然의연, 果然과연, 當然당연, 儼然엄연, 漠然막연, 渺然묘연, 必然필연, 肅然숙연, 泰然태연, 全然전연, ❶蓋然性개연성, 浩然之氣호연지기, ❷無爲自然무위자연, ❸茫然自失망연자실, 天然資源천연자원, 天然紀念物천연기념물

[영어] **natural** [nǽtʃərəl] [어원] 라틴어 naturalis(자연의, 선천적인) [뜻] (인위적으로 만든 것이 아닌) 자연 그대로의, 천연의, 가공하지 않은(unartificial); 자연의; 당연한, 정상적인 (ordinary, normal) [풀이] The natural state of something without artificiality(사람의 힘을 보태지 않은 자연 그대로의 상태)

[예] 거실 바닥을 비싼 천연 대리석 대신에 인조 대리석으로 깔았다 / 퇴비와 거름 등의 천연 물질로 된 비료를 주는 것이 밭에 훨씬 좋다 / 의자 커버로는 면이나 가죽과 같은 천연 소재가 비닐이나 *합섬 소재보다 좋다
* **합섬(合합** 합하다 **纖섬** 가늘다) **합성 섬유**를 줄여 이르는 말

267 ★☆☆ □□

재생하다
다시 쓸 수 있게 만들다
영 *recycle

再재 다시
生생 만들다

다시(재)·만들다(생) ⤳ 버리게 된 물건을 / 다시 쓸 수 있게 만들다

[한자] ◉**再재** 두 번·재차·거듭·다시 **生생** 나다·낳다·살다·만들다·백성·선비
[한자활용] ◉再演재연, 再考재고, 再會재회, 再請재청, 再唱재창, 再言재언, 再臨재림, 再建재건, 再次재차, 再開재개, 再活재활, 再婚재혼, 再修재수, 再審재심, 再任재임, 再昨年재작년, 再建築재건축, 再構成재구성, 丁酉再亂정유재란

[영어] **recycle** [riːsáikəl] [어원] re(다시)+recycle(순환하다) [뜻] 재생하다; (폐품을) 재활용하다 [풀이] To collect discarded items and turn them into something new for further use(버리게 된 물건을 모아 새로운 것을 만들어 쓰다)

[예] 자원은 재생 가능성에 따라 태양광, 풍력, 수력 등과 같이 무한정 사용할 수 있는 재생 **가능한** 자원과 석유, 석탄, 천연가스 등과 같이 사용에 따라 고갈되는 재생 **불가능한** 자원으로 구분된다

---

❶ **개연성蓋然性** 덮을 개, 그러할 연, 성질 성 [풀이] 일반적으로 그 일이 생길 수 있는 가능성. 절대적으로 확실하지 않으나 아마 그럴 것이라고 생각되는 성질

❷ **무위자연無爲自然** 없을 무, 할 위, 스스로 자, 그럴 연 [뜻] 전혀 손대지 않은, 있는 그대로의 자연 [풀이] 사람의 힘을 더하지 않은 그대로의 자연. 자연에 맡겨 덧없는 행동은 하지 않음. 자연에 거스르지 않고 순응하는 태도

❸ **망연자실茫然自失** 아득할 망, 그러할 연, 스스로 자, 잃을 실 [뜻] 멍하니 정신이 나가서 자신을 잊어버림 [풀이] 황당한 일을 당하거나 어찌할 줄을 몰라 정신이 나간 듯이 멍함. 해결 방법이 없어 어떻게 해야 할지 모르는 모습

268 ★☆☆ ☐☐

한정하다
한계를 제한하여
정하다
📣 **limit

限한 한계
定정 정하다

한계(한)·정하다·(정) 〰 범위, 수량 따위를 / *한계를 제한하여 정하다

[한자] ⊙**限한** 한정되다·한하다·한계·지경(땅의 가장자리) **定정** 정하다·바로잡다·안정시키다

[한자활용] ⊙*界限界한계, 制限제한, 無限무한, 極限극한, 權限권한, 限度한도, 局限국한, 最小限최소한, 最大限최대한, 限平生한평생

[영어] **limit** [límit] [뜻] 제한; *한계, 한도; (정도·범위 등의 한계를) 한정하다, 제한하다(restrict)
[풀이] An act of setting a limit to the quantity or scope of something; or such a limit(수량이나 범위 등을 제한하여 정함. 또는 그런 한도)

[유] **국한하다**(局국 판·구분·구획, 限한), **제한하다**(制제 절제하다, 限한)
[예] 우리가 일상생활에서 사용하는 자원은 대부분 매장량이 한정되어 있어 재생할 수 없는데, 이러한 특성을 **자원의 유한성**이라고 한다 / 현행 선거법은 선거 운동의 주체를 정당, 후보자, 선거 사무장 및 선거 운동원으로 한정하고 있다 / 박물관 관람은 오후 5시까지로 한정되어 있다

* **한계**(限한 界계 경계 | limit[límit]) 어떤 것이 실제로 일어나거나 영향을 미칠 수 있는 범위나 경계

---

269 ★☆☆ ☐☐

심리하다
사실 관계를 자세히
살펴보다

審심 살피다
理리(이) 이치

주의하여 자세히 보다(심)·이치(리)에 맞는지 〰 법원이 / 재판에 필요한 사실 관계 및 법률 관계를 / 주의하여 자세히 살펴보다

[한자] **審심** 살피다·주의하여 보다·자세히 밝히다·조사하다 **理리(이)** 다스리다·이치
[예] 공개 재판주의란 원칙적으로 재판의 심리와 판결을 공개해야 한다는 원칙이다 / 법원은 판결에 앞서 증거들을 심리하였다 / 항소 법원은 항소 이유서가 제출되기 전에 심리해서는 안 된다

---

270 ★★★ ☐☐

확보하다
확실히 갖고 있다
📣 *secure

確확 확실하다
保보 차지하다

확실하게(확)·차지하다(보) 〰 사물·공간·지위 따위를 / 자기 몫으로 확실히 가지고 있다

[한자] **確확** 굳다·견고하다·확고하다·확실하다 **保보** 지키다·보호하다·차지하다·기르다

[영어] **secure** [sikjúər] [어원] se(…이 없는) + cure(걱정) [뜻] (물건 등을 보통 노력에 의해) 확보하다(get), 획득하다, 얻다(obtain); (사람·장소 등을 위험 등에서 해를 당할) 위험이 없는, 안전한(free from danger, safe); (지위·생활·미래 등이) 안정된, 걱정이 없는(free from care) [풀이] To make sure to possess something(확실히 가지고 있다)

[예] 여러 국가를 거쳐서 흐르는 국제 하천을 둘러싸고 상류에 있는 국가와 하류에 있는 국가 간에 물 자원을 확보하기 위한 갈등이 발생했다 / 재판의 공정성을 확보하기 위하여 재판 심리와 판결을 원칙적으로 공개한다 / 기업이 경쟁력을 확보하기 위해서는 무엇보다 기술 개발이 시급하다

9주 2일

---

271 ★★★ ☐☐

수요
상품을 사려고 하는 욕구
영 ***demand

需수 구하다
要요 원하다

구하다·필요로 하다·요구(수) · 구하다·원하다(요) ⤳ 특정 상품을 일정한 가격으로 / 사려고 하는 욕구

[한자] **需수** 쓰다·구하다·필요로 하다·요구 **要요** 구하다·원하다·중요하다·요약하다

[영어] **demand** [dimǽnd] [어원] de(밑에) + mand(위임하다)→맡기다 [뜻] (권위를 가지고·권리로서·강력히) 요구하다(ask for, insist upon); 수요; (권리로서의) 요구, 청구(claim, request) [풀이] **A person's desire to buy a product**(어떤 소비의 대상이 되는 상품에 대한 요구)

[예] 수요는 특정 상품을 사려는 **의지**와 실제로 살 수 있는 **구매 능력**을 갖춘 **욕구**를 의미한다 / 쌀과 밀, 옥수수 등의 식량 자원은 가격이 오르더라도 즉시 수요를 줄이거나 공급을 확대할 수 없다 / 기상 이변, 에너지용 곡물 수요 증가로 곡물 가격이 폭등하면서 식량 확보 경쟁이 치열해지고 있다 / 첨단 산업에 필수적인 리튬, 망간, 코발트, 희토류 등 *희소 금속의 수요가 늘고 있다

* **희소**(稀희 드물다 少소 적다) 매우 드물고 적음

---

272 ★★★ ☐☐

공급하다
주다
영 **supply
   **provide

供공 주다
給급 주다

주다(공) · 주다(급) ⤳ 요구나 필요에 따라 / 무엇을 주다

[한자] **供공** 이바지하다·주다·바치다·공급하다 **給급** 주다·더하다·보태다

[영어] **supply** [səplái] [어원] sub(아래로) + ply(채우다)→가득 채우다 [뜻] …에 공급하다, 제공하다, 주다(furnish, provide); 공급 **provide** [prəváid] [어원] pro(앞을) + vide(보다)→준비하다 [뜻] (남에게 필요품을) 주다, (자원 등을) 제공하다, 공급하다(furnish, supply) [풀이] **To provide things or money in response to demands or needs**(요구·필요에 따라 물건·돈 등을 제공하다)

[예] **열대 우림**은 다양한 동식물의 서식지가 될 뿐만 아니라, 이산화 탄소를 흡수하고 산소를 공급해 준다 / 어류는 인류에게 단백질을 공급하는 중요한 식량 자원이다 / **홍수**는 한꺼번에 많은 물을 공급하여 가뭄을 해소하고, 토양에 영양분을 공급하여 땅을 비옥하게 만들기도 한다 / 정부가 가격을 규제할 경우 수요와 공급의 측면에서 부작용이 나타날 수 있다

1 다음 **국단어의 뜻을** 표로 정리하시오.

국단어	뜻	한자		영단어
천연		天천	然연	
재생하다		再재	生생	
한정하다		限한	定정	
심리하다		審심	理리	–
확보하다		確확	保보	
수요		需수	要요	
공급하다		供공	給급	

2 다음 중 **한정(限定)하다와** 뜻이 비슷한 낱말을 <u>모두</u> 고르시오.

① 제한(制限)하다   ② 제외(除外)하다   ③ 수식(修飾)하다   ④ 대신(代身)하다   ⑤ 국한(局限)하다

3 다음 문장을 읽고, 그 **뜻에 해당하는 낱말을** 쓰시오.

1 매장량이 한정되어 있어 재생할 수 없는 자원의 특성   _____

2 특정 상품을 사려는 의지와 실제로 살 수 있는 구매 능력을 갖춘 욕구   _____

3 일반적으로 그 일이 생길 수 있는 가능성   _____

4 사람의 힘을 더하지 않은 그대로의 자연   _____

5 황당한 일을 당하거나 어찌할 줄을 몰라 정신이 나간 듯이 멍함   _____

4 빈칸에 알맞은 낱말을 넣어 문장을 완성하시오.

1 현행 선거법은 선거 운동의 주체를 정당, 후보자, 선거 사무장 및 선거 운동원으로 _____

   하고 있다

2 **열대 우림**은 다양한 동식물의 서식지가 될 뿐만 아니라, 이산화 탄소를 흡수하고 산소를

   _____ 해 준다

3 쌀과 밀, 옥수수 등의 식량 자원은 가격이 오르더라도 즉시 _____를 줄이거나 공급을 확대할

   수 없다

4 재판의 공정성을 _____ 하기 위하여 재판 심리와 판결을 원칙적으로 공개한다

5 의자 커버로는 면이나 가죽과 같은 _____ 소재가 비닐이나 합섬 소재보다 좋다

6 자원을 지속 가능하게 사용하기 위해서는 석유, 석탄, 천연가스 등과 같은 _____ 불가능한

   화석 연료의 사용량을 줄여야 한다

9주 3일

---

273 ★☆☆ □□

효율
들인 노력과
얻은 효과의 비율

영 *efficiency

效효 보람·효과
率율(률) 비율

보람·효과(효)·비율(율) ⤳ 들인 노력에 대하여 / 실제로 얻은 *효과의 정도를 나타내는 비율

한자 ◉**效효** 본받다·배우다·드러내다·보람·효과 **率율(률)** 비율

한자활용 ◉**效果**효과, 有效유효, 無效무효, 效力효력, 效能효능, 效驗효험, 卽效즉효, 特效특효, 效用효용

영어 **efficiency** [ifíʃənsi] 어원 e(밖으로) + fici(만들다) + ency(…한 성질) → 이루어 냄, 완수함 뜻 효율, 능률; 효과적인 풀이 **The ratio of benefits to the amount of effort or energy invested**(들인 노력이나 힘에 대한 결과의 비율)

유 **능률**(能능 능하다·할 수 있다, 率률 비율)

예 이 신제품은 에너지 효율이 높아 전기가 크게 절약된다 / 업무의 효율을 높이기 위해 서로 업무가 겹치는 부서를 단일화했다 / 공부의 효율을 높이기 위해서는 하루 중 대부분의 시간을 보내는 학교에서 열심히 공부해야 한다 / 피로가 쌓일수록 일의 효율은 떨어지기 마련이다

* **효과**(效효 보람·효과 果과 열매 | effect[ifékt]) **어떠한 것을 하여 얻어지는 좋은 결과**

---

274 ★★☆ □□

편의
편하고 좋음

영 **convenience

便편 편하다
宜의 형편이 좋다

편하다(편)·형편이 좋다(의) ⤳ 형편, 조건 따위가 / 편하고 좋음

한자 ◉**便편** 편하다 **宜의** 마땅하다·화목하다·형편이 좋다
연관한자 ◉**安안** 편안하다 | **寧녕(영)** 편안하다 | **康강** 편안하다 | **穩온** 편안하다 ↦ 편안(便安) 안녕(安寧)
한자활용 ◉便安편안, 便利편리, 簡便간편, 不便불편, 形便형편, 方便방편

영어 **convenience** [kənvíːnjəns] 어원 라틴어 com(함께)+venire(오다) 뜻 편의, 편리
풀이 **The state of a situation or condition being easy and good**(형편이나 조건 등이 편하고 좋음)

예 관광객들의 편의를 위해서 안내소를 더 설치할 계획이다 / 공원 관리소 측은 이용객의 편의를 위하여 공원 곳곳에 새롭게 안내물을 설치했다 / 대형 마트의 건물 내에 식당, 영화관, 미용실 등 편의 시설을 갖춘 곳이 많아졌다 / 공원 곳곳에는 식수대가 마련되어 있어서, 공원을 이용하는 시민들의 편의를 돕고 있다

275 ★☆☆ □□

독점
혼자 모두 가짐
영 *monopoly

獨독 혼자
占점 차지하다

혼자(독) · 차지하다(점) ~~ 혼자 모두 차지함(자기 몫으로 가짐)

한자 ◉獨독 홀로·혼자·외로운 사람 **占점** 차지하다·점령하다·점치다

한자활용 ◉孤獨고독, 獨立독립, 獨島독도, 獨裁독재, 獨善독선, 獨白독백, 獨唱독창, 獨房독방, 獨子독자, 獨身독신, 獨食독식, 獨居독거, 獨學독학, 單獨단독, 獨走독주, 獨自독자, 獨不將軍독불장군, ❶唯我獨尊유아독존, ❷獨也靑靑독야청청

영어 **monopoly** [mənάpəli] **어원** mono(혼자서) + poly(팔다) **뜻** (특정 시장에 있어서의 상품·사업의) 독점 **풀이** The state of having everything to oneself(혼자서 다 가짐)

예 자원 수출을 통해 얻은 막대한 외화를 특정 계층이 독점하면서 계층 간에 빈부 격차가 심화하는 현상이 발생했다 / 영국의 동인도 회사가 무역 이익을 독점하자 보스턴 상인들이 동인도 회사의 배를 습격하였다 / 판매권의 독점은 비민주적이며 자유 경제 원칙에 근본적으로 어긋난다

---

276 ★★★ □□

지속하다
어떤 상태가 계속
이어지다
영 *sustain
  **continue

持지 유지하다
續속 계속하다

유지하다(지) · 계속하다·이어지다(속) ~~ 어떤 상태가 끊이지 않고 / 그대로 변함없이 계속 이어지다

한자 持지 가지다·버티다·유지하다 ◉續속 잇다·계속하다·이어지다

연관한자 ◉ 承승 잇다 | 接접 잇다 | 繼계 잇다 | 連련(연) 잇닿다 | 絡락(낙) 잇닿다 ~~ 이어지다는 뜻을 갖는 낱말을 만듦 ↪ 승계(承繼) 계승(繼承) 계속(繼續) 연속(連續) 접속(接續) 연락(連絡)

한자활용 ◉繼續계속, 連續연속, 相續상속, 接續접속, 續出속출, 存續존속, 勤續근속, 續篇속편, 後續후속

영어 **sustain** [səstéin] **어원** sus(아래에서) + tain(유지하다) **뜻** (생명·시설 등을) 지속하다, 유지하다, 계속하다(keep up, maintain) **continue** [kəntínjuː] **뜻** (쉬지 않고) 계속하다, 지속하다(keep up with, carry on) **풀이** A state in which a certain act or state continues for a long time, or the act or state of continuing to do a certain act, or to be in a state for a long time(어떤 일이나 상태가 오래 계속됨. 또는 어떤 일이나 상태를 오래 계속함)

유 **계속하다**(繼계 잇다, 續속 잇다), **연속하다**(連연 연속하다, 續속), **유지하다**(維유 유지하다, 持지)

예 **열대 우림 기후** 지역은 가장 추운 달의 평균 기온이 18℃ 이상으로, 일 년 내내 더운 날씨가 지속되며, 연중 강수량이 많고 매우 습하다 / 가뭄이 오랫동안 지속되면 농작물이 피해를 입고, 식수가 부족해지며, 산불이 발생하기도 한다 / 조선 왕조는 약 오백 년 동안 지속되었다

---

❶ **유아독존唯我獨尊** 오직 유, 나 아, 홀로 독, 높을 존 **뜻** 오직 나만 홀로 높음 **풀이** 세상에서 자기 혼자만이 잘났다고 뽐내는 태도
❷ **독야청청獨也靑靑** 홀로 독, 조사 야, 푸를 청, 푸를 청 **뜻** 홀로 푸르고 푸름. 모든 풀과 나무가 늦가을에 누렇게 시든 속에서 홀로 푸름 **풀이** 남들이 모두 절개를 버린 상황 속에서 홀로 절개를 굳세게 지키고 있음. 굳은 의지를 변치 않고 늘 한결같은 자세로 있는 모습

9주 3일

---

277 ★★★ ☐☐

대체하다
다른 것으로 바꾸다

영 **replace
  *substitute

代대 대신하다
替체 바꾸다

대신하다(대)・바꾸다(체) ～ 사람, 사물을 / 다른 사람, 사물로 바꾸다

한자 **代대** 대신하다・교체하다・시대(時代)・세대(世代)・일생 ◉**替체** 바꾸다・대신하다
연관한자 ◉**換환** 바꾸다 | **易역** 바꾸다

영어 **replace** [ripléis] 어원 re(원점으로) + place(놓다) 뜻 (다른 사람・사물의 자리・기능 등을) 대체하다, 대신하다; (부서지거나 낡은 것 등을 새것으로) 바꾸다, 교체하다 **substitute** [sʌ́bstitjùːt] 어원 sub(아래에) + stitute(놓인) 뜻 대체하다, 교체하다 풀이 To use something of a similar function in the position of another(비슷한 다른 것으로 바꾸다)

예 디지털 매체가 인쇄물을 완전히 대체할 것인지는 아직 미지수이다 / 자원 고갈 및 환경 문제를 해결하기 위해 화석 연료를 대체할 수 있는 *신・재생 에너지를 개발하고 이용을 늘리는 등의 노력을 기울여야 한다 / 미래에는 많은 영역에서 인공지능과 로봇이 사람을 대체할 것이며, 이로 인해 수많은 일자리가 사라질 것으로 전망된다
* **신・재생 에너지**(新신 새로운 再재 두 번 生생 만들다 | energy[énərdʒi]) 기존의 화석 연료를 변화하여 이용하거나, 재생 가능한 자원을 이용하는 에너지

---

278 ★★☆ ☐☐

창출하다
처음 만들어 내다

영 **create

創창 만들다
出출 이루다

만들다(창)・이루다(출) ～ 전에 없던 것을 / 처음으로 만들어 내다

한자 **創창** (처음)시작하다・만들다 **出출** 나다・낳다・나가다・드러내다・나타나다・이루다

영어 **create** [kriːéit] 뜻 (사람의 지혜・힘 등이) (독창적인 것을) 만들어 내다, 창작하다, 창조하다(produce, originate); (하느님・자연의 힘 등이) 창조하다(bring into being) 풀이 To devise something that did not exist before(전에 없던 것을 새로 만들어 내다)

유 **창조하다**(創창, 造조 짓다・만들다), **발명하다**(發발 피다・쏘다・일어나다, 明명 밝다・나타나다)
예 지속 가능한 자원 개발은 친환경 에너지 분야와 관련된 새로운 일자리를 만들고, 고갈 가능성이 없는 무한한 에너지를 공급하는 등 다양한 경제적 효과를 창출한다 / 컴퓨터 기술의 발전은 새로운 일자리의 창출과 실업의 증가라는 양면적 결과를 가져왔다 / 과학과 기술은 물질 문명의 *근간이며 부를 창출하는 힘의 원천이기도 하다
* **근간**(根근 뿌리・근본 幹간 줄기・근본・중요한 부분) 사물의 바탕이나 중심이 되는 것. 뿌리와 줄기

1 다음 **국단어의 뜻**을 표로 정리하시오.

국단어	뜻	한자		영단어
효율		效효	率율	
편의		便편	宜의	
독점		獨독	占점	
지속하다		持지	續속	
대체하다		代대	替체	
창출하다		創창	出출	

2 다음 중 **續속**(잇다)과 비슷한 뜻을 갖는 한자가 **아닌** 것은?

① 再재   ② 繼계   ③ 承승   ④ 接접   ⑤ 連연

3 다음 중 **편안하다**의 뜻을 갖는 한자가 **아닌** 것은?

① 安안   ② 穩온   ③ 寧녕   ④ 造조   ⑤ 康강

4 다음 중 **바꾸다**는 뜻을 갖는 한자가 **아닌** 것은?

① 代대   ② 易역   ③ 造조   ④ 替체   ⑤ 換환

5 다음 중 **이어지다**는 뜻을 갖는 낱말이 **아닌** 것은?

① 승계(承繼)   ② 계승(繼承)   ③ 계속(繼續)   ④ 단속(斷續)   ⑤ 연속(連續)

6 다음 중 **창출(創出)하다**와 뜻이 비슷한 낱말을 **모두** 고르시오.

① 발명(發明)하다   ② 발설(發說)하다   ③ 창설(創設)하다   ④ 창궐(猖獗)하다   ⑤ 창조(創造)하다

7 다음 문장을 읽고, 그 **뜻에 해당하는 낱말**을 쓰시오.

1 남들이 모두 절개를 버린 상황 속에서 홀로 절개를 굳세게 지키고 있음　——————

2 세상에서 자기 혼자만이 잘났다고 뽐내는 태도　——————

8 빈칸에 알맞은 낱말을 넣어 문장을 완성하시오.

1 열대 우림 기후 지역은 가장 추운 달의 평균 기온이 18℃ 이상으로, 일 년 내내 더운 날씨가

　——————　된다

2 미래에는 많은 영역에서 인공지능과 로봇이 사람을 ——————　할 것이다

3 과학과 기술은 물질 문명의 근간이며 부를 ——————　하는 힘의 원천이다

4 가뭄이 오랫동안 ——————　되면 농작물이 피해를 입고, 식수가 부족해지며, 산불이 발생하기도 한다

5 업무의 ——————　을 높이기 위해 서로 업무가 겹치는 부서를 단일화했다

9주 4일

---

279 ★☆☆ □□

만발하다
가득히 활짝 피다

滿만 가득차다
發발 피다

가득 차다(만) · 피다(발) ⤳ 많은 꽃이 °가득히 활짝 피다

[한자] ◉**滿만** 가득 차다·풍족하다(매우 넉넉하다)   **發발** 피다·쏘다·일어나다

[한자활용] ◉滿足만족, 不滿불만, 滿喫만끽, 充滿충만, 未滿미만, 肥滿비만, 飽滿포만, 滿潮만조, 干滿간만, 滿水만수, 滿開만개, 滿了만료, 自滿자만, 滿滿만만, 自信滿滿자신만만

[유] **만개하다**(滿만, 開개 열다·(꽃이)피다)

[예] 길 양쪽으로는 코스모스를 비롯하여 온갖 가을꽃이 만발해 있었다 / 봄이 되니 온 천지에 꽃이 만발하였다 / 봄이 되면 이 길을 따라 개나리가 만발한다 / 4월이 되면 뒷동산에는 알쏭달쏭 고운 꽃들이 만발하였다

° **가득히**(abundant[əbÁndənt])   무엇이 빈 곳이 없을 정도로 많이

---

280 ★☆☆ □□

연민
가엾고 불쌍하게 여김

[영] **pity
*compassion

憐연 불쌍히 여기다
憫민 불쌍히 여기다

불쌍히 여기다·가엾게 여기다(연) · 불쌍히 여기다(민) ⤳ 어떤 사람의 처지를 / °가엾고 불쌍하게 여김

[한자] **憐연** 불쌍히 여기다·가엾게 여기다   **憫민** 불쌍히 여기다·근심하다·고민하다

[영어] **pity** [píti] [어원] com(함께)+pati(고통) [뜻] (자신보다 못하거나 약한 사람에 대해) 불쌍히 여김(compassion), 동정(심)(sympathy), 연민 **compassion** [kəmpǽʃən] [뜻] 연민, (pity보다 동정의 강도가 더 세어 적극적으로 상대를 도우려는 뜻이 함축된 깊은) 동정(심)(sympathy) [풀이] A feeling of pity for someone(불쌍하고 가엾게 여김)

[유] **동정**(同同 한가지, 情정 사랑·인정), **인정**(人인 사람, 情정)

[예] 사람들은 고아가 된 어린아이를 연민의 시선으로 바라보았다 / 엄마는, 독감에 걸려 앓다가 잠이 든 아이의 모습을 연민에 찬 눈빛으로 바라보았다

° **가엾다**(feeling pity) (마음이 아플 정도로) 불쌍하고 애처롭다(가엾고 불쌍하여 마음이 슬프다)

---

281 ★☆☆ □□

견제하다
못하게 억누르다

牽견 강제하다
制제 억제하다

강제하다(견) · 억제하다(제) ⤳ 상대편이 / 지나치게 세력을 펴는 것을 또는 자유롭게 행동을 하는 것을 / 못하게 억누르다

[한자] ◉**牽견** 이끌다·강제하다   **制제** 절제하다·억제하다

[한자활용] ◉牽引견인, ❶牽強附會견강부회

[예] 그는 마라톤 경기 내내 다른 선수들을 효과적으로 견제하며 1등을 차지했다 / **권력분립의 원리**란 국가 권력을 서로 독립된 기관이 나누어 맡도록 하여 견제와 균형을 이루도록 하는 것이다 / **의회**는 내각이 정치를 잘못하면 내각에 책임을 물을 수 있는 ❷내각 불신임권을 가지며, 내각은 **의회를 해산할 수 있는 권한**을 가짐으로써, 의회와 내각은 서로 견제와 균형을 유지할 수 있다

---

❶**견강부회牽強附會** 끌 견, 굳셀 강, 붙일 부, 모을·들어맞을 회 [뜻] 강제로 끌어와 들어맞게 붙임 [풀이] 이치(사리)에 맞지 않는 말을 억지로 끌어다 붙여 자기에게 유리하도록 함

❷**내각 불신임권**   내각이 정치를 잘못하면 의회가 책임을 물어 내각 구성원 전원을 사퇴하게 할 수 있는 권한

282 ★☆☆ □□

회심
민족스러움

영 *satisfaction

會회 들어맞다
心심 마음

들어맞다(회) · 마음(심) ⤳ 마음먹은 대로 되어 / 만족스러움

[한자] ⊙**會회** 모이다·모임·만나다·들어맞다·기회·시기 **心심** 마음·생각

[연관한자] ⊙**蒐수** 모으다 | **集집** 모으다 | **募모** 모으다·뽑다 | **社사** 모이다 | **蓄축** 모으다 | **合합** 합하다· 모으다 ⤳ 모으다·모이다는 뜻을 가진 낱말을 만듦 ↦ 모집(募集) 수집(蒐集) 회사(會社) 사회(社會) 집회(集會) 회합(會合) 집합(集合)

[한자활용] ⊙**社會**사회, **會社**회사, **會議**회의, **集會**집회, **會合**회합, **開會**개회, **閉會**폐회, **總會**총회, **學會** 학회, **會員**회원, **會衆**회중, **分會**분회, **入會**입회, **會同**회동, **會談**회담, **會見**회견, **面會**면회, **會食**회식, **年會**연회, **會館**회관, **再會**재회, **密會**밀회, **會計**회계, **國會**국회, **會長**회장, **委員會** 위원회, **展示會**전시회, **博覽會**박람회, **後會**후회, **機會**기회

[영어] **satisfaction** [sǽtisfǽkʃən] [어원] satis(충분한)+facere(만들다) [뜻] 만족(contentment) [풀이] A state of being pleased with something; or such a state of mind(마음에 흐뭇하게 들어맞음. 또는 그런 상태의 마음)

[예] 박 노인과 장기를 두던 김 노인은 "장이야" 하고는 회심의 미소를 지었다 / 성적표를 받아든 아이는 만족한 듯이 회심의 웃음을 띠었다 / 들리는 소문에 의하면 그 작가는 회심의 *일작을 준비하고 있다고 한다 / 솔깃한 제안을 듣고 입가에 회심의 미소가 피어났다
* **일작**(一일 하나·첫째 作作 짓다·작품)   제일 잘 만든 성과물

---

283 ★☆☆ □□

모의
실제와 똑같이 해 봄

영 *mock

模모 본뜨다
擬의 흉내내다

본뜨다(모) · 본뜨다·흉내내다(의) ⤳ *실제의 것을 / *흉내 내어 똑같이 해 봄 또는 그런 일

[한자] **模모** 본뜨다·본받다·형상 **擬의** 비교하다·본뜨다·흉내내다

[영어] **mock** [mɑk] [뜻] 모의의; 거짓의, 가짜의; (…의 몸짓이나 말투 등을 흉내 내며) 놀리다, 흉내 내다 [풀이] The act of imitating the actual thing, or such an imitation(실제와 똑같이 따라 해 봄. 또는 그런 일)

[예] 중간 고사를 대비하여 모의 평가 시험지를 모아 놓은 문제집을 풀었다 / 본시험을 치르기 전에 집에서 몇 차례 모의시험을 봤다 / 실제 *면접시험에서 당황하지 않게 모의로 *면접을 치러 보았다
* **실제**(實실 열매 際제 즈음·때·사이·만나다·닿다)   있는 그대로의 사실이나 현실
* **흉내**(mimic[mímik] imitate[ímitèit])   남이 하는 말이나 행동을 그대로 옮기는 짓
* **면접시험**[면접](面면 낯(얼굴) 接접 접촉하다·대답하다 試시 시험 驗험 시험 | interview [íntərvjùː])   수험자를 직접 대면하여 그 인품, 언행 따위를 시험하는 절차

9주 4일

---

284 ★☆☆ ☐☐

을씨년스럽다
찬 기운이 느껴지고
소름이 돋다

날씨나 분위기 등이 / 놀랍거나 무서워서 찬 기운이 느껴지고·소름이 돋다 또는 몹시
•으스스하고 •싸늘하다

> **예** 이 산속은 귀신의 울음소리가 들릴 것같이 을씨년스럽다 / 매일 요란하기 그지없는
> 시내 거리가 새벽이면 텅텅 비어 을씨년스럽다 / 낙엽이 모두 떨어지고 앙상한 가지만
> 남은 나무들이 을씨년스럽다 / 비와 구름이 오락가락하여 영 을씨년스러운 기분이다

• **으스스하다**(chill[tʃil]) 　(차가운 물체가 닿거나 기분 나쁜 것에 섬뜩함을 느껴) **소름이 돋는
듯하다**

• **싸늘하다**(≒서늘하다 | chill[tʃil]) 　갑자기 놀라거나 무서워 찬 기운이 느껴지다

---

285 ★☆☆ ☐☐

철회하다
거두어들이다
영 *withdraw

撤철 거두다
回회 돌이키다

거두다·철회하다(철)·돌이키다(회) ⤳ 이미 •제출[주장]하였던 것을 / 돌이켜 •거두
어들이다

> **한자** **撤철** 거두다·철회하다·철수하다 　⦿**回회** 돌다·돌아오다·돌이키다·번·횟수
> **한자활용** ⦿回復회복, 回轉회전, 旋回선회, 回顧회고, 回想회상, 回避회피, 回歸회귀, 回收회수, 挽回
> 만회, 回春회춘, 回航회항, 回數횟수, 回診회진, 回覽회람, 回路회로, 起死回生기사회생

> **영어** **withdraw** [wiðdrɔ́ː] 　**어원** with(거꾸로) + draw(끌다) 　**뜻** (약속·명령·제안·신청 등을)
> 철회하다(retract), 취소하다(revoke); (군대를) 철수하다; (은행에서 돈을) 찾다[인출하다]
> **풀이** To revoke or cancel something that was submitted or argued(이미 제출했던
> 것이나 주장했던 것을 다시 거두어들이거나 취소하다)

> **유** **회수하다**(回회, 收수 거두다), **취소하다**(取취 가지다, 消소 사라지다·없애다)
> **예** 회사는 소비자의 반발이 거세지자 가격 인상을 철회했다 / 회사 측이 직장 폐쇄를
> 결정하자 •노조는 철회를 요구하며 농성을 벌였다 / 사표를 •제출한 그에게, 사장은
> 사표를 철회하라고 회유했다

• **제출하다**(提제 제시하다 出출 내놓다 | submit[səbmít]) 　(어떤 안건·의견·서류 등을) **내놓다**

• **거두어들이다**(cancel[kǽnsəl]) 　말·생각·제안 따위를 취소하다

• **노조**(≒노동조합 | **勞로**(노) 일하다 **組조** 짜다·조직하다 | labor union[léibərjúːnjən]) 　근로자
가 중심이 되어 더 좋은 근로 조건을 만들고 사회적, 경제적 지위를 향상시키기 위해 활동하는
단체

1 다음 **국단어의 뜻**을 표로 정리하시오.

국단어	뜻	한자		영단어
만발하다		滿만	發발	–
연민		憐연	憫민	
견제하다		牽견	制제	–
회심		會회	心심	
모의		模모	擬의	
을씨년스럽다		–	–	–
철회하다		撤철	回회	

2 다음 중 **모이다**는 뜻을 갖는 한자가 **아닌** 것은?

① 蒐수　② 募모　③ 社사　④ 集집　⑤ 實실

3 다음 중 **모으다·모이다**는 뜻을 갖는 낱말이 **아닌** 것은?

① 모집(募集)　② 사회(社會)　③ 집합(集合)　④ 회사(會社)　⑤ 회수(回收)

4 다음 중 **철회(撤回)하다**와 뜻이 비슷한 낱말을 **모두** 고르시오.

① 취소(取消)하다　② 회항(回航)하다　③ 회수(回收)하다　④ 재수(再修)하다　⑤ 철수하다

5 다음 문장을 읽고, 그 **뜻에 해당하는 낱말**을 쓰시오.

1 내각이 정치를 잘못하면 의회가 책임을 물어 내각 구성원 전원을

　사퇴하게 할 수 있는 권한　―――――――――――

2 이치(사리)에 맞지 않는 말을 억지로 끌어다 붙여 자기에게 유리하도록 함　―――――――――――

6 빈칸에 알맞은 낱말을 넣어 문장을 완성하시오.

1 들리는 소문에 의하면 그 작가는 ―――――――― 의 일작을 준비하고 있다고 한다

2 회사는 소비자의 반발이 거세지자 가격 인상을 ―――――――― 했다

3 **권력 분립의 원리**란 국가 권력을 서로 독립된 기관이 나누어 맡도록 하여 ―――――――― 와 균형을

　이루도록 하는 것이다

4 이 산속은 귀신의 울음소리가 들릴 것같이 ――――――――

5 실제 면접시험에서 당황하지 않게 ―――――――― 로 면접을 치러 보았다

6 길 양쪽으로는 코스모스를 비롯하여 온갖 가을꽃이 ―――――――― 해 있었다

7 사람들은 고아가 된 어린아이를 ―――――――― 의 시선으로 바라보았다

9주 5일

---

286 ★☆☆ □□

퇴치하다
없애 버리다
영 *eradicate

退退 물리치다
治치 바로잡다

물리치다(퇴) · 바로 잡다(치) ~~~ 바로 잡기 위해 무엇을 / 물리쳐서 아주 없애 버리다

한자 ⊙退退 물러나다·물리치다　治치 다스리다·(질서가)바로 잡히다

한자활용 ⊙退勤퇴근, 退社퇴사, 退職퇴직, 退任퇴임, 退學퇴학, 中退중퇴, 自退자퇴, 早退조퇴, 退退퇴장, 退出퇴출, 衰退쇠퇴, 隱退은퇴, 脫退탈퇴, 辭退사퇴, 退步퇴보, 退行퇴행, 退化퇴화, 後退후퇴, 退却퇴각, 退院퇴원, 退室퇴실, 退路퇴로, 進退兩難진퇴양난, 一進一退일진일퇴

영어 **eradicate** [irǽdəkèit]　뜻 (병·해충·문맹 등을) 뿌리째 뽑다(root up); 근절하다(root out), 박멸하다　풀이 To repulse and get rid of an enemy, a disease, etc(적, 질병 등을 물리쳐서 없애 버리다)

예 농부들은 *해충을 퇴치하기 위해 논에 농약을 뿌렸다 / *문맹 퇴치는 근대화를 촉진하는 가장 중요한 수단이다 / 많은 과학자가 암과 에이즈를 퇴치하기 위해 연구에 매진하고 있다 / 마약은 인간의 정신을 완전히 분해하여 황폐하게 만들기 때문에 반드시 퇴치되어야 한다

* **해충(害해** 해하다 **蟲충** 벌레)　(사람·농작물·과실나무 등에) 해를 끼치는 벌레
* **문맹(文문** 글 **盲맹** 눈멀다 | illiteracy[ilítərəsi])　글을 읽거나 쓸 줄을 모름. 또는 그런 사람

---

287 ★★★ □□

상호
서로
영 *mutually

相상 서로
互호 서로

서로(상) · 서로(호) ~~~ 관계되는 둘 이상의 사이에서 이쪽과 저쪽 모두 / *서로

한자 **相상** 서로·모양　⊙互호 서로

한자활용 ⊙互稱호칭, 互惠호혜, 互換性호환성, ❶互角之勢호각지세, 相互作用상호작용, ❷互惠主義호혜주의

영어 **mutually** [mjúːtʃuəli]　뜻 서로, 상호 간에; 공동[공통]으로　풀이 Of both sides that are in a relationship or pair(짝을 이루거나 관계를 맺고 있는 이쪽과 저쪽이 함께)

유 서로, 서로서로, 피차(彼피 저·그·저쪽, 此차 이·지금)

예 사회 변동은 자연환경의 변화, 새로운 문화의 전파, 집단 간의 갈등 등 다양한 요소가 상호 작용하는 과정에서 나타난다 / **대통령제**에서는 입법부와 행정부가 엄격히 분립하여 상호 견제와 균형을 이룸으로써 **권력 분립의 원리**를 보다 충실하게 실현할 수 있다 / 세계화는 국경을 넘어 사람과 물자, 기술, 자본 등이 자유롭게 교류되면서 세계 전체의 상호 의존성이 높아지는 현상을 의미한다

* **서로(mutually[mjúːtʃuəli])**　(짝을 이루거나, 관계를 맺고 있는) **이쪽과 저쪽이 함께**

---

❶ **호각지세互角之勢** 서로 호, 뿔 각, 어조사 지, 기세 세　　뜻 쇠뿔의 양쪽이 서로 길이나 크기가 같음　풀이 양쪽이 우열을 가리기 힘든 상태로 겨루는 모습. 우열을 가리기 힘든 형국 ≒ 호각세(互角勢), 난형난제(難兄難弟), 백중지세(伯仲之勢), 막상막하(莫上莫下)

❷ **호혜주의互惠主義** 서로 호, 은혜 혜, 주인 주, 옳을 의　풀이 무역이나 통상 관계 협정을 맺을 때에, 당사국이 서로 동등한 위치에서 같은 혜택을 누리는 것을 원칙으로 하는 주의

288 ★☆☆ ▢▢

이송하다
다른 곳으로
옮겨 보내다
영 *transfer

移이 옮기다
送송 보내다

옮기다(이) · 보내다(송) ⟿ 다른 사람, 사물을 어디에 / 다른 곳으로 옮겨 보내다

한자 移이 옮기다 ◉送송 보내다·전달하다

연관한자 ◉輸수 보내다·나르다 | 遣견 보내다·파견하다

한자활용 ◉輸送수송, 配送배송, 運送운송, 餞送전송, 發送발송, 返送반송, 送致송치, 放送방송, 送出송출, 送信송신, 電送전송, 送付송부, 押送압송, 送年송년, 送別송별, 送風송풍, ❶送舊迎新송구영신

영어 **transfer** [trænsfɔ́:r] **어원** 라틴어 trans(건너서) + ferre(가져오다) **뜻** (재산·권리 따위) 넘겨주다(sign over); 옮기다, 이동하다, 보내다(shift, convey, move, hand over); (직장·학교 등을) 옮기다, 전학시키다; (기차·버스·비행기 따위를) 갈아타다, 환승하다 **풀이** To send someone or something from one place to another(다른 곳으로 옮겨 보내다)

예 그들은 격투하는 과정에서 큰 부상을 입고 병원에 이송되었다 / 죄수들을 다른 교도소로 이송하던 중에 사고가 발생했다 / 포로들을 본국으로 이송하는 문제를 놓고 협상 중이다

• **촉망되다(屬촉 잇다 望망 바라다)** 장차 훌륭하게 될 것이라고 기대되다

---

289 ★☆☆ ▢▢

예기하다
미리 대비하고
기다리다
영 ***expect

豫예 미리·대비하다
期기 기다리다

미리 대비하다(예) · 기다리다(기) ⟿ 앞으로 닥쳐올 일이 일어나기 전에 / 미리 •대비하고 기다리다

한자 **豫예** 미리·•대비하다·앞서·먼저 ◉**期기** 기약(약속)하다·기다리다·바라다·기대하다·기간·때·기회

한자활용 ◉期約기약, 期間기간, 期限기한, 時期시기, 學期학기, 期末기말, 分期분기, 回期회기, 初期초기, 中期중기, 末期말기, 過渡期과도기, 週期주기, 期日기일, 延期연기, 適期적기, 雨期우기, 同期동기, 思春期사춘기, 氷河期빙하기, 定期的정기적, 草創期초창기, 劃期的획기적

영어 **expect** [ikspékt] **어원** ex(밖을) + spect(보다) **뜻** (시간 지연의 개념 없이, 상당한 확신을 갖고 어떤 일이 곧 일어날 것을) 기대하다, 바라다, 예기하다, 예상하다(foresee, forecast) **풀이** To think and expect in advance what is going to happen in the future(앞으로 일어날 일에 대해 미리 생각하고 기다리다)

유 **예견하다**(豫예, 見견 보다), **예상하다**(豫예, 想상 생각), **예측하다**(豫예, 測측 헤아리다)

예 대형 사고는 항상 예기치 못하게 발생하여 많은 사람의 가슴에 상처를 남긴다 / 그는 예기치 못한 부상으로 이번 시합에서는 주전에 끼지 못했다 / 항상 예기치 못한 자연재해에 대한 경각심을 늦춰서는 안 된다 / 기차가 예기치 못하게 고장 나는 바람에 두 시간을 기차에서 기다려야 했다

• **대비하다(對대 대하다 備비 갖추다·준비하다 | prepare**[pripέər]) (앞으로 일어날지도 모르는 어떠한 일에 대응하기 위하여) **미리 준비하다**

---

❶ **송구영신送舊迎新** 보낼 송, 옛 구, 맞이할 영, 새 신 **뜻** 옛것을 보내고 새것을 맞이함 **풀이** 묵은해를 보내고 새해를 맞이함

290 ★☆☆ □□

정기적
기간,
때를 정해 놓고 하는
명 **regular

定定 정하다
期기 기간·때

정하다(정)·기간·때(기) ⟿ 무엇을 하기 위해 / 기간, 때, 기한을 정해 놓고 하는 (것)

[한자] **定定** 정하다 **期기** 약속하다·때·기간·기일(정해진 날짜) **的적** 어조사(~의)

[영어] **regular** [régjələr] **[어원]** 라틴어 regularis(규칙적인) **[뜻]** 정기적인, 규칙적인(periodic); 보통의 **[풀이]** A deadline or period being set at a defined interval(기한이나 기간이 일정하게 정해져 있는)

[유] **정례적**(定定 정하다, 例례 법식, 的적)
[예] 매월에 한 번씩 정기적으로 모임을 갖기로 했다 / 우리 동네 약국은 첫째 셋째 일요일이 정기 공휴일이다 / 건강 진단은 건강할 때 정기적으로 받는 것이 좋다 / 많은 국민이 국민연금을 받기 위해서 정기적으로 일정액을 국가에 납부한다

---

291 ★☆☆ □□

비범하다
평범하지 않다
매우 뛰어나다
명 *extraordinary

非비 아니다
凡범 평범하다

아니다(비)·평범하다(범) ⟿ 사람, 능력이 / 평범하지 않다 ⇒ 평범한 수준보다 훨씬 뛰어나다

[한자] ⦿**非비** 아니다 **凡범** 무릇(대체로 보아)·모두·평범하다
[연관한자] ⦿**不불(부)** 아니다·못하다·없다 | **否부** 아니다 | **弗불** 아니다 | **未미** 아니다·못하다
[한자활용] ⦿**是非시비**, **非難비난**, **非違비위**, **非行비행**, **非情비정**, **非人間비인간**, **非正常비정상**, **非主流비주류**, ❶**是是非非시시비비**, ❷**非一非再비일비재**

[영어] **extraordinary** [ikstrɔ́ːrdənèri] **[어원]** extra(…의 바깥에) + ordinary(정상(적인 상태)) **[뜻]** 범상치 않은(exceptional), 비상한(not ordinary), 보기 드문, 비범한(uncommon, remarkable) **[풀이]** Being extremely outstanding, going beyond the average level (수준이 보통을 넘어 아주 뛰어나다)

[유] **비상하다**(非비, 常상 범상(평범)하다), **출중하다**(出출 나다, 衆중 무리), **걸출하다**(傑걸 뛰어나다, 出출), **특출하다**(特특 특별하다·뛰어나다, 出출), **탁월하다**(卓탁 높다·뛰어나다, 越월 넘다)
[예] 그녀는 그림에 비범한 재능을 가지고 있어 앞으로의 장래가 촉망된다 / 홍길동은 비범한 능력을 지닌 영웅으로 형상화되어 있다 / 사람들은 그가 비범한 사람인 줄은 알았지만 *불세출한 영웅이 될 줄은 몰랐다
* **불세출**(不불 아니다 世세 인간·세상 出출 나다) 좀처럼 세상에 나타나지 않을 만큼 뛰어남

---

❶ **시시비비是是非非** 옳을 시, 아닐 비 　**[뜻]** 옳고 그름 **[풀이]** 옳은 것은 옳고 그른 것은 그르다고 공정하게 판단함
❷ **비일비재非一非再** 아닐 비, 한 일, 아닐 비, 거듭 재 　**[뜻]** 하나도 아니고, 둘도 아님 **[풀이]** 하나 둘이 아니라 매우 많음

1 다음 **국단어의 뜻**을 표로 정리하시오.

국단어	뜻	한자		영단어
퇴치하다		退퇴	治치	
상호		相상	互호	
이송하다		移이	送송	
예기하다		豫예	期기	
정기적		定정	期기	
비범하다		非비	凡범	

2 다음 중 **아니다**는 뜻을 갖는 한자가 **아닌** 것은?

① 非비   ② 不불   ③ 未미   ④ 出출   ⑤ 否부

3 다음 중 **送송(보내다)**과 뜻이 같은 한자를 **모두** 고르시오.

① 望망   ② 輸수   ③ 豫예   ④ 備비   ⑤ 遣견

4 다음 중 **양쪽이 우열을 가리기 힘든 상태**를 뜻하는 낱말이 **아닌** 것은?

① 난형난제(難兄難弟)   ② 호형호제(呼兄呼弟)   ③ 호각지세(互角之勢)   ④ 백중지세(伯仲之勢)

⑤ 막상막하(莫上莫下)

5 다음 중 **비범(非凡)하다**와 비슷한 뜻을 갖는 낱말이 **아닌** 것은?

① 비상(非常)하다   ② 출중(出衆)하다   ③ 탁월하다   ④ 걸출(傑出)하다   ⑤ 돌출(突出)하다

6 다음 문장을 읽고, 그 **뜻에 해당하는 낱말**을 쓰시오.

1   하나 둘이 아니라 매우 많음   _____

2   양쪽이 우열을 가리기 힘든 상태로 겨루는 모습   _____

3   옳은 것은 옳고 그른 것은 그르다고 공정하게 판단함   _____

4   무역이나 통상 관계 협정을 맺을 때에, 당사국이 서로 동등한 위치에서

   같은 혜택을 누리는 것을 원칙으로 하는 주의   _____

7 빈칸에 알맞은 낱말을 넣어 문장을 완성하시오.

1   그들은 격투하는 과정에서 큰 부상을 입고 병원에 _____ 되었다

2   대형 사고는 항상 _____ 치 못하게 발생하여 많은 사람의 가슴에 상처를 남긴다

3   많은 국민이 국민연금을 받기 위해서 _____ 으로 일정액을 국가에 납부한다

4   마약은 인간의 정신을 완전히 분해하여 황폐하게 만들기 때문에 반드시 _____ 되어야 한다

---

292 ★☆☆ ☐☐

대중화
많은 사람에게
널리 퍼짐
🔵 *popularization

大대 많다
衆중 많은 사람
化화 되다

많다(대) · 많은 사람(중)들 사이에 널리 퍼지게 · 되다(화) ⤳ *대중 사이에 널리 퍼져 친근하게 됨

한자 **大대** 크다·높다·많다　◉**衆중** 무리·백성·많은 사람·많다　**化화** 되다

연관 한자 ◉**類류** 무리 | **彙휘** 무리 | **徒도** 무리 | **群군** 무리 | **屬속** 무리 | **輩배** 무리 | **黨당** 무리 | **等등** 무리

한자 활용 ◉群衆군중, 聽衆청중, 觀衆관중, 民衆민중, 公衆공중, 衆論중론, ❶衆寡不敵중과부적

영어 **popularization** [pɑ̀pjulərəzéiʃən]　**어원** popul(사람들) + ar(…의) + ize(…화하다) + tion(추상 명사화)　**뜻** 대중화　**풀이** A state of becoming widespread and familiar to the public, or an act of making something popular(대중에게 널리 퍼져 친숙해짐. 또는 그렇게 되게 함)

예 대중문화는 과거 소수의 특권층만 누리던 문화를 대중화하는 데 이바지하였다 / 과거에는 소수의 특권층만 누리던 공연과 예술 등의 문화적 혜택이 대중화되어 누구나 쉽게 그 혜택을 누릴 수 있게 되었다 / 커피는 소수 상류층만 즐길 수 있는 기호 식품이었으나, 1960년대 이후 경제 성장과 함께 대중화되었다

＊ **대중**(大대 크다·많다　衆중 무리·백성 | public[pʌ́blik])　현대 사회를 구성하는 대다수(거의 모두 다)의 사람

---

293 ★☆☆ ☐☐

몰입하다
깊이 빠지다
🔵 *be immersed in

沒몰 빠지다
入입 빠지다

빠지다(몰) · 빠지다(입) ⤳ 다른 일에 관심을 가지지 않고 / 한 가지 일에만 집중하여 깊이 빠지다

한자 ◉**沒몰** 빠지다·죽다·없어지다·숨다　**入입** 들다·빠지다·간여하다

한자 활용 ◉沒頭몰두, 埋沒매몰, 陷沒함몰, 日沒일몰, 沈沒침몰, 沒收몰수, 沒落몰락, 出沒출몰, 沒殺몰살, 沒知覺몰지각, 沒廉恥몰염치, 沒理解몰이해, 沒常識몰상식, ❷神出鬼沒신출귀몰

영어 **be immersed in** [imə́:rsd]　**뜻** 빠지다, 몰입하다　**풀이** To focus solely on one thing, being deeply involved in it without paying any attention to other affairs (다른 일에 관심을 가지지 않고 한 가지 일에만 집중하여 깊이 빠지다)

유 **집중하다**(集집 모으다, 中중 가운데), **몰두하다**(沒몰, 頭두 머리)

예 주변 소음이 전혀 들리지 않을 정도로 공부에 몰입했다 / 많은 청소년이 스마트폰과 인터넷 게임에 과도하게 몰입하여 사회 문제가 되고 있다 / 그는 말솜씨가 워낙 뛰어나서 청중들을 자신의 이야기에 흠뻑 빠져들도록 몰입시켰다

---

❶ **중과부적衆寡不敵** 무리 중, 적을 과, 아닐 부, 대적할 적　**뜻** 무리가 적으면 대적할 수 없음　**풀이** 적은 수로는 많은 적을 대적하지 못함

❷ **신출귀몰神出鬼沒** 귀신 신, 날 출, 귀신 귀, 빠질 몰　**뜻** 귀신같이 나타났다가 귀신같이 사라짐　**풀이** 움직임을 쉽게 알 수 없을 만큼 자유자재로 나타나고 사라짐

294 ★☆☆ ☐☐

탐닉하다
지나치게 빠져들다
영 *indulge

耽탐 빠지다
溺닉(익) 빠지다·
지나치다

즐기다·빠지다(탐) · 지나치다·빠지다(닉) ～ 어떤 일을 즐기고 좋아하여 지나치게 빠져들다

[한자] **耽탐** 즐기다·좋아하다·빠지다   **溺닉(익)** 지나치다(정도를 넘다)·빠지다

[영어] **indulge** [indʌ́ldʒ]   [뜻] (취미·욕망·쾌락 따위에) 빠지다, 탐닉하다(indulge oneself)
[풀이] To enjoy something too much, and to get lost in it while enjoying it(어떤 일을 지나치게 즐겨서 거기에 빠지다)

[예] 아이는 하루 종일 게임에 탐닉하느라 시험공부를 전혀 하지 못했다 / 사람들은 *향락에 쉽게 탐닉하는 경향이 있다 / 사업에 실패한 그는 술에 탐닉하여 괴로움을 잊고자 했다 / 대학 시절 동안 동서양의 고전들에 깊이 탐닉하였다 / 그는 오랜 시간 도박에 탐닉하다가 결국은 *패가망신을 하게 되었다
* **향락(享향** 누리다 **樂락(낙)** 즐기다 | pleasure[pléʒər])   놀고 즐김
* **패가망신(敗패** 깨뜨리다·패하다(지다) **家가** 집 **亡망** 망하다 **身신** 몸)   집안의 재산을 다 써 없애고 몸을 망침

---

295 ★☆☆ ☐☐

완수하다
완전히 이루다
다 끝내다
영 ***achieve
**accomplish

完완 완전하다·끝내다
遂수 이루다·끝나다

완전하다(완) · 이루다(수) ～ 하고자 하는 것을 또는 해야 하는 것을 / 완전히 *이루다 또는 다 끝내다

[한자] ◎**完완** 완전하다(모자람이 없다, 흠이 없다)·끝내다   **遂수** 드디어·이루다·끝나다
[한자활용] ◎完璧완벽, 完全완전, 完了완료, 完結완결, 完成완성, 完走완주, 完工완공, 完勝완승, 補完보완

[영어] **achieve** [ətʃíːv]   [어원] a(⋯에 까지(이르다)) + chieve(머리)   [뜻] (일·목적·목표·계획 등을) 노력하여 이루다, 달성하다, 성취하다(accomplish, effect); (어려운 일을) 완수하다, 해내다
accomplish [əkámpliʃ]   [어원] ac(⋯완전히) + complish(만족시키다)   [뜻] (보람 있는 일을) 이루어 내다, 실현하다 (일·의무·계획 등을 등을) 달성하다, 완수하다, 이룩하다, 성취하다(carry out, succeed in finishing or completing)   [풀이] To achieve or fulfill one's goal or duties(하고자 하는 것이나 해야 하는 것을 다 이루거나 해내다)

[유] **성취하다(成성** 이루다, **就취** 나아가다·이루다), **달성하다(達달** 통하다·이루다, **成성**)
[예] 그는 목표를 설정하고 그것을 완수하는 과정에서 큰 성취감을 느꼈다 / 학급 반장을 맡은 아이는 자신의 역할을 훌륭하게 완수해서 친구들에게 인정을 받았다 / 이번 행사를 성공적으로 치를 수 있었던 것은 보이지 않는 곳에서 묵묵히 자기 *소임을 완수한 사람들이 많았기 때문이다
* **이루다**(achieve, accomplish)   뜻대로 되어 바라는 결과를 얻다
* **소임(所소** 바(일의 방법) **任임** (책임을)맡다·맡은 일·책무 | responsibility[rispɑ̀nsəbíləti]) 맡은 일

---

296 ★☆☆ □□

원형
원래 모양
영 *prototype

原원 원래
形형 모양

원래(원) · 모양(형) ⤳ 원래(처음) 모양

한자 **原원** 근원·근본·원래·언덕·벌판(들판)　**形형** 모양·형상

영어 **prototype** [próutoutàip]　어원 그리스어 protos(처음의)+typos(형태)　뜻 원형 (archetype); 시제품　풀이 The first shape or form of something(처음 생긴 대로의 모양이나 형태)

예 역사학자들은 원형 그대로의 궁전을 *복원하기 위해 역사적 자료를 모았다 / 오랜 노력 끝에 손상된 그림이 거의 원형에 가깝게 *복원되었다 / 고창 읍성은 전국에서 원형이 가장 잘 보존된 자연석 성곽이다 / 미술관에는 거의 원형에 가깝게 *복제된 고흐의 그림이 걸려 있었다

* **복원하다**(復복 되돌리다 元원 으뜸·처음 | restore[ristɔ́ːr])　원래의 모습으로 돌아가게 하다
* **복제하다**(複복 겹치다 製제 짓다·만들다 | copy[kápi])　원형 그대로 똑같이 만들다

---

297 ★☆☆ □□

발산하다
겉으로 드러내다
영 *release

發발 드러내다
散산 흩뜨리다

드러내다(발) · 흩뜨리다(산) ⤳ 정열, 감정, 욕망 따위를 / 겉으로 드러내다 또는 드러내어 풀어 없애다

한자 ◉**發발** 피다·쏘다·일어나다·드러내다　**散산** *흩뜨리다·헤어지다

한자활용 ◉開發개발, 啓發계발, 發展발전, 誘發유발, 觸發촉발, 挑發도발, 濫發남발, 勃發발발, 發掘발굴, 出發출발, 發達발달, 爆發폭발, 蒸發증발, 發生발생, 再發재발, 發芽발아, 發見발견, 發表발표, 發揮발휘, 奮發분발, 發惡발악, 發明발명, 發現발현, 發音발음, 發行발행, 發言발언, 發說발설, 摘發적발, 告發고발, 發動발동, 發射발사, 發砲발포, 誤發오발, 不發불발, 妄發망발, 發源발원, 徵發징발, 發令발령, 發電발전, 自發자발, 發端발단, 發意발의, 先發선발, 偶發우발, 突發돌발, 發熱발열, 發覺발각, 頻發빈발, 發癌발암, 發病발병, 發作발작, 發色발색, 發賣발매, 發光발광, 發育발육, 發毛발모, 發注발주, 滿發만발, 發信발신, 發給발급, 散發산발

영어 **release** [rilíːs]　어원 re(다시)+lease(풀다)　뜻 (대중들에게) 공개하다, 발표하다(make public); (영화를) 개봉하다; (음반 등을) 발매하다; (새로운 제품을) 출시하다; (식료품·물자 등을) 방출하다; (갇히거나 구속되어 있는 상태에서) 풀어 주다, 해방하다, 석방하다(set free, relieve); (잡고 있거나 막혀 있던 것을) 놓아 주다(let go, free)　풀이 To reveal one's emotions, sadness, desire, etc., or to reveal and get rid of them or it(감정, 슬픔, 욕망 등을 겉으로 드러내거나 그것을 드러내어 풀어 없애다)

유 **표출하다**(表표 겉, 出출 드러내다·나타내다)

예 대학생들은 축제 기간 동안 마음껏 젊음을 발산하며 즐거운 시간을 보냈다 / 무대에 오른 무용수는 우아한 춤 동작으로 자신의 매력을 마음껏 발산했다 / 그녀는 친구와 통화를 하면서 쌓였던 스트레스를 발산시켰다

* **흩뜨리다**(≒흩다 | scatter[skǽtər])　(한곳에 모여 있는 것을) **흩어지게**(여기저기 사방으로 따로따로 떨어지게) **하다**

1 다음 **국단어의 뜻을** 표로 정리하시오.

국단어	뜻	한자		영단어
대중화		大대	衆중	
몰입하다		沒몰	入입	
탐닉하다		耽탐	溺닉	
완수하다		完완	遂수	
원형		原원	形형	
발산하다		發발	散산	

2 다음 중 **衆중(무리)과** 뜻이 비슷한 한자가 **아닌** 것은?

① 群군　　② 類류　　③ 集집　　④ 彙휘　　⑤ 等등

3 다음 문장을 읽고, 그 **뜻에 해당하는 낱말을** 쓰시오.

1 움직임을 쉽게 알 수 없을 만큼 자유자재로 나타나고 사라짐 　　—————————

2 적은 수로는 많은 적을 대적하지 못함 　　—————————

4 빈칸에 알맞은 낱말을 넣어 문장을 완성하시오.

1 대학생들은 축제 기간 동안 마음껏 젊음을 ————————— 하며 즐거운 시간을 보냈다

2 오랜 노력 끝에 손상된 그림이 거의 ————————— 에 가깝게 복원되었다

3 아이는 하루 종일 게임에 ————————— 하느라 시험공부를 전혀 하지 못했다

4 많은 청소년이 스마트폰과 인터넷 게임에 과도하게 ————————— 하여 사회 문제가 되고 있다

5 그는 목표를 설정하고 그것을 ————————— 하는 과정에서 큰 성취감을 느꼈다

6 커피는 소수 상류층만 즐길 수 있는 기호 식품이었으나, 1960년대 이후 경제 성장과 함께

————————— 되었다

298 ★★☆ □□

착수하다
시작하다

영 ***start
***begin

着착 시작하다
手수 손

시작하다(착)·손(수)을 대어 ～～ 어떤 일에 손을 대어 *시작하다

[한자] **着착** 붙다·착용하다·시작하다 ◉**手수** 손·재주·수단

[한자활용] ◉手段수단, 手術수술, 失手실수, 洗手세수, 拍手박수, 握手악수, 選手선수, 高手고수, 手巾수건, 手帖수첩, 砲手포수, 射手사수, 木手목수, 投手투수, 手工수공, 旗手기수, 手足수족, 訓手훈수, 手才수재, 敵手적수, 手記수기, 手法수법, 妙手묘수, 狙擊수저격수, 手荷物수하물, 自充手자충수, 手數料수수료, 空手來空手去공수래공수거, 自手成家자수성가, 手不釋卷수불석권, 束手無策속수무책, ❶一擧手一投足일거수일투족, ❷纖纖玉手섬섬옥수

[영어] **start** [stɑːrt] [어원] be(완전히)+gin(열리다) [뜻] (정지 상황에서 일·활동을 갑작스럽게) 시작하다 **begin** [bigín] [뜻] (어떤 동작·행위를) 시작하다, 착수하다(commence, start) [풀이] To begin something new(새로운 일을 시작하다)

[예] 설계도가 나오는 대로 곧 공사에 착수할 예정이다 / 다음 달부터 새로운 제품 생산에 착수할 예정이다 / 검찰은 이번 사고가 부실 공사의 대표적인 사례라고 판단하고 수사에 착수했다

* **시작하다**(始시 처음 作작 짓다·행하다 | initiate[iníʃièit]) 일의 처음 단계를 행하다

---

299 ★☆☆ □□

빈곤하다
가난하다

영 ***poor

貧빈 가난하다
困곤 가난하다

가난하다(빈)·살기 어렵다·괴롭다·가난하다(곤) ～～ 살기 어렵고 괴로울 정도로 / 가난하다

[한자] ◉**貧빈** 가난하다·모자라다· **困곤** 곤하다·살기 어렵다·괴롭다·가난하다

[연관한자] ◉**困곤** 곤하다·가난하다 | **窮궁** 궁하다·가난하다 | **乏핍** 모자라다·가난하다 | **塞색** 막히다·곤궁하다 ～～ 가난하다는 뜻을 갖는 낱말을 만듦 ↪ 곤궁(困窮) 궁핍(窮乏) 빈궁(貧窮) 궁색(貧窮)

[한자활용] ◉貧富빈부, 貧窮빈궁, 貧弱빈약, 貧民빈민, 貧農빈농, 貧血빈혈, 貧國빈국, 貧益貧빈익빈

[영어] **poor** [puər] [뜻] (생활을 즐길 금전적 여유가 없을 정도로) 가난한, 빈곤한 [풀이] Having a difficult time making a living because of poverty(가난하여 생활하기가 어렵다)

[유] **가난하다**, **빈궁하다**(貧빈, 窮궁 궁하다·가난하다), **궁하다**(窮궁), **궁핍하다**(窮궁, 乏핍 모자라다·가난하다), **궁색하다**(窮궁, 塞색 막히다·곤궁하다), **곤궁하다**(困곤 곤하다·가난하다, 窮궁)

[예] 그는 하루 한 끼밖에 못 먹을 정도로 빈곤하다 / 겨울에 난방을 못 하고 추위에 떠는 빈곤한 이웃들을 돕자 / 빈곤은 인간의 기본적인 욕구를 비롯한 건강, 주거, 교육 등에서 최소한의 인간다운 삶을 사는 것을 위협한다

---

❶ **일거수일투족一擧手一投足** 한 일, 들 거, 손 수, 한 일, 던질 투, 발 족 [뜻] 손 한 번 들고 발 한 번 옮김 [풀이] 크고 작은 동작 하나하나
❷ **섬섬옥수纖纖玉手** 가늘 섬, 가늘 섬, 구슬(옥) 옥, 손 수 [뜻] 가늘고 옥처럼 아름다운 손 [풀이] 가늘고 옥처럼 고운 여자의 손

300 ★☆☆ ☐☐

후원하다
뒤에서 돕다
영 *sponsor
   **support

後후 뒤
援원 돕다

뒤(후)에서 · 돕다(원) ⤳ 뒤에서 도와주다

한자 ⊙**後후** 뒤·뒤떨어지다   ⊙**援원** 돕다·구원하다·당기다

연관 한자 ⊙**扶부** 돕다 | **輔보** 돕다·도움 | **補보** 꿰매다·돕다 | **佐좌** 돕다·보좌하다 | **協협** 화합하다·돕다 | **贊찬** 돕다 | **濟제** 돕다·구제하다 | **濟제** 건너다·돕다·구제하다 | **救구** 구원하다·돕다 | **護호** 돕다·보호하다 ⤳ 돕다는 뜻의 낱말을 만듦 ↪ 원조(援助) 보조(補助) 부조(扶助) 협조(協助) 협찬(協贊) 찬조(贊助) 구제(救濟) 구호(救護) 보좌(補佐·輔佐) 원호(援護)

한자 활용 ⊙援助원조, 救援구원, 支援지원, 援軍원군, 應援응원, 聲援성원, 請援청원, ❶孤立無援고립무원

영어 **sponsor** [spɑ́nsər]   **어원** 라틴어 sponsus(후원인, 증인)   **뜻** 후원자; 후원하다
support [səpɔ́ːrt]   **어원** sub(아래로) + port(옮기다)→아래에서 받치다   **뜻** (물리적인 지지에서 정신적 지지, 생활비의 유지에 이르기까지 넓은 뜻을 포함하여) 지원하다, 지지하다, 뒷받침하다, 돕다, 후원하다   **풀이** To stand behind another and help him/her(뒤에서 도와주다)

유 **원조하다**(援원 돕다, 助조 돕다), **지원하다**(支지 버티다·유지하다, 援원 돕다), **뒷받침하다**
예 이번 협약이 성사되기까지 정부의 적극적인 후원이 큰 역할을 했다 / 노인 복지 센터의 복지사가 여기저기에서 후원 받은 물품들을 *독거노인들에게 배달했다
* **독거**(獨독 홀로·혼자 居거 살다)   **혼자 삶**

---

301 ★☆☆ ☐☐

절충하다
서로 다른 의견을
알맞게 맞추다
영 *compromise

折절 타협하다
衷충 알맞다

타협하다(절) · 알맞다·타협하다(충) ⤳ 서로 다른 의견, 관점을 어느 편으로도 치우치지 않게 / *알맞게 맞추다

한자 ⊙**折절** 꺾다·꺾이다·값을 깎다·타협하다   **衷충** 속마음·*알맞다·타협하다
한자 활용 ⊙挫折좌절, 折半절반, 屈折굴절, 夭折요절, 曲折곡절, 骨折골절, 折枝절지, ❷九折羊腸구절양장

영어 **compromise** [kɑ́mprəmàiz]   **어원** com(함께) + promise(약속하다)   **뜻** 타협하다, 절충하다   **풀이** To adjust well different things, opinions, perspectives, etc., and bring them into a harmonious state(서로 다른 사물이나 의견, 관점 등을 알맞게 조절하여 서로 잘 어울리게 하다)

유 **타협하다**(妥타 마땅하다, 協협 협력하다)
예 그의 제안은 양측의 의견을 절충한 것으로서 모두를 만족시킬 만한 것이었다 / *여야는 정치적으로 민감한 여러 가지 문제들을 원만하게 절충하기 위하여 밤새워 논의했다
* **알맞다**(suitable[súːtəbəl])   (일정한 기준·조건·정도에 잘 맞아) 넘치거나 모자라지 않다
* **여야**(與여 더불다·같이하다·무리   野야 들판·민간) **여당**(與黨|government party | 정당 정치에서, 대통령을 배출하여 정권을 잡고 있는 정당)**과 야당**(野黨 | the opposition party | 정당 정치에서, 현재 정권을 잡고 있지 않은 정당)

---

❶ **고립무원孤立無援** 외로울 고, 설 립, 없을 무, 도울 원   **뜻** 도움도 받지 못한 채 외롭게 서 있음 **풀이** 고립되어(외따로 홀로 떨어져) 남의 도움을 받을 데가 전혀 없음

❷ **구절양장九折羊腸** 아홉 구, 꺾을 절, 양 양, 창자 장   **뜻** 아홉 번 굽은 양의 창자 **풀이** 대단히 구불구불하고 험한 산길

하이레벨 I - 중학 필수 어휘 **193**

---

302 ★☆☆ □□

논제
논의 주제

영 *subject

論論(논) 논의하다
題題 제목

논의하다(논)·제목(제) ⤳ 토론, 논설, 논문 따위의 / *논의 *주제

한자 **論論(논)** 논하다·*논의하다 　◉**題題** *제목·머리말
한자활용 ◉**主題**주제, **題**목, **問題**문제, **宿題**숙제, **課題**과제, **話題**화제, **論題**논제, **議題**의제

영어 **subject** [sʌ́bdʒikt] 　어원 sub(밑으로)＋ject(던져진)(생각·토론 등의) 　뜻 *주제; 과목; (행위·감정의) 대상(이 되는 사람, 것); 주어(主語) 　풀이 The subject of a debate or discussion(토론이나 논의의 주제)

유 **문제**(問 물을 문, 題題 제목), *제목(題題 제목, 目목 눈·제목·이름), **주제**(主주 주인, 題題 제목)

예 지금까지 '빈곤 국가 학교 짓기 후원 방법'을 논제로 다양한 의견을 나누어 보았습니다 / 학생들은 '학교 축제 때 학급 활동으로 무엇을 할 것인가'라는 논제로 토의했다 / 토의의 논제는 공동의 문제를 해결하기 위한 것이어야 하고, 논제로 다룰 만한 가치가 있는 것이어야 한다

* **논의하다**(≒의논하다 | 論논 議의 의논하다 | discuss[diskʌ́s]) 　서로 의견을 주고받다
* **주제**(主주 주인 題題 제목 | subject[sʌ́bdʒikt] theme[θiːm]) 　(대화·연구에서) **중심이 되는 문제**(subject). (소설·그림·영화 등의 예술 작품에서) **지은이가 표현하고자 하는 주된 생각**(theme)
* **제목**[=제] (題題 제목 目목 눈·제목·이름 | title[táitl]) 　(글·강연·공연·작품 등에서, 그것을 대표하거나 내용을 보이기 위해 붙이는) **이름**

---

303 ★★☆ □□

전락하다
나쁜 상황에 빠지다

轉전 구르다
落락(낙) 떨어지다

구르다(전)·떨어지다(락) ⤳ 나쁜 상황, 상태, 처지에 빠지다

한자 ◉**轉전** 구르다·회전하다·옮기다·바꾸다 　**落락(낙)** 떨어지다
한자활용 ◉**運轉**운전, **自轉車**자전거, **轉換**전환, **轉嫁**전가, **回轉**회전, **逆轉**역전, **轉移**전이, **轉位**전위, **反轉**반전, **好轉**호전, **轉機**전기, **轉向**전향, **轉學**전학, **轉科**전과, **轉役**전역, **轉勤**전근, **轉職**전직, **公轉**공전, **轉入**전입, **轉出**전출, **轉官**전관, **轉賣**전매, **轉禍爲福**전화위복, **起承轉結** 기승전결, ❶**輾轉反側**전전반측, ❷**心機一轉**심기일전

예 유명 연예인인 그는 도박에 빠져 한낱 범죄자로 전락하고 말았다 / 농토를 빼앗긴 농민들은 *소작인으로 전락하고 말았다 / 큰돈을 들여 만든 시설이 애물단지로 전락했다 / 한때 번창했던 이곳은 급격히 인구가 줄고 빈집이 늘면서 낙후 지역으로 전락하였다

* **소작인**(小소 작다 作작 짓다·농사 人인 사람) 일정한 돈을 내고 남의 땅을 빌려서 농사짓는 사람

---

❶ **전전반측輾轉反側** 돌아누울 전, 구를 전, 돌이킬 반, 옆 측 　뜻 이리저리 뒤척임 　풀이 근심과 걱정으로 누워서 몸을 뒤척이며 잠을 이루지 못함
❷ **심기일전心機一轉** 마음 심, 틀 기, 한 일, 구를 전 　뜻 마음의 틀이 한 번 바뀜 　풀이 이제까지 가졌던 마음가짐을 버리고 완전히 달라짐

1 다음 **국단어의 뜻**을 표로 정리하시오.

국단어	뜻	한자		영단어
착수하다		**着**착	**手**수	
빈곤하다		**貧**빈	**困**곤	
후원하다		**後**후	**援**원	
절충하다		**折**절	**衷**충	
논제		**論**논	**題**제	
전락하다		**轉**전	**落**락	–

2 다음 중 **援원**(돕다)과 뜻이 비슷한 한자가 **아닌** 것은?

① 扶부　② 輔보　③ 護호　④ 題제　⑤ 贊찬

3 다음 중 **貧빈**(가난하다)과 비슷한 뜻을 갖는 한자가 **아닌** 것은?

① 困곤　② 救구　③ 窮궁　④ 乏핍　⑤ 塞색

4 다음 중 **돕다**는 뜻을 갖는 낱말이 **아닌** 것은?

① 협찬(協贊)　② 상호(相互)　③ 구호(救護)　④ 부조(扶助)　⑤ 보조(補助)

5 다음 중 **가난하다**는 뜻을 갖는 낱말이 **아닌** 것은?

① 빈궁(貧窮)　② 곤궁(困窮)　③ 궁핍(窮乏)　④ 궁극(窮極)　⑤ 궁색(貧窮)

6 다음 문장을 읽고, 그 **뜻에 해당하는** 낱말을 쓰시오.

1　이제까지 가졌던 마음가짐을 버리고 완전히 달라짐 _____

2　가늘고 옥처럼 고운 여자의 손 _____

3　고립되어 남의 도움을 받을 데가 전혀 없음 _____

4　근심과 걱정으로 누워서 몸을 뒤척이며 잠을 이루지 못함 _____

7 빈칸에 알맞은 낱말을 넣어 문장을 완성하시오.

1　학생들은 '학교 축제 때 학급 활동으로 무엇을 할 것인가'라는 _____ 로 토의했다

2　농토를 빼앗긴 농민들은 소작인으로 _____ 하고 말았다

3　다음 달부터 새로운 제품 생산에 _____ 할 예정이다

4　여야는 정치적으로 민감한 여러 가지 문제들을 원만하게 _____ 하기 위하여 밤새워 논의했다

5　복지사가 여기저기에서 _____ 받은 물품들을 독거노인들에게 배달했다

6　그는 하루 한 끼밖에 못 먹을 정도로 _____ 하다

10주 3일

---

304 ★☆☆ □□

위장하다
거짓으로 꾸미다
영 *disguise

僞위 거짓
裝장 꾸미다

거짓(위)으로 · 꾸미다(장) ⟿ 원래의 모습, 속셈을 드러내지 않으려고 / 태도, 행동을 거짓으로 꾸미다

한자 ⊙**僞위** 거짓·속이다　**裝장** 꾸미다

한자활용 ⊙**虛僞**허위, **僞善**위선, **僞造**위조, **眞僞**진위, **僞證**위증, **僞作**위작

영어 disguise [disgáiz]　**어원** dis(반대) + guise((일반적인) 태도, 옷차림) → 태도[옷차림]을 달리하다　**뜻** 위장하다, 변장하다, 가장하다; (사실·의도·감정 등을 가장하여) 숨기다, 속이다 (hide, obscure)　**풀이** To fake the appearance of something or one's intentions so that they are not revealed(진짜 모습이나 생각 등이 드러나지 않도록 거짓으로 꾸미다)

유 가장하다(假가 거짓, 裝장 꾸미다)

예 약 5,000만 톤에 이르는 전자 폐기물의 절반 이상이 중고 전자 부품 등으로 교묘하게 위장되어 *개발 도상국으로 흘러들어 간다 / 그는 자신의 모습을 위장하기 위하여 가발을 쓰고 선글라스를 끼었다 / 가랑잎벌레, 가랑잎나비는 비슷한 색으로 위장하는 게 아니라 아예 나뭇잎처럼 생겼다

*개발 도상국(=개도국=저개발국 | **開개** 열다 **發발** 피다 **途도** 길 **上상** 위 **國국** 나라 | developing country[divéləpiŋ kʌ́ntri]　경제 발전이 진행 중인 나라. 산업의 근대화와 경제 개발이 선진국에 비하여 뒤떨어진 나라. 아시아, 아프리카, 중남미 등지의 여러 국가가 속하며, 과거에는 후진국이라 불렸음

---

305 ★☆☆ □□

회수하다
거두어들이다
영 *recover

回회 돌아오다
收수 거두다

돌아오다(회) · 거두다(수) ⟿ 내주었거나, 빌려주었던 것을 / 도로 거두어들이다

한자 **回회** 돌다·돌아오다　⊙**收수** 거두다·들이다·모으다·빼앗다·오그라들다

연관한자 **穫확** 거두다 | **斂렴(염)** 거두다 | **撤철** 거두다 | **拾습** 줍다·거두다 ⟿ 거두는 뜻을 갖는 낱말을 만듦 ↪ 수확(收穫) 수렴(收斂) 철수(撤收) 수습(收拾)

한자활용 ⊙**收穫**수확, **收斂**수렴, **收拾**수습, **吸收**흡수, **買收**매수, **押收**압수, **收縮**수축, **收奪**수탈, **領收證**영수증, **還收**환수, **沒收**몰수, **收入**수입, **收納**수납, **收金**수금, **收容**수용, **收益**수익, **秋收**추수, **徵收**징수, **撤收**철수, **收養**수양, **收容所**수용소, **收買**수매, **收合**수합, **收復**수복

영어 recover [rikʌ́vər]　**뜻** (기능·의식·건강 등을 정상 상태로) 되찾다, 회복하다(get better, regain); (유용한 물자를) 회수하다(reclaim)　**풀이** To take back what one has given or lent to another(내주었거나 빌려주었던 것을 도로 거두어들이다)

예 김 교수는 학생들에게 *배포한 설문지를 회수하여 검토하고 그 결과를 다음 학기의 강의에 반영할 계획이다 / 회사는 식중독균이 검출된 자사의 제품을 전량 회수하겠다고 발표했다

*배포(**配배** 나누다 **布포** 펴다 | distribution[dìstrəbjúːʃən])　(신문·책 등을) 널리 나누어 줌

악용하다
나쁜 일에 쓰다
영 *abuse

惡악 나쁘다
用용 쓰다

나쁘다(악)·쓰다(용) ⤳ 나쁜 일에 쓰다

[한자] ⊙惡(오) 악하다·나쁘다·(미워하다) **用용** 쓰다·일하다

[한자활용] ⊙惡臭악취, 惡夢악몽, 善惡선악, 邪惡사악, 劣惡열악, 獰惡영악, 惡辣악랄, 暴惡포악, 惡談악담, 發惡발악, 惡緣악연, 惡意악의, 惡循環악순환, 害惡해악, 惡黨악당, 惡質악질, 惡化악화, 惡筆악필, 凶惡흉악, 險惡험악, 醜惡추악, 惡運악운, 最惡최악, ❶勸善懲惡권선징악, ❷惡戰苦鬪악전고투, 嫌惡혐오, 憎惡증오, ❸羞惡之心수오지심

[영어] **abuse** [əbjúːz] [어원] ab(벗어나) + use(사용하다) [뜻] (사람·동물·몸의 일부를) 학대하다, 혹사하다(treat badly); (지위·특권·재능·호의·신뢰 등을) 남용하다, 악용하다, 오용하다
[풀이] To use or take advantage of something for a bad purpose(나쁜 일에 쓰거나 나쁘게 이용하다)

[예] 과학 지식이 선용되느냐 악용되느냐는 그 지식을 사용하는 사회에 달려 있다 / 그는 장기 이식법이 범죄에 악용될 *소지가 있다고 주장했다 / 교수들은 학교 측이 교수 재임용 제도를 교수 길들이기 도구로 악용하고 있다고 주장하였다 / 언론과 통신의 자유화가 자칫하면 특정 정권의 장기화와 독재화에 악용될 가능성도 있다 / 그들 일당은 사람들의 *호의를 악용하여 사기를 치고 다녔다

* **소지**(素소 본디 地지 땅) 문제가 되거나 부정적인 일 따위를 생기게 하는 원인. 또는 그렇게 될 가능성
* **호의**(≒선의(善意) | 好호 좋다 意의 뜻 | goodwill[gúdwíl] favor[féivər]) 친절한 마음씨. 어떤 대상을 좋게 생각해 주는 마음

무상
돈을 받지 않음

無무 없다
償상 갚다·보상

하지 않다(무)·갚다·보상(상) ⤳ 어떤 일이나 물건에 대한 값에 대해 요구하는 / 대가, 보상이 없음

[한자] **無무** 없다·아니다·~하지 않다 ⊙**償상** 갚다·돌려주다·상환하다·배상·보상

[한자활용] ⊙補償보상, 賠償배상, 償還상환, 辨償변상

[유] **무료**(無무, 料료 헤아리다·값)
[예] 회사는 이 제품을 구입하면 10년간 무상 수리를 받을 수 있다고 광고했다 / 백화점에서는 단골 고객들에게 주차 서비스를 무상으로 제공하고 있다 / 출판사에서는 농촌 돕기 운동 차원에서 참고서를 농촌 학생들에게 무상으로 배부했다

---

❶ **권선징악勸善懲惡** 권할 권, 착할 선, 징계할 징, 악할 악   [뜻] 착함을 권하고 악함을 징계함 [풀이] 착한 일은 권장하고 나쁜 일은 벌함
❷ **악전고투惡戰苦鬪** 악할 악, 싸울 전, 쓸 고, 싸움 투   [뜻] 전쟁의 상황이 나쁘고 싸움은 고전을 면치 못함 [풀이] 매우 나쁜 조건을 무릅쓰고 죽을힘을 다하여 싸움
❸ **수오지심羞惡之心** 부끄러울 수, 미워할 오, 어조사(~의) 지, 마음 심   [뜻] (잘못을) 부끄러워하고, (악을) 미워하는 마음 [풀이] 자기의 옳지 못함을 부끄러워하고 남의 착하지 못함을 미워하는 마음

308 ★☆☆ □□

이주하다
사는 집을 옮기다

영 *remove

移이 옮기다
住주 살다·사는 집

옮기다(이) · 사는 집(주) ⤳ 본래 살던 집에서 다른 집으로 / 사는 집(°거처)을 옮기다

[한자] **移이** 옮기다　**住주** 살다·거주하다·사는 집(°거처)

[영어] **remove** [rimú:v]　[어원] e(다시) + move(움직이다)　[뜻] 제거하다, 없애다(take away); (본래의 장소·위치를 떠나 새로운 곳으로 주거를) 옮기다, 이사하다　[풀이] **To leave a house where one has lived, and move to another house**(원래 살던 집을 떠나 다른 집으로 옮기다)

[유] **이사하다**(移이 옮기다, 徙사 옮기다)

[예] 일제 강점기, 많은 사람이 가난을 면하기 위해 만주로 이주하여 개척촌을 건설했다 / 농민들은 가난과 교육 등의 문제들로 인해 대대로 계승하던 농토를 버리고 도시로 이주하였다 / 투발루 정부는 2001년 '국토 포기 선언'을 하고 자국민을 오스트레일리아 등 이웃 국가에 이주시키기 시작했다

° **거처**(居거 살다 處처 곳·살다 | residence[rézidəns])　일정 기간 동안 자리 잡고 머물러 사는 장소

309 ★★☆ □□

상실하다
잃다

영 ***lose

喪상 잃다
失실 잃다

잃다(상) · 잃다(실) ⤳ 사람이 기억, 자격, 권리 따위를 / °잃다[없어지다 · 사라지다 · 빼앗기다]

[한자] **喪상** °잃다·죽다　◉**失실** °잃다·잘못하다·도망치다

[한자활용] ◉失敗실패, 過失과실, 損失손실, 失手실수, 失踪실종, 失墜실추, 失望실망, 失意실의, 遺失유실, 紛失분실, 消失소실, 失性실성, 失神실신, 失言실언, 失足실족, 失明실명, 失笑실소, 失業실업, 失職실직, 失格실격, 營養失調영양실조, ❶千慮一失천려일실, ❷小貪大失소탐대실, ❸茫然自失망연자실, ❹啞然失色아연실색

[영어] **lose** [luːz]　[뜻] (부주의 또는 생각 못했던 일 때문에) 잃다, 잃어버리다, 분실하다; (전쟁·시합 등에서) 지다, 패하다(fail to win); (사고·노령·사망 등으로 능력·건강·명성·인내력 따위) 잃다, 상실하다　[풀이] **lose To lose a certain quality, value, etc., or make it disappear**(어떤 성질이나 가치 등을 잃어버리거나 사라지게 하다)

[예] 사고로 기억을 상실한 그녀는 아무도 알아보지 못했다 / 주력 부대가 참패했다는 소식을 듣고 병사들은 전의를 상실했다 / 나라의 주권을 빼앗기면 외교권도 상실하게 된다

° **잃다**　(지니고 있던 것이나, 누리고 있던 것을) **빼앗기거나 없어져 차지하지 못하게 되다**

---

❶ **천려일실千慮一失** 일천 천, 생각할 려, 한 일, 잃을 실　[뜻] 천 가지 생각 중의 한 가지 실수　[풀이] 아무리 지혜롭다 하더라도 생각을 많이 하다보면 하나쯤 실수가 있게 마련임

❷ **소탐대실小貪大失** 작을 소, 탐할 탐, 큰 대, 잃을 실　[뜻] 작은 것을 탐하다가 큰 것을 잃게 됨　[풀이] 작은 이익에 욕심을 내다가 큰 손실을 입음. 작은 이익에 정신을 팔다가 오히려 큰 손해를 보게 되는 어리석음

❸ **망연자실茫然自失** 멍할 망, 그럴 연, 스스로 자, 잃을 실　[뜻] 실의에 빠져 자신을 잃어버림　[풀이] (해결할 방법이 없는 일이 벌어져) 어찌해야 할지 몰라서 정신을 잃고 멍하여 우두커니 있음

❹ **아연실색啞然失色** 벙어리 아, 그럴 연, 잃을 실, 빛 색　[뜻] 말을 잃고 얼굴빛이 변함　[풀이] 뜻밖의 일에 너무 놀라서 말문이 막히고 얼굴빛이 변함

1 다음 **국단어의 뜻**을 표로 정리하시오.

국단어	뜻	한자		영단어
위장하다		僞위	裝장	
회수하다		回회	收수	
악용하다		惡악	用용	
무상		無무	償상	−
이주하다		移이	住주	
상실하다		喪상	失실	

2 다음 중 **收수**(거두다)와 뜻이 비슷한 한자가 **아닌** 것은?

① 穫확　② 斂렴　③ 撤철　④ 配배　⑤ 拾습

3 다음 중 **거두다**는 뜻을 갖는 낱말이 **아닌** 것은?

① 수렴(收斂)　② 철수(撤收)　③ 수확(收穫)　④ 소지(素地)　⑤ 수습(收拾)

4 다음 문장을 읽고, 그 **뜻에 해당하는 낱말**을 쓰시오.

1 아무리 지혜롭다 하더라도 생각을 많이 하다보면 하나쯤 실수가 있게 마련임 _____

2 자기의 옳지 못함을 부끄러워하고 남의 착하지 못함을 미워하는 마음 _____

3 매우 나쁜 조건을 무릅쓰고 죽을힘을 다하여 싸움 _____

4 뜻밖의 일에 너무 놀라서 말문이 막히고 얼굴빛이 변함 _____

5 착한 일은 권장하고 나쁜 일은 벌함 _____

6 해결 방법이 없어서 어찌해야 할지 몰라서 정신을 잃고 멍하여 우두커니 있음 _____

7 작은 이익에 정신을 팔다가 오히려 큰 손해를 보게 되는 어리석음 _____

5 빈칸에 알맞은 낱말을 넣어 문장을 완성하시오.

1 나라의 주권을 빼앗기면 외교권도 _____ 하게 된다

2 가랑잎벌레, 가랑잎나비는 비슷한 색으로 _____ 하는 게 아니라 아예 나뭇잎처럼 생겼다

3 출판사에서는 농촌 돕기 운동 차원에서 참고서를 농촌 학생들에게 _____ 으로 배부했다

4 언론과 통신의 자유화가 자칫하면 특정 정권의 장기화와 독재화에 _____ 될 가능성도 있다

5 일제 강점기, 많은 사람이 가난을 면하기 위해 만주로 _____ 하여 개척촌을 건설했다

6 회사는 식중독균이 검출된 자사의 제품을 전량 _____ 하겠다고 발표했다

10주 4일

310 ★☆☆ ☐☐

융해
녹아서 풀어짐
고체가 녹아서 액체로
변함
영 *fusion

融용 녹다
解해 풀다·녹이다

녹다(융)·풀다·녹이다(해) ⟿ 녹아서 풀어짐 또는 고체가 열을 받아 녹아서 액체로 변하는 현상

[한자] ⊙融용 녹다·화하다·융합하다·왕성하다·유통하다 解해 풀다·녹이다·깨닫다·해체하다

[연관한자] ⊙溶용 녹다 | 熔용 (쇠를) 녹이다 | 鎔용 (쇠를) 녹이다

[한자활용] ⊙融合융합, 核融合핵융합, 金融금융, 融通性융통성, 融和융화, 溶融용융, 鎔融용융

[영어] **fusion** [fjúːʒən] [뜻] 용해, 융해; (정당·당파 등의) 연합; 결합, 융합; 핵융합 [풀이] A state change occurs when a substance in a solid state absorbs energy and becomes a liquid(고체 상태의 물질이 에너지를 흡수하여 액체로 상태 변화가 일어나는 일)

[유] **용융**(용鎔 쇠 녹이다, 용融 녹다), **액화**(액液 진액, 화化 되다)

[예] 고체 상태의 초콜릿이 녹아서 액체 상태가 되는 것처럼 **고체가 액체로 되는 현상**을 융해라고 한다 / **녹는점**에서는 융해가 일어나며, 이때 흡수한 열에너지는 물질의 상태를 변화하는 데 모두 사용되므로 온도는 일정하게 나타난다 / 얼음이 융해할 때 주변의 열에너지를 흡수하여 주변 온도가 낮아진다

---

311 ★☆☆ ☐☐

응고
액체가 고체로 변함
영 *solidification

凝응 엉기다·굳다
固고 굳다

엉기다·굳다(응)·굳다(고) ⟿ 액체 따위가 엉겨 뭉쳐 딱딱하게 굳어짐 또는 액체가 고체로 되는 현상

[한자] 凝응 엉기다(한 덩어리가 되면서 굳어지다)·얼어붙다·굳다 ⊙固고 굳다·단단하다·원래

[연관한자] ⊙堅견 굳다 | 硬경 굳다 | 確확 굳다 | 鞏공 굳다 ⟿ 굳다는 뜻을 갖는 낱말을 만듦 ↦ 견고(堅固) 공고(鞏固) 확고(確固)

[한자활용] ⊙堅固견고, 確固확고, 鞏固공고, 固守고수, 固着고착, 固執고집, 固執不通고집불통, 頑固완고, 固定고정, 固滯고체, 固形物고형물, 純固순고, 固有고유, ❶確固不動확고부동

[영어] **solidification** [səlìdəfəkéiʃən] [어원] solid(고체의)+-fication(…하기, …화) [뜻] 응고; 단결 [풀이] The state change in which the liquid cools and which becomes solid (액체가 냉각되어 고체가 되는 상태 변화)

[예] 액체 상태의 초콜릿을 냉각하면 굳어서 고체 상태로 변하는데, 이처럼 **액체가 고체로 되는 현상**을 응고라고 한다 / 물질이 액체에서 고체로 응고할 때는 열에너지를 방출하기 때문에 ❷어는점에서 온도는 낮아지지 않고 일정하게 유지된다 / 이글루 안쪽에 물을 뿌리면 따뜻해지는 까닭은 물이 얼음으로 응고하면서 열에너지를 방출하기 때문이다

---

❶**확고부동確固不動** 굳을 확, 굳을 고, 아니 불, 움직일 동 　[뜻] 굳어서 움직이지 않음 　[풀이] 뜻이 분명하고 단단하여 결코 움직이지 않음
❷**어는점(the freezing point)** 　물질이 액체에서 고체로 상태 변화할 때 일정하게 유지되는 온도

승화
고체가 기체로 변함
기체가 고체로 변함
영 *sublimation

昇승 오르다
華화 빛나다

고체가 액체 상태를 거치지 않고 곧바로 기체로 변함 또는 기체가 액체 상태를 거치지 않고 곧바로 고체로 변함

[한자] **昇승** (해가)오르다·(지위가)오르다 ◎**華화** 빛나다·화려하다·꽃

[한자활용] ◎榮華영화, 華麗화려, 華奢화사, 豪華호화, 落華낙화, ❶富貴榮華부귀영화, ❷拈華微笑염화미소, ❸外華內貧외화내빈

[영어] **sublimation** [sʌbləméiʃən] 뜻 승화 풀이 The process of changing from a solid to a gas without passing through a liquid phase; the direct change from a gas to a solid(고체가 액체가 되는 일 없이 곧바로 기체로 변함. 또는 기체가 곧바로 고체로 변함)

[예] 액체를 거치지 않고 **고체에서 바로 기체로 상태가 변하는 현상**을 승화라고 한다 / 기온이 낮아지면 기체 상태의 수증기가 차가운 물체의 표면에 달라붙어 얼음으로 변하는데, **기체가 고체로 되는 현상**도 승화라고 한다 / 고체 상태의 드라이아이스가 기체 상태의 이산화 탄소로 승화할 때 주변의 열에너지를 흡수하기 때문에 상자 안의 온도가 낮아져 아이스크림이 잘 녹지 않는다

침해하다
침범하여 해를 끼치다
영 *violate

侵침 침범하다
害해 해치다

침범하다(침) · 해치다(해) ⤳ 다른 사람의 권리나 재산 따위를 / 함부로 *침범하여 손해를 끼치다

[한자] **侵침** 침범하다·습격하다 ◎**害해** 해치다·해롭다

[한자활용] ◎被害피해, 妨害방해, 損害손해, 災害재해, 傷害상해, 利害이해, 弊害폐해, 寒害한해, 冷害냉해, 殺害살해, 沮害저해, 迫害박해, 加害가해, 自害자해, 害蟲해충, 公害공해, 害毒해독, 病蟲害병충해, 有害性유해성, 有害物유해물, ❹利害打算이해타산, 百害無益백해무익

[영어] **violate** [váiəlèit] 뜻 (법률·조약·협정·지시·약속·양심 등을) 어기다, 위반하다(infringe, break, transgress); (권리·사생활 등을 부당하게) 침해하다(break in upon, disturb) 풀이 To take and cause harm to someone's land, country, right, property, etc(남의 땅이나 권리, 재산 등을 범하여 해를 끼치다)

[예] 개인의 자유는 타인의 권리를 침해하지 않는 범위 내에서 실현되어야 한다 / 정보화가 진행되는 과정에서 개인 정보의 유출로 사생활 침해가 늘어나는 문제점이 나타났다 / 자유를 지나치게 강조하면 불평등이 심해지고, 평등을 지나치게 강조하면 자유가 침해될 수 있다

• **침범하다**(**侵침** 침범하다 **犯범** 침범하다)   (남의 영토, 권리, 재산·신분 따위를) **빼앗거나 해를 끼치다**

---

❶ **부귀영화富貴榮華** 부유할 부, 귀할 귀, 영화 영, 빛날 화   풀이 재산이 많고 지위가 높으며 귀하게 되어서 몸이 세상에 드러나고 이름이 빛남
❷ **염화미소拈華微笑** (손으로)집을 념, 빛날 화, 작을 미, 웃을 소   뜻 꽃을 집어 들고 미소를 지음 풀이 말로 통하지 않고 마음에서 마음으로 전하는 일≒염화시중(拈華示衆)
❸ **외화내빈外華內貧** 겉 외, 화려할 화, 속 내, 가난할 빈   뜻 겉은 화려해 보이나 속은 가난함 풀이 실제로는 아무것도 없으면서 겉모습만 요란한 모양
❹ **이해타산利害打算** 이로울 리(이), 해로울 해, 칠·셈할 타, 셈 산   풀이 이로움과 해로움을 이리저리 따져 헤아리는 일

10주 4일

---

314 ★☆☆ □□

배열
나누어 늘어놓음
영 **arrangement

配배 나누다
列열(렬) 늘어놓다

나누다(배) · 늘어놓다(열) ⁓ 일정한 순서, 간격에 따라 / 나누어 늘어놓음

한자 **配배** 나누다·짝짓다·걸맞다·아내 　◉**列열(렬)** 벌이다·늘어놓다·차례·진열하다

한자활용 ◉直列직렬, 竝列병렬, 行列행렬, 數列수열, 順列순열, 羅列나열, 列擧열거, 序列서열, 系列계열, 列車열차, 陳列진열, 隊列대열, 整列정렬, 一列일렬, 列外열외

영어 **arrangement** [əréindʒmənt] 　어원 ar(…을 위해)+range(정리하다)+-ment(명사를 만듦) 　뜻 배열, 배치; 정리, 정돈; 협정, 합의(agreement) 　풀이 **The act of lining something up in a certain order or spacing**(일정한 순서나 간격으로 죽 벌여 놓음)

유 **나열**(羅나 벌이다, 列열 벌이다)

예 고체가 액체로 되면 입자의 움직임이 활발해져 규칙적이던 배열이 흐트러지고, 입자 사이의 거리가 멀어진다 / 물이 상태 변화할 때 물을 이루고 있는 입자의 종류는 변하지 않고 배열만 달라진다

---

315 ★☆☆ □□

방출하다
물질이 에너지를
밖으로 내보내다
영 *emit

放방 내놓다
出출 내놓다

내놓다(방) · 내놓다(출) ⁓ 물질이 에너지를 / 열, 빛, 전파의 형태로 밖으로 내보내다

한자 **放방** 놓다·내놓다·내쫓다·빛을 내다 　**出출** 태어나다·나가다·떠나다·내놓다

영어 **emit** [imít] 　어원 라틴어 e-(밖으로)+mittere(보내다) 　뜻 (빛·열·냄새·소리 따위를) 내다, 내뿜다, 방출하다 　풀이 **To send out light, heat, etc., to the outside**(빛이나 열 등을 밖으로 내보내다)

예 기체에서 액체로 **액화**하거나 액체에서 고체로 응고할 때, 기체에서 고체로 **승화**할 때는 열에너지를 방출한다 / 땅속에서 어떤 원인에 의해 에너지가 축적되면 방출도 일어나는데 그 현상 중 하나가 **지진**이다 / 태양에서는 전기를 띤 입자들의 흐름인 **태양풍**이 방출되는데, 태양 활동이 활발한 시기에는 태양풍이 강해져 인공위성을 고장 내거나 지상에 대규모 정전을 일으킬 수도 있다

---

316 ★☆☆ □□

편재
한곳에 치우쳐 있음

偏편 치우치다
在재 있다·존재하다

치우치다(편) · 있다(재) ⁓ 균형을 잃고 / 한곳에 치우쳐 있음

한자 **偏편** 치우치다·쏠리다·몰리다 　◉**在재** 있다·존재하다

한자활용 ◉現在현재, 實在실재, 不在부재, 潛在잠재, 內在내재, 在外재외, 所在소재, 在籍재적, 在野재야, 在任재임, 在職재직, 殘在잔재, 散在산재, 在學재학, 在位재위, 健在건재, ❶人命在天인명재천

예 석유, 철광석, 구리 등과 같은 천연자원은 지구상에 고르게 분포하지 않고 일부 지역에 편재하는 경향이 있다 / 국가의 중요한 기능이 수도권에 편재해 있는 현실에 대하여 우려의 목소리가 높다

---

❶ **인명재천人命在天** 사람 인, 목숨 명, 있을 재, 하늘 천 　뜻 사람 목숨이 하늘의 뜻에 달림 　풀이 죽고 사는 문제를 인간의 힘으로 어찌할 수 없음

일일평가

1 다음 **국단어의 뜻**을 표로 정리하시오.

국단어	뜻	한자		영단어
융해		融융	解해	
응고		凝응	固고	
승화		昇승	華화	
침해하다		侵침	害해	
배열		配배	列열	
방출하다		放방	出출	
편재		偏편	在재	−

2 다음 중 **固고(굳다)**와 비슷한 뜻을 갖는 한자가 **아닌** 것은?

① 羅나　② 堅견　③ 硬경　④ 確확　⑤ 鞏공

3 다음 문장을 읽고, 그 **뜻에 해당하는 낱말**을 쓰시오.

1 말로 통하지 않고 마음에서 마음으로 전하는 일 _____

2 이로움과 해로움을 이리저리 따져 헤아리는 일 _____

3 죽고 사는 문제를 인간의 힘으로 어찌할 수 없음 _____

4 재산이 많고 지위가 높으며 귀하게 되어서 몸이 세상에 드러나고 이름이 빛남 _____

5 실제로는 아무것도 없으면서 겉모습만 요란한 모양 _____

6 뜻이 분명하고 단단하여 결코 움직이지 않음 _____

4 빈칸에 알맞은 낱말을 넣어 문장을 완성하시오.

1 기온이 낮아지면 기체 상태의 수증기가 차가운 물체의 표면에 달라붙어 얼음으로 변하는데, **기체가 고체로 되는 현상**도 _____ 라고 한다

2 국가의 중요한 기능이 수도권에 _____ 해 있는 현실에 대하여 우려의 목소리가 높다

3 물질이 액체에서 고체로 _____ 할 때는 열에너지를 방출하기 때문에 어는점에서 온도는 낮아지지 않고 일정하게 유지된다

4 기체에서 액체로 **액화**하거나 액체에서 고체로 **응고**할 때, 기체에서 고체로 **승화**할 때는 열에너지를 _____ 한다

5 물이 상태 변화할 때 물을 이루고 있는 입자의 종류는 변하지 않고 _____ 만 달라진다

6 **녹는점**에서는 _____ 가 일어나며, 이때 흡수한 열에너지는 물질의 상태를 변화하는 데 모두 사용되므로 온도는 일정하게 나타난다

7 개인의 자유는 타인의 권리를 _____ 하지 않는 범위 내에서 실현되어야 한다

10주 5일

317 ★☆☆ □□

구제하다
돕거나 구하다
영 *aid

救구 돕다·구하다
濟제 돕다·구제하다

돕다·구하다(구) · 돕다·구제하다(제) ～ 재해를 입거나, 어려운 처지에 있는 / 사람을 돕거나 *구하다

한자 ◉**救구** 건지다·돕다·구하다·구원하다　**濟제** 건너다·돕다·구제하다

연관한자 ◉**扶부** 돕다 | **輔보** 돕다·도움 | **補보** 꿰매다·돕다 | **佐좌** 돕다·보좌하다 | **援원** 돕다·구원하다 | **贊찬** 돕다 | **濟제** 건너다·돕다·구제하다 | **助조** 돕다 | **護호** 돕다·보호하다 ～ 돕다는 뜻의 낱말을 만듦 ↔ 원조(援助) 보조(補助) 부조(扶助) 찬조(贊助) 구호(救護) 보좌(補佐·輔佐) 원호(援護)

한자활용 ◉救援구원, 救助구조; 救護구호, 救恤구휼, 救急구급, 救出구출, 救命구명, 救國구국, 自救策자구책, ❶救世濟民구세제민, 救荒구황, 救荒作物구황작물

영어 **aid** [eid]　뜻 (단체·국가 등이 재정적으로) 원조하다, (적극적으로) 돕다; 도움; 원조, 지원　풀이 To help someone in a difficult situation(어려운 처지에 놓인 사람을 도와주다)

유 **구하다**(救구), **구원하다**(救구, 援원 돕다·구원하다)

예 법은 국가나 다른 사람이 개인의 권리를 함부로 침해하는 것을 막고, 권리가 침해되었을 때 이를 구제해 줌으로써 개인의 권리를 보호해 준다 / 일상생활을 하다 보면 빌려준 돈을 받지 못하거나 상대방이 계약을 어겨 손해를 입는 일이 발생할 수 있는데, 이때 민사 재판을 통해 권리를 구제 받을 수 있다 / 복지 정책의 사각지대에 있는 소외층을 구제할 제도의 마련이 시급하다

*• **구하다**(救구 | rescue[réskjuː]) (어떤 사람이 다른 사람을) 도와 어려움에서 벗어나게 하다

---

318 ★★★ □□

규정하다
법으로 정하다
영 *prescribe

規규 법
定정 정하다

법(규) · 정하다(정) ～ 여러 사람이 함께 지키기로 / 법으로 정하다

한자 **規규** 법·법규·법칙·바로잡다　**定정** 정하다·바로잡다·안정시키다

영어 **prescribe** [priskráib]　어원 pre(앞에) + scribe(쓰다)　뜻 (약을) 처방하다; (규칙·방침으로서) 정하다, 규정하다(ordain)　풀이 To lay something down as a rule(규칙·법칙으로 정하다)

예 법에는 개인에게 어떤 권리가 있는지, 권리를 침해당했을 때 어떻게 구제받을 수 있는지가 명확히 규정되어 있다 / **노동법**은 근로자를 보호할 목적으로 근로자의 권리와 근로 조건 등을 규정하고, 근로자와 사용자 간의 이해관계를 조정하기 위해 만든 법이다 / 우리나라에서는 공정한 재판을 위해 **공개** 재판주의와 **증거** 재판주의를 재판의 기본 원칙으로 규정하고 있다

---

❶ **구세제민救世濟民** 구원할 구, 세상 세, 건질 제, 백성 민　뜻 세상 사람을 구제함　풀이 어지러운 세상을 구원하고 고통받는 백성을 구제함

공정하다
공평하고 올바르다
영 *fair

公공 공평하다
正정 올바르다

공평하다(공)·올바르다(정) ⤳ 어느 쪽으로도 치우치지 않아 / 공평하고 올바르다

[한자] ◉**公공** 공평하다·공적(公的)인 것·함께하다·여럿 **正정** 바르다·정당하다·올바르다

[한자활용] ◉公共공공, 公園공원, 公私공사, 公開공개, 公約공약, 公式공식, 公募공모, 公衆공중, 公益공익, 公平공평, 公訴공소, 公理공리, 公公然공공연, 公演공연, 公務員공무원, 忠武公충무공

[영어] **fair** [fɛər] [뜻] (모든 편이 똑같다는 일반적인 의미로) 공정한, 공평한(just, impartial); 박람회 [풀이] Being objective and right, not being one-sided(한쪽으로 치우치지 않고 객관적이고 올바르다)

[예] 우리나라는 하급 법원의 판결에 불복하는 사람이 상급 법원에 다시 재판을 청구할 수 있는 **심급 제도**를 운영하여 공정한 재판을 추구한다 / 관중들은 심판이 경기를 공정하게 심판하지 않는다고 항의했다 / 한쪽의 의견만 듣고 반대쪽의 의견을 무시하면 공정한 판단을 내릴 수 없다

직면하다
바로 앞에서 마주하다
영 ***face
**confront

直직 마주하다
面면 대면하다

마주하다(직)·대면하다(면) ⤳ 어떤 일, 상황과 / 정면으로 *마주하다

[한자] **直직** 곧다·바르다·마주하다·즉시 ◉**面면** 얼굴·표정·평면·모양·앞(면전)·대면하다

[연관한자] ◉**顏안** 낯·얼굴 | **容용** 얼굴·모양·용모 | **貌모** 모양·얼굴 ⤳ 얼굴을 뜻하는 낱말을 만듦 ↳ 안면(顏面) 용모(容貌) 면모(面貌) 용안(容顏)

[한자활용] ◉면면面面, 일면식一面識, 안면顏面, 면목面目, 면접面接, 장면場面, 가면假面, 방면方面, 면담面談, 대면對面, 외면外面, 양면兩面, 화면畫面, 정면正面, 당면當面, 수면水面, 면도面刀, 면상面相, 체면體面, 면적面積, 면전面前

[영어] **face** [feis] [뜻] (인간·동물의) 얼굴; (표정으로서의) 얼굴 모습(look); (곤란·문제·위험에) 직면하다 **confront** [kənfrʌ́nt] [어원] con(함께)+front(이마를 맞대다) [뜻] (사람·사물을 정면으로) 직면하다, 맞닥뜨리다, 마주치다(meet face to face); (적·위험 따위에 용감하게) 대항하다, 맞서다(face defiantly, oppose) [풀이] **To experience an incident, situation, etc., personally**(어떠한 일이나 상황 등을 직접 당하거나 접하다)

[예] 계속되는 인구 급증으로 세계는 식량 위기에 직면하게 될지도 모른다 / 농경 사회가 산업 사회로 변화되는 과정에서 인류는 새로운 문제들에 직면했다 / 열대 우림 지역의 파괴는 온실 효과, 오존층 파괴와 함께 현재 인류가 직면하고 있는 가장 심각한 환경 문제의 하나로 손꼽히고 있다

* **마주하다**(confront[kənfrʌ́nt]) 서로 정면으로 대하다

321 ★★☆ □□

가공하다
재료를 보태어 물건을
만들다

加가 더하다·보태다
工공 만들다

더하다·보태다(가) · 인공·만들다(공) ⤳ 원료, 재료를 보태어 / 새로운 물건(제품, 물품)을 만들다

[한자] ◉**加가** 더하다·보태다·높이다 **工공** 장인·일·솜씨·공업·인공·만들다

[연관한자] ◉**增증** 더하다·많아지다 │ **添첨** 더하다 │ **益익** 더하다·이롭다 ↪ 증가(增加) 첨가(添加)

[한자활용] ◉增加증가, 添加첨가, 追加추가, 参加참가, 加入가입, 加算가산, 加擔가담, 加減가감, 加熱가열, 加速度가속도, ❶雪上加霜설상가상, ❷走馬加鞭주마가편

[예] 이 회사는 외국에서 수입한 재료를 가공하여 다시 수출하는 일을 한다 / 스텝 기후 지역의 주민들은 가축에서 얻은 젖으로 가공한 유제품이나 고기를 주로 먹는다 / 1차 에너지란 주로 가공되지 않은 천연 상태에서 얻을 수 있는 형태의 에너지를 말한다 / 이 회사의 오렌지주스는 미국산 오렌지를 가공하여 만든다

---

322 ★☆☆ □□

수송
실어 옮김
영 *transportation

輸수 보내다
送송 보내다

보내다(수) · 보내다(송) ⤳ 기차, 항공기, 배, 자동차 등의 °운송 수단으로 / 사람, 물건을 실어 옮김

[한자] ◉**輸수** 보내다·나르다·옮기다 **送송** 보내다·전달하다·배웅하다

[연관한자] ◉**餞전** 보내다 │ **運운** 옮기다·나르다(운반하다) │ **送송** 보내다 │ **遣견** 보내다 ⤳ 나르다는 뜻을 갖는 낱말을 만듦 ↪ 수송(輸送) 운송(運送) 운수(運輸)

[한자활용] ◉輸入수입, 輸出수출, 運輸운수, 輸血수혈, 密輸밀수

[영어] **transportation** [trænspɔːrtéiʃən] [어원] trans (맞은편으로) + port(운반하다)+-ation(「…의 동작」의 뜻의 명사를 만듦) [뜻] 수송, 운송; 수송 수단, 운송 수단(means of transport) [풀이] **The act of delivering a person or object by train, car, ship, airplane, etc**(기차, 자동차, 배, 비행기 등으로 사람이나 물건을 실어 옮김)

[유] **운송**(運운 옮기다, 送송 보내다), 운수(運輸)

[예] 석탄과 같은 광물의 수송 수단으로는 철도가 대표적이다 / 귀성객 수송을 위해 임시 열차가 편성되었다 / 수해 지역의 주민에게 의약품과 생필품이 항공편으로 수송되었다 / 조선 시대에 우리나라의 물자는 주로 하천 교통을 이용해 수송됐다

° **운송**(運운 옮기다 **送송** │ transportation[trænspərtéiʃə]) 화물·사람을 일정한 장소에서 다른 장소로 나르는 일

---

❶ **설상가상雪上加霜** 눈 설, 위 상, 더할 가, 서리 상   [뜻] 눈 위에 서리가 내림 [풀이] 어려운 일이 잇따라 여러 번 일어남

❷ **주마가편走馬加鞭** 달릴 주, 말 마, 더할 가, 채찍 편   [뜻] 달리는 말에 채찍을 가함 [풀이] 지금도 열심히 잘하고 있지만 더욱 노력하도록 다그치는 모습

1 다음 **국단어의 뜻**을 표로 정리하시오.

국단어	뜻	한자		영단어
구제하다		救구	濟제	
규정하다		規규	定정	
공정하다		公공	正정	
직면하다		直직	面면	
가공하다		加가	工공	−
수송		輸수	送송	

2 다음 중 **輸수(보내다)**와 뜻이 비슷한 한자가 **아닌** 것은?

① 運운　② 送송　③ 扶부　④ 遣견　⑤ 餞전

3 다음 중 **더하다**는 뜻을 갖는 한자가 **아닌** 것은?

① 限한　② 增증　③ 加가　④ 添첨　⑤ 益익

4 다음 중 **돕다**는 뜻을 담고 있는 낱말이 **아닌** 것은?

① 찬조(贊助)　② 구호(救護)　③ 원호(援護)　④ 운수(運輸)　⑤ 보좌(補佐)

5 다음 중 **얼굴**을 뜻하는 낱말이 **아닌** 것은?

① 안면(顏面)　② 용모(容貌)　③ 면전(面前)　④ 용안(容顏)　⑤ 면모(面貌)

6 다음 문장을 읽고, 그 **뜻에 해당하는 낱말**을 쓰시오.

1 어려운 일이 잇따라 여러 번 일어남 _____

2 지금도 열심히 잘하고 있지만 더욱 노력하도록 다그치는 모습 _____

3 어지러운 세상을 구원하고 고통받는 백성을 구제함 _____

7 빈칸에 알맞은 낱말을 넣어 문장을 완성하시오.

1 조선 시대에 우리나라의 물자는 주로 하천 교통을 이용해 _____ 됐다

2 **1차 에너지**란 주로 _____ 되지 않은 천연 상태에서 얻을 수 있는 형태의 에너지를 말한다

3 우리나라는 하급 법원의 판결에 불복하는 사람이 상급 법원에 다시 재판을 청구할 수 있는

_____ **제도**를 운영하여 _____ 한 재판을 추구한다

4 계속되는 인구 급증으로 세계는 식량 위기에 _____ 하게 될지도 모른다

5 복지 정책의 사각지대에 있는 소외층을 _____ 할 제도의 마련이 시급하다

6 우리나라는 공정한 재판을 위해 **공개** 재판주의와 **증거** 재판주의를 재판의 기본 원칙으로 _____

하고 있다

11주 1일

---

323 ★☆☆ ☐☐

조력
밀물과 썰물 차이로
생기는 힘

潮조 밀물과 썰물
力력(역) 힘

밀물과 썰물(조) 차이로 생기는 • 힘(력) ∼ •조수(바다의 •밀물과 •썰물)의 / 높이
차이로 생기는 힘

[한자] ◉潮조 밀물·•조수·바닷물·밀물이 들어오다 力력(역) 힘

[한자활용] ◉•潮水조수, 潮流조류, 干潮간조, 滿潮만조, 潮差조차, 潮汐조석, 滿潮만조, 防潮堤방조제,
落潮낙조, 高潮고조, 最高潮최고조, 赤潮적조, 思潮사조, 防潮堤방조제

[예] 조력 발전은 밀물과 썰물의 수압 차를 이용하여 전기를 생산하는 발전 방식이다 /
이곳은 •조석 간만의 차가 커서 조력 발전을 하기에는 최적의 장소로 꼽힌다

• **조수**(潮조 조수 水수 물 | tide[taid])   달의 인력 때문에 주기적으로 밀려들었다가 빠져나가는
바닷물. 밀물과 썰물

• **밀물**   바닷물이 주기적으로 밀려 들어와서 해수면이 높아지는 현상. 또는 그 바닷물

• **썰물**(=낙조)   바닷물이 주기적으로 밀려나가서 해수면이 낮아지는 현상. 또는 그 바닷물

• **조석 간만**(朝조 아침 夕석 저녁 干간(건) 마르다 滿만 가득 차다)   **아침저녁의 간조**(干潮:
조수가 빠져 바다의 수면이 가장 낮게 된 상태)**와 만조**(滿潮: 밀물이 꽉 차서 해면의 수위가 가장
높게 된 상태)를 아울러 이르는 말

---

324 ★☆☆ ☐☐

조차
밀물과 썰물 때의
높이 차이

潮조 밀물과 썰물
差차 다르다

밀물과 썰물(조) • 다르다(차) ∼ 밀물 때와 썰물 때의 / 바닷물 표면의 높이 차이

[한자] 潮조 밀물·조수·바닷물·밀물이 들어오다   ◉差차 다르다·어긋나다·차별·등급·보내다

[연관한자] ◉異이 다르다 | 他타 다르다 | 別별 나누다·다르다 | 殊수 다르다 ↔ 차이(差異) 차별(差別)

[한자활용] 差別차별, 差異차이, 差等차등, 隔差격차, 差出차출, 差度차도, 快差쾌차, 時差시차, 等差
등차, 公差공차, 階差계차, 誤差오차, 偏差편차, 差減차감, 格差격차, ❶咸興差使함흥차사,
❷天壤之差천양지차, 千差萬別천차만별

[예] 조력 에너지를 생산할 수 있는 곳은 조차가 큰 해안 지역이어야 한다 / 조차는 밀물과
썰물 때의 해수면 높이 차이로, 조차가 클수록 갯벌의 범위가 넓어진다 / 우리나라의
서해안과 남해안은 조차가 커서 해안 습지인 갯벌이 발달하였다

---

325 ★☆☆ ☐☐

자아
나, 자신, 자기
영 *ego

自자 자기
我아 나

자기(자) • 나(아) ∼ 세상에 대한 인식이나 행동의 주체가 되는 / 자기

[한자] 自자 스스로·몸소·자기·저절로   ◉我아 나·우리·굶주리다

[한자활용] ◉無我무아, 我執아집, 彼我피아, 我軍아군, 唯我獨尊유아독존, ❸我田引水아전인수, 物我一體
물아일체, 自我陶醉자아도취, 自我實現자아실현

[영어] **ego** [í:gou, égou]   [뜻] 자기, 자아(the self, the 'I'); (지나친) 자부심(자만)(conceit,
egotism); 자존심(self-esteem)   [풀이] **The subject that understands the world and
controls behavior**(세상에 대한 인식이나 행동의 주체가 되는 자기)

[예] 바쁜 일상에 쫓기는 현대인은 자아를 되돌아볼 여유가 없다 / **청소년기**는 인간의 사회화
과정 중 자아 **정체성**을 형성하는 데 가장 중요한 시기이다 / 자아 **정체성**이란 자신의
고유성을 깨닫고 자신이 누구인가를 명확하게 이해하는 것이다

<table>
<tr>
<td>

326 ★☆☆ ☐☐

귀속
특정한 사람, 단체,
국가의 것이 됨

歸귀 위임하다·맡기다
屬속 속하다

</td>
<td>

위임하다(맡기다)(귀) · 속하다·귀속하다(속) ∿ 재산, 권리, 영토 등이 / 특정한 사람,
단체, 국가의 것이 됨

</td>
</tr>
</table>

[한자] ⊙**歸귀** 돌아가다·돌아오다·위임하다(맡기다) **屬속** 무리·거느리다·딸리다(속하다)·귀속하다
[연관한자] ⊙**回회** 돌아오다·돌다 | **復복** 회복하다·돌아가다·돌아오다 | **還환** 돌아오다 ∿ 돌아오다·
돌아가다는 뜻을 갖는 낱말을 만듦 ↪ 귀환(歸還) 복귀(復歸) 회귀(回歸)
[한자활용] ⊙**歸還**귀환, **復歸**복귀, **回歸**회귀, **歸納**귀납, **歸家**귀가, **歸鄕**귀향, **歸農**귀농, **歸村**귀촌, **歸
天**귀천, **歸化**귀화, **歸責**귀책, **歸結**귀결, **歸京**귀경, **歸國**귀국, **歸養**귀양, ❹**歸巢本能**귀소본능,
歸航귀항

[예] 해방이 되자 정부는 일본 사람들이 쓰던 물건이나 가옥을 국가에 귀속했다 / 두 나라는
그 섬의 귀속 문제로 오랫동안 분쟁 중이다 / 귀속 **지위**는 남자, 여자, 딸, 아들, 청소년,
노인처럼 자신의 의지와 관계없이 자연적으로 가지는 지위를 말한다 / 전통 사회에서는
태어나면서 주어지는 귀속 **지위**가 중요했으나, 현대 사회로 오면서 **성취** 지위의
중요성이 커지고 있다

<table>
<tr>
<td>

327 ★★☆ ☐☐

소속
어떤 단체에 속함

所소 곳
屬속 속하다

</td>
<td>

어떤 곳(소)에 · 속하다(속) ∿ 어떤 기관, 단체에 속함 또는 속해 있는 사람, 물건

</td>
</tr>
</table>

[한자] ⊙**所소** (일정한)곳·지역·장소·자리·지위·위치·얼마 **屬속** 무리·거느리다·*딸리다(속하다)·
귀속하다
[한자활용] ⊙**所望**소망, **所願**소원, **場所**장소, **所重**소중, **所得**소득, **所謂**소위, **所聞**소문, **住所**주소, **所有**
소유, **所懷**소회, **所信**소신, **山所**산소, **所任**소임, **休憩所**휴게소, **注油所**주유소, **所在**소재, **宿所**
숙소, **所感**소감, **所見**소견, **所産**소산, **所要**소요, ❺**適材適所**적재적소

[예] 인간은 다양한 집단에 소속되어 소속감을 느끼고 구성원들과 서로 영향을 주고받으며
살아간다 / 제 자신이 소속되어 있는지와 상관없이 행동하는 데 기준이 되는 집단을
*준거 **집단**이라고 한다 / **내집단**은 자신이 그 집단에 속해 있으면서 소속감과 '우리'
라는 공동체 의식을 가진 집단이고, **외집단**은 자신이 소속되어 있지 않고 이질감이나
적대감을 가지는 집단이다

* **딸리다**(belong to[bilɔ́(ː)ŋ]) 어떤 부서나 종류에 속하다
* **준거**(**準준** 표준·기준 **據거** 근거 | criterion[kraitíəriən]) (무엇을 판단하는) 기준이 되는 근거

---

❶ **함흥차사咸興差使** 머금을 함, 일어날 흥, 다를·보낼 차, 시킬 사 [뜻] 함흥으로 심부름을 간 차사는 돌아오지 못하고 소식도 끊김 [풀이] 한번 가면
아무런 소식이 없음

❷ **천양지차天壤之差** 하늘 천, 땅·흙 양, 어조사 지, 차이 차 [뜻] 하늘과 땅의 차이 [풀이] 다름의 정도가 매우 심함

❸ **아전인수我田引水** 나 아, 밭 전, 끌 인, 물 수 [뜻] 내 밭으로만 물을 끌어옴 [풀이] 자기 욕심만 차리는 모습. 자신의 이익과 욕심만 채우기 위해
이기적으로 행동하는 것

❹ **귀소본능歸巢本能** 돌아갈 귀, 새집 소, 근본 본, 능할 능 [풀이] 동물이 자기 서식 장소나 둥지 혹은 태어난 장소에서 멀리 떨어져 있을 경우, 다시 그곳으로
되돌아오는 성질. 또는 그러한 능력. 꿀벌, 개미, 비둘기, 제비, 신천옹 따위에서 볼 수 있음

❺ **적재적소適材適所** 알맞을 적, 재목 재, 알맞을 적, 곳 소 [뜻] 적절한 재목을 적절한 곳에 씀 [풀이] 알맞은 인재를 알맞은 자리에 씀

328 ★★★ □□

확산하다
넓게 퍼지다
영 ***spread

擴確 넓히다
散산 흩어지다

넓히다(확) · 흩어지다(산) ⤳ 무엇이 어떤 범위로 / 넓게 퍼지다

한자 ◉擴확 (면적을 크게)넓히다·확대하다　　散산 *흩어지다·흩다(흩뜨리다)·헤어지다
한자활용 ◉擴大확대, 擴張확장, 擴充확충, 擴聲器확성기

영어 **spread** [spred]　뜻 (…을 어떤 지역·장소에) 확산되다, 퍼지다, 퍼뜨리다(be dispersed, be diffused); (천·지도·날개·깃발·돛 등이 말린 것·접힌 것을) 펴다, 펼치다; 퍼짐(expansion, extension), 확산, 전파, 유포, 보급(diffusion)　풀이 **To scatter and spread out**(흩어져 널리 퍼지다)

예 문화의 세계화에 따라 음식, 의복, 음악, 영화, 스포츠 등 다양한 분야의 문화가 전 세계로 빠르게 확산되어 전 세계 사람들이 같은 문화를 비슷한 시기에 함께 즐길 수 있게 되었다 / 우리 주변에서 흔히 볼 수 있는 유명한 패스트푸드 음식점이나 커피 전문점 등은 음식 문화의 확산에 따른 **문화의 획일화** 현상이 나타난 대표적인 사례이다
* **흩어지다**(scatter[skǽtər]) (한곳에 모여 있던 무엇이) **따로따로 떨어지다. 여러 곳으로 퍼지다**

329 ★☆☆ □□

환산하다
바꿔서 계산하다

換환 바꾸다
算산 계산하다

바꾸다(환) · 계산하다(산) ⤳ 어떤 단위로 나타낸 수를 / 다른 단위로 바꿔서 계산하다

한자 ◉換환 바꾸다·고치다·새롭게 하다　　算산 계산·셈하다·수효
연관한자 ◉易역 바꾸다 │ 替체 바꾸다 │ 兌태 바꾸다
한자활용 ◉轉換전환, 交換교환, 換率환율, 置換치환, 下方置換하방치환, 換錢환전, 換錢所환전소, 兌換태환, 互換호환, 換氣환기, 換乘환승, 換金환금, 相換상환, 變換변환, 換買환매, 換節期환절기, 換風機환풍기, 換喩法환유법, ❶換骨奪胎환골탈태
예 이번 태풍의 피해를 금액으로 환산하면 70억 원 정도가 된다 / 1인치를 센티미터로 환산을 하면 2.54cm이다 / 10리는 약 3.93km로 환산된다

330 ★☆☆ □□

약조하다
조건을 붙여서
약속하다

約약 약속하다
條조 조목

약속하다(약) · 조목(조) ⤳ 조건을 붙여서 약속하다

한자 **約약** 묶다·약속하다·맺다　◉**條조** 나뭇가지·맥락·*조목(조항·항목)·법규
한자활용 ◉條項조항, 條目조목, 條文조문, 條約조약, 乙巳條約을사조약, 條件조건, 條理조리, 不條理부조리, 條例조례, 訓示十條훈시십조, ❷金科玉條금과옥조
예 학생들은 자유 시간을 갖는 대신에 말썽을 부리지 않기로 선생님과 약조했다 / 아이는 밖에 나가서 친구들과 노는 대신에 자주 연락을 하기로 엄마에게 약조했다 / 아이는 하루에 두 시간을 공부하면 한 시간 동안 휴대폰을 하기로 아빠와 약조했다
* **조목**(≒조(條), **항**(項), **조항**(條項), **항목**(項目) │ 條조 조목 目목 눈·조목 │ article[άːrtikl] clause[klɔːz]) **법률·규정 따위에서 낱낱(각각)의 부분**

❶ **환골탈태換骨奪胎** 바꿀 환, 뼈 골, 빼앗을 탈, 아이 밸 태　　뜻 뼈를 바꾸고 태를 벗음　풀이 사람이 보다 나은 방향으로 변하여 전혀 딴사람처럼 됨. 외모가 환하게 트이고 아름다워져서 전혀 딴 사람처럼 됨

❷ **금과옥조金科玉條** 쇠 금, 과정·법률 과, 옥 옥, 가지·법규 조　　뜻 금과 같은 법과 옥과 같은 조항　풀이 금이나 옥처럼 귀중히 여겨 아끼고 받들어야 할 법규(법률)

1 다음 **국단어의 뜻**을 표로 정리하시오.

국단어	뜻	한자		영단어
조력		潮조	力력	–
조차		潮조	差차	–
자아		自자	我아	
귀속		歸귀	屬속	
소속		所소	屬속	–
확산하다		擴확	散산	
환산하다		換환	算산	–
약조하다		約약	條조	–

2 다음 중 **돌아오다**는 뜻을 갖는 한자가 **아닌** 것은?

① 歸귀　② 還환　③ 屬속　④ 回회　⑤ 復복

3 다음 중 **바꾸다**는 뜻을 갖는 한자가 **아닌** 것은?

① 易역　② 替체　③ 條조　④ 換환　⑤ 兌태

4 다음 문장을 읽고, 그 **뜻에 해당하는 낱말**을 쓰시오.

1 외모가 환하게 트이고 아름다워져서 전혀 딴 사람처럼 됨 _____

2 금이나 옥처럼 귀중히 여겨 아끼고 받들어야 할 법규 _____

3 자신의 이익과 욕심만 채우기 위해 이기적으로 행동하는 것 _____

4 알맞은 인재를 알맞은 자리에 씀 _____

5 한번 가면 아무런 소식이 없음 _____

5 빈칸에 알맞은 낱말을 넣어 문장을 완성하시오.

1 프랑스 혁명은 전 세계에 민주주의의 _____ 을 가져왔다

2 부모는 아이들이 타고난 소질을 발휘하여 _____ 를 실현하도록 도와주어야 한다

3 우리나라의 서해안과 남해안은 _____ 가 커서 해안 습지인 갯벌이 발달하였다

4 제 자신이 _____ 되어 있는지와 상관없이 행동하는 데 기준이 되는 집단을 **준거 집단**이라고 한다

5 전통 사회에서는 태어나면서 주어지는 _____ **지위**가 중요했으나, 현대 사회로 오면서 **성취 지위**의 중요성이 커지고 있다

6 이곳은 조석 간만의 차가 커서 _____ 발전을 하기에는 최적의 장소로 꼽힌다

7 1인치를 센티미터로 _____ 을 하면 2.54cm이다

331 ★★☆ □□

비치하다
미리 준비해 두다
명 *equip

備比 갖추다·준비하다
置치 두다

갖추다·준비하다(비) • 두다·마련하다(치) ↝ 물건, 기구 따위를 어떤 곳에 / 미리 준비해 두다

[한자] ⊙備비 *갖추다·준비하다   置치 두다·내버려 두다·마련하다(준비하여 갖추다)

[한자활용] ⊙準備준비, 裝備장비, 整備정비, 設備설비, 豫備예비, 具備구비, 對備대비, 兼備겸비, 備蓄비축, 警備경비, 守備수비, 完備완비, 未備미비, 備藏비장, ❶備忘錄비망록, ❷有備無患유비무환

[영어] **equip** [ikwíp]   [뜻] 장비를 갖추다; (…할) 채비를 시키다[갖추다]; (필요한 학문·지식 등을 가르쳐) 준비를 갖추게 하다   [풀이] To put aside something and possess it(마련하여 갖추다)

[유] **준비하다**(準준 본받다·표준·기준, 備비 갖추다·준비하다), **갖추다, 마련하다**
[예] 우산을 못 가져온 학생들이 빌려 쓸 수 있도록 우산을 학교 현관에 비치했다 / 가정에도 만일의 사태에 대비하여 상비약을 비치해 두는 것이 좋다 / 화재에 대비하여 소화기를 비치해 두었다 / 전시장 곳곳에 관람객이 앉아서 쉴 수 있도록 의자를 비치했다
* **갖추다**(be equipped)   있어야 할 것을 만들거나 가지다

332 ★☆☆ □□

교차하다
서로 엇갈리다

交교 오고가다
叉차 엇갈리다

오고 가다·주고 받다(교) • 엇갈리다(차) ↝ 둘 이상의 감정, 생각이 서로 / 합쳐지거나 *엇갈리다

[한자] ⊙交교 사귀다·오고 가다·주고 받다·맞닿다   叉차 갈래(갈라져 나간 부분)·가닥·엇갈리다

[한자활용] ⊙交流교류, 交換교환, 交通교통, 交涉교섭, 交際교제, 交易교역, 交替교체, 外交외교, 交友교우, 交戰교전, 交鄰교린, 修交수교, 社交的사교적, ❸管鮑之交관포지교, ❹水魚之交수어지교, ❺金蘭之交금란지교, ❻芝蘭之交지란지교

[예] 경기의 마지막 순간에 결승골이 터지면서 승자와 패자의 *희비가 교차했다 / 인류의 미래에 대한 낙관론과 비관론이 교차하고 있다 / 새로운 출발에는 희망과 불안이 교차하기 마련이다
* **엇갈리다**   여러 가지 복잡한 감정·생각·느낌 따위가 동시에 일어나다
* **희비**(喜희 기쁘다 悲비 슬프다)   기쁨과 슬픔

---

❶ **비망록備忘錄** 갖출·예방할 비, 잊을 망, 기록할 록   [풀이] 어떤 사실을 잊지 않으려고 적어 둔 기록
❷ **유비무환有備無患** 있을 유, 갖출·준비할 비, 없을 무, 근심 환   [뜻] 준비를 갖추고 있으면 근심이 없음   [풀이] 평소에 준비가 철저하면 후에 근심할 일이 없음
❸ **관포지교管鮑之交** 피리 관, 전복 포, 조사 지, 사귈 교   [뜻] (중국 춘추시대 제(齊)나라에 살았던) 관중(管仲)과 鮑叔牙(포숙아)의 사귐   [풀이] 아주 친한 친구 사이의 두터운 우정. 형편이나 이해 관계에 상관없이 친구를 무조건 위하는 두터운 우정
❹ **수어지교水魚之交** 물 수, 물고기 어, 어조사(~의) 지, 사귈 교   [뜻] 물과 물고기의 사귐   [풀이] 고기가 물을 떠나서는 잠시도 살 수 없는 것처럼, 아주 친해서 떨어질 수 없는 사이
❺ **금란지교金蘭之交** 쇠 금, 난초 란, 어조사(~의) 지, 사귈 교   [뜻] 쇠와 난초의 사귐   [풀이] 쇠처럼 단단하고 난초의 향기가 배어나오는 것처럼 친구 사이의 아름답고 두터운 우정. 금란지계(金蘭之契)
❻ **지란지교芝蘭之交** 지초 지, 난초 란, 어조사(~의) 지, 사귈 교   [뜻] 지초와 난초의 사귐   [풀이] 벗 사이의 맑고 고귀한 사귐. 아름다운 우정

설비
필요한 것을 갖춤
필요에 따라 갖춘 물건
영 *facility

設設 갖추어지다
備備 갖추다·준비하다

갖추어지다(설) · 갖추다·준비하다(비) ⤳ 어떤 목적에 따라 필요한 기구나 장치를 갖춤 또는 필요에 따라 갖춘 물건

한자 ◎**設설** 베풀다·세우다·설치하다·갖추어지다   **備비** 갖추다·준비하다

한자활용 ◎*施設시설, 設置설치, 建設건설, 設定설정, 設計설계, 設立설립, 開設개설, 新設신설, 創設창설, 竝設병설, 常設상설, 假設가설, 附設부설, 設令설령, 增設증설

영어 **facility** [fəsíləti] **어원** facile(유창한, 손쉬운)+-ty(성질, 상태) **뜻** (생활 편의) *시설, 기관; (장비·시스템 등에서 제공되는 특수한) 기능, 설비 **풀이** The state of being equipped with necessary objects or facilities, or such a facility(필요한 물건이나 시설을 갖춤. 또는 그런 시설)

유 *시설(施施 베풀다, 設설 베풀다), 장치(裝장 꾸미다, 置치 두다)
예 아파트 안에 골프장, 수영장까지 설비되어 있다 / 스키장은 리프트, 스노모빌, 제설기 등의 설비를 갖추고 있다 / 이 병원은 최신의 의료기를 설비하여 환자들을 치료한다
*시설(施施 베풀다 設설 베풀다 | facility[fəsíləti])   어떤 목적을 위하여 건물이나 도구·기계·장치 등의 물건을 만듦. 또는 그런 건물이나 도구·기계·장치 등의 물건

사수하다
목숨을 걸고 지키다

死사 목숨을 걸다
守수 지키다

목숨을 걸다(사) · 지키다(수) ⤳ 무엇을 / 목숨을 걸고 지키다

한자 ◎**死사** 죽다·목숨을 걸다   **守수** 지키다·다스리다
연관한자 ◎**滅멸** (불이)꺼지다·없어지다·죽다   **絶절** 끊다·숨이 그치다·없애다 | **亡망** 망하다·없애다·죽다 | **殺살** 죽이다·죽다 | **斃폐** 죽다 | **消소** 사라지다·없애다 ⤳ 없어지다·없애다·죽다를 뜻하는 낱말을 만듦 ↝ 멸망(滅亡) 멸절(滅絶) 절멸(絶滅) 사망(死亡) 사멸(死滅) 폐사(斃死) 소멸(消滅)
한자활용 ◎死亡사망, 死滅사멸, 斃死폐사, 溺死익사, 餓死아사, 壓死압사, 瀕死빈사, 客死객사, 壞死괴사, 生死생사, 死刑사형, 死體사체, 死活사활, 致死치사, 死境사경, 死地사지, 不死鳥불사조, 不死身불사신, 死別사별, 必死則生필사즉생, ❶兎死狗烹토사구팽, ❷虎死留皮人死留名호사유피인사유명

예 군인들은 수도를 사수하지 못하면 나라를 빼앗긴다는 각오로 적과 싸웠다 / 노점상들은 어떤 일이 있어도 생존권을 사수하자고 결의했다 / 농민들은 농촌을 사수하기 위해 정부의 쌀 수입 개방을 반대하고 나섰다

---

❶ **토사구팽兎死狗烹** 토끼 토, 죽을 사, 개 구, 삶을 팽   **뜻** 토끼를 잡으면 사냥하던 개를 삶아 먹음 **풀이** 필요할 때는 쓰고 필요하지 않을 때는 야박하게 버림. 필요할 때는 요긴하게 쓰다가 쓸모가 없어지면 헌신짝 버리듯 함

❷ **호사유피인사유명虎死留皮人死留名** 호랑이 호, 죽을 사, 남길 유, 가죽 피, 사람 인, 죽을 사, 남길 유, 이름 명   **뜻** 호랑이는 죽어서 가죽을 남기고, 사람은 죽어서 이름을 남김 **풀이** 사람이 한번 태어났으면 세상에 뜻있는 흔적을 남겨 그 이름을 널리 전해야 함. 사람의 삶이 헛되지 않으면 그 이름이 길이 남음

11주 2일

---

335 ★☆☆ □□

결함
모자라거나
부족한 부분
영 *defect
*flaw

缺結 모자라다
陷함 결함

모자라다·부족하다(결)·결함(함) ⤳ *흠이 되는 / 모자라거나 부족한 부분

한자 缺結 없다·모자라다·부족하다 ⊙陷함 빠지다·빠트리다·모함하다·결함

한자활용 ⊙陷穽함정, 陷沒함몰, 謀陷모함, 陷落함락

영어 **defect** [difékt] **어원** de(떨어져) + fect(만들다) → 부족하다 **뜻** (필요한 것을 갖추지 못한) 결함   **flaw** [flɔː]   **뜻** (보석·도자기 등의) 흠(crack), (갈라진) 금; (도덕·성격·논리상의) 결점, 결함(defect, fault)   **풀이** A part that mars and makes the whole incomplete(전체를 완전하지 못하게 하여 흠이 되는 부분)

유 결점(缺결, 點점 점)
예 제조물의 결함으로 신체에 손해를 끼쳤을 때에는 제조업자가 그 손해를 배상해야 한다 / 기계적 결함으로 인해 엘리베이터가 작동되지 않았다 / 성격적으로 결함을 가진 사람은 사회생활을 정상적으로 해 나가기가 어렵다 / 뇌물 *수수 사건이 터지면서 그의 도덕적 결함이 드러났다

*흠(欠흠 결함 | fault[fɔːlt], flaw[flɔː])   어떤 물건이나 일의 모자라거나 잘못된 부분
*수수(收수 거두다 受수 받다·거두어들이다)   무상으로(아무런 대가나 보상을 주지 않고) 돈이나 물건을 받음. 또는 그런 일

---

336 ★☆☆ □□

통찰하다
꿰뚫어 속속들이
잘 알다

洞통 꿰뚫다
察찰 살펴서 알다

꿰뚫다(통)·두루 살펴서 알다(찰) ⤳ 사물, 현상 등을 정확하고 날카롭게 꿰뚫어 / *속속들이 잘 알다

한자 洞통 밝다·꿰뚫다·통하다·통달하다   察찰 두루 살피다·살펴서 알다

예 현대 사회의 문제를 해결하기 위해서는 인간과 자본주의에 대한 깊은 통찰이 필요하다 / 삶에서 벌어지는 사건들 속에 담긴 의미를 통찰하게 되면 모든 일에는 나름의 의미가 있다는 진리를 깨닫게 된다 / 그는 자신의 불행이 과거 자신의 실수에서 비롯되었다는 사실을 통찰하게 되었다 / 철학 분야에서 심오한 이치를 통찰한 후에 대중에게 전달하는 데에는 그를 따라갈 만한 인물이 없다

*속속들이   겉으로 드러나지 않은 것까지 모두

---

1 다음 **국단어의 뜻**을 표로 정리하시오.

국단어	뜻	한자		영단어
비치하다		備비	置치	
교차하다		交교	叉차	–
설비		設설	備비	
사수하다		死사	守수	–
결함		缺결	陷함	
통찰하다		洞통	察찰	–

2 다음 중 **死사**(죽다)와 뜻이 비슷한 한자가 <u>아닌</u> 것은?

① 滅멸   ② 施시   ③ 絶절   ④ 亡망   ⑤ 斃폐

3 다음 중 **없어지다·없애다·죽다**를 뜻하는 낱말이 <u>아닌</u> 것은?

① 멸망(滅亡)   ② 소멸(消滅)   ③ 폐사(斃死)   ④ 사멸(死滅)   ⑤ 결점(缺點)

4 다음 문장을 읽고, 그 **뜻에 해당하는 낱말**을 쓰시오.

1 평소에 준비가 철저하면 후에 근심할 일이 없음 　　　　　　　　　　　　　

2 쇠처럼 단단하고 난초의 향기가 배어 나오는 것처럼 친구 사이의

　　아름답고 두터운 우정 　　　　　　　　　　　　　

3 형편이나 이해 관계에 상관없이 친구를 무조건 위하는 두터운 우정

4 아주 친해서 떨어질 수 없는 사이

5 벗 사이의 맑고 고귀한 사귐. 아름다운 우정

6 필요할 때는 요긴하게 쓰다가 쓸모가 없어지면 헌신짝 버리듯 함

7 사람이 한번 태어났으면 세상에 뜻있는 흔적을 남겨 그 이름을 널리 전해야 함

8 어떤 사실을 잊지 않으려고 적어 둔 기록 　　　　　　　　　　　　　

5 빈칸에 알맞은 낱말을 넣어 문장을 완성하시오.

1 현대 사회의 문제를 해결하기 위해서는 인간과 자본주의에 대한 깊은 　　　　　 이 필요하다

2 경기의 마지막 순간에 결승골이 터지면서 승자와 패자의 희비가 　　　　　 했다

3 가정에도 만일의 사태에 대비하여 상비약을 　　　　　 해 두는 것이 좋다

4 성격적으로 　　　　　 을 가진 사람은 사회생활을 정상적으로 해 나가기가 어렵다

5 군인들은 수도를 　　　　　 하지 못하면 나라를 빼앗긴다는 각오로 적과 싸웠다

6 스키장은 리프트, 스노모빌, 제설기 등의 　　　　　 를 갖추고 있다

337 ★☆☆ □□

자각하다
스스로 깨달아
알게 되다
영 **realize

自자 스스로
覺각 깨닫다

스스로(자) · 깨닫다(각) ～ 자신의 형편, 처지, 능력 따위를 / 스스로 깨달아 알게 되다

한자 **自자** 스스로　◉**覺각** 깨닫다 · 깨우치다 · 터득하다

연관한자 ◉**悟오** 깨닫다 · 깨우치다 | **警경** 깨닫다 · 경계하다 | **悍성** (도리를)깨닫다 ↪ 각오(覺悟) 각성(覺醒) 경각(警覺)

한자활용 ◉**覺醒**각성, **覺悟**각오, **知覺**지각, **沒知覺**몰지각, **錯覺**착각, **幻覺**환각, **感覺**감각, **觸覺**촉각, **嗅覺**후각, **視覺**시각, **聽覺**청각, **視聽覺**시청각, **味覺**미각, **覺書**각서, **先覺者**선각자

영어 **realize** [ríːəlàiz]　어원 real(실제의)+-ize(…하다)　뜻 (충분히 지각하고, 확실히) 깨닫다, 알다; (소망·계획 따위를) 실현하다, 현실화하다(cause to become real)　풀이 **To become aware of or realize one's own position, situation, ability, etc**(자기의 입장이나 능력 등을 스스로 느끼거나 깨닫다)

예 여러 번의 실패를 통해 그는 자신의 무능을 자각하게 되었다 / 자신이 더 이상 주전이 될 수 없다는 사실을 자각한 노장 선수는 은퇴를 선언했다 / 소크라테스는 사람들에게 참된 지식을 직접 가르치기보다는 대화와 *문답을 통해 상대방이 무지와 편견을 자각함으로써 진리를 발견하게 하였다

*문답(**問**문 묻다 **答**답 대답하다 | question and answer)　물음과 대답. 또는 서로 묻고 대답함

338 ★☆☆ □□

숙고하다
깊이 생각하다
영 ***consider

熟숙 깊이
考고 생각하다

곰곰이 · 깊이(숙) · 생각하다(고) ～ 깊고 신중히 잘 생각하다

한자 **熟숙** 익다 · 여물다 · 곰곰이 · 깊이　◉**考고** 생각하다 · 깊이 헤아리다

연관한자 ◉**思사** 생각 | **想상** 생각 | **念념(염)** 생각 | **慮려(여)** 생각하다 | **惟유** 생각하다 | **憶억** 생각하다 ～ 생각과 관련된 낱말을 만듦 ↪ 사고(思考) 사려(思慮) 고려(考慮) 사유(思惟) 사상(思想) 상념(想念)

한자활용 **思考**사고, **考慮**고려, **深思熟考**심사숙고, **參考**참고, **一考**일고, **再考**재고, **長考**장고, **默考**묵고, **考察**고찰, **考試**고시, **模擬考査**모의고사, ◉**渤海考**발해고

영어 **consider** [kənsídər]　어원 con(충분히) + sider(별을 관측하다)　뜻 (안·문제 등을 이해하거나 결정을 내릴 때 마음을 써서) 고려하다, (…인지 아닌지) 깊이 생각하다, (…을 …이라고) 생각하다, 여기다(think, regard as)　풀이 **To think about something deeply and carefully**(깊고 신중히 잘 생각하다)

유 **심사숙고하다**(深심 깊다, 思사 생각, 熟考), **고려하다**(考고, 慮려 생각하다), **숙려하다**(熟慮)

예 유학을 떠나는 문제에 대해 오랫동안 숙고한 끝에 내년에 미국에 가기로 결정했다 / 몇 달 동안 숙고한 끝에 회사를 그만두기로 결정했다 / 그 문제를 해결할 방법을 여러 차례 숙고해 보았지만 뾰족한 해답이 없었다

❶ **발해고渤海考** 바다 이름 발, 바다 해, 생각할 고　　1784년(정조 8) 유득공이 한국 ·중국 ·일본의 사서 24종을 참고하여 발해의 역사를 기록한 책

광원
스스로 빛을 내는 물체

영 *illuminant

光광 빛
源원 원천·근원

빛(광)을 내는 · 원천(원) ~ 태양, 전구, 촛불 따위의 / 스스로 빛을 내는 물체를 통틀어 이르는 말

한자 **光광** 빛·빛깔·빛나다·경치·풍경 ⊙**源원** 원천·근원·기원·출처·발원지(發源地)

한자활용 ⊙根源근원, 源泉원천, 起源기원, 發源발원, 發源地발원지, 震源진원, 震源地진원지, 資源자원, 地下資源지하자원, 財源재원, 源流원류, 音源음원, 語源어원, 供給源공급원, 收入源수입원, 汚染源오염원, 動力源동력원, 電源전원, 拔本塞源발본색원, ❶武陵桃源무릉도원

영어 **illuminant** [ilúːmənənt] 뜻 광원, 발광체 풀이 An object that gives out light on its own such as the sun, stars, a light bulb(해, 별, 전구처럼 스스로 빛을 내는 물체)

유 **광원체**(體체 몸), **광체**(體체 몸), **발광체**(發발 피다·쏘다·일어나다)

예 빛은 태양이나 전등과 같이 스스로 빛을 내는 물체인 광원에서 나온다 / 광원에서 나온 빛은 물질 속에서 곧게 나아가는데, 이를 **빛의 직진**이라고 한다 / 광원에서 나온 빛이 물체에 반사된 후 우리 눈에 들어오기 때문에 우리는 그 물체를 볼 수 있다

반사
빛이 되돌아가서 비춤

영 *reflection

反반 되돌아가다
射사 쏘다·비추다

되돌아가다(반) · 쏘다·비추다(사) ~ 빛, 전파 따위가 / 어떤 물체의 표면에 부딪쳐 되돌아가는 현상

한자 **反반** 되돌아가다·돌아오다·반복하다(되풀이하다)·뒤집다 ⊙**射사** 쏘다·비추다

한자활용 ⊙射擊사격, 射手사수, 注射주사, 發射발사, 速射속사, 投射투사, 輻射熱복사열, 放射能방사능, 日射일사, 亂射난사, 入射입사, 直射光線직사광선, 投射點투사점

영어 **reflection** [riflékʃən] 어원 라틴어 re(뒤)+flectere(구부리다) 뜻 (거울 등에 비친) 상[모습]; 반성(反省); 반사 풀이 A phenomenon in which a light or an electric wave hits the surface of an object and bounces back in the opposite direction(빛이나 전파 등이 다른 물체의 표면에 부딪혀서 나아가던 방향이 반대 방향으로 바뀌는 현상)

예 햇빛을 물체에 비추면, 물체는 일부 색의 빛을 흡수하고 나머지 색의 빛을 반사한다 / 광원에서 나온 빛은 여러 방향으로 직진하다가 책의 표면에서 반사되는데, 그중에서 우리 눈에 들어온 빛에 의해 책을 볼 수 있게 된다 / **거울**은 빛의 반사를 이용하여 빛의 진행 방향을 바꾸는 도구이다

---

❶**무릉도원武陵桃源** 굳셀 무, 언덕 릉, 복숭아나무 도, 근원 원 뜻 중국 진나라 때 무릉이라는 곳에 있는 복숭아나무가 있는 언덕 풀이 이 세상이 아닌 것처럼 아름다운 '이상향', '별천지'를 비유적으로 이르는 말

341 ★☆☆ □□

합성하다
합쳐서 하나를 이루다
영 *synthesize

合合 합하다
成成 이루다

둘을 합하여(합)·하나를 이루다·완성하다(성) ⟿ 둘 이상의 것을 합쳐서 / 하나를 이루다

한자 **合합** 합하다·모으다·적합하다 **成성** 이루다·갖추어지다·완성하다

영어 **synthesize** [sínθəsàiz] 어원 그리스어 syn-(함께)+tithenai(놓다)+-ize(동사를 만듦)
뜻 합성하다; 종합하다, 통합하다 풀이 To combine two or more things to form one entity(둘 이상의 것을 합쳐서 하나를 이루다)

예 두 가지 색 이상의 빛이 합쳐져서 또 다른 색의 빛으로 보이는 현상을 **빛의** 합성이라고 한다 / 빨간색, 초록색, 파란색 빛을 다양한 밝기로 합성하면 우리가 볼 수 있는 모든 색의 빛을 얻을 수 있는데, 이 세 가지 색을 **빛의 삼원색**이라고 한다 / **빛의 삼원색**과 **빛의** 합성은 컴퓨터 모니터나 휴대 전화 화면과 같은 영상 장치에서 다양한 색을 표현하는 데 이용된다

342 ★☆☆ □□

파동
진동이 물결치듯 퍼져 나가는 현상
영 **wave

波파 물결·진동하다
動동 움직이다

진동하여 물결치듯(파)·움직이다(동) ⟿ 물질의 어느 한 지점에서 발생한 주기적인 *진동이 / 물결치듯 주위로 퍼져 나가는 현상

한자 ⊙**波파** 물결·진동하다(요동치다)·주름지다 **動동** 움직이다·옮기다·흔들리다

한자
활용 ⊙波濤파도, 波及파급, 餘波여파, 波長파장, 波浪파랑, 寒波한파, 人波인파, 電波전파, 防波堤방파제, 周波數주파수, 音波음파, 平地風波평지풍파, ❶—波萬波일파만파, ❷波瀾萬丈파란만장

영어 **wave** [weiv] 뜻 파도, 물결; (빛·소리 등의) 파동; 손을 흔들다 풀이 A phenomenon in which a physical change in one spot in a space spreads to its surrounding areas (공간의 한 점에서 일어난 물리적인 상태의 변화가 주변으로 퍼지는 현상)

예 어느 한 점에서 발생한 주기적인 진동이 주변으로 퍼져 나가는 것을 파동이라고 한다 / **매질**은 파동이 전달될 때 제자리에서 진동할 뿐 이동하지 않으며, 파동을 따라 에너지만 전달된다 / 사람의 귀로 들을 수 있는 음파보다 진동수가 큰 영역의 파동을 **초음파**라고 한다 / 소리의 높낮이는 파동의 *진동수와 관계가 있는데, 진동수가 클수록 높은 소리가 나고 진동수가 작을수록 낮은 소리가 난다

* **진동**(振진 떨다 動동 | vibration[vaibréiʃən]) 물체가 일정한 범위에서 반복해서 흔들리며 움직임
* **진동수** 매질이 1초 동안 진동하는 횟수

---

❶ **일파만파—波萬波** 한 일, 파도 파, 일만 만, 파도 파   뜻 하나의 파도가 만 개의 파도를 일으킴. 하나의 물결이 연쇄적으로 많은 물결을 만듦 풀이 한 사건이 그것으로 그치지 않고 잇달아 많은 사건으로 번짐. 사소하게 시작한 일이 후에 큰 결과를 가져옴

❷ **파란만장波瀾萬丈** 물결 파, 물결·파도 란, 일만 만, 길이 장   뜻 파도와 물결의 높이가 만 장에 이름 풀이 삶(인생)이나 일의 진행이 갖가지 곡절과 시련이 많고 변화가 심함

1 다음 **국단어의 뜻**을 표로 정리하시오.

국단어	뜻	한자		영단어
자각하다		自자	覺각	
숙고하다		熟숙	考고	
광원		光광	源원	
반사		反반	射사	
합성하다		合합	成성	
파동		波파	動동	

2 다음 중 **깨닫다**는 뜻을 갖는 한자가 **아닌** 것은?

① 警경　② 覺각　③ 悟오　④ 惺성　⑤ 發발

3 다음 중 **생각**을 뜻하는 한자가 **아닌** 것은?

① 思사　② 深심　③ 想상　④ 憶억　⑤ 惟유

4 다음 중 **생각**과 비슷한 뜻을 갖는 낱말이 **아닌** 것은?

① 사유(思惟)　② 사려(思慮)　③ 상념(想念)　④ 상징(象徵)　⑤ 사상(思想)

5 다음 문장을 읽고, 그 **뜻**에 해당하는 **낱말**을 쓰시오.

1 삶(인생)이나 일의 진행이 갖가지 곡절과 시련이 많고 변화가 심함 _____

2 한 사건이 그것으로 그치지 않고 잇달아 많은 사건으로 번짐 _____

3 이 세상이 아닌 것처럼 아름다운 '이상향', '별천지'를 비유적으로 이르는 말 _____

4 어느 한 점에서 발생한 주기적인 진동이 주변으로 퍼져 나가는 것 _____

6 빈칸에 알맞은 낱말을 넣어 문장을 완성하시오.

1 **매질**은 _____ 이 전달될 때 제자리에서 진동할 뿐 이동하지 않으며, _____ 을 따라 에너지만 전달된다

2 **빛**은 태양이나 전등과 같이 스스로 빛을 내는 물체인 _____ 에서 나온다

3 빨간색, 초록색, 파란색 빛을 다양한 밝기로 _____ 하면 우리가 볼 수 있는 모든 색의 빛을 얻을 수 있는데, 이 세 가지 색을 **빛의 삼원색**이라고 한다

4 그는 유학을 떠나는 문제에 대해 오랫동안 _____ 한 끝에 내년에 미국에 가기로 결정했다

5 햇빛을 물체에 비추면, 물체는 일부 색의 빛을 흡수하고 나머지 색의 빛을 _____ 한다

6 소크라테스는 사람들에게 참된 지식을 직접 가르치기보다는 대화와 문답을 통해 상대방이 무지와 편견을 _____ 함으로써 진리를 발견하게 하였다

11주 4일

---

343 ★☆☆ □□

매질
물리적 작용을
전해 주는 물질
영 **medium

媒매 매개
質질 품질

어떤 파동 또는 물리적 작용을 / 한 곳에서 다른 곳으로 전하여 주는 물질

한자 **媒매** 중매·중개자·매개 ⊙**質질** 바탕·품질·본질·성질

한자활용 ⊙**本質**본질, **性質**성질, **氣質**기질, **形質**형질, **素質**소질, **品質**품질, **資質**자질, **體質**체질, **實質**실질, **質量**질량, **物質**물질, **土質**토질, **木質**목질, **溶質**용질, **地質**지질, **質疑**질의, **質問**질문, **良質**양질, **惡質**악질, **罪質**죄질, **質責**질책, **變質**변질, **質感**질감, **蛋白質**단백질, **細胞質**세포질

영어 **medium** [míːdiəm] 어원 라틴어 medium(중간) 뜻 중간의, 중위(中位)의, 중등의 (moderate, average, middle); (대중 전달용) 매체; (정보 전달 등의) 매개; 수단(means); (공기와 같은) 매개물, 매질 풀이 **Materials that transmit a wave or physical action from one place to another**(어떤 파동 또는 물리적 작용을 한 곳에서 다른 곳으로 전하여 주는 물질)

예 파동이 만들어지는 곳을 **파원**이라고 하며, 파동을 전달하는 물질을 매질이라고 한다 / 매질이 제자리에서 한 번 진동하는 데 걸리는 시간을 **주기**라 하고, 매질이 1초 동안 진동하는 횟수를 **진동수**라고 한다 / 우리가 듣는 소리는 주로 매질인 공기의 진동을 통해 전달된다 / 파도는 매질인 바닷물의 진동을 통해 파동이 전달된다 / 지진파는 매질인 땅의 진동을 통해 파동이 전달된다

---

344 ★☆☆ □□

입사하다
파동이 다른 매질의
경계면에 이르다

入입 들다
射사 쏘다

소리, 빛의 파동이 / 하나의 매질 속을 지나 / 다른 매질의 경계면에 이르다

한자 ⊙**入입** 들다(속·안으로 가거나 오다)·빠지다·간여하다 **射사** (활을)쏘다·비추다

한자활용 ⊙**輸入**수입, **入學**입학, **投入**투입, **介入**개입, **沒入**몰입, **入口**입구, **購入**구입, **侵入**침입, **出入**출입, **加入**가입, **潛入**잠입, **入金**입금, **轉入**전입, **入門**입문, **進入**진입, **入院**입원, **入養**입양, **吸入**흡입, **入試**입시, **買入**매입, **入場**입장, **入力**입력, **入住**입주, **入隊**입대, **流入**유입, **注入**주입, **突入**돌입

예 반사면으로 들어가는 빛을 나타내는 선을 입사 **광선**이라고 한다 / **볼록 거울**에 평행하게 입사한 빛은 거울 면에서 반사된 후 여러 방향으로 퍼진다 / **오목 거울**에 평행하게 입사한 빛은 거울 면에서 반사된 후 한 점에 모인다 / **볼록 렌즈**에 평행하게 입사한 빛은 렌즈에서 굴절하여 한 점에 모인다 / **오목 렌즈**에 평행하게 입사한 빛은 렌즈에서 굴절하여 퍼져 나간다

345 ★★★ ▢▢

지급하다
내주다
영 ***pay

支지 치르다
給급 주다

치르다(지) · 주다(급) ⤳ 돈, 물품 따위를 정해진 몫만큼 / *내주다

[한자] ⊙**支지** 지탱하다·버티다·가지·치르다(값을 주다) **給급** 주다·더하다·보태다

[한자활용] ⊙支拂지불, 支出지출, 支撑지탱, 支持지지, 支援지원, 支配지배, 依支의지, 支流지류, 支線지선, 支店지점, 支會지회, 支部지부, 支廳지청, 支院지원, ❶支離滅裂지리멸렬

[영어] **pay** [pei] **[뜻]** (봉급·임금·일의 대가 등을) 지불하다; 급료, 보수, 봉급(salary), 임금; 지급하다; (빚 등을) 갚다(discharge a debt) **[풀이]** To pay or give out a set amount of money, supplies, etc(돈이나 물건 등을 정해진 만큼 내주다)

[예] 학교에서는 성적이 우수한 학생들에게 장학금을 지급한다 / 택배 비용을 착불로 지급하기로 했다 / 홍수로 피해를 본 주민들에게 보상금을 지급했다 / 모든 직원에게 특별 보너스가 지급되었다

* **내주다**(give[giv]) 가졌던 것을 남에게 건네주다

346 ★★☆ ▢▢

보급하다
보태어 주다
영 **supply

補보 보태다
給급 주다

보태다(보) · 주다(급) ⤳ 필요한 물자, 자금을 다른 사람이나 지역에 / *마련하여 *보태어 주다

[한자] **補보** 돕다·고치다·보태다 **給급** 주다·더하다·보태다

[영어] **supply** [səplái] **[어원]** sub(아래로) + ply(채우다)→가득 채우다 **[뜻]** (사람·장소에 물건을) 공급하다; 물품[생활용품·보급품] **[풀이]** To provide goods for people who need them (필요한 물자를 계속해서 대어 주다)

[유] **공급하다**(供공 이바지하다·주다, 給급 주다)
[예] 고립된 사람들에게 헬리콥터를 이용하여 물자를 보급했다 / 새로운 농업 기술의 보급으로 농업 생산량이 크게 늘어났다 / 전쟁을 겪는 나라에 식량과 무기를 무상으로 보급했다 / 정부는 재해 지역에 생필품을 보급했다

* **마련하다**(prepare[pripέər]) 필요한 것을 미리 준비하여 갖추다
* **보태다**(make up for) 부족한 것을 더하여 채우다

347 ★☆☆ ▢▢

왕복하다
갔다가 돌아오다

往왕 가다
復복 돌아오다

가다(왕) · 돌아오다(복) ⤳ 사람, 자동차가 어디를 / 갔다가 돌아오다

[한자] ⊙**往왕** (길을)가다·향하다 **復복** 돌아오다·회복하다

[한자활용] ⊙往來왕래, 來往내왕, 右往左往우왕좌왕, 說往說來설왕설래, 極樂往生극락왕생, 往年왕년
[예] 이 기차는 서울과 부산을 하루에 두 번 왕복한다 / 숙제를 집에 두고 와서 학교에서 집까지 한 번 더 왕복했다 / 직장과 집을 왕복하는 데 두 시간이 넘게 걸려서 이사를 고민 중이다

---

❶ **지리멸렬支離滅裂** 지탱할·가를 지, 떼놓을 리, 멸망할 멸, 찢을 렬 **[뜻]** 갈가리 흩어지고 찢겨져 갈피를 잡을 수 없음 **[풀이]** 이리저리 찢기고 마구 흩어져 갈피를 잡을 수 없음. 한 집단이나 부대 등이 완전히 흩어져 제 모습을 찾을 수 없는 상태

---

348 ★☆☆ □□

만무하다
가능성이 전혀 없다
영 *cannot be

萬만 전혀
無무 없다

전혀(만) · 없다(무) ↝ 앞의 말이 일어날 가능성이 / 전혀 없다

한자 ◉**萬만** 일 만·전혀 **無무** 없다·아니다·~하지 않다

한자활용 ◉**萬物**만물, **萬古**만고, **萬事**만사, **萬感**만감, **萬能**만능, **萬苦**만고, **萬一**만일, ❶**家和萬事成**가화만사성, **萬古不變**만고불변, **氣高萬丈**기고만장, ❷**萬頃蒼波**만경창파, **千差萬別**천차만별, **波瀾萬丈**파란만장

영어 **cannot be** 뜻 …ㄹ 리가 없다 풀이 Utterly impossible for something to happen as mentioned in the previous statement(앞의 말이 일어날 가능성이 전혀 없다)

예 김 선생처럼 순진한 사람이 거짓말을 할 리가 만무하다 / 한여름에 눈이 내릴 리 만무하다는 것은 상식이다 / 공부를 전혀 안 한 아이가 시험을 잘 볼 리 만무하다

---

349 ★☆☆ □□

반려
짝이 되는 사람
짝이 되는 동물
영 **companion

伴반 짝
侶려 짝

짝·반려(반) · 짝(려) ↝ 짝이 되는 사람 또는 짝이 되는 동물

한자 ◉**伴반** 짝·반려·동반자·벗(비슷한 또래로서 서로 친하게 사귀는 사람) **侶려** 짝·벗

연관한자 ◉**侶려(여)** 짝 **偶우** 짝·배필(부부로서의 짝) | **匹필** 짝 | **配배** 짝·나누다 ↝ 배필(配匹) 배우(配偶)

한자활용 ◉**同伴**동반, **同伴者**동반자, **伴侶者**반려자, **隨伴**수반, **伴奏**반주, **伴奏者**반주자

영어 **companion** [kəmpǽnjən] 어원 com(함께) + panion(빵을 먹는 사람)→식사 친구 뜻 동지, 동반자, (마음 맞는) 친구, 벗; 반려; (짝·쌍의) 한쪽, 짝; 동행하다 풀이 A person or animal that is one's companion(짝이 되는 사람이나 동물)

예 부부란 일생을 동고동락할 반려이다 / 애견은 우리와 함께 살아가는 반려동물이자 가족이다 / 옛 선비들은 늘 *문방사우를 곁에 두고 삶의 반려로 삼았다
* 문방사우(**文문** 글 **房방** 방·거실·집 **四사** 넷 **友우** 벗) 종이·붓·먹·벼루의 네 문방구

---

350 ★☆☆ □□

보조하다
돕다
영 ***assist

補보 돕다
助조 돕다

돕다(보) · 돕다(조) ↝ 모자라는 것을 보태어 / 돕다

한자 **補보** 돕다·고치다·보태다 **助조** 돕다·힘을 빌리다

영어 **assist** [əsíst] 어원 ad(옆에) + sist(서다)→돕다 뜻 (남을) 돕다(give aid, help), (특히 금전상으로) 지원하다, 원조하다(help, aid); 보조 풀이 An addition to something that is insufficient(모자라는 것을 보태어 도움)

예 국가에서는 실직자들에게 생활비를 보조했다 / 전문가들은 인공지능이 인간을 완전히 대체할 수 없을 뿐만 아니라 인간의 작업을 보조하는 역할을 맡게 될 것이라고 전망했다

---

❶ **가화만사성家和萬事成** 집 가, 화목할 화, 일만 만, 일 사, 이룰 성 　풀이 집안이 화목하면 모든 일이 잘되어 나감
❷ **만경창파萬頃蒼波** 일만 만, 이랑 경, 푸를 창, 물결 파 　뜻 백만 이랑의 푸른 물결 　풀이 드넓게 펼쳐진 푸른 바다를 비유하는 말

1 다음 **국단어의 뜻**을 표로 정리하시오.

국단어	뜻	한자		영단어
매질		媒매	質질	
입사하다		入입	射사	–
지급하다		支지	給급	
보급하다		補보	給급	
왕복하다		往왕	復복	–
만무하다		萬만	無무	
반려		伴반	侶려	
보조하다		補보	助조	

2 다음 중 **伴반**(짝)과 뜻이 비슷한 한자가 **아닌** 것은?

① 供공 ② 偶우 ③ 配배 ④ 匹필 ⑤ 侶려

3 다음 문장을 읽고, 그 **뜻에 해당하는 낱말**을 쓰시오.

1 집안이 화목하면 모든 일이 잘되어 나감 _____

2 이리저리 찢기고 마구 흩어져 갈피를 잡을 수 없음 _____

3 드넓게 펼쳐진 푸른 바다를 비유하는 말 _____

4 빈칸에 알맞은 낱말을 넣어 문장을 완성하시오.

1 전문가들은 인공지능이 인간을 완전히 대체할 수 없을 뿐만 아니라 인간의 작업을 _____ 하는 역할을 맡게 될 것이라고 전망했다

2 학교에서는 성적이 우수한 학생들에게 장학금을 _____ 한다

3 새로운 농업 기술의 _____ 으로 농업 생산량이 크게 늘어났다

4 숙제를 집에 두고 와서 학교에서 집까지 한 번 더 _____ 했다

5 _____ 이 제자리에서 한 번 진동하는 데 걸리는 시간을 **주기**라 하고, _____ 이 1초 동안 진동하는 횟수를 **진동수**라고 한다

6 **볼록 렌즈**에 평행하게 _____ 한 빛은 렌즈에서 굴절하여 한 점에 모인다

7 한여름에 눈이 내릴 리 _____ 하다는 것은 상식이다

8 옛 선비들은 늘 문방사우를 곁에 두고 삶의 _____ 로 삼았다

11주 5일

---

351 ★★★ ☐☐

기존
이미 있음

既기 이미
存존 있다

이미(기) · 있다·존재하다(존) ～ °이미 존재함(있음)

한자 ⊙**既기** 이미·이전에·처음부터   **存존** 있다·존재하다·살아있다

한자활용 ⊙既往기왕, 既約기약, 皆既日蝕개기일식, 皆既月蝕개기월식, 既成品기성품, 既成服기성복, 既婚者기혼자, 既約分數기약분수, 既出問題기출문제

예 사회 변동에 따라 기존의 직업이 사라지기도 하고, 새로운 직업이 등장하기도 한다 / 석유, 석탄과 같은 자원이 고갈될 위기에 처하면서 기존의 자원을 대체할 태양 에너지, 풍력, 지열 에너지 등과 같은 신·재생 에너지가 등장하였다 / 신문, 라디오, 텔레비전 등과 같은 기존의 전통적인 대중 매체가 사람들에게 정보를 일방적으로 전달하기만 했던 것과 달리, ❶뉴 미디어는 정보 제공자와 °수용자 간의 쌍방향 소통을 가능하게 하였다

° 이미(already[ɔːlrédi])   어떤 일이 이루어진 때가 지금 시간보다 앞서. 벌써

° 수용자(需수 쓰다 用용 쓰다 者자 사람 | consumer[kənsúːmər] user[júːzər]) (사람, 사물, 정보 등을) 구해 쓰는 사람

---

352 ★☆☆ ☐☐

소방
불을 끄고 화재를 막음
영 *firefighting

消소 없애다
防방 막다

불을 없애고(소) · 화재를 막다(방) ～ 화재(불로 인한 재난)를 막고 · 불이 났을 때 불을 끔

한자 **消소** 사라지다·없애다   ⊙**防방** 막다·방어하다

한자활용 ⊙防禦방어, 防衛방위, 防疫방역, 豫防예방, 防止방지, 防音방음, 防水방수, 防火방화, 防寒방한, 防風방풍, 防濕방습, 防振방진, 防塵방진, 防彈방탄, 防腐방부, 防災방재, 防波堤방파제

영어 **firefighting** [fáiər fáitiŋ] 뜻 소방 풀이 The act of fighting or putting out a fire (화재를 막거나 진압함)

예 학생들에게 화재 대응 능력을 길러 주기 위해 소방 안전 교육을 실시했다 / 화재가 발생할 때를 대비해 소방 훈련을 철저히 해 두어야 한다

---

353 ★☆☆ ☐☐

발단
사건이 일어나는
첫 부분
영 **beginning

發발 일어나다
端단 처음

일어나다(발) · 처음(단) ～ 소설에서, 사건이 일어나는 첫 부분

한자 **發발** 피다·쏘다·일어나다·드러나다   ⊙**端단** 끝·처음·바르다·단정하다

한자활용 ⊙尖端첨단, 極端극단, 末端말단, 端正단정, 端雅단아, 弊端폐단, 下端하단, 南端남단

영어 **beginning** [bigíniŋ] 어원 be(완전히)+gin(열리다)+-ing(동사에 붙여 동명사·명사를 만듦) 뜻 시작; 처음; 초기(처음 시기); (일 등의) 시초, 발단, 출발(starting point); 기원 (origin) 풀이 In the novel, the first part where events take place(소설에서, 사건이 일어나는 첫 부분)

예 소설에서 사건이 시작되는 부분을 발단이라고 한다 / 발단은 소설의 도입부로서 사건의 시간적, 공간적 배경을 제시하고, 인물들의 성격을 독자에게 알려 주는 기능을 한다 / 《동백꽃》에서 발단은 '나'의 수탉이 점순의 수탉에 의해서 쫓기는 장면이다

354 ★★★ ☐☐

전개
사건이 펼쳐지는 부분

展전 펴다
開개 열다·펴다

펴다(전) · 펴다(개) ⤳ 소설에서, 사건이 본격적으로 펼쳐지는 부분

[한자] ⊙**展전** 펴다·늘이다·살펴보다　**開개** 열다·펴다
[한자활용] ⊙**發展**발전, **展望**전망, **展示**전시, **展示會**전시회, **展覽會**전람회, **進展**진전
[예] 《동백꽃》에서는 점순과 '나'의 갈등이 본격적으로 진행되는 장면이 소설에서 전개에
　해당한다 / 전개는 이야기가 복잡하게 얽히고 갈등이 표면적으로 드러나기 시작하는
　단계이다

355 ★☆☆ ☐☐

위기
위태로운 시기,
위험한 때
영 **crisis

危위 위태롭다
機기 때·시기

위태롭다(위) · 시기(기) ⤳ 어떤 일이 그 진행 과정에서 급작스럽게 악화된 상황 또는
*파국을 맞을 만큼 위태로운 시기

[한자] ⊙**危위** 위태롭다(위험하다)·불안하다　**機기** 기계·베틀·때·시기·기회
[한자활용] ⊙**危險**위험, **危殆**위태, **危害**위해, **危急**위급, **危篤**위독, **安危**안위, ❷**累卵之危**누란지위

[영어] **crisis** [kráisis]　[뜻] 위기, 위급(한 경우); (극·소설 등에서) 아슬아슬한[긴박한] 장면;
(병의) 위기, 고비(turning point in the course of a disease)　[풀이] **A dangerously critical
moment or risky moment**(위험한 고비. 위험해서 아슬아슬한 순간)

[예] 환경 오염으로 수많은 동물이 멸종의 위기에 처했다 / 농축산물의 개방으로 농촌이 초토
　화될 위기에 처해 있다 / 신분제의 *동요로 양반 중심 사회는 커다란 위기에 처했다 / 인
　공지능과 로봇의 활용이 산업 전반으로 확산되면서 많은 노동자가 실직의 위기에 처했다
* **파국(破파 깨뜨리다　局국 (장기·바둑)판)　일이나 사태가 잘못되어 망가져 버림**
* **동요(動동 움직이다　搖요 흔들리다 | agitation[ædʒitéiʃən])　(어떤 제도·상황이) 혼란스럽고
술렁임**

356 ★☆☆ ☐☐

절정
갈등이 가장 높은 단계
영 *climax

絕절 끊다
頂정 꼭대기

소설에서, 사건 속의 갈등이 커지면서 / 긴장감이 가장 높아지는 단계

[한자] ⊙**絕절** 끊다·막다·그만두다·없애다·멸망　**頂정** 정수리(머리의 최상부)·꼭대기
[한자활용] ⊙**絕壁**절벽, **絕版**절판, **絕望**절망, **絕食**절식, **絕筆**절필, **絕緣**절연, **絕滅**절멸, **滅絕**멸절, **絕斷**
절단, **斷絕**단절, **杜絕**두절, **氣絕**기절, **絕交**절교, **骨絕**골절, **絕景**절경, **韋編三絕**위편삼절

[영어] **climax** [kláimæks]　[어원] 그리스어 klimax(사다리)→사다리를 타고 정상에 도달하다
[뜻] (연극·문학·영화 등에서) 절정(summit), 클라이맥스; (어떤 일이나 시간상 흥미의) 절정,
최고조　[풀이] **In the novel, the tension rises as the conflict in the event grows**
(소설에서, 사건 속의 갈등이 커지면서 긴장감이 가장 높아지는 단계)

[예] 소설에서 절정은 갈등과 사건이 최고조에 이르는 단계이자 해결의 전환점을 맞이하는 단
　계이다 /《동백꽃》에서 절정에 해당하는 대목은 점순네 수탉이 우리 집 수탉을 공격해서
　거의 죽을 지경에 이르자 약이 바짝 오른 '나'가 점순네 수탉을 때려 죽이는 장면이다

---

❶ **뉴 미디어(new media)**　　정보 통신 기술의 발달에 따라 새롭게 등장한 인터넷, 스마트폰, SNS 등의 대중 매체
❷ **누란지위累卵之危** 포갤 누, 알 란, 어조사(~의) 지, 위태할 위　[뜻] 달걀을 쌓아 놓은 것과 같은 위태로움　[풀이] 매우 위태위태한 상황. 몹시 아슬아슬한 위기

---

357 ★☆☆ □□

결말
이야기를 끝맺는 단계
영 **ending

結結 맺다
末말 끝부분

이야기를 맺어서 마치는(결)·끝부분(말) ~~~ 소설에서, 인물들 사이에 / 벌어진 사건과 갈등이 해결되고 마무리되는 단계

한자 **結結** 맺다·모으다·묶다·마치다   **末말** 끝부분·꼭대기·지엽·시간(時間)의 끝

한자활용 ⊙末端말단, 終末종말, 週末주말, 月末월말, 末日말일, 年末연말, 末期말기, 期末기말, 末年말년, 末尾말미, 顚末전말, 末世말세, 末梢的말초적, ❶本末顚倒본말전도

영어 **ending** [éndiŋ]   뜻 끝내다; (연극·문학·이야기·영화 등에서) 결말[끝·마지막·엔딩]   풀이
In the novel, the stage in which the events and conflicts between the characters are resolved and concluded(소설에서, 인물들 사이에 벌어진 사건과 갈등이 해결되고 마무리되는 단계)

예 《동백꽃》에서 점순과 '나'는 한창 퍼드러진 노란 동백꽃 속으로 푹 파묻히며 갈등이 마무리되고 소설이 결말에 이른다 / 소설의 결말 단계에서는 갈등이 해소되고 사건이 마무리된다 / 연극에서 비극은 불행한 결말로 끝나고, 희극은 행복한 결말로 끝난다

---

358 ★☆☆ □□

과다하다
지나치게 많다
영 **excessive

過과 지나치다
多다 많다

지나치다(과)·많다(다) ~~~ 사물이나 그 수량, 정도가 / •지나치게 많다

한자 ⊙**過과** 지나다·경과하다·지나치다·허물·잘못   **多다** 많다·낫다·겹치다

한자활용 ⊙過剩과잉, 過食과식, 過速과속, 過熱과열, 過言과언, 過信과신, 過讚과찬, 過度과도, 過重과중, 過分과분, 過密과밀, 不過불과, 過半數과반수, 過程과정, 看過간과, 通過통과, 透過투과, 經過경과, 超過초과, 過去과거, 過誤과오, 過失과실, 謝過사과, 濾過여과, 過激과격, 功過공과, 付過·附過부과, 過怠料과태료, 過飽和과포화, 過敏症과민증, 過渡期과도기, 過電壓과전압, 過年度과년도, 過猶不及과유불급, ❷改過遷善개과천선

영어 **excessive** [iksésiv]   어원 라틴어 ex(밖으로)+cedere(가다)+-ive(형용사를 만듦) → 나가기   뜻 (필요 이상으로) 지나친, 과도한(overmuch, immoderate, inordinate)   풀이
Too many in numbers or too much in quantity(지나치게 많다)

예 많은 사람이 스마트폰의 과다한 사용으로 일상생활에 어려움을 겪고 있다 / 수도권에 인구가 과다하게 집중되고 있다 / 음식물의 과다 섭취는 비만의 원인이 된다
• **지나치다**   (일정한 기준을 넘어) 정도가 심하다

---

❶ **본말전도本末顚倒** 근본 본, 끝 말, 뒤집힐 전, 넘어질 도   뜻 근본과 끝이 뒤집어짐   풀이 중요한 것과 사소한 것의 평가, 역할 등이 뒤바뀐 모습
❷ **개과천선改過遷善** 고칠 개, 지날·잘못 과, 옮길 천, 착할 선   뜻 지난 잘못을 고쳐 착하게 바뀜   풀이 잘못된 점을 고쳐 착한 사람으로 바뀜. 지난날의 잘못을 뉘우치고 고쳐 착하게 됨

1 다음 **국단어의 뜻**을 표로 정리하시오.

국단어	뜻	한자		영단어
기존		既기	存존	–
소방		消소	防방	
발단		發발	端단	
전개		展전	開개	–
위기		危위	機기	
절정		絶절	頂정	
결말		結결	末말	
과다하다		過과	多다	

2 다음 문장을 읽고, 그 **뜻에 해당하는 낱말**을 쓰시오.

1 매우 위태위태한 상황. 몹시 아슬아슬한 위기 _____

2 중요한 것과 사소한 것의 평가, 역할 등이 뒤바뀐 모습 _____

3 정보 통신 기술의 발달에 따라 새롭게 등장한
인터넷, 스마트폰, SNS 등의 대중 매체 _____

4 잘못된 점을 고쳐 착한 사람으로 바뀜 _____

3 빈칸에 알맞은 낱말을 넣어 문장을 완성하시오.

1 인공지능과 로봇의 활용이 산업 전반으로 확산되면서 많은 노동자가 실직의 _____ 에 처했다

2 소설에서 _____ 은 소설의 도입부로서 사건의 시간적, 공간적 배경을 제시하고, 인물들의
성격을 독자에게 알려 주는 기능을 한다

3 소설의 _____ 단계에서는 갈등이 해소되고 사건이 마무리된다

4 화재가 발생할 때를 대비해 _____ 훈련을 철저히 해 두어야 한다

5 소설에서 _____ 는 이야기가 복잡하게 얽히고 갈등이 표면적으로 드러나기 시작하는
단계이다

6 많은 사람이 스마트폰의 _____ 한 사용으로 일상생활에 어려움을 겪고 있다

7 소설에서 _____ 은 갈등과 사건이 최고조에 이르는 단계이자 해결의 전환점을 맞이하는
단계이다

8 석유, 석탄과 같은 자원이 고갈될 위기에 처하면서 _____ 의 자원을 대체할 태양 에너지,
풍력, 지열 에너지 등과 같은 신 · 재생 에너지가 등장하였다

---

359 ★★☆ □□

실태
실제 모습

實實 실제의
態태 모습

실제의(실) · 모습(태) ～ 있는 그대로의 상태 또는 실제의 모습

[한자] 實실 열매·재물·내용·실제의 ◉態태 모습·형태·상태
[연관한자] ◉貌모 모양 | 形형 모양·형상 | 像상 모양 | 象상 코끼리·모양 | 象상 모양 | 狀상 형상 | 相상 서로·모양 | 樣양 모양 | 姿자 모양 | 況황 상황·모양 ～ 모습을 뜻하는 낱말을 만듦 ↪ 모양(模樣) 형태(形態) 상황(狀況) 상태(狀態) 자태(姿態) 양태(樣態) 형상(形狀) 양상(樣相)
[한자활용] ◉態度태도, 狀態상태, 形態형태, 姿態자태, 生態생태, 生態系생태계, 事態사태, 變態변태, 動態동태, 容態용태, 行態행태, 世態세태, 態勢태세
[예] 정부는 공업 단지 주변의 환경 오염 실태를 조사하기로 하였다 / 청소년들의 휴대폰 중독 실태가 심각한 것으로 드러났다 / 학교 폭력 실태 조사가 실시되었다

---

360 ★★☆ □□

호소하다
감정을 불러일으키다
🔵 *appeal

號호 부르짖다
召소 부르다

부르짖다(호) · 부르다(소) ～ 어떤 일을 말하여 / 다른 사람의 감정을 불러일으키다 (일어나게 하다)

[한자] ◉號호 부르짖다·명령·부호·기호·이름 召소 부르다·불러들이다
[한자활용] ◉番號번호, 信號신호, 記號기호, 等號등호, 符號부호, 暗號암호, 號令호령, 稱號칭호

[영어] **appeal** [əpíːl] [어원] ap(…을) + peal(강제로 시키다)→요구하다 [뜻] (남에게…하도록) 호소하다; (이성·공정성·인륜 등을 근거로 해서 …해달라고) 간청하다; 항소[상소·상고·소청] 하다 [풀이] **To ask another for help by describing one's situation to someone such as unfair treatment, difficulties, etc**(자신의 어렵거나 억울한 사정을 다른 사람에게 알려 도움을 청하다)

[예] 층간 소음 경험자들은 정신적·육체적 고통을 견디기 어렵다고 호소한다 / 학생들은 "스마트폰 사용에 많은 시간을 보내다 보니 공부에 방해가 된다"고 어려움을 호소했다 / 수많은 관광객 때문에 소음이 발생하고, 마을 곳곳에 쓰레기가 늘어나는 등 불편을 호소하는 주민들이 늘고 있다

---

361 ★☆☆ □□

발송하다
보내다
🔵 ***send

發발 떠나다
送송 보내다

떠나다(발) · 보내다(송) ～ 물건, 편지, 서류 따위를 / 우편, 운송 수단을 이용하여 보내다

[한자] 發발 피다·쏘다·일어나다·떠나다 送送 보내다·전달하다·배웅하다

[영어] **send** [send] [뜻] (편지·소포·이메일·물품 따위를) 보내다, 발송하다(forward); (소식·편지·메시지 따위를) 전하다 [풀이] **To send an object, letter, document, etc., by mail, delivery service, etc**(물건, 편지, 서류 등을 우편이나 택배 등을 이용하여 보내다)

[예] 국세청에서는 세금 고지서를 각 가정으로 발송했다 / 학교에서는 중간고사 성적표를 각 가정으로 발송했다 / 상품 *배송 안내 메일을 고객에게 발송했다
* **배송**(配배 나누다 送送 보내다 | delivery[dilívəri])   어떤 물건을 특정 장소로 보냄

362 ★★☆ □□

통제하다
하지 못하게 막다
영 **control

統통 법
制제 금지하다

법(통)으로 · 금지하다(제) ⤳ 어떤 방침, 목적에 따라 / 행위를 하지 못하게 막다

한자 ◉統통 거느리다·계통·줄기·실마리·법(法) 制제 절제하다·억제하다·금지하다·규정

한자활용 ◉傳統전통, 統一통일, 系統계통, 統合통합, 統治통치, 統率통솔, 統率力통솔력, 正統정통, 統計통계, 總統총통, 大統領대통령, 血統혈통, 嫡統적통, 統稱통칭

영어 **control** [kəntróul] 어원 contra(반대로)+rota(바퀴)→바퀴의 회전을 억제하다 뜻 (기계·시스템 등을) 제어하다, 조정하다, 조절하다; 지배하다, 관리하다, 감독하다(have control over); 통제하다(govern) 풀이 **To prohibit someone from doing something, due to a certain policy or purpose**(어떤 방침이나 목적에 따라 행위를 하지 못하게 막다)

유 **제한하다**(制제, 限한 한정하다)
예 학교에서는 학생 안전을 위해 외부인의 출입을 통제했다 / 며칠 간의 폭우로 인해 지하차도의 통행이 통제되었다 / 국립 공원은 자연 보호를 위해 일정 기간 등산객의 출입을 통제한다

---

363 ★☆☆ □□

대안
대신하는 다른 방법
영 *alternative

代대 대신하다
案안 생각·안건

대신하는(대) · 안건(안) ⤳ 어떤 문제를 처리할 만한 방법을 / 대신하는 다른 방법

한자 **代대** 대신하다·교체하다 ◉**案안** 생각·°안건·책상

한자활용 ◉勘案감안, 提案제안, 起案기안, 懸案현안, 草案초안, 立案입안, 考案고안, 創案창안, 腹案복안, 代案대안, 方案방안, 法案법안, 私案사안, 答案답안, 案內안내, °案件안건

영어 **alternative** [ɔːltɔ́ːrnətiv, æl-] 어원 alternativus(양자택일의) 뜻 (둘 중, 때로는 셋 이상에서) 하나를 택할 여지(양자택일); 대안; 대체 풀이 **Something replacing another**(어떤 안을 대신하는 안)

예 인터넷 1인 미디어가 인터넷상의 새로운 대안 미디어로 °부상하고 있다 / 온라인 강의가 학원 사교육의 대안으로 자리잡기에는 아직 역부족이다 / 신·재생 에너지가 환경 오염의 주범으로 지목 받는 석유, 석탄과 같은 기존 자원을 대체할 대안으로 급부상하고 있다

° **안건**(**案안** 책상·생각·안건 **件건** 물건·사건)   토의하거나 조사해야 할 사실. 문제가 되어 있는 사실
° **부상하다**(**浮부** 뜨다 **上상** 위 | emerge[imə́ːrdʒ])   관심의 대상이 되거나 그러한 높은 위치로 올라서다

하이레벨 I · 중학 필수 어휘 **229**

364 ★★★ □□

방안
방법

영 ***way

方방 방법
案안 생각·안건

방법(방)·안건(안) ⤳ 어떤 일[문제]을 처리해 나갈 방법

한자 **方방** 네모·방위·방향·방법   **案안** 책상·생각·안건

영어 **way** [wei]   뜻 방법, 수단(means, method); (특정한) 방식(manner, mode, fashion); (개인적인) 방식, 태도, 버릇(individual characteristic or peculiarity); (사람·사물이 나아가는) 길, 진로(course of advance); 길, 도로(road, street, path, track)   풀이 **A method or plan to handle a matter**(일을 처리할 방법이나 계획)

유 **방법**(方방 방법, 法법 방법), **방도**(方방 방법, 道도 길)

예 해안 지역을 지속 가능한 관광지로 발전시키기 위해서는 자연환경을 보호하고, 개발 이익이 지역 주민에게 돌아가는 방안을 모색해야 한다 / 토의란 공동의 문제를 해결하기 위해 여러 사람이 의견을 모아 보다 나은 해결 방안을 찾는 협력적 말하기이다 / 주장하는 글은 처음에 문제 상황을 제시하고, 중간에 원인과 해결 방안을 쓴 다음, 끝에서 주장을 강조한다 / *양질의 수자원을 확보하기 위한 방안으로 *해수 *담수화가 논의되고 있다

* 양질(良양(량) 좋다 質질 바탕·품질 | high quality, good quality[kwάləti])   좋은 품질
* 담수(=민물 | 淡담 맑다 水수 물)   (강물, 지하수, 호수 물처럼) 소금기가 없는 물
* 해수 담수화(海해 바다 水수 물 淡水담수 化화 되다 | seawater desalination[si:wɔ́:tər di:sælənéiʃən])   바닷물의 염분을 제거하여 민물(담수)로 만드는 일

---

365 ★★☆ □□

발언하다
의견을 말하다
자기 생각을 밝히다

영 **comment
**remark

發발 드러내다·밝히다
言언 말하다·의견

드러내다·밝히다(발)·말하다·의견(언) ⤳ 의견을 드러내어 말하다 또는 자기 생각을 밝히다

한자 **發발** 피다·쏘다·드러내다·밝히다   **言언** 말·말하다·의견

영어 **comment** [kάment]   어원 com(함께) + ment(마음(에 걱정되는 것))   뜻 (…에 대하여) 의견을 말하다, 발언하다, 언급하다; (시사 문제 등) 논평   **remark** [rimάːrk]   어원 re(다시) + mark(표시하다)   뜻 (…에 대하여) 의견을 말하다, 발언하다   풀이 **The act of saying something to express one's opinion, or a statement made for such a purpose**(말을 하여 의견을 나타냄. 또는 그 말)

예 회의에서는 손을 들어 발언할 기회를 얻은 후에 의견을 말해야 한다 / 대통령은 국회에 출석하여 자신의 의견을 밝히는 발언을 했다 / 타인이 발언할 때는 나와 생각이 달라도 끝까지 경청해야 한다 / 그는 이번 사건에 대해 선을 넘는 발언을 하여 *물의를 빚었다

* 물의(物물 물건 議의 의논하다·의견·책잡다 | public criticism[pʌ́blik krítisìzəm])   어떤 사람 또는 단체의 행동에 대하여 많은 사람들이 이러쿵저러쿵 비난하거나 꾸짖어 말하는(나무라는) 상태

1 다음 **국단어의 뜻**을 표로 정리하시오.

국단어	뜻	한자		영단어
실태		實실	態태	–
호소하다		號호	召소	
발송하다		發발	送송	
통제하다		統통	制제	
대안		代대	案안	
방안		方방	案안	
발언하다		發발	言언	

2 다음 중 **모습·모양**의 뜻을 갖는 한자가 **아닌** 것은?

① 形형   ② 相상   ③ 物물   ④ 姿자   ⑤ 況황

3 다음 중 **모습**의 뜻을 갖는 낱말이 **아닌** 것은?

① 양상(樣相)   ② 형태(形態)   ③ 상황(狀況)   ④ 상태(狀態)   ⑤ 형언(形言)

4 다음 중 **방안(方案)**과 뜻이 비슷한 낱말을 **모두** 고르시오.

① 방향(方向)   ② 방도(方道)   ③ 방법(方法)   ④ 방식(方式)   ⑤ 방위(方位)

5 다음 문장을 읽고, 그 **뜻에 해당하는 낱말**을 쓰시오.

1 소금기가 없는 물　　　　　　　　　　　　　　　　＿＿＿＿＿＿＿＿＿＿

2 좋은 품질　　　　　　　　　　　　　　　　　　　＿＿＿＿＿＿＿＿＿＿

3 바닷물의 염분을 제거하여 민물(담수)로 만드는 일　＿＿＿＿＿＿＿＿＿＿

4 어떤 사람·단체의 행동에 대해 많은 사람이 이러쿵저러쿵 비난하거나

　　꾸짖어 말하는 상태　　　　　　　　　　　　　　＿＿＿＿＿＿＿＿＿＿

5 토의하거나 조사해야 할 사실. 문제가 되어 있는 사실　＿＿＿＿＿＿＿＿＿＿

6 빈칸에 알맞은 낱말을 넣어 문장을 완성하시오.

1 학교에서는 중간고사 성적표를 각 가정으로 ＿＿＿＿＿＿＿ 했다

2 양질의 수자원을 확보하기 위한 ＿＿＿＿＿＿＿ 으로 해수 담수화가 논의되고 있다

3 층간 소음 경험자들은 정신적·육체적 고통을 견디기 어렵다고 ＿＿＿＿＿＿＿ 한다

4 국립 공원은 자연 보호를 위해 일정 기간 등산객의 출입을 ＿＿＿＿＿＿＿ 한다

5 회의에서는 손을 들어 ＿＿＿＿＿＿＿ 할 기회를 얻은 후에 의견을 말해야 한다

6 청소년들의 휴대폰 중독 ＿＿＿＿＿＿＿ 가 심각한 것으로 드러났다

12주 2일

---

366 ★☆☆ ☐☐

고립
홀로 떨어져 있음
영 *isolation

孤고 홀로·떨어지다
立립(입) 존재하다

홀로·떨어지다(고)·존재하다(립) ～ 다른 곳이나 사람과 교류하지 못하고 / 홀로 (자기 혼자서만) 떨어져 있음(존재함)

한자 ◉孤고 외롭다·의지할 데가 없다·홀로·떨어지다 　立립(입) 서다·똑바로 서다·존재하다

한자활용 ◉孤獨고독, 孤兒고아, ❶孤掌難鳴고장난명, 孤軍奮鬪고군분투, ❷傲霜孤節오상고절

영어 **isolation** [àisəléiʃən] 　뜻 소외; 고립, 분리, 격리; 고독 　풀이 The state of being alone, unable to talk or spend time with others(다른 곳이나 사람과 교류하지 못하고 혼자 따로 떨어짐)

예 자기 문화의 우월성만을 주장하고 다른 문화를 *배척하는 자문화 중심주의는 자기 문화만을 고집하는 태도 때문에 국제적 고립을 초래할 수 있다 / 폭설로 길이 끊기자 그 마을은 완전한 고립 상태가 되었다 / 인간은 고립된 채로 살아갈 수 없는 사회적 동물이다 / 많은 청년이 자신의 방 안에서만 생활하면서 스스로를 사회로부터 고립시키고 있다

* 배척하다(排배 밀어내다 斥척 내쫓다 | exclude[iksklú:d]) 　싫어하여 끼워 주지 않다. 따돌려 밀어내다

---

367 ★☆☆ ☐☐

비하하다
자신[상대방]을
밑으로 낮추다

卑비 낮추다
下하 밑·낮추다

낮추다(비)·아래·밑·낮추다(하) ～ 스스로를 겸손하게 밑으로 낮추다 또는 상대방을 업신여겨 밑으로 낮추다

한자 ◉卑비 낮다·낮추다·천하다·비루하다 　下하 아래·밑(물체의 아래나 아래쪽)·끝·낮추다

연관한자 ◉賤천 천하다 | 下하 아래 | 低저 낮다·(머리를)숙이다 | 貶폄 낮추다 ↔ 폄하(貶下) 비천 (卑賤)

한자활용 ◉卑賤비천, 卑下비하, 卑怯비겁, 卑劣비열, 卑屈비굴, 野卑야비, 卑俗語비속어

예 문화 사대주의 태도는 자기 문화를 비하하여 고유문화에 관한 자부심을 잃을 수 있고, 문화의 주체성을 상실할 수 있다 / 한두 번 실패했다고 해서 자신을 무능한 사람이라고 비하하면 안 된다 / 여성과 노인을 비하하는 그의 발언은 많은 사람들의 분노를 샀다

---

❶ **고장난명孤掌難鳴** 외로울 고, 손바닥 장, 어려울 난, 소리 낼 명 　뜻 손바닥 하나로는 소리를 내기 어려움 　풀이 혼자의 힘만으로 어떤 일을 이루기 어려움
❷ **오상고절傲霜孤節** 거만할 오, 서리 상, 외로울 고, 절개 절 　뜻 서릿발이 심한 속에서도 굴하지 아니하고 외로이 지키는 절개 　풀이 늦가을 서리가 내리는 추위에도 굴하지 않고 꽃봉오리를 피우는 국화를 가리키는 표현. 절개를 지키는 선비의 꿋꿋함

금기
하지 못하게 막음
마음에 걸려 꺼림
영 *taboo

禁금 금하다
忌기 꺼리다

금하다(금) · 꺼리다(기) ∼ 신앙이나 *관습적 이유로, *금하는 일 또는 마음에 걸려서 꺼리는 일

한자 ⊙禁금 *금하다·억제하다·삼가다 忌기 *꺼리다·질투하다·미워하다

한자활용 ⊙禁止금지, 禁煙금연, 禁酒금주, 禁物금물, 監禁감금, 禁錮금고, 拘禁구금, 禁飭금칙, 拘禁구금

영어 **taboo** [təbúː] 뜻 금기, 터부 풀이 Something forbidden or avoided for religious or customary reasons(종교 또는 *관습적인 이유로 하면 안 되거나 피해야 하는 일)

예 우리집에서는 집 나간 언니에 대해 이야기하는 것이 금기되고 있다 / 힌두교인은 쇠고기를 먹지 않는 종교적 금기를 가지고 있다 / 인도에서 암소를 숭배하고 쇠고기를 금기시하는 것은 소규모 농경 체제에 소가 꼭 필요하였기 때문이다

• **관습**(慣관 익숙하다 習습 익히다·익숙하다 | custom[kʌ́stəm]) 한 사회에서 오랜 시간에 걸쳐 지켜 내려오고 있는 사회 규범이나 생활 방식

• **금하다**(禁금 금하다 | prohibit[prouhíbit] ban[bæn] forbid[fərbíd]) 어떤 일을 하지 못하게 하다

• **꺼리다**(avoid[əvɔ́id]) 자신에게 피해가 생길까 하여 어떤 일이나 사물을 싫어하거나 피하다

균등하다
똑같다
영 **even

均균 균등하다
等등 같다

균등하다(균) · 같다(등) ∼ 기회, 권리, 몫 따위가 / 어느 한쪽으로 더하거나 덜함이 없이 / 똑같다

한자 ⊙均균 *고르다·평평하다·균등하다 等등 무리·등급·같다

한자활용 ⊙均衡균형, 平均평균, 均一균일, 均質균질

영어 **even** [íːvən] 뜻 (예상 밖이나 놀라운 일을 강조해 나타내어) …도, …조차, …까지도; (표면·판자 따위가) 반반한(smooth), 평평한, 평탄한(flat, level); (변화가 심하지 않고) 고른, 일정한; (수량·득점 등이) 균등한(equal); (두 사람·팀·경기 등이) 대등한 풀이 Being the same without difference or variation(차이가 없이 고르다)

유 **균일하다**(均균 고르다, 一일 하나), *고르다

예 평등이란 성별, 종교, 재산 등에 따라 차별하지 않고 균등하게 기회를 부여하며, 법 앞에서 모든 사람을 동등하게 대우하는 것을 가리킨다 / 기회가 균등하게 보장되어도 개개인이 가진 선천적·후천적 차이에 따라 평등이 실현되지 못하는 경우가 발생한다 / 민주주의 사회는 그 구성 전원에게 교육의 균등한 기회를 줄 것을 요구한다

• **고르다**(equal[íːkwəl] even[íːvən]) 높낮이·크기·양 따위의 차이가 없이 똑같다. 가지런하다

12주 2일

370 ★★☆ ☐☐

대립
서로 맞서거나 버팀
영 **conflict

對대 마주하다
立립 서다

마주하다(대) · 서다(립) ⤳ 생각, 의견, 입장이 / 반대되거나 · 맞지 않아 / 서로 맞서거나 버팀

한자 ⊙**對**대 대하다·마주하다·대답하다·맞추어 보다 **立립** 서다·똑바로 서다·세우다

한자활용 ⊙**反對**반대, **對話**대화, **對應**대응, **相對**상대, **對策**대책, **對答**대답, **對照**대조, **對象**대상, **對峙**대치, **對比**대비, **對稱**대칭, **對面**대면, **應對**응대, **對決**대결, **對等**대등, **對談**대담, **敵對**적대

영어 **conflict** [kɑ́nflikt] 어원 con(함께) + flict(치다) 뜻 (심리적; 국가·개인들 사이의) 갈등; (무력에 의한 비교적 장기간의 물리적) 분쟁, 전쟁; (사람·생각·의견·감정·이해관계 등의) 대립 풀이 A thought, opinion, or stance being opposing or not consisten(생각이나 의견, 입장이 서로 반대되거나 맞지 않음)

유 **대치**(對대 대하다·마주하다, 峙치 언덕·멈추다·머물다)

예 정치란 사회 구성원 간의 대립과 갈등을 조정하여 문제를 해결하는 모든 활동을 말한다 / 이해관계를 가진 사람들이 자신의 가치나 이익을 실현하기 위해 노력하는 과정에서 때로는 개인이나 집단의 의견이 서로 대립하여 충돌하기도 한다 / 소설에서 **갈등**은 등장인물의 마음속이나 인물 사이에 일어나는 대립과 충돌 또는 인물과 환경 사이의 *모순과 대립을 의미한다

* **모순**(≒당착(撞着) | **矛**모 창 **盾**순 방패 | contradiction[kɑ̀ntrədíkʃən]) (말, 행동, 사실의) 어떤 사실의 앞뒤, 또는 두 사실이 서로 어긋나 이치에 맞지 않음

---

371 ★☆☆ ☐☐

해소하다
풀어서 없애다
영 *resolve

解해 풀다
消소 없애다

풀다(해) · 소멸하다·없애다(소) ⤳ 이제까지의 일, 관계, 좋지 않은 일, 감정을 / 풀어서 없애다

한자 **解해** 풀다·깨닫다·벗기다·해체하다(쪼개다) ⊙**消소** 사라지다·소멸하다·없애다

한자활용 ⊙**消化**소화, **消滅**소멸, **消費**소비, **取消**취소, **消盡**소진, **消耗**소모, **消去**소거, **消燈**소등, **消防**소방, **消火**소화, **抹消**말소, **消失**소실, ❶**消失點**소실점, **消毒**소독, **消極的**소극적, **消日**소일, **消息**소식

영어 **resolve** [rizɑ́lv] 어원 re(자극 등에 응하여) + solve(해결하다) 뜻 (문제·곤란 따위를) 해결하다, 해소하다, (의문·의혹을) 풀다(solve); (…을 할[하지 않을] 것을) 결심하다 (determine) 풀이 To address and get rid of a difficult problem or unfavorable situation(어려운 일이나 좋지 않은 상태를 해결하여 없애 버리다)

예 친구들과 놀이공원으로 놀러 가서 그동안 쌓인 스트레스를 몽땅 해소했다 / 학교 측에서는 캠퍼스 내의 주차난을 해소할 수 있는 방안을 찾고 있다 / 이번 강우로 남부 지역의 가뭄이 해소될 것이다 / 대도시의 교통 (*체증을 해소하기 위한 교통 정책이 시급하다

* **체증**(滯체 막히다 症증 증세) 차들이 많이 몰려 길이 막히는 상태

---

❶ **소실점**消失點 사라질 소, 잃을 실, 점 점   풀이 눈으로 보았을 때, 평행한 두 선이 멀리 가서 한 점에서 만나는 점

1 다음 **국단어의 뜻**을 표로 정리하시오.

국단어	뜻	한자		영단어
고립		孤고	立립	
비하하다		卑비	下하	–
금기		禁금	忌기	
균등하다		均균	等등	
대립		對대	立립	
해소하다		解해	消소	

2 다음 문장을 읽고, 그 **뜻에** 해당하는 **낱말**을 쓰시오.

1 눈으로 보았을 때, 평행한 두 선이 멀리 가서 한 점에서 만나는 점 _____

2 혼자의 힘만으로 어떤 일을 이루기 어려움 _____

3 늦가을 서리가 내리는 추위에도 굴하지 않고 꽃봉오리를 피우는 국화.
절개를 지키는 선비의 꿋꿋함 _____

4 어떤 사실의 앞뒤, 또는 두 사실이 서로 어긋나 이치에 맞지 않음 _____

5 한 사회에서 오랜 시간에 걸쳐 지켜 내려오고 있는 사회 규범이나 생활 방식 _____

3 빈칸에 알맞은 낱말을 넣어 문장을 완성하시오.

1 인도에서 암소를 숭배하고 쇠고기를 _____ 시하는 것은 소규모 농경 체제에 소가 꼭
필요하였기 때문이다

2 _____ **주의** 태도는 자기 문화를 _____ 하여 고유문화에 관한 자부심을 잃을 수
있고, 문화의 주체성을 상실할 수 있다

3 평등이란 성별, 종교, 재산 등에 따라 차별하지 않고 _____ 하게 기회를 부여하며, 법 앞에서
모든 사람을 동등하게 대우하는 것을 가리킨다

4 친구들과 놀이공원으로 놀러 가서 그동안 쌓인 스트레스를 몽땅 _____ 했다

5 소설에서 **갈등**은 등장인물의 마음속이나 인물 사이에 일어나는 _____ 과 충돌 또는 인물과
환경 사이의 모순과 _____ 을 의미한다

6 자기 문화의 우월성만을 주장하고 다른 문화를 배척하는 _____ **주의**는 자기 문화만을
고집하는 태도 때문에 국제적 _____ 을 초래할 수 있다

372 ★☆☆ □□

분립
나누어져 있음

分분 나누다
立립(입) 있다

나누어지다(분) · 있다(립) ∿ 갈라져서 따로 자리함 또는 나누어서 자리하게 함

[한자] **分분** 나누다·나누어지다·구별하다 ◉**立립(입)** 똑바로 서다·있다(존재하다)·세우다

[연관한자] ◉**建건** 세우다 | **設설** 베풀다·세우다 | **竪수** 세우다 ↔ 건립(建立) 설립(設立) 건설(建設)

[한자활용] ◉**設立설립, 建立건립, 創立창립, 獨立독립, 自立자립, 存立존립, 兩立양립, 竝立병립, 連立연립, 定立정립, 確立확립, 立場입장, 立件입건, 中立중립, 樹立수립, 立案입안, 立憲입헌, 立法입법, 國立국립, 王立왕립, 官立관립, 公立공립, 私立사립, 公私立공사립, 市立시립, 民立민립, 共立공립, 立國입국, 立秋입추, 立冬입동, 對立대립, 孤立고립, 組立조립, 成立성립, 直立직립, 雇立고립, 立地입지, 積立적립, 立法府입법부, 立候補입후보, 立體的입체적, 埋立地매립지, 埋立場매립장, ❶立春大吉입춘대길, 孤立無援고립무원, 立身揚名입신양명**

[예] 현대 민주 국가의 국가 기관은 권력 **분립**의 원리에 따라 **입법부, 행정부, 사법부**로 나뉜다 / **삼국 시대**에 우리나라는 고구려, 백제, 신라의 세 나라로 **분립**되어 있었다 / 지방 자치 시대가 열리면서 각 지방 자치 단체는 중앙 정부에서 **분립**해 있는 상태이다 / 대통령은 **권력 분립**의 원리에 따라 국회가 의결한 법률안을 거부할 수 있다

---

373 ★★☆ □□

별도
따로 추가한 것

別별 따로 달리
途도 길·도로

따로 달리(별) ∿ 원래의 것에 덧붙여서 / 따로 추가한 것

[한자] ◉**別별** 나누다·몇 부분으로 가르다·헤어지다·구별·차별·따로 달리 **途도** 길·도로

[연관한자] ◉**區구** 구분하다·나누다 | **分분** 나누다 | **配배** 나누다 | **班반** 나누다 ∿ 가르다·나누다는 뜻을 갖는 낱말을 만듦 ↔ 구별(區別) 구분(區分) 분별(分別) 분배(分配) 배분(配分) 분반(分班)

[한자활용] ◉**別世별세, 離別이별, 死別사별, 作別작별, 特別특별, 區別구별, 差別차별, 各別각별, 分別분별, 性別성별, 辨別변별, 別莊별장, 別名별명, 識別식별, 判別판별, 三別抄삼별초, 千差萬別천차만별**

[예] **대통령제**는 입법부와 행정부가 **별도**로 구성되어 엄격하게 분리된 정부 형태이다 / 이 서점에는 재고 서적 할인 코너가 **별도**로 마련되어 있다 / 월급 이외에 교통비와 주거비가 **별도**로 지급된다

---

374 ★☆☆ □□

내각
국가의 행정권을
담당하는
최고 합의 기관

內내 안
閣각 행정기관

국가의 행정권을 담당하는 최고 합의 기관. 국무 위원 또는 수상과 각원으로 구성하며, 내각 책임제 국가에서는 최고 정책 결정 기관이고, 대통령 중심제 국가에서는 대통령을 보좌, 자문하는 기관임

[한자] **內내** 안·속·대궐 ◉**閣각** 집·관서(행정기관)·층집(여러 층으로 지은 집)

[연관한자] ◉**堂당** 집 | **宅택** 집 | **宇우** 집 | **宙주** 집 | **室실** 집 | **家가** 집 | **宮궁** 집

[예] 의원 **내각**제는 국민이 의회 의원을 선출하면 의회 다수당의 대표가 **총리(수상)**가 되어 행정부인 **내각**을 구성하는 정부 형태이다 / **의원 내각**제에서 왕이나 대통령은 나라를 대표하는 상징적인 존재이며, 의회 다수당의 대표가 **총리(수상)**가 되어 내각을 구성한다 / **내각**은 국가의 행정권을 담당하는 **최고 합의 기관**으로, 의원 내각제 국가에서는 **최고 정책 결정 기관**이며, 그 우두머리는 총리(수상)이다

---

❶**입춘대길立春大吉** 설 립, 봄 춘, 큰 대, 길할 길   [풀이] 입춘(이십사절기의 하나. 양력으로는 2월 4일경)을 맞이하여 길운을 기원함

375 ★★★ □□

채택하다
골리서 뽑다

- 영 **select
- ***choose

採채 고르다
擇택 가리다

고르다·선택하다(채) • 가리다·선택하다(택) ⤳ 몇 가지 중에서 / 골라서 °뽑다

한자 ⊙**採채** 캐다·뜯다·채취하다·고르다·선택하다　**擇택** 가리다·분간하다·구별하다·선택하다

한자활용 ⊙採用채용, 採取채취, 採集채집, 採掘채굴, 採金채금, 採血채혈, 採伐채벌, 公採공채, 特採특채, 採點채점, 採光채광, 採石場채석장

영어 **select** [silékt]　**어원** se(떨어져) + lect(모으다, 고르다)→골라내다　**뜻** (넓은 선택 범위에서 일반적·객관적으로 가장 알맞은 사람·물건을) 고르다, 선택[선발·선정]하다, 뽑다(pick out, choose)　**choose** [tʃuːz]　**뜻** (여럿 중에서 자신의 취향·의견 등에 따라 우수해 보이는 것을) 고르다, (선)택하다, (선)정하다(take as a choice, select); (어떤 일을 할 사람을) 뽑다, 선출하다(elect)　**풀이** **To choose among many**(여러 가지 중에서 골라서 다루거나 뽑아 쓰다)

유 **선택하다**(選選 가리다·뽑다·고르다, 擇택 가리다·고르다)

예 우리나라를 비롯한 대부분의 국가에서는 선거구를 의회에서 법률로 정하는 **선거구 법정주의**를 채택하고 있다 / 우리나라는 임기 5년의, 직접 선거에 의한 대통령제를 채택하고 있다 / 규모가 커지고 복잡해진 현대 사회에서는 국민의 선거로 뽑힌 대표자가 나라의 중요한 일을 결정하는 대의 민주 정치를 채택하고 있다

° **뽑다**(select, choose)　여럿 가운데서 골라서 정하다

---

376 ★★☆ □□

국정
나라를 다스리는 일

國국 나라
政정 다스리다

나라·국가(국) • 다스리다·정사(치) ⤳ 나라를 °다스리고 운영하는 행위

한자 **國국** 나라·국가　⊙**政정** 다스리다·정사(政事: 나라를 다스리는 일)

연관한자 ⊙**治치** 다스리다 | **經경** 지나다·다스리다 | **理리**(이) 다스리다 | **攝섭** 다스리다 ↪ 정치(政治) 섭정(攝政) 섭리(攝理)

한자활용 ⊙政治정치, 政府정부, 政權정권, 政策정책, 行政행정, 行政府정부, 政事정사, 政黨정당, 攝政섭정, 財政재정, 議政의정, 三政丞삼정승, 領議政영의정, 左議政좌의정, 右議政우의정, 政房정방, 參政참정, 參政權참정권, 政勢정세, 政局정국, 王政왕정, 帝政제정, 軍政군정, 暴政폭정, 爲政위정, 爲政者위정자, 議政府의정부, 勤政殿근정전, 承政院승정원, 執政官집정관, 甲申政變갑신정변, ❶苛政猛於虎가정맹어호, 垂簾聽政수렴청정

유 **경국**(經國), **치국**(治國), **정치**(政治), **국사**(國, 事사 일), **국무**(國, 務무 힘쓰다·일·업무)

예 현대 민주 국가에서는 **권력 분립의 원리**에 따라 국가 기관을 **입법부, 행정부, 사법부**로 나누어 국정을 운영하고 있다 / **의원 내각제**는 입법부와 행정부가 긴밀한 관계를 맺고 국정을 운영하는 정부 형태이다 / **대통령제**에서는 국민이 선출한 대통령을 중심으로 국정이 운영된다

---

❶**가정맹어호苛政猛於虎** 독할 가, 다스릴 정, 거칠 맹, 어조사 어, 호랑이 호　**뜻** 가혹한 정치는 호랑이보다 사나움　**풀이** 가혹한 정치가 백성에게 미치는 피해는 사납고 무서운 호랑이의 피해보다 더 심함

12주 3일

377 ★☆☆ ▢▢

의결하다
의논하여 결정하다

영 *resolve

議의 의논하다
決결 결정하다

의논하다(의) · 결정하다(결) ⤳ 둘 이상의 사람, 기관이 의제, 안건을 / 의논해서 결정하다

[한자] **議의** 의논하다 · 토의하다 · 의견   ◉**決결** 결단하다 · 결정하다 · 끝내다 ·

[한자활용] ◉決裁결재, 決濟결제, 解決해결, 決定결정, 決斷결단, 判決판결, 決心결심, 決算결산, 決勝결승, 可決가결, 否決부결, 速戰速決속전속결, 死生決斷사생결단, 民族自決민족자결

[영어] **resolve** [rizάlv]   [어원] re(자극 등에 응하여) + solve(해결하다)   [뜻] (문제·곤란 따위를) 해결하다, 해소하다, (의문·의혹을) 풀다(solve); (…을 할[하지 않을] 것을) 결심하다 (determine); (의회·회합 등이 …할 것을) 의결[결의]하다

[유] **결의하다**(決결 결정하다, 議의 의논하다)
[예] 대통령은 의회에서 의결한 법률안을 거부할 수 있으므로 다수당의 횡포를 막을 수 있다 / 국회에서 새해 예산안을 *만장일치로 의결했다 / 헌법은 국회의 의결을 거쳐 국민 투표로 *개정된다 / 행정부는 국회가 의결한 내용에 대해 집행하는 기관이다
* **만장일치**(滿만 차다 場장 마당 一일 하나 致치 이르다 | unanimity[jùːnəníməti])   모두 의견이 같음
* **개정하다**(改개 고치다 定정 정하다 | revise[riváiz])   이미 정해진 것을 고쳐 다시 정하다

---

378 ★☆☆ ▢▢

불신임하다
믿지 못해 일을 맡기지 않다

不불(부) 아니다 · 못하다
信신 믿다 · 맡기다
任임 맡기다

아니다 · 못하다(불) · 믿다 · 맡기다(신) · 맡기다(임) ⤳ 남을 믿지 못하여 / 일을 맡기지 않다

[한자] **不불(부)** 아니다 · 못하다 · 없다   ◉**信신** 믿다 · 맡기다 · 신임하다(믿고 일을 맡기다) · 편지 · 기호
任임 맡기다 · (책임을)지다 · 마음대로(하고 싶은 대로)

[한자활용] ◉信賴신뢰, 信念신념, 正信정신, 所信소신, 確信확신, 信用신용, 信義신의, 信望신망, 信託신탁, 背信배신, 信號신호, 靑信號청신호, 赤信號적신호, 信號燈신호등, 迷信미신, 過信과신, 盲信맹신, 不信불신, 信仰신앙, 通信통신, 外信외신, 送信송신, 發信발신, 受信수신, 答信답신, 自信感자신감, ❶信賞必罰신상필벌, 半信半疑반신반의

[예] 대통령제는 의회가 대통령을 불신임할 수 없으므로 대통령의 임기 동안 행정부가 안정되어 강력하고 연속성 있는 정책을 수행할 수 있다 / 대통령은 의회에 책임을 지지 않으므로 의회는 행정부를 불신임할 수 없고 행정부도 의회를 해산할 수 없다

---

❶**신상필벌信賞必罰** 믿을 신, 상줄 상, 반드시 필, 벌할 벌   [뜻] 공이 있는 사람에게는 상을 주고, 죄를 범한 자에게는 반드시 벌을 줌   [풀이] 상과 벌을 규정대로 공정하고 엄중하게 함

1 다음 **국단어의 뜻**을 표로 정리하시오.

국단어	뜻	한자		영단어
분립		分분	立립	–
별도		別별	途도	–
내각		內내	閣각	–
채택하다		採채	擇택	
국정		國국	政정	–
의결하다		議의	決결	
불신임하다		不불	信신	–
		任임	–	

2 다음 중 **세우다**는 뜻을 갖는 한자가 **아닌** 것은?

① 建건　② 堂당　③ 設설　④ 竪수　⑤ 立립

3 다음 중 **閣각**(집)과 비슷한 뜻을 갖는 한자가 **아닌** 것은?

① 選선　② 宅택　③ 宇우　④ 宙주　⑤ 室실

4 다음 중 **政정**(다스리다)과 비슷한 뜻을 갖는 한자가 **아닌** 것은?

① 經경　② 治치　③ 宮궁　④ 理리　⑤ 攝섭

5 다음 중 **가르다·나누다**는 뜻을 갖는 낱말이 **아닌** 것은?

① 구별(區別)　② 분별(分別)　③ 별도(別途)　④ 배분(配分)　⑤ 분배(分配)

6 다음 중 **국정(國政)**과 비슷한 뜻을 갖는 낱말이 **아닌** 것은?

① 경국(經國)　② 치국(治國)　③ 정국(政局)　④ 정치(政治)　⑤ 국무(國務)

7 다음 문장을 읽고, 그 **뜻에 해당하는 낱말**을 쓰시오.

1　가혹한 정치가 백성에게 미치는 피해는 사납고 무서운 호랑이의
　　피해보다 더 심함　_____

2　상과 벌을 규정대로 공정하고 엄중하게 함　_____

8 빈칸에 알맞은 낱말을 넣어 문장을 완성하시오.

1　**의원 내각제**는 입법부와 행정부가 긴밀한 관계를 맺고 _____ 을 운영하는 정부 형태이다

2　우리나라는 선거구를 의회에서 법률로 정하는 **선거구 법정주의**를 _____ 하고 있다

3　현대 민주 국가의 국가 기관은 **권력** _____ **의 원리**에 따라 **입법부, 행정부, 사법부**로 나뉜다

---

379 ★★☆ □□

해산하다
흩어져 없어지다
영 *disband
**dissolve

解해 흩어지다
散산 흩어지다

흩어지다(해) · 흩어지다(산) ⤳ 집단, 조직, 단체 등이 / 흩어져 없어지다

한자 **解해** 풀다·녹이다·깨닫다·벗기다·흩어지다 ⊙**散산** 흩어지다·한가롭다·헤어지다

한자활용 ⊙**分散**분산, **解散**해산, **離散**이산, **擴散**확산, **發散**발산, **飛散**비산, **散漫**산만, **散亂**산란, **散散**산발, **散在**산재, **閑散**한산, **散策**산책, **散文**산문, **蒸散作用**증산작용, **離合集散**이합집산, **魂飛魄散**혼비백산, ❶**風飛雹散**풍비박산

영어 **disband** [disbǽnd] 뜻 (단체·조직·군대 등을) 해산시키다(break up); (군대 따위가) 해산하다(break rank, disperse) **dissolve** [dizάlv] 어원 dis(드문드문) + solvere (늦추다)→ 해방시키다 뜻 녹다, 용해하다(melt down, liquefy); (의회·회사 등을) 해산하다(end by breaking up) 풀이 For a group, meeting, organization, etc., to break up and disappear; or to make this happen(집단, 조직, 단체 등이 흩어져 없어지다. 또는 없어지게 하다)

예 시위대는 종로에서 서울역까지 행진을 벌인 뒤 자진 해산했다 / 법원은 그 단체를 불법 단체로 규정짓고 해산을 명령했다 / 군사 정권은 국회를 해산하고 의원들의 모든 정치 활동을 금지하였다 / 정부는 불법 시위대에 해산을 명령한 뒤 강제 해산에 나섰다

---

380 ★☆☆ □□

대등하다
서로 비슷하다
영 ***equal

對대 대하다·마주하다
等등 같다

대하다·마주하다(대) · 같다(등) ⤳ 서로 견주어 / 더 낮거나 못하거나 하지 않고 / 서로 비슷하다

한자 **對대** 대하다·마주하다·대답하다·맞추어 보다 ⊙**等등** 무리·등급·같다

연관한자 ⊙**衆중** 무리 | **類류** 무리 | **彙휘** 무리 | **徒도** 무리 | **群군** 무리 | **屬속** 무리 | **輩배** 무리

한자활용 ⊙**同等**동등, **比等**비등, **等位**등위, **等外**등외, **等數**등수, **等級**등급, **初等**초등, **中等**중등, **高等**고등, **一等**일등, **越等**월등, **優等**우등, **次等**차등, **劣等**열등, **劣等感**열등감, **差等**차등, **平等**평등, **等式**등식, **不等式**부등식, **等等**등등, **降等**강등, **等閑視**등한시, **等分**등분, **等差**등차, **等比**등비, **等高線**등고선, **等溫線**등온선, **等速運動**등속운동

영어 **equal** [íːkwəl] 뜻 (수·양·정도 등이 가치상으로) 같은; 동일한(identical)(to, with) (수량·크기에 있어서) 동등한; (법·영향력 등이) 평등한, 대등한(equable); (지위·능력 등에서) 동등[대등]한 사람[것] 풀이 Two things or persons being similar, and one being not better or worse than the other in terms of power or ability(어느 한쪽의 힘이나 능력이 낮거나 못하지 않고 서로 비슷하다)

예 대통령제는 입법부와 행정부가 서로 대등한 위치에서 엄격하게 분리되어 있으므로 권력 분립의 원리를 보다 충실하게 실현할 수 있다 / 경기는 실력이 대등해야만 ●호각세를 이룰 수 있다

● **호각세**(=호각 | **互호** 서로 **角각** 뿔·겨루다 **勢세** 형세)   양쪽의 능력이 비슷해서 서로 낮고 못함이 없이 맞선 기세

---

❶**풍비박산風飛雹散** 바람 풍, 날 비, 우박 박, 날릴 산   뜻 바람에 날리고 우박처럼 날림 풀이 사방으로 날려서 흩어짐

방지하다

381 ★★★ ▢▢

방지하다
막다
영 **prevent

防방 막다
止지 억제하다

막다(방)·억제하다(지) ⤳ 미리 행동을 취하여 어떤 좋지 않은 일이 / 일어나지 못하게 막다

한자 **防방** 막다·방어하다 ⊙**止지** 그치다·멈추다·억제하다
한자활용 ⊙禁止금지, 停止정지, 廢止폐지, 沮止저지, 制止제지, 抑止억지, 解止해지, 止揚지양, 止血지혈

영어 **prevent** [privént] 어원 pre(앞에) + vent(오다) 뜻 (앞질러 행동을 취하여 예정된 일이 실현되지 않도록) 막다, 방지하다(check); (질병·사고·재해 등을) 예방하다; 방해하다, 하지 못하게 하다(hinder) 풀이 **To prevent a bad thing or phenomenon from happening** (어떤 좋지 않은 일이나 현상이 일어나지 않도록 막다)

유 예방하다(豫예 미리, 防방 막다)
예 은행 건물에는 *도난 방지를 위한 비상벨이 설치되어 있다 / 민주 국가에서는 **입헌주의 원리**를 통해 국가 권력의 *남용을 방지함으로써 국민의 자유와 권리를 보장한다 / 사막화를 방지하기 위해 환경이 파괴되지 않는 범위 안에서 *경작과 목축을 해야 한다 / 공개 재판주의는 재판이 비공개로 진행될 경우 불공정해질 수 있는 위험성을 방지하기 위한 것이다

* 도난(盜도 도둑·훔치다 難난 어지럽다·재앙) 도둑에게 돈이나 귀중품을 잃음
* 남용(濫남 넘치다·함부로 하다 用용 쓰다 | abuse[əbjúːz]) (정해진 규정·기준을 넘어서) 함부로 씀
* 경작(耕경 밭을 갈다·농사짓다 作작 짓다·일하다·농사 | cultivation[kʌ̀ltəvéiʃən]) 논밭을 갈아 농사를 지음

질의하다

382 ★☆☆ ▢▢

질의하다
의문점을 물어보다
영 ***question

質질 바탕
疑의 의심하다

의심이 되거나 모르는 점을 / 밝히어 알기 위해서 물어보다

한자 **質질** 바탕·품질·본질·성질 ⊙**疑의** 의심하다·믿지 않다·헷갈리다·의문
한자활용 ⊙疑心의심, 疑問의문, 疑訝의아, 疑惑의혹, 嫌疑혐의, 被疑者피의자, 容疑者용의자, 疑懼心의구심

영어 **question** [kwéstʃən] 어원 quest(구하다) + ion(것·일) 뜻 질문; (논의·해결할) 문제 (problem, matter); 의문; …에게 묻다[질문하다](ask) 풀이 **An act of asking about something one doubts or does not know**(의심이 되거나 모르는 점을 물음)

유 질문하다(質질 바탕, 問문 묻다)
예 *패널 토의는 각 의견의 대표자가 청중 앞에서 서로 의견을 주고받으며 토의를 하고, 이후 청중이 질의하며 참여하는 토의 유형이다 / 패널 토의는 이것으로 마치고 지금부터 청중 여러분의 질의를 받겠습니다 / 강연이 끝난 뒤에는 청중도 질의 형식을 통해 토의에 참가하게 된다 / 장관들은 국정 감사장에 출두하여 의원들의 질의에 답변하였다

* 패널(=패널리스트 | panelist[pǽnəlist]) 공개 토론에 참석한 토론자. 또는 그런 집단

383 ★☆☆ □□

개량하다
좋게 고치다
영 **improve

改개 고치다
良량(양) 좋다

고치다(개) · 좋다(량) ～ 질, 구조, 성능을 고쳐 / 더 좋게 하다

한자 **改개** 고치다·바꾸다 ◉**良량(양)** 어질다·좋다·훌륭하다
한자활용 ◉善良선량, 良心양심, 良好양호, 良民양민, 良人양인, 良質양질, 良書양서, 優良우량, 不良불량

영어 **improve** [imprúːv] 어원 em(…을 주다) + prou (이익) 뜻 (만족스러운 상태에 있지 않은 부족한 점을 고쳐) 개량[개선]하다(become better); …을 향상시키다(better) 풀이 **To make up for shortfalls in quality or function and revise to be better**(질이나 기능의 나쁜 점을 보완하여 더 좋게 고치다)

유 **개선하다**(改개, 善선 착하다·좋다)
예 신제품은 기존 제품의 문제점을 개량했다 / 전통 한복의 불편한 점을 개량한 한복이 유행하고 있다 / 김 박사는 벼의 품종을 개량하여 수확량을 늘렸다 / 집토끼는 야생종인 유럽 굴토끼를 개량하여 가축화한 것이다 / 고속 도로의 여러 안전시설을 개량하고 나서 교통사고 발생률이 크게 줄었다

---

384 ★☆☆ □□

추측하다
미루어 생각하다
영 ***guess

推추 헤아리다
測측 헤아리다

헤아리다·추측하다(추) · 헤아리다(측) ～ 어떤 사실, 보이는 것을 바탕으로 / 미루어 생각하다

한자 **推추** 밀다·*헤아리다·추측하다 ◉**測측** *헤아리다·재다
연관한자 ◉*料료(요) *헤아리다 | 量량(양) *헤아리다
한자활용 ◉測量측량, 測定측정, 觀測관측, 豫測예측, 測雨器측우기, 計測계측, 實測실측

영어 **guess** [ges] 뜻 (아무 근거도 없이, 불확실한 증거로, 막연히 …이) …라고 생각하다, 추측하다, 짐작하다, …인 것 같다; (상당한 이유·재료를 기반으로) 추측하다, 추론하다 풀이 **To guess something based on a certain fact or what is seen**(어떤 사실이나 보이는 것을 통해서 다른 무엇을 미루어 짐작하다)

유 *헤아리다, **짐작하다**(斟짐 짐작하다·헤아리다 酌작 따르다·마시다·헤아리다)
예 구름이 짙어지는 것으로 보아 곧 비가 올 것으로 추측된다 / *화풍으로 보아 11세기 작품으로 추측되고 있다 / 전문가들은 그 도자기가 적어도 5백 년 이상 된 것으로 추측했다 / 이번 사건의 배후에는 또 다른 공범이 있을 것으로 추측된다 / 그의 갑작스러운 결혼을 두고 별별 추측이 돌고 있다
* **헤아리다**(guess[ges])   다른 것에 비추어 생각하다
* **화풍**(畫화 그림 風풍 바람 | style of painting)   그림을 그리는 독특한 방식

1 다음 **국단어의 뜻**을 표로 정리하시오.

국단어	뜻	한자		영단어
해산하다		**解**해	**散**산	
대등하다		**對**대	**等**등	
방지하다		**防**방	**止**지	
질의하다		**質**질	**疑**의	
개량하다		**改**개	**良**량	
추측하다		**推**추	**測**측	

2 다음 중 **等등**(무리)과 뜻이 비슷한 한자가 **아닌** 것은?

① 類류 ② 互호 ③ 群군 ④ 屬속 ⑤ 彙휘

3 다음 중 **헤아리다**는 뜻을 갖는 한자가 **아닌** 것은?

① 料료 ② 量량 ③ 測측 ④ 耕경 ⑤ 推추

4 다음 문장을 읽고, 그 **뜻에 해당하는 낱말**을 쓰시오.

1 사방으로 날려서 흩어짐 _____

2 양쪽의 능력이 비슷해서 서로 낫고 못함이 없이 맞선 기세 _____

5 빈칸에 알맞은 낱말을 넣어 문장을 완성하시오.

1 경기는 실력이 _____ 해야만 호각세를 이룰 수 있다

2 _____ **토의**는 각 의견의 대표자가 청중 앞에서 서로 의견을 주고받으며 토의를 하고, 이후 청중이 _____ 하며 참여하는 토의 유형이다

3 화풍으로 보아 11세기 작품으로 _____ 되고 있다

4 전통 한복의 불편한 점을 _____ 한 한복이 유행하고 있다

5 군사 정권은 국회를 _____ 하고 의원들의 모든 정치 활동을 금지하였다

6 **공개 재판주의**는 재판이 비공개로 진행될 경우 불공정해질 수 있는 위험성을 _____ 하기 위한 것이다

12주 5일

385 ★☆☆ □□
정교하다
세밀하고 뛰어나다
영 *elaborate

精정 세밀하다·뛰어나다
巧교 재주가 뛰어나다

세밀하다·뛰어나다(정) • 재주가 뛰어나다·솜씨가 있다(교) ⤳ 솜씨, 기술이 빈틈없이 꼼꼼하여 / *세밀하고 뛰어나다

[한자] **精정** 깨끗하다·정성스럽다·*세밀하다·뛰어나다 **巧교** 재주가 뛰어나다·솜씨가 있다·교묘하다

[영어] **elaborate** [ilǽbərèit] [어원] e(밖으로)＋labor(일하다)＋ate(…시키다) → 만들어 내다 [뜻] 상세히 말하다; 정교한, 공들인(carefully worked out) [풀이] Flawless, detailed and superb in skills or technique(솜씨나 기술이 빈틈이 없이 자세하고 뛰어나다)

[예] 작은 부품을 가공하는 데에는 매우 정교한 기술이 필요하다 / 이 풍경화는 마치 실제 경치를 사진으로 찍은 것처럼 정교하다 / 이 위조지폐는 워낙 정교해서 전문가들도 제대로 분별하지 못한다
* 세밀하다(細세 가늘다·자세하다, 密밀 빽빽하다·꼼꼼하다·자세하다 | detailed[dí:teild]) 자세하고(아주 사소한 부분까지 구체적이고 분명하고) 빈틈이 없이 꼼꼼하다

386 ★★☆ □□
유의하다
신경쓰다
영 *pay attention to

留류(유) 머무르다
意의 생각

머무르다(유) • 생각(의) ⤳ 어떤 일에 생각을 머무르게 하다 ⇒ 관심을 갖고 신경쓰다

[한자] ⊙**留류(유)** 머무르다·지체하다·붙잡다 **意의** 뜻·의미·생각
[연관한자] ⊙**停정** 머무르다 | **泊박** 머무르다 | **滯체** 막히다·머무르다 ⤳ 머무르다는 뜻을 갖는 낱말을 만듦 ↔ 정류(停留) 정박(淳泊) 체류(滯留) 정체(停滯)
[한자활용] ⊙停留정류, 停留場정류장, 滯留체류, 留念유념, 挽留만류, 保留보류, 留保유보, 抑留억류, 拘留구류, 押留압류, 繫留계류, 遺留品유류품, 殘留物잔류물, 殘留量잔류량, 留學유학

[영어] **pay attention to** [pei əténʃən] [뜻] …에 주의를 기울이다, 유의하다 [풀이] To keep in mind and be careful(마음에 두고 조심하며 신경을 쓰다)

[유] **조심하다**(操조 잡다, 心심 마음)
[예] 장마철에는 농작물 관리에 유의해야 한다 / 여름에는 식중독에 걸리지 않도록 음식물 섭취에 유의해야 한다 / 봄철은 연중 일교차가 가장 큰 때이므로 건강 관리에 유의해야 한다 / 여름에 물가에 갈 때는 항상 안전사고에 유의해야 한다

원활하다
일이 매끄럽게
잘되어 가다
🔵 **smooth

圓원 원만하다
滑활 미끄럽다

원만하다(원) • 미끄럽다(활) ∿ 일이 탈, 말썽 없이 / 예정대로 거침없이 잘되어 가다

한자 ⦿**圓원** 둥글다·원만하다 **滑활** 미끄럽다
합자활용 ⦿圓滿원만, 圓形원형, 圓錐원추, 圓筒원통, 內接圓내접원, 外接圓외접원, 圓弧원호, 圓卓원탁, 圓心원심, 半圓반원, 楕圓타원, 圓周원주, 圓周率원주율, 一圓일원

영어 **smooth** [smuːð] 뜻 일이 원활한, 순조로운(easy); 부드러운; 매끄러운 풀이 **Things go smoothly as planned, without any trouble or trouble**(일 따위가 아무 탈이나 말썽 없이 예정대로 거침없이 잘되어 가다)

유 **원만하다**(圓원 원만하다, 滿만 가득 차다), **순조롭다**
예 어떤 대상을 표현하는 언어의 내용과 형식의 관계가 일단 정해지면 같은 언어를 사용하는 사람들끼리는 그 약속을 지켜야 원활한 의사소통이 가능하다 / 항상 막히던 도로가 아주 넓어져서 차량 소통이 원활해졌다 / **동남아시아**는 하천 주변 평야의 토양이 비옥하고 물 공급이 원활하여 세계적인 벼농사 지대를 이루고 있다

민간
① 정부 기관에 속하지
  않음
② 일반 사람들 사이

民民 백성·사람
間간 사이

백성(민) • 사이(간) ∿ ① 관청, 정부와 같은 공적인 기관에 / 속하지 않음 또는 속하지 않는 것 ② 일반 사람들 사이

한자 **民民** 백성·사람 ⦿**間간** 사이·때·동안·틈새
한자활용 ⦿時間시간, 瞬間순간, 期間기간, 區間구간, 空間공간, 人間인간, 間隔간격, 行間행간, 晝間주간, 夜間야간, 日間일간, 週間주간, 年間연간, 中間중간, 間隙간극, 眉間미간, 間諜간첩, 間食간식, 食間식간, 巷間항간, 間接간접, 間或간혹, 庫間곳간, 穀間곡간, 馬廄間마구간, 間奏曲간주곡, 左右間좌우간, 層間층간, ❶間歇的간헐적, 霎時間삽시간, 早晩間조만간, 瞥眼間별안간, 瞬息間순식간, 弘益人間홍익인간, ❷犬猿之間견원지간

예 ① 공공 기관에서 그 일을 민간에 넘길 이유는 없어 보였다 / 이번 사업을 위해서는 정부와 민간의 긴밀한 °공조가 필요하다 / 정부 주도의 경제를 민간 주도 경제로 바꾸기 위한 시도가 계속되고 있다 / 우리 단체는 일반 시민들의 주도 아래 결성된 순수 민간단체이다 ② 이 노래는 민간에서 입으로 전해 오다가 판소리로 정착된 것이다 / 종교적인 면에서는 기독교가 민간 신앙을 대치하고 있다 / 감기에 걸렸을 때 생강이나 배로 끓인 차를 마시는 것이 민간에서 널리 행해졌다
° **공조**(共공 한가지·함께 **助조** 돕다 | cooperation[kouὰpəréiʃən]) **여럿이 함께 도와주거나 서로 도와줌**

---

❶ **간헐적間歇的** 사이 간, 쉴 헐, 어조사(~한 상태로 되는) 적 풀이 일정한 시간 간격을 두고 되풀이되는 (것)
❷ **견원지간犬猿之間** 개 견, 원숭이 원, 어조사 지, 사이 간 뜻 개와 원숭이의 사이 풀이 사이가 매우 나쁜 관계. 서로 앙심을 품고 미워하는 사이

---

389 ★★☆ ☐☐

거대하다
매우 크다
영 **huge

巨거 크다
大대 크다

크다(거) · 크다(대) ⤳ 규모, 크기 따위가 / 엄청나게 매우 크다

한자 ⊙巨거 크다·많다·저항하다 **大대** 크다·높다·많다·심하다

한자활용 ⊙巨人거인, 巨軀거구, 巨物거물, 巨星거성, 巨商거상, 巨額거액, 巨金거금, 巨木거목, 巨室거실, 巨艦거함, 巨里거리, 巨視的거시적

영어 **huge** [hju:dʒ] 뜻 (부피·크기·모양·양 등에서) 매우 큰, 거대한(enormous, gigantic)
풀이 Very big(엄청나게 크다)

예 남극은 면적이 1,360만㎢로, 한반도의 60배에 이르는 **거대한 대륙**이다 / 지진 해일은 바다 밑에서 지진이 발생하면서 일어나는 거대한 파도로 '쓰나미'라고도 한다 / 베게너는 과거 한 덩어리를 이루고 있던 거대한 대륙인 **판게아**가 여러 개의 대륙으로 갈라져 현재의 위치로 이동하였다는 **대륙 이동설**을 발표하였다

---

390 ★☆☆ ☐☐

재화
① 욕구를 충족시켜 주는 물건
② 돈, 값나가는 물건
영 *goods
*asset

財재 재물
貨화 재물

재물(재) · 재물(화) ⤳ ① 사람이 바라는 것(욕구)을 충족시켜 주는 / 모든 물건 ② 돈, 값나가는 물건

한자 **財재** °재물·°재산·°자산·재능 ⊙**貨화** °재물·재화·화폐(돈)·상품

연관한자 ⊙**財재** 재물 | **物물** 물건·재물 | **資자** 재물 | **産산** 낳다·만들다·재산·자산 ⤳ 돈이나 값나가는 물건(물품)을 뜻하는 낱말을 만듦 ↳ 재(財) 재산(財産) 재화(財貨) 자산(資産) 재물(財物)

한자활용 ⊙貨幣화폐, 鑄貨주화, 金貨금화, 銀貨은화, 寶貨보화, 金銀寶貨금은보화, 良貨양화, 通貨통화, 韓貨한화, 円貨엔화, 外貨외화, 貨物화물, 貨物車화물차, 貨物船화물선, 貨物機화물기, 手貨物수화물, 雜貨잡화, 百貨店백화점

영어 ① **goods** [gudz] 뜻 (판매용으로 만든) 상품, 제품; 물품; 재화; (부동산 이외의) 재산, 소유물 풀이 An item that satisfies human needs(사람이 원하는 것을 충족시키는 물건)
② **asset** [æset] 어원 라틴어 ad(…으로)+satis(충분한) 뜻 (부동산과 같은) °자산, °재산
풀이 Money or valuables(돈이나 값나가는 물건)

유 **재**(財재), °**재물**(財재 재물, 物물 물건)
예 ① 매일매일 사람들의 생활에서 필요한 것 중에서 쌀, 옷, 책처럼 만질 수 있는 것을 재화라고 한다 / 세상의 재화는 한정되어 있는데 인간의 욕망은 무한하기 때문에 갈등이 발생한다 ② 이번 화재(火災) 사고로 엄청난 재화가 손실되었다 / 그는 사업 수완이 좋아서 단기간에 많은 재화를 축적했다
° **재물**(財재 재물 **物물** 물건 | wealth[welθ]) 돈이나 값나가는 모든 물건
° **재산**(財재 재물 **産산** 낳다·재산·자산 | asset[æset] property[prápərti]) 재화와 자산을 통틀어 이르는 말. 교환 가치를 지니는, 자기 소유의 모든 돈과 돈으로 바꿀 수 있는 물건
° **자산**(資자 재물 **産산** 낳다·재산·자산 | asset[æset] fortune[fɔ́ːrtʃən]) 개인이나 법인이 가지고 있는, 경제적 가치가 있는 재산. 번 돈을 모아 둔 것

1 다음 **국단어의 뜻**을 표로 정리하시오.

국단어	뜻	한자		영단어
정교하다		**精**정	**巧**교	
유의하다		**留**유	**意**의	
원활하다		**圓**원	**滑**활	
민간		**民**민	**間**간	−
거대하다		**巨**거	**大**대	
재화		**財**재	**貨**화	

2 다음 중 **머무르다**는 뜻을 갖는 한자가 **아닌** 것은?

① 留류   ② 停정   ③ 泊박   ④ 操조   ⑤ 滯체

3 다음 중 **財재**(재물)와 뜻이 비슷한 한자가 **아닌** 것은?

① 貨화   ② 助조   ③ 物물   ④ 資자   ⑤ 産산

4 다음 중 **머무르다**는 뜻을 갖는 낱말이 **아닌** 것은?

① 정박(淳泊)   ② 체류(滯留)   ③ 정체(停滯)   ④ 정제(精製)   ⑤ 정류(停留)

5 다음 중 **돈이나 값나가는 물건**을 뜻하는 낱말이 **아닌** 것은?

① 재화(財貨)   ② 재물(財物)   ③ 산물(産物)   ④ 재산(財産)   ⑤ 자산(資産)

6 다음 문장을 읽고, 그 **뜻에 해당하는 낱말**을 쓰시오.

1 여럿이 함께 도와주거나 서로 도와줌　　　　　　　　　　_____

2 사이가 매우 나쁜 관계. 서로 앙심을 품고 미워하는 사이　　_____

3 일정한 시간 간격을 두고 되풀이되는 (것)　　　　　　　_____

7 빈칸에 알맞은 낱말을 넣어 문장을 완성하시오.

1 세상의 _____ 는 한정되어 있는데 인간의 욕망은 무한하기 때문에 갈등이 발생한다

2 여름에는 식중독에 걸리지 않도록 음식물 섭취에 _____ 해야 한다

3 **동남아시아**는, 하천 주변 평야의 토양이 비옥하고 물 공급이 _____ 하여 세계적인 벼농사 지대를 이룬다

4 **지진 해일**은 바다 밑에서 지진이 발생하면서 일어나는 _____ 한 파도로 '쓰나미'라고 한다

5 이번 사업을 위해서는 정부와 _____ 의 긴밀한 공조가 필요하다

6 이 위조지폐는 워낙 _____ 해서 전문가들도 제대로 분별하지 못한다

391 ★★★ ☐☐

생산하다
만들어 내다

영 ***produce

生생 만들다
産산 생산하다·산물

만들다(생) · 생산하다(산) ⤳ 인간이 생활하는 데 필요한 재화를 / 만들어 내다

[한자] **生생** 나다·낳다·살다·만들다   **産산** 낳다·생기다·생산하다·산물

[영어] **produce** [prədjúːs] [어원] pro(앞으로) + duce(이끌다)   [뜻] (상품을 대량으로) …을 생산[제조]하다(manufacture), 만들다, 만들어 내다; (이익·결과 등을) 생기게 하다, 내다, 낳다; (연극·영화·오페라 등을) 연출하다, 제작하다; 농산물(crops), 생산물; 제작물, 제품   [풀이] **To make those objects needed in everyday life**(사람이 생활하는 데 필요한 물건을 만들다)

[예] 자동차 공장에서 자동차를 만들어 내는 것과 같이 사람들이 필요로 하는 재화를 만들거나, 세탁소에서 옷을 세탁해 주는 것과 같은 서비스를 제공하는 활동을 생산이라고 한다 / **조력 발전**은 썰물과 밀물의 차이를 이용해 전기를 생산하는 발전 방식으로, 우리나라의 시화호 조력 발전소는 세계 최대 규모이다

392 ★☆☆ ☐☐

소비하다
써서 없애다

영 *consume

消소 없애다
費비 쓰다

없애다(소) · 쓰다·소비하다(비) ⤳ 돈, 물자, 시간, 노력, 에너지, 힘 따위를 / 써서 없애다

[한자] **消소** 사라지다·소멸하다·없애다   ◉**費비** 쓰다·소비하다·비용(어떤 일에 쓰이는 돈)

[한자활용] ◉浪費낭비, 費用비용, 經費경비, 自費자비, 私費사비, 食費식비, 日費일비, 旅費여비, 車費차비, 學費학비, 消費者소비자, 生計費생계비, 生活費생활비, 養育費양육비, 管理費관리비, 工事費공사비, 診療費진료비, 硏究費연구비, 宅配費택배비, 人件費인건비

[영어] **consume** [kənsúːm] [어원] 라틴어 consumere((con(강조) + sub(아래로) + emere(사다))→써버리다, 소비하다, 끌어내리다   [뜻] (연료·시간·에너지 등을) 다 써버리다, 소비[소모]하다(use up); …을 다 먹다[마시다·삼키다·섭취하다](devour, eat up)   [풀이] **To use up money, objects, time, efforts, strength, etc**(돈, 물건, 시간, 노력, 힘 등을 써서 없애다)

[유] **소모하다**(消消 사라지다, 耗모 소모하다·쓰다·소비하다)
[예] 많은 돈을 소비하는 바람에 저축할 돈이 없다 / 일회용품의 소비가 증가함에 따라서 쓰레기 발생량도 엄청나게 늘어났다 / 공부하는 데 많은 시간을 소비해서 여가를 즐길 시간이 거의 없다 / 사람들이 돈을 모아 두기만 하고 소비하지 않으면 국가 경제가 어려워진다

분배
몫에 따라 나눔
영 *distribution

分분 나누다·몫
配배 나누다

나누다·몫(분) · 나누다(배) ～ *몫에 따라 나눔 또는 생산물을 사회적 약속에 따라서 나눔

[한자] **分분** 나누다·구별하다·나누어 맡은 것(몫)　**配배** 나누다·짝짓다·걸맞다·아내

[영어] **distribution** [dìstrəbjúːʃən]　[어원] dis(따로따로) + tribuere(주다)+-tion(추상 명사를 만듦)　[뜻] (동식물·언어 등의 지리적) 분포; (여러 사람에게 대한) 분배[배분·배급·배포]; (상품의) 유통　[풀이] The act of dividing per share(몫에 따라 나눔)

[유] **배분**(配배分분), **배당**(配배, 當당 마땅하다), **할당**(割할 나누다, 當당 마땅하다)

[예] 분배란 한 사회 내에서 산출된 소득과 부를 생산에 참여한 구성원들에게 나누는 일을 뜻한다 / 성과에 따라 임금이 노동자들에게 분배되었다 / 그는 자신의 재산을 다섯 몫으로 나누어 아내와 네 자녀에게 골고루 분배하였다 / 수익금은 구단의 관중 수에 따라 *차등 분배된다

• **몫**(share[ʃɛər])　무엇을 여럿이 나누어 가질 때 각 사람이 가지게 되는 부분
• **차등**(差차 다르다 等등 등급)　고르거나 가지런하지 않고 차별이 있음. 또는 그렇게 대함

시사하다
간접적으로 알려 주다

示시 보이다·알리다
-

보이다·알리다(시) ～ 어떤 것을 미리 *간접적으로 / 보여 주다 또는 알려 주다

[한자] ⊙**示시** 보이다·알리다·지시하다　**唆사** 부추기다·꼬드기다
[한자활용] ⊙展示전시, 指示지시, 誇示과시, 啓示계시, 例示예시, 提示제시, 揭示게시, 暗示암시, 表示표시, 示範시범, 默示묵시, 摘示적시, 訓示훈시, 示現시현, 示達시달, 公示공시, 黙示묵시, 明示명시

[예] 남극의 빙하가 녹고 있다는 보도는 자연환경의 오염과 파괴의 심각성을 시사한다 / 독일의 통일은 우리나라 같은 분단국에게 시사하는 바가 크다 / 국민의 절반 이상이 분배보다 성장을 우선시해야 한다고 답한 점은 우리 정부의 경제 정책이 나아가야 할 방향점을 시사한다
• **간접적**(間간 사이 接접 잇다 | indirect[ìndirékt]) 중간에 매개가 되는 것을 통하여 연결되는 (것)

주도하다
주가 되어 이끌다
영 ***lead

主주 주되다
導도 이끌다

주되다(주) · 이끌다(도) ～ *주가 되어 이끌다

[한자] **主주** 주인·주체·*주(主)되다　⊙**導도** 이끌다·인도하다
[한자활용] ⊙리導인도, 指導지도, 指導者지도자, 誘導유도, 先導선도, 導入도입, 傳導率전도율, 補導보도, 導線도선, 導體도체, 半導體반도체, 導出도출, 啓導계도, 敎導교도, 矯導所교도소, 導函數도함수

[영어] **lead** [liːd]　[뜻] (선두에 서서 남을) 이끌다; 주도하다[주도권]; 선두에 서다　[풀이] To play a central role in a situation or affair(중심이 되어 어떤 일을 이끌다)

[예] 서비스 요금 인상이 물가 상승을 주도하고 있다 / 우등생들은 사교육에 의지하지 않고 자신이 주도하여 공부를 한다 / 한국은 1960년대 중반 이후 정부가 주도하여 경제 개발 정책을 추진하면서 빠르게 산업화되었다
• **주되다**(主주 주인 | main[mein]) 중심이 되다. 주장(어떤 일을 책임지고 맡아 행하는 그 사람)이 되다

396 ★★★ □□

유통

흘러서 통하다 →
생산자·판매자·소비자
사이에 상품이
거래되는 활동

영 *distribution

流류(유) 흐르다
通통 통하다

흐르다·전하다(유)·통하다(통) ⤳ 상품이 생산자로부터 판매자를 거쳐 소비자에게 도달하기까지 / 여러 단계에서 교환되고(서로 바꾸고) 분배되는 활동

한자 流류(유) 흐르다·ⓐ전하다·떠돌다 ⓑ通통 통하다·내왕하다(오고가다)·알리다

한자활용 ⓐ疏通소통, 通信통신, 通話통화, 交通교통, 普通보통, 通達통달, 通過통과, 貫通관통, 通譯통역, 通貨통화, 融通性융통성, 通行통행, 共通공통, 神通신통, 通關통관, ❶萬事亨通만사형통, ─方通行일방통행, ❷四通八達사통팔달, ─脈相通일맥상통, 萬病通治만병통치, 固執不通고집불통, ❸臨時變通임시변통

영어 **distribution** [dìstrəbjúːʃən] 어원 dis(따로따로) + tribuere(주다)+-tion(추상 명사를 만듦) 뜻 (동식물·언어 등의 지리적) 분포; (여러 사람에게 대한) 분배[배분·배급·배포]; (상품의) 유통 풀이 **The activity of transacting goods through several stages from a producer to a consumer**(상품이 생산자에게서 소비자에게 이르기까지 여러 단계에서 거래되는 활동)

예 일반적으로 농산물이 생산자로부터 소비자에게 전달되기까지는 여러 유통 단계를 거친다 / 신선한 식품을 소비자에게 제공하기 위해 유통 단계를 줄였다 / 사람들은 누리소통망(SNS) 등을 통해 자기 생각을 자유롭게 표현할 수 있으며, 직접 정보를 만들고 유통할 수 있다

* 전하다(傳전 전하다 | give) 어떤 것을 상대에게 옮겨 주다

---

397 ★★☆ □□

보완하다

보태고 채우고 고쳐서
완전하게 하다

영 *complement

補보 보태다·채우다·
고치다
完완 완전하다

보태다·채우다·고치다(보)·완전하다(완) ⤳ 모자란 것을 / 보태고 채우고 좋게 고쳐서 / 완전하게 하다

한자 補보 돕다·보태다·채우다·고치다(개선하다) 完완 완전하다·끝내다(일을 완결 짓다)

영어 **complement** [kɑ́mpləmənt] 어원 라틴어 com(강조)+plere(채우다) 뜻 (부족한 것을 완전하게 하기 위해) 보완하다; 보충하여 완전하게 하는 것, 보완물[보충물] 풀이 **To make up for the deficiency of something to make it perfect**(모자라거나 부족한 것을 보충하여 완전하게 하다)

예 시민의 의견이 정책 결정 과정에 정확히 반영되기 어렵다는 대의 민주 정치의 한계를 보완하고자 오늘날 민주주의 국가에서는 시민의 참여를 제도적으로 보장하고 국민 투표, ❹국민 소환 등의 제도를 마련하고 있다 / 보고서에서 부족했던 내용을 보완하여 다시 제출했다 / 기존 제품의 단점을 보완한 신제품을 출시했다

---

❶ **만사형통萬事亨通** 일만 만, 일 사, 형통할 형, 통할 통
❷ **사통팔달四通八達** 넉 사, 통할 통, 여덟 팔, 통달할 달
❸ **임시변통臨時變通** 임할 림(임), 때 시, 변할 변, 통할 통

❹ **국민 소환(recall**[rikɔ́ːl]**)**

풀이 모든 일이 뜻한 대로 이루어짐
뜻 사방으로 통하고 팔방으로 닿아 있음 풀이 도로망, 교통망, 통신망 따위가 이리저리 사방으로 통함
풀이 갑자기 생긴 일을 우선 그때의 사정에 따라 둘러맞춰서 처리함 ≒임시방편(臨時方便), 미봉책(彌縫策)
풀이 선거로 뽑은 사람 중 문제가 있는 사람에 대해 임기가 끝나기 전에 국민투표에 의해 파면시키는 제도

1 다음 **국단어의 뜻**을 표로 정리하시오.

국단어	뜻	한자		영단어
생산하다		生생	産산	
소비하다		消소	費비	
분배		分분	配배	
시사하다		示시	–	–
주도하다		主주	導도	
유통		流유	通통	
보완하다		補보	完완	

2 다음 중 **몫에 따라 나누다**는 뜻을 갖는 낱말이 **아닌** 것은?

① 분절(分節)　　② 분배(分配)　　③ 배분(配分)　　④ 배당(配當)　　⑤ 할당(割當)

3 다음 문장을 읽고, 그 **뜻에 해당하는 낱말**을 쓰시오.

1 선거로 뽑은 사람 중 문제가 있는 사람에 대해 임기가 끝나기 전에

　　국민투표에 의해 파면시키는 제도 　　　　　　　　　　　＿＿＿＿＿＿＿＿

2 갑자기 생긴 일을 우선 그때의 사정에 따라 둘러맞춰서 처리함 　＿＿＿＿＿＿＿＿

3 모든 일이 뜻한 대로 이루어짐 　　　　　　　　　　　　　　＿＿＿＿＿＿＿＿

4 도로망, 교통망, 통신망 따위가 이리저리 사방으로 통함 　　　＿＿＿＿＿＿＿＿

4 빈칸에 알맞은 낱말을 넣어 문장을 완성하시오.

1 남극의 빙하가 녹고 있다는 보도는 자연환경의 오염과 파괴의 심각성을 ＿＿＿＿＿＿ 한다

2 ＿＿＿＿＿＿ 란 한 사회 내에서 산출된 소득과 부를 생산에 참여한 구성원들에게 나누는 일을

　　뜻한다

3 대의 민주 정치의 한계를 ＿＿＿＿＿＿ 하고자 오늘날 민주주의 국가에서는 시민의 참여를

　　제도적으로 보장하고 국민 투표, 국민 소환 등의 제도를 마련하고 있다

4 신선한 식품을 소비자에게 제공하기 위해 ＿＿＿＿＿＿ 단계를 줄였다

5 **조력 발전**은 썰물과 밀물의 차이를 이용해 전기를 ＿＿＿＿＿＿ 하는 발전 방식으로, 우리나라의

　　시화호 조력 발전소는 세계 최대 규모이다

6 한국은 1960년대 중반 이후 정부가 ＿＿＿＿＿＿ 하여 경제 개발 정책을 추진하면서 빠르게

　　산업화되었다

7 일회용품의 ＿＿＿＿＿＿ 가 증가함에 따라서 쓰레기 발생량도 엄청나게 늘어났다

13주 2일

---

398 ★★☆ □□

유대

둘을 하나로 묶는 것
또는 그런 관계
영 *bond
**tie

紐유 묶다·끈
帶대 띠·붙어다니다

묶다·끈(유) · 띠(대) ⤳ 끈과 띠로 묶다 ⤳ 둘을 서로 / 이어 주거나 · 관계를 맺고
합쳐서 / 하나가 되게 하는 것 또는 그런 관계

한자 紐유 맺다·매다·묶다·끈   ⊙帶대 띠(너비가 좁고 기다랗게 생긴 물건)·데리고 있다·붙어
다니다·장식하다·지구 표면을 구분(區分)한 이름

한자활용 ⊙携帶휴대, 携帶品휴대품, 連帶연대, 地帶지대, 濕地帶습지대, 非武裝地帶비무장지대, 一帶
일대, 繃帶붕대, 帶同대동, 高山帶고산대, 造山帶조산대, 丘陵帶구릉대, 沿岸帶연안대, 世帶세대,
新世帶신세대, 熱帶열대, 溫帶온대, 冷帶냉대, 寒帶한대, 斷層帶단층대, 帶分數대분수, 革帶혁대

영어 **bond** [bɑnd] 뜻 (애정 등의 정신적인 측면에서 지속성을 갖고) 결속; (사람·국가 사이의)
유대; 채권 **tie** [tai] 뜻 (의무·책임·직무 등에 바탕을 둔 강한) 유대 관계; (운동 경기에서)
동점이 되다; (새끼줄·노끈·밧줄 등으로) 매다[묶다](bind) 풀이 **An act of connecting or
combining two or more, or a relationship made this way**(둘 이상을 서로 이어 주거나
결합하게 하는 것. 또는 그런 관계)

예 두 사람은 친형제 이상으로 유대가 깊다 / 사회적 유대 관계가 긴밀할수록 모임의
참여율이 높아지는 경향이 있다 / 그는 사람들과 끈끈한 인간적 유대를 맺는 데 탁월한
능력을 가지고 있다 / 회원들은 *공고한 유대 관계를 유지하기 위해 한 달에 한 번씩
모임을 가졌다
* **공고하다**(鞏공 굳다 固고 굳다) (무엇이 흔들림이 없이) 단단하고 튼튼하다

---

399 ★☆☆ □□

의존하다

의지하고 있다
의지하여 살다
영 ***depend
**rely

依의 의지하다
存존 있다·살아 있다

의지하다(의) · 있다·살아 있다(존) ⤳ 다른 어떤 것에 *의지하고 있다 또는 의지하여 살다

한자 ⊙依의 *의지하다·기대다 存존 있다·존재하다·살아 있다

한자활용 ⊙依賴의뢰, *依支의지, 依據의거, 憑依빙의, 依託의탁, 歸依귀의, 依例의례, 依然의연

영어 **depend** [dipénd] 어원 de(아래로)+pendere(매달리다) 뜻 (…에) 의존하다(on, upon);
(…에) 달려 있다 **rely** [rilái] 뜻 re(세계) + ly(묶다) *의지하다, 의존하다(depend on)
풀이 **To depend on the help of something, not being able to do a certain thing on
one's own**(어떠한 일을 자신의 힘으로 하지 못하고 다른 어떤 것의 도움을 받아 의지하다)

예 우리나라는 석유를 전량 수입에 의존하고 있다 / 사고를 당한 그는 인공호흡기에
의존하고 있으며 점차 회복되고 있다 / 인류는 초기에 *수렵과 채집에 의존하여
먹고살았다 / 국가 경제를 자원 수출에 지나치게 의존할 경우, 국가의 경제가 자원의
국제 거래 가격에 크게 *좌우되어 경제 상황이 불안정해질 수 있다
* **의지하다**(依의 의지하다 支지 지탱하다 | lean[li:n] rely) (다른 것에)마음을 기대다. 도움을 받다
* **수렵**(狩수 사냥하다 獵렵(엽) 사냥 | hunting[hʌ́ntiŋ]) 사냥
* **좌우되다**(左좌 왼쪽 右우 오른쪽) (일이나 상황이 무엇에 의해) 영향이 미쳐져 지배되다

확대하다

400 ★★★ □□

확대하다
넓혀서 크게 하다
명 *expand
　*enlarge

廓확 넓히다
大대 크다

넓히다(확) · 크다(대) ⤳ 모양, 규모 따위를 / 이전보다 넓히고 늘려서 크게 하다

한자 **廓확** 넓히다 · 확대하다 · 늘리다 　⊙**大대** 크다 · 높다 · 많다 · 훌륭하다 · 심하다

연관한자 ⊙**巨거** 크다 · 많다 | **太태** 크다 · 심하다 | **偉위** 크다 · 훌륭하다 | **宏굉** 크다 ↪ 거대(巨大) 위대(偉大)

한자활용 ⊙大大대대적, 集集成집대성, 大器晩成대기만성, 百年大計백년대계, ❶大道無門대도무문, ❷洋洋大海양양대해, 茫茫大海망망대해, 大義名分대의명분, 拍掌大笑박장대소, 小貪大失소탐대실, 事大主義사대주의, ❸針小棒大침소봉대, ❹大智如愚대지여우

영어 **expand** [ikspǽnd] **어원** ex(밖으로) + pand(펴다, 펼쳐지다) **뜻** (내부, 외부, 어느 쪽의 힘으로든 길이 · 너비 · 깊이 · 범위 · 크기를) 확대[확장]하다(extend); 펴다, 펼치다(spread out, open out) **enlarge** [enlάːrdʒ] **어원** en(…으로 하다) + large(큰 (상태)) **뜻** …을 크게 하다, 확대[확장]하다 **풀이** To widen something to make it large(넓혀서 크게 하다)

예 그 현미경은 무려 10만 배나 크기를 확대할 수 있다 / 왕은 주변에 있는 나라들을 정복하여 영토를 크게 확대했다 / 인터넷 지도는 지도를 °축소하거나 확대하기가 편리하다 / 세계화로 인해 개인과 국가의 활동 영역이 전 세계로 확대되었고, 국제 사회의 상호 의존성은 더욱 높아졌다

° **축소하다**(縮축 줄이다 小소 작다 | reduce[ridjúːs]) 　(규모 · 크기 · 양 등을) 줄여서 작게 하다

---

401 ★☆☆ □□

긍정하다
옳다고 생각하다

肯긍 옳게 여기다
定정 정하다

옳게 여기다(긍) ⤳ 어떤 사실이나 생각에 대하여 / 맞거나 옳다고 °여기다

한자 **肯긍** 긍정하다 · 옳게 여기다 · 수긍하다 　**定정** 정하다 · 바로잡다 · 편안하다

유 **수긍하다**(首수 머리 · 바르다, 肯긍 긍정하다)
예 그는 상대방의 주장에 긍정할 수 없다며 고개를 저었다 / 아이는 고개를 끄덕이며 선생님의 말을 긍정하고 있었다 / 내 의견을 듣고 친구는 긍정의 뜻으로 고개를 끄덕였다
° **여기다**(regard[rigάːrd]) 　(어떤 대상에 대해 무엇이라고 또는 어떻게) **마음속으로 생각하다**

---

❶ **대도무문大道無門** 큰 대, 길 도, 없을 무, 문 문　　**뜻** 큰 길에는 문이 없다 **풀이** 바른 길로 나아가려면 꾸준히 정진하고 노력해야 함. 옳은 길을 가는 데는 거칠 것이 없음. 큰 깨달음이나 진리에 이르는 데에는 정해진 길이나 방식이 없음

❷ **양양대해洋洋大海** 큰 바다 양, 큰 바다 양, 큰 대, 바다 해　**뜻** 한없이 넓고 큰 바다 ≒ 망망대해(茫茫大海), 만경창파(萬頃蒼波)

❸ **침소봉대針小棒大** 바늘 침, 작을 소, 몽둥이 봉, 큰 대　**뜻** 바늘 만한 작은 것을 보고 몽둥이처럼 크다고 함 **풀이** 작은 일을 크게 부풀려 말함. 작은 일을 크게 부풀려 허풍을 떠는 모습

❹ **대지여우大智如愚** 큰 대, 슬기 지, 같을 여, 어리석을 우　**뜻** 큰 지혜는 어리석은 것과 같음 **풀이** 재주나 지혜가 매우 높은 사람은 스스로를 뽐내거나 드러내지 않아서 겉으로 보기에는 어리석은 사람처럼 보임

13주 2일

---

402 ★☆☆ □□

파생
갈라져 나와 생김
⑧ *derivation

派파 갈라지다
生생 나다·만들다

갈라지다(파)·만들다(생) ⤳ ① 사물이 어떤 근원으로부터 / 갈라져 나와 생김 ② 언어에서, **❶실질 형태소**에 접사가 붙어서 새로운 단어를 만듦

[한자] ⦿派파 ❷갈래·유파·학파·보내다·갈라지다   生생 나다·낳다·살다·만들다

[한자활용] ⦿派生語파생어, 派遣파견, 派出파출, 派出所파출소, 特派특파, 特派員특파원, 學派학파, 派閥파벌, 一派일파, 宗派종파, 北學派북학파, 黨派당파, 士林派사림파, 勳舊派훈구파, 開化派개화파, 親日派친일파, 左派좌파, 右派우파

[영어] **derivation** [dèrəvéiʃən]   [어원] de[(…에서)떨어져] + rive(작은 강) + tion(추상 명사를 만듦) → 강에서 물을 끌어들임   [뜻] (낱말의) 파생, (낱말의) 출처, 어원; 유래, 기원(source, origin)   [풀이] ① The state of something forming by diverging from something else which is the base(근본이 되는 어떤 것으로부터 갈려 나와 생김) ② In a language, an act of producing a new word by attaching an affix to a full morpheme, or such a process(언어에서, 실질 형태소에 접사가 붙어서 새로운 단어를 만듦. 또는 그런 일)

[예] ① 생명 복제로 인해 파생될 사회적 문제점이 많다 / 경기 침체로 인해 여러 가지 심각한 사회 문제가 파생되었다 / 입시 위주의 교육에서 파생되는 많은 문제점을 보면서 획기적인 교육 개혁이 이루어져야 한다는 생각이 들었다 ② 영어는 라틴어에서 파생된 언어이다 / 접두사 '짓-'은 주로 '누르다, 밟다, 이기다' 따위의 행위성 동사에 붙어서 타동사를 파생한다

---

403 ★★☆ □□

통합하다
모아서 하나로 합하다
⑧ *integrate

統통 합하다
合합 합하다·모으다

합하다(통)·합하다·모으다(합) ⤳ 둘 이상의 조직, 기구 따위를 / 모두 모아서 하나로 합하다

[한자] 統통 거느리다·합하다   合합 합하다·모으다·적합하다

[영어] **integrate** [íntəgrèit]   [뜻] (각 부분을 전체에) 통합하다(unify), (부분·요소를) 전체로 합치다(combine into a whole); (수학) …을 적분하다   [풀이] To combine multiple organizations, groups, etc., into one(여러 개의 기구나 조직 등을 하나로 합치다)

[예] 복잡한 행정 구역을 통합하여 단일화하다 / '새 가방'에서 두 단어는 관형사와 명사의 순서로 통합되어 있다 / 정치 과정을 통해 사회적으로 중요한 문제가 드러나고, 다양한 이익 간의 대립과 갈등이 조정되면서 사회가 통합된다 / 원효는 불교의 모든 종파를 통합하기 위해 노력했다 / 야권은 이번 대선에서 단일 후보로 통합하는 방안을 검토하고 있다고 밝혔다

---

❶ 실질 형태소   실질적인 뜻을 지닌 가장 작은 말의 단위. 예를 들어 "철수가 학교를 간다"라는 문장에서 실질적 의미를 지닌 실질 형태소는 '철수, 학교, 가-'이고, "하늘이 참 높고 푸르다"라는 문장에서 실질적 의미를 지닌 실질 형태소는 '하늘, 참, 높-, 푸르-'이다

바른답 294쪽

1 다음 **국단어의 뜻**을 표로 정리하시오.

국단어	뜻	한자		영단어
유대		紐유	帶대	
의존하다		依의	存존	
확대하다		廓확	大대	
긍정하다		肯긍	定정	–
파생		派파	生생	
통합하다		統통	合합	

2 다음 중 **大대(크다)**의 뜻을 갖는 한자가 **아닌** 것은?

① 太태 ② 偉위 ③ 巨거 ④ 縮축 ⑤ 宏굉

3 다음 문장을 읽고, 그 **뜻에 해당하는** 낱말을 쓰시오.

1 작은 일을 크게 부풀려 말함. 작은 일을 크게 부풀려 허풍을 떠는 모습 _____

2 실질적인 뜻을 지닌 가장 작은 말의 단위 _____

3 한없이 넓고 큰 바다 _____

4 재주나 지혜가 매우 높은 사람은 스스로를 뽐내거나 드러내지 않아서
겉으로 보기에는 어리석은 사람처럼 보임 _____

5 바른 길로 나아가려면 꾸준히 정진하고 노력해야 함.
옳은 길을 가는 데는 거칠 것이 없음 _____

4 빈칸에 알맞은 낱말을 넣어 문장을 완성하시오.

1 정치 과정을 통해 사회적으로 중요한 문제가 드러나고, 다양한 이익 간의 대립과 갈등이 조정되면서
사회가 _____ 된다

2 국가 경제를 자원 수출에 지나치게 _____ 할 경우, 국가의 경제가 자원의 국제 거래 가격에
크게 좌우되어 경제 상황이 불안정해질 수 있다

3 내 의견을 듣고 친구는 _____ 의 뜻으로 고개를 끄덕였다

4 세계화로 인해 개인과 국가의 활동 영역이 전 세계로 _____ 되었고, 국제 사회의 상호
의존성은 더욱 높아졌다

5 회원들은 공고한 _____ 관계를 유지하기 위해 한 달에 한 번씩 모임을 가졌다

6 접두사 '짓-'은 주로 '누르다, 밟다, 이기다' 따위의 행위성 동사에 붙어서 타동사를 _____
한다

13주 3일

404 ★★★ □□

홍보
널리 알림
영 *publicity

弘홍 넓다
報보 알리다

넓다(홍)·알리다(보) ~ 사업, 상품, 업적 따위를 / 일반에게 널리 알림 또는 그 보도, 소식

[한자] **弘홍** 넓다·크다 ◉**報보** 갚다·알리다

[한자활용] ◉情報정보, 諜報첩보, 報告보고, 報道보도, 速報속보, 特報특보, 豫報예보, 悲報비보, 電報전보, 通報통보, 壁報벽보, 提報제보, 誤報오보, 公報공보, 警報경보, 時報시보, 報酬보수, 報償보상, 報復보복, 報答보답, 業報업보, ❶反哺報恩반포보은, 報勳보훈, ❷因果應報인과응보, 果報과보

[영어] **publicity** [pʌblísəti] [어원] populus(사람들)+ic(-의)+ity(추상 명사로 만듦) [뜻] (매스컴 등을 통해) 널리 알려짐; (무료로 제품이나 회사의 명성을 높이는 데 중점을 두는) 홍보, 광고 [풀이] An act of promoting a product, service, program, etc., widely to a certain target; or such a promotion(널리 알림. 또는 그 소식)

[유] **광고**(廣광 넓다, 告고 알리다), **선전**(宣선 널리 펴다, 傳전 널리 퍼뜨리다)

[예] 신제품의 판매가 부진하자 회사에서는 홍보에 더 투자를 하기로 했다 / 연극을 홍보하는 벽보를 여기저기에 내붙였다 / 이번에 개봉하는 영화의 감독과 출연 배우들이 영화 홍보를 위해 *내한했다

* **내한하다**(來래(내) 오다 韓한 한국) (외국인이나 외국에 있는 사람이) 한국에 오다

405 ★☆☆ □□

게시하다
걸어 두고 보게 하여 알리다
영 **post

揭게 걸다
示시 보이다·알리다

걸다(게)·보이다·알리다(시) ~ 여러 사람에게 알리기 위해 / 글, 그림 따위를 *걸거나 붙여 / 많은 사람이 보게 하다

[한자] **揭게** 높이 들다·걸다(게시하다)·쉬다 **示시** 보이다·알리다·지시하다

[영어] **post** [poust] [뜻] 우편, 우편물; (우편물을) 발송하다; …후에, 뒤에(after, past, behind); (글·광고·안내문 따위를, 웹사이트에 정보·사진을) 올리다, 게시하다 [풀이] To put up a notice so that it can be seen by many people(여러 사람이 보거나 알 수 있도록 내걸어 두루 보게 하다)

[예] 일정 품목의 가격을 인상시키겠다는 안내문이 게시되었다 / 김 교사는 학생들이 미술 시간에 그린 작품들을 교실 뒤에 게시했다 / 공사로 주차장을 이용할 수 없다는 안내문이 게시되었다

* **걸다**(hang[hæŋ]) 어떤 물체를 떨어지지 않도록 어디에 매달다

---

❶ **반포보은反哺報恩** 되돌릴 반, 먹을 포, 갚을 보, 은혜 은 ┃ [뜻] 까마귀 새끼가 자라서 늙은 어미 까마귀에게 먹이를 물어다 주어 보답함 [풀이] 자식이 자라서 어버이의 은혜에 보답함으로써 효를 행함 ≒ 반포지효(反哺之孝)

❷ **인과응보因果應報** 원인 인, 결과 과, 응할 응, 갚을 보 ┃ [뜻] 원인과 결과에는 반드시 그에 합당한 이유가 있음 [풀이] 행한 대로 업에 대한 대가를 받음. 좋은 일에는 좋은 결과가, 나쁜 일에는 나쁜 결과가 따른다

406 ★★☆ □□

의사
생각

영 *intention

意의 생각
思사 생각

생각(의) • 생각(사) ⤳ 무엇을 하고자 하는 생각

[한자] **意의** 뜻·의미·생각　**思사** 생각·의사·뜻·심정·정서

[영어] **intention** [inténʃən]　[뜻] 의도, 의사, 의향(purpose)　[풀이] One's will to do something(무엇을 하고자 마음먹은 생각)

[유] **뜻, 의향**(意의 뜻, 向향 향하다)

[예] 스마트폰을 통해 다른 사람에게 자신의 의사를 쉽고 빠르게 전달할 수 있다 / 그는 이번 일에 책임을 지겠다는 의사를 전달했다 / 그는 사표를 내고 회사를 그만두겠다는 의사를 *표명했다/ 국회는 국민의 의사를 *수렴하고 국민을 대신하여 법 규범을 정립하는 기관으로서 역할을 담당한다

* **표명하다**(表표 겉 明명 밝다·밝히다 | express[iksprés])　(생각·의사·태도를) **겉으로 분명히 드러내다**

* **수렴하다**(收수 거두다 斂렴(염) 거두다 | converge[kənvə́:rdʒ])　(여럿으로 나뉘어 있는 의견·생각 등을) **하나로 모으다**

---

407 ★★★ □□

소통하다
서로 잘 통하다

영 *communicate

疏소 소통하다
通통 통하다

소통하다(소) • 통하다(통) ⤳ 둘 이상의 사람의 생각, 의견이 / 서로 잘 통하다

[한자] **疏소** 소통하다·트이다·멀어지다　**通통** 통하다·내왕하다·알리다

[영어] **communicate** [kəmjú:nəkèit]　[뜻] 의사소통하다, 대화하다; (정보·소식·생각·느낌 등을) 전하다, 알리다, 전달하다　[풀이] To share wills or thoughts with each other or one another well, without leaving a misunderstanding(오해가 없도록 뜻이나 생각을 서로 잘 통하다)

[예] 듣지 못하거나 말하지 못하는 사람들은 *수화로 자기의 생각을 소통한다 / 우리는 보통 말로 서로의 의사를 소통한다 / 외국 여행에 가서 그 나라의 말을 전혀 몰라 손시늉을 해 가며 소통했다 / 뉴 미디어는 정보 제공자와 수용자 간의 쌍방향 소통을 가능하게 하였다

* **수화**(手수 손 話화 말씀 | sign language[sain lǽŋgwidʒ])　**듣지 못하거나 말하지 못하는 사람들 사이에서, 또는 그들과 대화할 때 손짓이나 몸짓으로 표현하는 의사 전달 방법**

13주 3일

---

408 ★☆☆ □□

생소하다
낯설다
영 *unfamiliar

生생 서투르다
疏소 소통하다

서투르다(생) ∼ 처음 보거나 듣는 것이어서 익숙하지 않고 / 낯설다

[한자] **生생** 나다·낳다·살다·서투르다　**疏소** 소통하다·트이다·멀어지다

[영어] **unfamiliar** [ənfəmíljər]　[어원] un(반대의 뜻) + family(가족) + ar(…의)　[뜻] 익숙하지 않은, 낯선, 생소한(unaccustomed, unknown)　[풀이] **Not accustomed to or familiar with something**(어떤 대상이 익숙하지 못하고 낯이 설다)

[예] 영어를 처음 배울 때는 연장자의 이름을 부르는 것이 생소했다 / 도시에서 태어나 아파트에서만 살아온 내게 한옥집은 생소하기만 하였다 / 터널을 표현한 굴길은 언뜻 생소한 이름 같지만 어엿한 우리말이다 / 평생 도시에서 자란 그에게 농사일은 생소했다

---

409 ★★☆ □□

사전
일이 일어나기 전
영 *beforehand

事사 일
前전 앞·먼저

일(사) · 앞·먼저(전) ∼ 일이 일어나기 전 또는 일을 시작하기 전

[한자] **事사** 일·직업·사업　◉**前전** 앞·먼저·앞서나가다·사전에·미리

[한자활용] ◉前後전후, 直前직전, 從前종전, 目前목전, 前者전자, 事前사전, 前例전례, 前夜전야, 前身전신, 午前오전, 前進전진, 前提전제, 前轍전철, 面前면전, 前面전면, 食前식전, 前作전작, 前職전직, 前任전임, 前歷전력, 前科전과, 前景전경, 生前생전, 前生전생, 門前문전, 紀元前기원전, 前哨戰전초전, 最前線 최전선, 前置詞전치사, 前奏曲전주곡, 門前成市문전성시, ❶風前燈火풍전등화, ❷前代未聞전대미문, 前無後無전무후무, ❸前人未踏전인미답, 前途有望전도유망

[영어] **beforehand** [bifɔ́ːrhænd]　[뜻] 사전에(previously); 미리, 전부터(ahead of time)　[풀이] **A time before a certain thing happens, or before one starts doing something**(일이 일어나기 전. 또는 일을 시작하기 전)

[예] 독감이 유행할 때에는 예방 주사를 맞아 사전에 예방하는 것이 좋다 / 김 교사는 사전에 아무런 예고도 없이 갑자기 쪽지 시험을 보겠다고 학생들에게 말했다 / 그날 모임은 사전에 계획된 것이 아니라 돌발적으로 시작된 것이었다 / 재난은 예고 없이 불시로 닥치는 만큼 사전 예방이 중요하다

---

❶ **풍전등화風前燈火** 바람 풍, 앞 전, 등잔 등, 불 화　[뜻] 바람 앞의 등불　[풀이] 매우 위험한 처지에 놓여 있음

❷ **전대미문前代未聞** 앞 전, 시대 대, 아닐 미, 들을 문　[뜻] 이전 시대까지 들어보지 못함　[풀이] (이전까지는 전혀 들어본 적이 없는) 아주 놀랍고 획기적인 일. 놀라운 사건이나 새로운 일

❸ **전인미답前人未踏** 앞 전, 사람 인, 아닐 미, 밟을 답　[뜻] 이전 사람이 아직 밟지 않음　[풀이] 이제까지의 세상 사람이 누구도 아직 가보지 못하거나 해 보지 못함. 앞서 해본 적이 없는 일을 처음으로 해내거나 아무도 가보지 않은 단계에 도달하는 등과 같은 행위

1 다음 **국단어의 뜻을** 표로 정리하시오.

국단어	뜻	한자		영단어
홍보		弘홍	報보	
게시하다		揭게	示시	
의사		意의	思사	
소통하다		疏소	通통	
생소하다		生생	疏소	
사전		事사	前전	

2 다음 중 **홍보(弘報)와** 비슷한 뜻을 갖는 낱말을 **모두** 고르시오.

① 표명(表明)　② 의향(意向)　③ 선전(宣傳)　④ 수렴(收斂)　⑤ 광고(廣告)

3 다음 문장을 읽고, 그 **뜻에 해당하는 낱말을** 쓰시오.

1 이제까지의 세상 사람이 누구도 아직 가보지 못하거나 해 보지 못함 _____

2 자식이 자라서 어버이의 은혜에 보답함으로써 효를 행함 _____

3 좋은 일에는 좋은 결과가, 나쁜 일에는 나쁜 결과가 따른다 _____

4 매우 위험한 처지에 놓여 있음 _____

5 이전까지는 전혀 들어본 적이 없는 아주 놀랍고 획기적인 일 _____

4 빈칸에 알맞은 낱말을 넣어 문장을 완성하시오.

1 김 교사는 _____ 에 아무런 예고도 없이 갑자기 쪽지 시험을 보겠다고 학생들에게 말했다

2 그는 사표를 내고 회사를 그만두겠다는 _____ 를 표명했다

3 연극을 _____ 하는 벽보를 여기저기에 내붙였다

4 터널을 표현한 굴길은 언뜻 _____ 한 이름 같지만 어엿한 우리말이다

5 뉴 미디어는 정보 제공자와 수용자 간의 쌍방향 _____ 을 가능하게 하였다

6 김 교사는 학생들이 미술 시간에 그린 작품들을 교실 뒤에 _____ 했다

13주 4일

410 ★☆☆ □□

비방하다
흠잡아 나쁘게 말하다
영 *malign

誹비 헐뜯다
謗방 헐뜯다

헐뜯다·흉을 보다(비) · 헐뜯다·비방하다(방) ∼ 어떤 사람이 다른 사람을 / 흠을 잡아 내어 나쁘게 말하다

[한자] **誹비** 헐뜯다·비방하다·흉을 보다 **謗방** 헐뜯다·나무라다·비방하다

[영어] **malign** [məláin] [뜻] 나쁘게 말하다, 헐뜯다, 중상하다, 비방하다(speak ill of, slander); 해로운, 불길한(baleful, injurious, sinister) [풀이] **To degrade or speak ill of others**(남을 깎아내리거나 해치는 말을 하다)

[예] 후보자들은 당선에 혈안이 되어 서로 상대를 비방했다 / 그는 자기보다 잘난 사람이 있으면 무조건 그 사람을 비방하며 깎아내렸다 / 선거에 출마한 후보자들은 상대편을 비방하지 않기로 합의했다

411 ★★☆ □□

기획하다
앞으로 할 일을 짜다
영 ***plan

企기 꾀하다·계획하다
劃획 꾀하다·계획하다

꾀하다·계획하다(기) · 꾀하다·계획하다(획) ∼ 앞으로 할 일의 방법, 절차 등을 / 미리 생각하여 구체적으로 *짜다[정하다·세우다]

[한자] ⊙**企기** *꾀하다·도모하다·계획하다 **劃획** 긋다·*꾀하다·계획하다
[연관한자] ⊙**計계** 세다·꾀하다·계획하다 | **劃획** 계획하다·꾀하다 | **圖도** 그림·꾀하다·도모하다 | **謀모** 꾀·계책·꾀하다·도모하다 ∼ 꾀하다·계획하다는 뜻하는 단어를 만듦 ↪ 계획(計劃) 기획(企劃) 도모(圖謀) 기도(企圖)

[영어] **plan** [plæn] [뜻] 계획을 세우다, 계획하다; 예정하다; 구상하다 [풀이] **To make a detailed plan of the procedure and content of an event, task, etc., in advance**(행사나 일 등의 절차와 내용을 미리 자세하게 계획하다)

[유] **계획하다**(計計 셈하다·계획하다·꾀하다, 劃劃 계획하다·꾀하다)
[예] 학생회에서 스승의 날을 맞아 기념 행사를 기획했다 / 어린이날 기념행사로 공군은 에어쇼를 기획했다 / 김 교사는 학생들이 공동생활을 체험해 볼 수 있도록 수련회를 기획했다
* **짜다**(plan[plæn]) (계획·방법·일정 따위를) 정하다. 세우다
* **꾀하다**(attempt[ətémpt]) 어떤 일을 이루거나 해결하려고 방법을 찾으며 애쓰다

412 ★★☆ □□

도모하다
계획을 세우고 방법을
찾아서 일을 이루려고
힘쓰다

圖도 꾀하다·계획하다
謀모 계책·꾀하다

계획하다·꾀하다(도) · 계책·꾀하다(모) ⤳ 목적을 이루거나 · 일을 해결하려고 /
수단과 방법을 찾으며 힘을 쓰다

한자 ◉**圖도** 그림·계획하다·꾀하다·도모하다·계산하다 **謀모** 꾀·계책(방법)·꾀하다·도모하다
한자활용 ◉**略圖**약도, **地圖**지도, **圖形**도형, **圖式**도식, **圖表**도표, **圖鑑**도감, **圖面**도면, **圖案**도안, **構圖**
구도, **圖書**도서, **圖章**도장, **圖解**도해, **作圖**작도, **製圖**제도, **試圖**시도, **意圖**의도
유 꾀하다, 기도하다(企기 꾀하다·도모하다, 圖도 그림·도모하다·꾀하다)
예 백화점에서는 주차장을 확장하여 손님들의 편의를 도모하였다 / 이번 개혁은 국가의
안정과 사회의 평화를 도모하는 것이 목표이다 / 세계 각국은 협약을 통해 지구의
환경을 보호함과 동시에 지속 가능한 발전을 도모했다

---

413 ★★☆ □□

구상하다
할 일을 짜임새 있게
생각하다
영 ***plan

構구 얽어 짜내다
想상 생각하다

얽어 짜내다(구) · 생각하다(상) ⤳ 어떤 일을 하기에 앞서 / 하려는 일의 내용, 규모,
실행 방법 따위를 / 어떻게 정할 것인지 이리저리 생각하다

한자 ◉**構구** (생각을)얽어 짜내다·(거짓을)꾸며대다 **想상** 생각하다·그리워하다·상상하다
한자활용 ◉**構造**구조, **構築**구축, **構成**구성, **構成員**구성원, **機構**기구, **構圖**구도, **虛構**허구, **構文**구문

영어 **plan** [plæn] 뜻 계획을 세우다, 계획하다; 예정하다; 구상하다 풀이 To contemplate
the content, scale and strategies of a future plan(앞으로 할 일의 내용, 규모, 실현 방법
등을 곰곰이 생각하다)

예 직장을 퇴사한 그는 새로운 사업을 구상하고 있다 / 정부는 인구 집중을 해결하기 위해
신도시 건설을 구상 중이다 / 김 감독은 한적한 시골에 머물면서 휴식을 취하며 새
작품을 구상 중이다

---

414 ★☆☆ □□

쇠퇴하다
전보다 약해지다
영 **decline

衰쇠 쇠하다·약하다
退퇴 쇠하다· 줄어들다

쇠하다·약하다(쇠) · 쇠하다·줄어들다(퇴) ⤳ 힘, 세력 따위가 점점 줄어서 / 전보다
약해지다

한자 **衰쇠** °쇠하다·약하다 **退퇴** 물러나다·물리치다·°쇠하다·줄어들다

영어 **decline** [dikláin] 어원 de(아래로) + cline(기울다) 뜻 감소하다, 줄다(diminish, de-
crease); 하락하다(fall off), (초대·제의 등을 정중히) 거절하다, (세력·힘·건강 등이) 쇠퇴하
다; …을 아래로 향하게 하다, 기울다(slope) 풀이 For an influential phenomenon, pow-
er, energy, etc., to be weakened(강하게 일어났던 현상이나 세력, 기운 등이 약해지다)

예 사회적 기능을 담당하던 종교의 기능이 점점 쇠퇴하고 있다 / 근대화와 산업화에 밀려
전통적인 °수공업은 급격히 쇠퇴되어 갔다 / 학생 운동은 1980년대 후반을 정점으로
점차 쇠퇴하였다
° **쇠하다(衰쇠** 쇠하다 | decline[dɪˈklaɪn]) (힘이나 세력이) 줄어서 약해지다
° **수공업(手수** 손 **工공** 장인·일 **業업** 일·직업) 기계를 사용하지 않고 손과 간단한 도구만으로
상품을 만드는 작은 규모의 공업(工業: 원료를 가공하여 새로운 물품을 만드는 일)

13주 4일

415 ★☆☆ ☐☐

감축하다
줄이다
영 **reduce

減감 줄다
縮축 줄이다

덜다·줄다(감)·줄이다(축) ⤳ 어떤 것의 수, 양을 / 줄이다

[한자] ⊙**減감** 감소하다·덜다·줄다 **縮축** 줄이다·오그라들다·감축하다·축소하다

[한자활용] ⊙減少감소, 削減삭감, 蕩減탕감, 減免감면, 加減가감, 減殺감쇄, 輕減경감, 增減증감, 減額감액, 減量감량, 減價감가, 半減반감, 急減급감, 減速감속, 差減차감, 減點감점, 減退감퇴, ❶十年減壽 십년감수, 加減乘除가감승제

[영어] **reduce** [ridjúːs] [어원] re(뒤로)+ducere(이끌다) [뜻] (범위·크기·수량·정도·지위 등을) 줄이다(cut down), 감소시키다, 축소하다(diminish) [풀이] To reduce the quantity or number of something(어떤 것의 수나 양을 줄이다)

[예] 경기 불황이 지속되자 기업들은 희망퇴직을 통해 인력 감축에 나섰다 / 각국은 세계 평화를 위해 무기 감축에 나서기로 협약했다 / 석유 생산량 감축으로 인해 *원유 가격이 상승했다 / 세계 각국은 기후 위기 대응 차원에서 온실가스 감축을 위한 탄소 중립 기본법을 *이행하기 위해 노력하고 있다

* **원유**(原원 언덕·근원 油유 기름 | crude oil[kruːd ɔil]) (불순물을 걸러 내지 않은) 땅속에서 뽑아낸 상태 그대로의 석유(기름)

* **이행하다**(履리(이) 밟다 行행 다니다·행하다 | fulfill[fulfíl]) (약속·계약 등을) 실제로 행하다

---

416 ★☆☆ ☐☐

할당하다
각자의 몫을 갈라
나누다
영 *assign
*allot

割할 가르다·나누다
當당 마땅하다

가르다·나누다(할) ⤳ 일정한 양, 수에서 / 각자의 몫을 갈라 나누다

[한자] ⊙**割할** 베다·끊다·가르다·나누다·할(비율) **當당** 마땅하다·균형 잡히다·(책임을)맡다

[연관한자] **配배** 나누다 | **分분** 나누다 | **區구** 구분하다·나누다 | **別별** 나누다 | **班반** 나누다·구분하다 ⤳ 나눈다는 뜻을 가진 낱말을 만듦 ↪ 배분(配分) 분배(分配) 분할(分割) 구분(區分) 구별(區別) 분별(分別)

[한자활용] ⊙分割분할, 割賦할부, 割引할인, 割愛할애, 割增할증, 割讓할양, 一割일할, 割腹할복, 役割역할

[영어] **assign** [əsáin] [어원] as(…에)+sign(흔적을 남기다) [뜻] (일 등을 남에게) 배정하다, 맡기다; (특정한 용도·목적에) 할당하다(allot) **allot** [əlάt] [어원] a(…에)+lot(제비, 추첨) [뜻] (시간·돈·업무 등을) 할당하다, 배당하다(apportion) [풀이] To divide and assign per share(각자의 몫을 갈라 나누다)

[유] **배당하다**(配배 나누다, 當당), **배분하다**(配배 나누다, 分분 나누다), **분배하다**(分配)

[예] 주연 배우는 출연료 대신에 영화 총수익의 20퍼센트를 할당 받기로 계약했다 / 정당은 당의 모든 직책에서 30퍼센트를 여성에게 할당하였다 / 대학 측은 이번 입시에서 총점의 10퍼센트를 면접 점수에 할당할 것이라고 발표했다 / 정부는 공익사업에 더 많은 예산을 할당하여 공익을 도모했다

---

❶**십년감수十年減壽** 열 십, 해 년, 줄어들 감, 목숨 수　[뜻] 수명이 십 년이나 줄어듦　[풀이] 매우 놀랐을 때나 심한 위험 따위를 겪고 난 뒤에 쓰는 말

1 다음 **국단어의 뜻**을 표로 정리하시오.

국단어	뜻	한자		영단어
비방하다		誹비	謗방	
기획하다		企기	劃획	
도모하다		圖도	謀모	–
구상하다		構구	想상	
쇠퇴하다		衰쇠	退퇴	
감축하다		減감	縮축	
할당하다		割할	當당	

2 다음 중 **企기**(꾀하다)와 비슷한 뜻을 갖는 한자가 **아닌** 것은?

① 計계　② 業업　③ 劃획　④ 圖도　⑤ 謀모

3 다음 중 **나누다**는 뜻을 갖는 한자가 **아닌** 것은?

① 區구　② 分분　③ 配배　④ 別별　⑤ 當당

4 다음 중 **꾀하다**는 뜻을 담고 있는 낱말이 **아닌** 것은?

① 계획(計劃)　② 기획(企劃)　③ 도모(圖謀)　④ 기도(企圖)　⑤ 기원(祈願)

5 다음 중 **나누다**는 뜻을 갖는 낱말이 **아닌** 것은?

① 분할(分割)　② 구분(區分)　③ 별반(別般)　④ 분별(分別)　⑤ 배분(配分)

6 다음 문장을 읽고, 그 **뜻에 해당하는 낱말**을 쓰시오.

1 매우 놀랐을 때나 심한 위험 따위를 겪고 난 뒤에 쓰는 말 _____

2 기계를 사용하지 않고 손과 간단한 도구만으로 상품을 만드는 작은 규모의 공업 _____

7 빈칸에 알맞은 낱말을 넣어 문장을 완성하시오.

1 세계 각국은 협약을 통해 지구의 환경을 보호함과 동시에 지속 가능한 발전을 _____ 했다

2 정부는 공익사업에 더 많은 예산을 _____ 하여 공익을 도모했다

3 경기 불황이 지속되자 기업들은 희망퇴직을 통해 인력 _____ 에 나섰다

4 근대화와 산업화에 밀려 전통적인 수공업은 급격히 _____ 되어 갔다

5 정부는 인구 집중을 해결하기 위해 신도시 건설을 _____ 중이다

6 그는 자기보다 잘난 사람이 있으면 무조건 그 사람을 _____ 하며 깎아내렸다

7 학생회에서 스승의 날을 맞아 기념 행사를 _____ 했다

13주 5일

417 ★☆☆ □□

자제하다
스스로 억눌러 참다
영 *repress

自자 스스로
制제 절제하다

스스로(자) · 절제하다·억제하다(제) ⤳ 자기의 감정, 욕망을 / 스스로 억눌러 참다

한자 **自자** 스스로·몸소·자기   **制제** 절제하다·억제하다·법도·규정

영어 **repress** [riprés]   어원 re(뒤로)+premere(누르다)   뜻 (욕망·감정·행동·눈물 등을) 참다, 억누르다, 억제하다(keep under control); (반란·폭동·폭도 등을 등을) 진압하다(suppress, put down)   풀이 **To restrain and control one's own desire or feeling**(자신의 욕구나 감정을 스스로 억누르고 다스리다)

예 환경을 오염시키는 일회용 제품의 사용을 자제해야 한다 / 성공하기 위해서는 순간적 충동을 자제할 줄 아는 인내심을 길러야 한다 / 건강을 위해서는 지나친 당분의 섭취를 자제해야 한다 / 원만한 인간관계를 형성하기 위해서는 부정적 감정의 표출을 가급적 자제해야 한다

418 ★★☆ □□

판정하다
판단하여 정하다
영 ***judge

判판 판단하다
定정 정하다

판단하다(판) · 정하다(점) ⤳ 옳고 그름, 좋고 나쁨에 대한 / 의견을 °판단하여 정하다

한자 ◉**判판** °판단하다·판별하다·구별하다   **定정** 정하다·바로잡다·안정시키다·편안하다
연관한자 ◉**彖단** °판단하다 | **決결** 결단하다·결정하다
한자활용 ◉判斷판단, 判別판별, 判決판결, 決判결판, 誤判오판, 審判심판, 判事판사, 裁判재판, 判例판례, 評判평판, 判明판명, 談判담판, 判定勝판정승

영어 **judge** [dʒʌdʒ]   어원 jus(정의)+dge(말하다) → 정의를 말하는 사람   뜻 판사, 재판관; (재판관·심판자·심사원으로서) 재판하다, 판결을 내리다; 심사하다, 판정하다; (경기·토론 등의) 심판(umpire); (…이라고); 판단하다(form an opinion), (…이라고) 생각하다(think)   풀이 **To judge and decide what is right, wrong, good, or bad**(옳고 그름이나 좋고 나쁨을 판단하여 결정하다)

유 **판결하다**(判판, 決결 결정하다), **판별하다**(判판, 別별 나누다), **판단하다**(判판, 斷단 끊다·판결하다)
예 전문가들은 이 도자기를 고려 시대의 것으로 판정하였다 / 재판부는 회사의 일방적인 해고가 부당하다고 판정을 내렸고, 회사는 해고자들을 즉시 복직시켰다 / 이 영화는 18세 미만은 볼 수 없다는 등급 판정을 받았다 / 책을 잘 못 읽었던 그는 병원에서 난독증 판정을 받았다
° **판단하다**(判斷 | judge[dʒʌdʒ] decide[disáid])   논리나 기준에 따라 어떠한 것에 대한 생각을 정하다

419 ★☆☆ □□

주관하다
주가 되어 일을
맡아 하다

主주 주체·주되다
管관 맡다

주체·주(主)되다(주) · 맡다·주관하다(관) ⤳ °주가 되어 책임지고 / 일을 °맡아 하다

[한자] **主주** 주인·주체·주(主)되다　◉**管관** °맡다·주관하다·다스리다·대롱(관)

[한자활용] ◉管理관리, 管轄관할, 移管이관, 所管소관, 管掌관장, 管內관내, 管外관외, 保管보관, 血管혈관, 氣管기관, 金管금관, 木管목관, 喇叭管나팔관, 管稅廳관세청

[유] **관장하다**(管관 맡다, 掌장 맡다·주관하다), **관리하다**(管관 맡다, 理리(이) 다스리다)

[예] 구청에서는 이번 연말에 구민들을 위한 음악회를 주관하였다 / 군대에 관련된 업무를 주관하는 관청은 국방부이다 / 신문사가 주관한 글짓기 대회에서 입상했다 / 그는 자기의 일과 인생을 주관하는 게 아니라 일과 주위 환경에 수동적으로 끌려다닌다

° **맡다**(undertake[ʌ̀ndərtéik])　책임을 지고 어떤 일을 하다

---

420 ★☆☆ □□

습득하다
배우고 익혀서
알게 되다
🔵 **acquire

習습 배우다·익히다
得득 깨닫다·알다

배우다·익히다(습) · 깨닫다·알다(득) ⤳ 학문, 기술 따위를 / 배우고 익혀서 깨우쳐 알게 되다

[한자] ◉**習습** 배우다·익히다·연습하다·복습하다·습관　**得득** 얻다·손에 넣다·깨닫다·알다

[한자활용] ◉習慣습관, 習性습성, 常習상습, 練習연습, 學習학습, 自習자습, 豫習예습, 復習복습, 實習실습, 慣習관습, 風習풍습, 惡習악습, 舊習구습, 習作습작, 見習견습, 見習生견습생, 講習강습, 敎習교습, 補習보습, 修習수습, ❶學而時習학이시습

[영어] **acquire** [əkwáiər]　[어원] ad(추가로)+quaerere(찾다, 구하다)→별도로 추구해서 얻다

[뜻] (제힘으로) 얻다(gain by one's own efforts); (언어 등을 후천적으로) 습득하다; (재산·권리 등을) 취득하다, 획득하다; (기업·지분 따위를) 인수하다　[풀이] **To learn a study, technique, etc., and make it one's own**(학문이나 기술 등을 배워서 자기 것으로 만들다)

[예] 인간은 다른 사람들과 상호 작용하면서 사회생활에 필요한 지식, 가치, 행동 양식 등을 습득하는데, 이러한 과정을 **사회화**라고 한다 / 교육이란 °규율을 통해 인격을 다듬고 지식을 습득하여 사회생활에 필요한 능력을 기르는 것이다 / 인간은 학습을 통해 자신이 속한 사회의 문화를 후천적으로 습득하기 때문에 어느 사회에서 자랐느냐에 따라 인간의 행동과 사고방식이 달라진다

° **규율**(規규 법 律률(율) 법칙 | discipline[dísəplin])　사회나 조직의 질서를 유지하기 위하여 사람들이 따르도록 정해 놓은 규칙

---

❶ **학이시습學而時習** 울 학, 말 이을 이, 때 시, 익힐 습　[뜻] 배우고 때때로 익힘　[풀이] 배운 다음에 수시로 되풀이하여 익혀 숙달되도록 함

13주 5일

---

421 ★☆☆ □□

장려하다
힘써 일하도록
북돋우다
📗 *encourage

獎場 장려하다
勵려(여) 힘쓰다

장려하다(장) · 힘쓰다·권장하다(려) ⤳ 어떤 일을 •힘써 하도록 •북돋우다

[한자] **獎場** 장려하다   **勵려(여)** •힘쓰다·권장하다

[영어] **encourage** [inkə́:ridʒ]   [어원] en(…을 주다) + courage(용기)   [뜻] (남에게) 용기[기운]를 북돋우다, 격려하다, …에게 자신을 갖게 하다(put courage into, inspirit, hearten); (행위 등을) 장려하다; (남에게 …을) 권장하다, 권하다(try to induce)   [풀이] **To ask or encourage someone to do good deeds**(좋은 일을 하도록 권하거나 북돋아 주다)

[유] **권장하다**(勸권 권하다, 獎場 장려하다), **권유하다**(勸, 誘유 꾀다·권하다), **권고하다**(勸, 告고 알리다)

[예] 김 교사는 학생들에게 독서를 장려하려고 월말에 독서왕을 뽑아 선물을 주었다 / 정부는 국민들에게 국산품 애용을 장려했다 / 정부는 나라의 경제가 어려워지자 금을 모아 수출하는 운동을 장려했다 / 저출산이 갈수록 심화되면서 정부는 출산을 장려하는 정책을 적극 추진하고 있다

• **힘쓰다**(work hard, try hard)   힘을 들여 일을 하다
• **북돋우다**(encourage, cheer up)   (용기·의욕 따위가) 강하게 일어나도록 말, 행동으로 자극을 주다

---

422 ★★☆ □□

착용하다
입다, 쓰다, 신다, 차다
📗 ***wear

着着 입다·쓰다·신다
用용 쓰다

입다·쓰다·신다(착) · 쓰다(용) ⤳ 사람이 옷이나 물건을 / 입거나 신거나 쓰거나 차다

[한자] ⊙**着착** 붙다·(옷을)입다·(머리에)쓰다·(신을)신다·다다르다   **用용** 쓰다·부리다·일하다

[한자활용] ⊙到着도착, 癒着유착, 執着집착, 愛着애착, 逢着봉착, 膠着교착, 着手착수, 定着정착, 土着토착, 着陸착륙, 着想착상, 着實착실, 安着안착, 固着고착, 密着밀착, 接着접착, 先着順선착순, 着席착석

[영어] **wear** [wɛər]   [뜻] (옷·모자·신발 등을) 입고[쓰고·신고] 있다; (반지·목걸이·팔찌 등 장식물을 몸의 일부분에) 달고[차고·끼고] 있다, 착용하다; (오래 입거나 사용하여) 닳게[헐게·낡게] 하다, 옷[의류]   [풀이] **To have clothes, shoes, etc., on one's body**(옷·신발 등을 입거나 신거나 하다)

[예] 자전거를 탈 때에는 안전모를 포함한 보호 •장구를 잘 착용해야 한다 / 사람이 많은 실내에서는 마스크를 착용하는 것이 좋다 / 전선을 만질 때에는 안전을 위해 반드시 장갑을 착용해야 한다

• **장구**(裝장 꾸미다 具구 갖추다 | equipment[ikwípmənt])   어떤 일을 할 때 몸에 지니는 기구

1 다음 **국단어의 뜻**을 표로 정리하시오.

국단어	뜻	한자		영단어
자제하다		自자	制제	
판정하다		判판	定정	
주관하다		主주	管관	–
습득하다		習습	得득	
장려하다		獎장	勵려	
착용하다		着착	用용	

2 다음 중 **북돋우다·부추기다**(어떤 일을 하게 만들다)는 뜻을 갖는 낱말이 **아닌** 것은?

① 권장(勸獎)하다   ② 권고(勸告)하다   ③ 장려(獎勵)하다   ④ 관장(管掌)하다   ⑤ 권유(勸誘)하다

3 다음 문장을 읽고, 그 **뜻에 해당하는 낱말**을 쓰시오.

1   배운 다음에 수시로 되풀이하여 익혀 숙달되도록 함   _____

2   사회나 조직의 질서를 유지하기 위하여 사람들이 따르도록 정해 놓은 규칙   _____

3   인간이 다른 사람들과 상호 작용하면서 사회생활에 필요한

    지식, 가치, 행동 양식 등을 습득하는 과정   _____

4 빈칸에 알맞은 낱말을 넣어 문장을 완성하시오.

1   자전거를 탈 때에는 안전모를 포함한 보호 장구를 잘 _____ 해야 한다

2   전문가들은 이 도자기를 고려 시대의 것으로 _____ 하였다

3   그는 자기의 일과 인생을 _____ 하는 게 아니라 일과 주위 환경에 수동적으로 끌려다닌다

4   저출산이 갈수록 심화되면서 정부는 출산을 _____ 하는 정책을 적극 추진하고 있다

5   교육이란 규율을 통해 인격을 다듬고 지식을 _____ 하여 사회생활에 필요한 능력을 기르는

    것이다

6   건강을 위해서는 지나친 당분의 섭취를 _____ 해야 한다

14주 1일

---

423 ★★☆ □□

감안하다
생각하다

📢 ***consider

勘감 헤아리다·
생각하다
案안 생각

헤아리다·생각하다(감)·생각(안) ⤳ 여러 사정을 살펴서 생각하다

한자 ⦿**勘感** *헤아리다·생각하다   **案安** 책상·생각·안건

연관한자 ⦿**料료(요)** 헤아리다·생각하다 | **測측** 헤아리다 | **量량(양)** 헤아리다 | **參참** 참여하다·헤아리다 | **酌작** 술을 붓다·헤아리다 | **考고** 생각하다·깊이 헤아리다 | **慮려(여)** 생각하다·이리저리 헤아려 보다 ⤳ 헤아리다·생각하다는 뜻을 갖는 낱말을 만듦 ↪ 참고(參考) 측량(測量) 고려(考慮) 참작(參酌)

영어 **consider** [kənsídər]   어원 con(충분히) + sider(별을 관측하다)   뜻 (무엇을 이해하거나 결정을 내릴 때, …인지 아닌지 주의 깊게 머릿속으로) 깊이 생각하다, 고려하다(take into account); (…을 …이라고) 여기다[생각하다], 간주하다(think, regard as)   풀이 **To think while considering a variety of different factors**(여러 사정을 살펴서 생각하다)

유 **고려하다**(考고 생각하다, 慮려 생각하다), **참고하다**(參참 참여하다·헤아리다, 考고 생각하다), **참작하다**(參참 참여하다·헤아리다, 酌작 술을 붓다·헤아리다)

예 회사의 자금 사정을 감안하여 투자 여부를 결정하기로 했다 / 우리 사회가 초고령화 사회로 진입하는 것을 감안하여 정부는 노인 복지에 더 많은 예산을 투입해야 한다 / 그의 뛰어난 실적을 감안하더라도 30대에 사장 승진은 파격적이었다

* **헤아리다**(guess[ges])   (사람의 마음이나 일의 속뜻을) 미루어 생각하다

---

424 ★☆☆ □□

급속하다
매우 빠르다

📢 **rapid

急급 빠르다
速속 빠르다

빠르다(급)·빠르다(속) ⤳ 변화, 움직임이 매우 빠르다

한자 **急急** 급하다·재촉하다·빠르다 ⦿**速速** 빠르다·빨리 하다·되다

연관한자 ⦿**急急** 급하다 | **敏민** 민첩하다·재빠르다 | **捷첩** 빠르다 | **迅신** 빠르다 ↪ 신속(迅速) 민첩(敏捷)

한자활용 **快速**쾌속, **速度**속도, **速力**속력, **時速**시속, **分速**분속, **秒速**초속, **變速**변속, **過速**과속, **加速**가속, **恒速**항속, **等速**등속, **高速**고속, **光速**광속, **音速**음속, **減速**감속, **低速**저속, **流速**유속, **風速**풍속, **迅速**신속, **速攻**속공, **速讀**속독, **速記**속기, **速報**속보, **速戰速決**속전속결, ⦿**欲速不達**욕속부달

영어 **rapid** [rǽpid]   뜻 (시간적으로) 급속한, 빠른, 신속한(swift, quick)   풀이 **Very fast**(매우 빠르다)

예 과학 기술의 급속한 발전은 인간 생활을 빠르게 바꾸어 놓았다 / 일교차가 큰 환절기에 접어들면서 감기 환자가 급속하게 증가하고 있다 / 우리나라는 초고령 사회로 진입할 것으로 예측되어 *고령화가 급속하게 진행되고 있는 것으로 나타났다

* **고령화**(高고 높다 齡령 나이 化화 되다) 한 사회에서 65세 이상 노인 인구의 비율이 증가하는 현상

---

❶ **욕속부달欲速不達** 하고자 할 욕, 빠를 속, 아니 부, 미칠 달   뜻 빨리 하려고 욕심을 내면 오히려 미치지 못함   풀이 마음이 급하면 일이 잘되지 않음

현황
헌재 상황

現현 지금
況황 상황

지금(현)·상황(황) ～ 현재(지금 이 시간)의 °상황

[한자] ⊙**現**현 나타나다·드러내다·실재(實在 | real existence)·지금 **況**황 상황·형편·모습

[한자활용] ⊙現在현재, 表現표현, 現象현상, 現代현대, 現實현실, 現世현세, 現生현생, 具現구현, 現金현금, 現物현물, 現場현장, 現地현지, 現像현상, 發現발현, 實現실현, 現身현신, 示現시현, 現存현존, 出現출현, 再現재현, 現職현직, 現業현업, 現役현역, 現行현행

[예] 그는 매일 공사 현장을 직접 찾아다니면서 작업 현황을 살폈다 / 우리나라의 인구 분포 현황에 따르면 지역에 따라 인구수가 매우 불균형하다는 사실을 확인할 수 있다 / 올해 국내 자동차 판매 현황을 살펴보면 작년에 비해 자동차 판매량이 대폭 감소한 것을 알 수 있다 / 시내 도로의 교통 현황을 살펴보기 위해 교통 정보를 제공하는 CCTV를 인터넷으로 검색해 보았다

° **상황**(狀상 형상 況황 상황 | situation[sìtʃuéiʃəl]) 일이 진행되어 가는 모양·경로·결과

작성하다
만들다
[영] ***make
***write

作작 짓다·만들다
成성 이루다

짓다·만들다(작)·이루다(성) ～ 서류, 원고, 계획 따위를 / 만들다

[한자] ⊙**作**작 짓다·만들다·창작하다·농사·작품 **成**성 이루다·갖추어지다·완성되다

[연관한자] ⊙**創**창 비롯하다·만들다 | **製**제 짓다·만들다 | **造**조 짓다·만들다 | **著**저 짓다 | **工**공 장인·만들다 | **做**주 짓다·만들다 ～ 만들다는 뜻의 낱말을 만듦 ↔ 창조(創造) 창제(創制) 창작(創作) 저작(著作) 제작(製作) 제조(製造) 주작(做作) 조작(造作) 공작(工作)

[한자활용] ⊙始作시작, 創作창작, 作家작가, 作者작자, 作品작품, 著作저작, 拙作졸작, 傑作걸작, 大作대작, 力作역작, 多作다작, 自作자작, 著作權저작권, 作業작업, 合作합작, 製作제작, 工作공작, 習作습작, 作文작문, 作圖작도, 作名작명, 作詞작사, 作曲작곡, 造作조작, 做作주작, 作爲작위, 動作동작, 作別작별, 作用작용, 小作農소작농, 二毛作이모작, 耕作경작, 農作物농작물, 作況작황, 豐作풍작, 凶作흉작, 作心三日작심삼일, ❶磨斧作針마부작침, ❷述而不作술이부작

[영어] **make** [meik] [뜻] …하게 하다, …을 만들다, 구성하다[이루다]; (문서·유언장 따위를) 작성하다 **write** [rait] [뜻] (글자·말·책·악보 등을) 쓰다; (작품·문서 등을) 저술하다(be a writer or journalist), 쓰다, 작성하다 [풀이] **To make a script, document, etc**(원고나 서류 등을 만들다)

[예] 아이는 기말시험이 끝나자마자 여름 방학 공부 계획표를 작성했다 / 미국 독립 선언서의 초안을 작성한 토머스 제퍼슨은 미국 민주주의를 상징하는 대표적 인물이다 / 김 기자는 목격자들을 인터뷰한 후 육하원칙에 따라 기사문을 작성했다 / 김 교수는 광범위한 자료를 수집하여 논문을 작성했다

---

❶ **마부작침磨斧作針** 갈 마, 도끼 부, 만들 작, 바늘 침 [뜻] 도끼를 갈아서 바늘을 만듦 [풀이] 아무리 이루기 힘든 일도 끈기 있게 노력하면 성공할 수 있음
❷ **술이부작述而不作** 서술할 술, 말 이을 이, 아니 부, 지을 작 [뜻] (있는 그대로) 서술해서 전할 뿐 지어내지 않음 [풀이] 전해 오는 사실을 기록할 뿐 자신의 의견을 내세워 창작하지 않음. 학자의 겸손한 자세와 객관적 태도를 강조하여 이르는 말

14주 1일

---

427 ★★☆ □□

중시하다
중요하게 여기다

重中 소중하다
視시 여기다

소중하다(중) · 여기다(시) ⤳ 무엇을 매우 중요하게 여기다

한자 ◉**重중** 무겁다·거듭하다·소중하다　**視시** (눈으로)보다·여기다

한자활용 ◉鄭重정중, 愼重신중, 重要중요, 重且大중차대, 莫重막중, 嚴重엄중, 所重소중, 置重치중, 偏重편중, 尊重존중, 重疊중첩, 重複중복, 二重이중, 重壓중압, 過重과중, 加重가중, 重力중력, 重量중량, 體重체중, 比重비중, 輕重경중, 重心중심, 重傷중상, 重態중태, 重罪중죄, 重型중형, 重言復言중언부언, 隱忍自重은인자중, 愛之重之애지중지, ❶九重宮闕구중궁궐

유 **중요시하다**(重, 要요 중요하다, 視)

예 한국인들은 예로부터 인간관계에서 예절을 중시해 왔다 / **청소년기**에는 친구 관계를 중시하면서 또래 집단에 강한 소속감을 느끼게 된다 / 혈통과 신분을 중시하던 전통 사회에서는 **귀속 지위**의 영향력이 컸지만, 개인의 능력을 중시하는 현대 사회에서는 **성취 지위**의 중요성이 커지고 있다

---

428 ★☆☆ □□

종사하다
직업으로 삼아 일하다

영 **engage

從종 일하다
事사 일·직업

일하다(종) · 일·직업(사) ⤳ 어떤 일을 / 직업으로 삼아 일하다

한자 **從종** 좇다·따르다·일하다　◉**事사** 일·직업·관직·벼슬·사업·종사하다·섬기다

연관한자 ◉**務무** 힘쓰다·일 | **職직** 직분·일 | **業업** 업·일 ⤳ 일과 관련된 낱말을 만듦 ↪ 사무(事務) 사업(事業) 업무(業務) 직업(職業) 직무(職務)

한자활용 ◉事業사업, 事務사무, 事項사항, 事態사태, 事故사고, 事件사건, 慘事참사, 人事인사, 事實사실, 刑事형사, 檢事검사, 判事판사, 食事식사, 事情사정, 事物사물, 事例사례, 慶事경사, 農事농사, 政事정사, 記事기사, 行事행사, 公事공사, 每事매사, 事前사전, 事理사리, 茶飯事다반사, ❷事必歸正사필귀정, 實事求是실사구시, ❸事大交隣사대교린

영어 **engage** [engéidʒ]　**어원** en(…의 속으로) + gage(서약, 계약) → 서약하게 하다　**뜻** 종사하다, 관여하다, 참가하다(employ oneself); 고용하다(employ, hire); 고용되다, 근무하다(take service)(with); 약혼하다, 약혼시키다　**풀이** **To take and do something as one's occupation**(어떤 일을 직업으로 삼아 일하다)

예 어촌 마을은 바다에 인접되어 있어 어업에 종사하는 주민이 많다 / 산업화와 도시화의 영향으로 점점 농업에 종사하는 인구가 줄고 있다 / 산지촌 주민들은 주로 목축과 밭농사에 종사하고 있다

---

❶ **구중궁궐九重宮闕** 아홉 구, 거듭 중, 집 궁, 대궐 궐　**뜻** 아홉 번 거듭 쌓은 담 안에 자리한 대궐　**풀이** 문이 겹겹이 달린 깊은 대궐. 접근하기 어려울 만큼 깊이 자리한 궁궐

❷ **사필귀정事必歸正** 일 사, 반드시 필, 돌아갈 귀, 바를 정　**뜻** 일은 반드시 바른 곳으로 돌아감　**풀이** 세상 모든 일은 결국 올바르게 돌아가서 끝을 맺음

❸ **사대교린事大交隣** 일·섬길 사, 큰 대, 사귈 교, 이웃 린　**뜻** 큰 나라는 섬기고 이웃과는 사귐　**풀이** 큰 나라(중국)를 받들어 섬기고 이웃 나라(왜, 여진)와 대등한 입장에서 사귐

1 다음 **국단어의 뜻**을 표로 정리하시오.

국단어	뜻	한자		영단어
감안하다		勘감	案안	
급속하다		急급	速속	
현황		現현	況황	–
작성하다		作작	成성	
중시하다		重중	視시	–
종사하다		從종	事사	

2 다음 중 **勘감**(헤아리다)과 비슷한 뜻을 갖는 한자가 **아닌** 것은?

① 考고   ② 慮려   ③ 要요   ④ 參참   ⑤ 酌작

3 다음 중 **速속**(빠르다)과 비슷한 뜻을 갖는 한자가 **아닌** 것은?

① 迅신   ② 急급   ③ 敏민   ④ 測측   ⑤ 捷첩

4 다음 중 **作작**(짓다·만들다)과 비슷한 뜻을 갖는 한자가 **아닌** 것은?

① 創창   ② 造조   ③ 工공   ④ 量량   ⑤ 著저

5 다음 중 **일**과 관련된 뜻을 갖는 한자가 **아닌** 것은?

① 務무   ② 職직   ③ 做주   ④ 事사   ⑤ 業업

6 다음 문장을 읽고, 그 **뜻**에 해당하는 **낱말**을 쓰시오.

1 큰 나라(중국)를 받들어 섬기고 이웃 나라(왜, 여진)와 대등한 입장에서 사귐 _____

2 세상 모든 일은 결국 올바르게 돌아가서 끝을 맺음 _____

3 전해 오는 사실을 기록할 뿐 자신의 의견을 내세워 창작하지 않음 _____

4 아무리 이루기 힘든 일도 끈기 있게 노력하면 성공할 수 있음 _____

7 빈칸에 알맞은 낱말을 넣어 문장을 완성하시오.

1 어촌 마을은 바다에 인접되어 있어 어업에 _____ 하는 주민이 많다

2 **청소년기**에는 친구 관계를 _____ 하면서 또래 집단에 강한 소속감을 느끼게 된다

3 시내 도로의 교통 _____ 을 살펴보기 위해 교통 정보를 제공하는 CCTV를 검색해 보았다

4 일교차가 큰 환절기에 접어들면서 감기 환자가 _____ 하게 증가하고 있다

5 김 기자는 목격자들을 인터뷰한 후 육하원칙에 따라 기사문을 _____ 했다

6 그의 뛰어난 실적을 _____ 하더라도 30대에 사장 승진은 파격적이었다

14주 2일

---

429 ★★☆ □□

투입하다
던져 넣다
들여보내다

投투 던지다·보내다
入입 들다

던지다·보내다(투) · 들다(입) ～ 사람, 물건, 돈 등을 필요한 곳에 / 던져 넣다 또는 •들여보내다

[한자] ◉投투 던지다·뛰어들다·보내다　入입 들다(속, 안으로 가거나 오다)·빠지다·간여하다

[한자활용] ◉投資투자, 投票투표, 投機투기, 投降투항, 投射투사, 投入투입, 投擲투척, 投球투구, 投手투수, 投書투서, 投獄투옥, 投下투하, 投身투신, 投與투여, 投石투석, 投賣투매

[예] 감독은 수비수를 빼고 공격수를 경기에 투입하여 팀의 공격력을 높였다 / 부상이 회복되자마자 병사들은 다시 전쟁의 최전선으로 투입되었다 / 후쿠시마 원자력 발전소가 폭발했을 때 강력한 방사능이 방출되어 사고 현장에 로봇을 투입했다 / 소방관들이 화재 현장에 투입되었다

* **들여보내다**(send in)　안이나 속으로 들어가게 하다

---

430 ★★☆ □□

수습하다
혼란을 정리하여
바로잡다

收수 거두다·잡다
拾습 혼란을 정리하다

거두다(수)·잡다 · 혼란을 정리하다(습) ～ 어지러운 마음, 어수선한 사태, 혼란을 / •정리하여 바로잡다

[한자] 收수 거두다·잡다·거두어 정리하다　拾습 줍다·습득하다·모으다·혼란을 정리하다

[예] 로봇은 사람이 가기에 위험한 곳에 투입되어 사고 현장을 수습할 수 있다 / 교통사고 현장에 경찰이 와서 사고 현장을 수습하였다 / 사태를 수습하기 위해 아무리 꾀를 써 봐도 마땅한 해결책이 생각나지 않았다 / 화재 장소에 투입된 소방관들은 사고 현장을 수습하기 위해 분주하게 움직였다

* **정리하다**(整정 가지런하다　理리(이) 다스리다 | organize[ɔ́ːrgənàiz])　(흐트러지거나 혼란스러운 상태에 있는 것을 한데 모으거나 치워서) 가지런히 바로잡다. 질서 있는 상태가 되게 하다

---

431 ★☆☆ □□

만연하다
널리 퍼지다
[영] *prevail

蔓만 퍼지다
延연 퍼지다

퍼지다(만) · 퍼지다(연) ～ 전염병이나 나쁜 현상 등이 / 널리 퍼지다

[한자] 蔓만 덩굴·퍼지다　◉延연 늘이다·늘어놓다·퍼지다

[한자활용] ◉延長연장, 遲延지연, 延期연기, 延滯연체, 延命연명

[영어] **prevail** [privéil]　[어원] pre(…의 앞에) + vail(강한, 가치가 있는)→보다 큰 힘을 가지다　[뜻] 만연하다, 팽배하다, 유행하다(be prevalent); 이기다(be victorious)　[풀이] **For an infectious disease, bad phenomenon, etc., to spread widely**(전염병·좋지 않은 현상 등이 널리 퍼지다)

[예] 일부 청소년들 사이에서는 연예인을 우상화하는 풍조가 만연하고 있다 / 현대 사회는 생명의 가치를 경시하는 풍조가 만연하다 / 자기 이익만을 추구하는 이기주의가 만연하면 공동체 삶이 더 황폐해질 수밖에 없다 / 영어 능력이 사람 평가의 기준이 될 정도로 영어 지상주의가 만연하다 / 자본주의가 극도로 발달하면서 돈만 벌면 된다는 식의 천민자본주의의 풍조가 만연하게 되었다

432 ★☆☆ ☐☐

추정하다
미루어 생각하여
정하다

**영 **estimate

推推 헤아리다
定정 정하다

헤아리다(추) · 정하다(정) ∿ 이미 알고 있는 사실을 바탕으로 / *미루어 생각하여 정하다

한자 **推추** 밀다·헤아리다·추측하다 **定정** 정하다·바로잡다

영어 **estimate** [éstəmèit] 어원 라틴어 aestimare(평가하다) 뜻 (개인적인 경험과 지식을 바탕으로 판단하여 …이라고 …을) 추정하다, 어림잡다; 예상하다; (성격·능력·사태·일의 중요성 등을) 판단[평가]하다(appraise, judge) 풀이 To think about, judge, and decide something, based on a guess(미루어 생각하여 판단하고 정하다)

예 독도 주변의 바다에는 해저 자원이 많이 묻혀 있을 것으로 추정된다 / 전문가들은 우리나라의 내년 경제 성장률을 2퍼센트 안팎으로 추정하고 있다 / 지구의 **외핵**은 지하 약 2900km에서부터 약 5100km까지의 층으로, **액체** 상태로 추정된다 / 이번 붕괴 사고는 부실 공사로 일어났을 것이라고 추정된다 / 정부는 이번 집중 호우로 인한 피해액이 200억 원을 넘을 것으로 추정했다

* **미루다** 이미 알고 있는 사실로 다른 것을 미리 헤아리다(다른 것에 비추어 생각하다)

433 ★☆☆ ☐☐

규범
따르고 지켜야 할
본보기가 되는 행동

**영 *norm

規규 법·법규
範범 규범

법·법규(규) · 규범·본보기(범) ∿ 사회 구성원으로서 / 법처럼 따르고 지켜야 할 본보기가 되는 행동

한자 **規규** 법·법규·법칙·바로잡다 ⊙**範범** 법도·규범·본보기(모범)·한계(限界)
연관한자 ⊙**規규** 법 | **憲헌** 법 | **法법** 법 | **例례(예)** 법식 | **典전** 법 | **則칙** 법칙 | **度도** 법도 | **式식** 법 | **律률(율)** 법칙 ∿ 법과 관련된 낱말을 만듦 ↦ 헌법(憲法) 법률(法律) 율법(律法) 법칙(法則) 법도(法度) 법식(法式) 법규(法規) 법전(法典) 법례(法例) 규칙(規則) 예법(例法)
한자활용 ⊙範疇범주, 範圍범위, 模範모범, 典範전범, 示範시범, 率先垂範솔선수범

영어 **norm** [nɔːrm] 뜻 규범; 기준; 표준(standard) 풀이 The principles or behavior that people of a society have to follow and observe(한 사회의 구성원으로서 따르고 지켜야 할 원리나 행동 양식)

유 **규준**(規, 準준 평평하다·정확하다·기준), **모범**(模모 본뜨다, 範)
예 법은 사회 구성원이 합의를 통해 지키기로 한 사회적 약속으로, 국가에서 정한 규범이다 / 사람들이 사회생활에서 지켜야 할 행동의 기준을 **사회** 규범이라고 하며, 관습, 도덕, 법 등이 이에 해당한다 / **법**은 다른 **사회** 규범과 달리 강제성이 있어서 지키지 않을 경우 국가에 의해 제재를 받는다

434 ★☆☆ □□

규율하다
법에 따라 행동하도록
다스리다

영 *discipline

規規 법·법규
律律(율) 행동하다

법·법규(규)·(법에 맞게)행동하다(율) ⤳ 구성원들이 / 법에 따라 행동하도록 •다스리다

한자 **規規** 법·법규·법칙 ⊙**律律(율)** 법률·법령·(법에 맞게)행동하다·비율·가락·음률

연관한자 ⊙**憲헌** 법 | **法법** 법 | **範범** 법 | **例례(예)** 법식 | **典전** 법 | **則칙** 법칙 | **度도** 법도 | **式식** 법

한자활용 ⊙法律법률, 旋律선율, 自律자율, 調律조율, 韻律운율, 律法율법, 律動율동, 音律음률, 律令율령, 不文律불문율, 反射律반사율, 二律背反이율배반, ❶千篇一律천편일률

영어 **discipline** [dísəplin] 어원 라틴어 disciplina(교육, 훈련, 학과) 뜻 (군대·학교·공장 등에서의) 규율; 학과목, 학문 분야(branch of learning); 기강, 훈련, 훈육; 단련시키다(drill, train morally and physically); 훈육하다, 규율을 가르치다(subject to discipline) 풀이 **govern the members of a certain society or organization to act in accordance with laws and regulations**(일정한 사회나 조직의 구성원들이 법, 규칙에 맞게 행동하도록 다스리다)

예 법은 규율하는 생활 영역에 따라 **공법, 사법, 사회법**으로 분류할 수 있다 / 개인과 국가 간 또는 국가 기관 상호 간의 공적인 생활 관계를 규율하는 법을 **공법(公法)**이라고 한다 / 개인과 개인 사이의 사적인 생활 관계를 규율하는 법을 **사법(私法)**이라고 한다 / **노동법**은 근로자가 인간다운 생활을 할 수 있도록 노동관계를 규율하여 경제적 약자인 근로자를 보호하는 법이다

• **다스리다(manage[mǽnidʒ])** (국가·사회·단체·집안의 일이나, 그에 속한 사람들을) **보살피고 관리하다**

435 ★☆☆ □□

개입하다
끼어들다

영 *intervene

介개 끼다
入입 들다

(사이에)끼다(개)·들다(입) ⤳ 자신과 직접적인 관계가 없는 일에 / 끼어들다

한자 ⊙**介개** (사이에)끼다·소개하다·의지하다 **入입** 들다·빠지다·간여하다

한자활용 ⊙紹介소개, 媒介매개, 仲介중개

영어 **intervene** [ìntərvíːn] 어원 라틴어 inter(사이에)+venire(오다) 뜻 개입하다, 간섭하다(interfere); 사이에 들어) 조정[중재]하다(mediate)(in, between); (남이 말하는 데) 끼어들다; (두 사물·시기의) 사이에 있다 풀이 **To interfere in others' matters, which have nothing to do with oneself**(직접적인 관계가 없는 일에 끼어들다)

예 **사회법**은 개인 간의 생활 영역에 국가가 개입하기 때문에 사법과 공법의 중간적인 성격을 가진다 / 교사는 학생들이 주도하는 학급 회의에 되도록 개입하지 않는 것이 좋다 / 공적인 일에는 사적인 감정을 개입시키지 말아야 한다 / 역사 기술에는 역사가들의 주관적인 해석이 개입되기 마련이다

❶**천편일률千篇一律** 일천 천, 책 편, 한 일, 가락 률   뜻 천 권의 책이 모두 한 가지 가락으로 이루어져 있음 풀이 사물이 모두 판에 박은 듯이 똑같아 개성이 없음. 여러 사물이 개성이 없이 모두 비슷비슷함

1 다음 **국단어의 뜻**을 표로 정리하시오.

국단어	뜻	한자		영단어
투입하다		投투	入입	–
수습하다		收수	拾습	–
만연하다		蔓만	延연	
추정하다		推추	定정	
규범		規규	範범	
규율하다		規규	律율	
개입하다		介개	入입	

2 다음 중 **規規**(법)과 뜻이 비슷한 한자가 <u>아닌</u> 것은?

① 憲헌　② 整정　③ 典전　④ 式식　⑤ 度도

3 다음 중 **법**과 관련된 뜻을 갖는 낱말이 <u>아닌</u> 것은?

① 헌법(憲法)　② 법률(法律)　③ 법식(法式)　④ 범주(範疇)　⑤ 규칙(規則)

4 다음 문장을 읽고, 그 **뜻에 해당하는 낱말**을 쓰시오.

1 사회 구성원이 합의를 통해 지키기로 한 사회적 약속 　——————————

2 사물이 모두 판에 박은 듯이 똑같아 개성이 없음 　——————————

3 개인과 개인 사이의 사적인 생활 관계를 규율하는 법 　——————————

4 개인과 국가 간 또는 국가 기관 상호 간의 공적인 생활 관계를 규율하는 법 ——————

5 근로자가 인간다운 생활을 할 수 있도록 노동관계를 규율하여
　경제적 약자인 근로자를 보호하는 법 　——————————

5 빈칸에 알맞은 낱말을 넣어 문장을 완성하시오.

1 사람들이 사회생활에서 지켜야 할 행동의 기준을 **사회** ——————— 이라고 하며, 관습, 도덕, 법 등이
　이에 해당한다

2 지구의 **외핵**은 지하 약 2900km에서부터 약 5100km까지의 층으로, **액체** 상태로 ——————— 된다

3 자본주의가 극도로 발달하면서 돈만 벌면 된다는 식의 천민자본주의의 풍조가 ——————— 하게 되었다

4 교통사고 현장에 경찰이 와서 사고 현장을 ——————— 하였다

5 법은 ——————— 하는 생활 영역에 따라 **공법, 사법, 사회법**으로 분류할 수 있다

6 **사회법**은 개인 간의 생활 영역에 국가가 ——————— 하기 때문에 사법과 공법의 중간적인 성격을
　가진다

436 ★☆☆ ☐☐

소송
법원에 판결을 요구함
영 **lawsuit

訴소 (판결을)구하다
訟송 송사하다

(판결을)구하다·송사(소)·송사하다(송) ⤳ 법원에 법률상의 판결을 요구함 또는 그런 절차

한자 ◉訴소 하소연하다·호소하다·(판결을)구하다·송사 訟송 송사하다·다투다

한자활용 ◉提訴제소, 告訴고소, 被訴피소, 起訴기소, 再訴재소, 上訴상소, 抗訴항소, 公訴공소, 泣訴읍소, 勝訴승소, 呼訴호소, 訴願소원, 彈劾訴追權탄핵소추권

영어 lawsuit [lɔ'suːt] 뜻 소송, 고소(action, suit) 풀이 The act of requesting the court to make a formal decision according to the laws on a point of contention between people(사람들 사이에 일어난 다툼을 법률에 따라 판결해 달라고 법원에 요구함)

유 송사(訟, 事사 일)

예 B는 A에게 손해를 배상하라고 요구하였지만 거절당하자, 법원에 소송을 제기하였다 / 그는 자신이 받은 정신적 피해에 대해 1억 원을 보상하라는 소송을 냈다 / 언론사를 상대로 한 소송에서 김 씨 측이 일부 승소한 것으로 알려졌다 / 그는 오랜 소송 끝에 대법원의 최종 판결에서 결국 승소했다

437 ★☆☆ ☐☐

모색하다
찾다
영 ***seek

摸모 찾다
索색 찾다

찾다(모)·찾다(색) ⤳ 일을 해결할 수 있는 좋은 방법, 돌파구를 이리저리 생각하여 / 찾다

한자 摸모 본뜨다·찾다(탐색하다) ◉索색 찾다·탐구하다·요구하다·법도·규칙

연관한자 ◉探탐 찾다·엿보다 | 求구 구하다·찾다 | 搜수 찾다 | 尋심 찾다·탐구하다 | 訪방 찾다·탐구하다 ⤳ 찾다는 뜻을 가진 낱말을 만듦 ↪ 탐색(探索) 수색(搜索) 탐구(探求) 탐방(探訪)

한자활용 ◉搜索수색, 探索탐색, 檢索검색, 思索사색

영어 seek [siːk] 뜻 찾다(look for), (명성·부(富) 따위를) 얻으려고 하다(try to obtain); 추구하다(pursue); 모색하다 풀이 To find the direction or solution necessary to solve a problem by thinking broadly and deeply(일을 해결할 수 있는 방법·방향을 깊고 넓게 생각해서 찾다)

예 다문화 사회는 여러 가지 갈등 요소를 가지고 있는 만큼 공존의 방안을 적극적으로 모색해야 한다 / 분쟁 당사자들은 상호 존중과 이해, 협력을 통해 합리적인 해결책을 함께 모색해 나가야 한다 / 해안 지역이 지속 가능한 관광지로 발전하기 위해서는 자연환경을 보호하고, 개발 이익이 지역 주민에게 돌아가는 방안을 모색해야 한다

438 ★☆☆ □□
고산
높은 산

高고 높다
山산 메·뫼

높다(고) · 산(산) ↝ 높이 솟은 산

[한자] ⊙高고 높다, 山산 메·뫼(산(山)을 예스럽게 이르는 말)

[한자활용] ⊙高地고지, 高原고원, 高度고도, 高低고저, 最高최고, 高等고등, 高速고속, 高齡고령, 高級고급, 崇高숭고, 高見고견, ❶天高馬肥천고마비, ❷氣高萬丈기고만장

[예] 해발 고도가 높은 산지에서는 고산 기후가 나타나기도 한다 / 기온은 해발 고도가 높아질수록 낮아지기 때문에 평균 기온이 높은 저위도 지방의 고산 지역은 일 년 내내 봄처럼 따뜻한 날씨가 나타난다 / 개마고원은 해발 1000m가 넘는 고산 지대이다

439 ★★☆ □□
고용하다
돈을 주고 일을 시키다
[영] ***employ

雇고 품을 사다
用용 쓰다·부리다

품을 사다(고) · 쓰다·부리다(용) ↝ 어떤 사람, 회사가 / 다른 사람에게 돈을 주고 일을 시키다

[한자] 雇고 *품을 팔다·품을 사다(고용하다) 用용 쓰다·부리다(일을 시키다)·일하다

[영어] **employ** [implɔ́i] [어원] im(안으로) + ploy(껴안다) [뜻] 정규직; (남을 정규직 또는 장기적으로) 고용하다, (사람을 부려서 어떤 일에) 쓰다(provide work and pay for); 자영업자(self-employed) [풀이] **To pay someone to do work**(사람에게 돈을 주고 일을 시키다)

[예] 장애인 의무 고용 제도란 일정 수 이상의 근로자를 채용하고 있는 사업주에게 일정 비율 이상을 장애인으로 고용하도록 하는 제도이다 / 회사에서는 신입 사원 중에 일정 비율을 여성으로 고용하기로 했다 / 그는 신변의 위협을 느끼자 경호원을 고용했다

* 품 돈이나 댓가를 받고 하는 일

440 ★★☆ □□
촉진하다
재촉해서 하던 일이
더 빨리 되게 하다
[영] *promote

促촉 재촉하다
進진 나아가다

재촉하다(촉) · 나아가다(진) ↝ 재촉해서(다그쳐서) / 하던 일이 더 빨리 되게 하다

[한자] 促촉 재촉하다·다그치다·촉박하다(급하다) 進진 나아가다·오르다

[영어] **promote** [prəmóut] [어원] pro(앞에) + mote(움직여지다) [뜻] (선전하여 …의) 판매를 촉진하다, 홍보하다; 증진하다; (발달·진보·활동 등을) 촉진하다(further); 활성화시키다; (계급·지위 등을) 승진시키다, 진급시키다(raise, exalt) [풀이] **To press someone to proceed with something quickly**(다그쳐서 빨리 진행하게 하다)

[예] 열대림 파괴와 삼림 훼손, 농경지와 목축지의 *과잉 개발 등은 **사막화**를 촉진하고 있다 / **장애인 의무 고용 제도**는 비장애인에 비해 취업하기 힘든 장애인의 고용을 촉진하고자 마련되었다 / 인터넷은 사회 이슈들에 광범위한 대중 참여를 촉진시키는 촉매 역할을 하고 있다

* 과잉(過과 지나다·지나치다 剩잉 남다 | excess[iksés]) (수량·정도가 필요로 하는 것보다) 지나치게 많아서 남음

---

❶ **천고마비天高馬肥** 하늘 천, 높을 고, 말 마, 살찔 비 ┊ [뜻] 하늘은 높고 말은 살찜 [풀이] 가을은 하늘이 높아 푸르고 말은 살찌는 계절
❷ **기고만장氣高萬丈** 기운 기, 높을 고, 일만 만, 길이 장 ┊ [뜻] 기운이 만 길에 이를 만큼 높음 [풀이] 일이 뜻대로 잘되어 뽐내는 기세가 대단함

14주 3일

---

441 ★★★ □□

구축하다
기초, 체계를 쌓아서
만들다
영 **construct

構구 얽다·이루다
築축 쌓다

얽다·이루다(구) · 쌓다(축) ⤳ 어떤 일을 하기 위한 기초, 체계를 / 쌓아서 만들다

> [한자] **構구** 얽다·이루다·(집을)짓다 ⊙**築축** 쌓다·다지다·(집을)짓다·건축물
> [한자활용] ⊙建築건축, 築臺축대, 新築신축, 築造축조, 重築중축, 增築증축

> [영어] **construct** [kənstrʌ́kt] [어원] con(함께) + struct(여러 겹으로 쌓다) [뜻] (도로·철도 등을) 건설[건축]하다(build), (건물을) 세우다(erect); (둑 등을) 구축하다, 쌓다; (글·이론 등을) 구성하다, 생각해 내다(plan out, devise) [풀이] **To lay the foundation or develop a system to do something**(어떤 일을 하기 위한 기초 또는 체계를 만들다)

> [예] 자원 외교란 자원이 부족한 국가들이 자원을 안정적으로 공급받기 위해 다른 국가와 외교 관계를 구축하는 것을 뜻한다 / 전국을 일일생활권으로 만들 수 있는 고속 도로망을 구축했다 / 우리나라는 정보 통신 기술의 발달로 인하여 인터넷 통신망이 잘 구축되어 있다

---

442 ★★★ □□

대응하다
마주한 상황에서
알맞게 행동하다
영 **respond

對대 마주하다
應응 응하다

마주하다(대) · 응하다(응) ⤳ 마주한(처한) 상황에서 / 나름대로 알맞게 행동하다

> [한자] **對대** 마주하다·대하다·대답하다 ⊙**應응** 응하다·승낙하다·대답하다·당하다
> [한자활용] ⊙適應적응, 反應반응, 應援응원, 順應순응, 應用응용, 呼應호응, 應答응답, 副應부응, 應當응당, 相應상응, 感應감응, 應酬응수, 應試응시, 應急室응급실, ❶因果應報인과응보, ❷臨機應變임기응변

> [영어] **respond** [rispánd] [어원] re(되돌리다) + spond(약속하다) [뜻] 반응하다(to); 대응하다, 반응을 보이다(act in response, react)(to); 대답하다, 응답하다(reply, make answer)(to) [풀이] **To properly respond to a matter or situation**(어떤 일이나 상황에 알맞게 행동을 하다)

> [예] 여성에게 집중되는 *육아 부담을 줄이는 방향으로 사회적 인식이 바뀐다면 저출산 현상에 더욱 효과적으로 대응할 수 있을 것이다 / 고령화 현상을 모든 국민이 반드시 겪게 될 노년기의 삶의 질 문제로 바라보는 사회적 인식이 뒷받침된다면 고령화 현상에 적절히 대응할 수 있을 것이다 / 기후 변화와 자원 고갈에 대응하기 위해서는 지속 가능한 자원의 연구·개발이 필요하다

* **응하다**(respond[rispánd]) 물음, 부탁, 요구 등에 대답하거나 그에 따라 행동하다
* **육아**(育육 기르다 兒아 아이) 어린아이를 기름

---

❶ **인과응보因果應報** 인할 인, 실과 과, 응할 응, 갚을 보   [뜻] 원인과 결과는 서로 물고 물린다 [풀이] 좋은 일에는 좋은 결과가, 나쁜 일에는 나쁜 결과가 따름
❷ **임기응변臨機應變** 임할 림(임), 틀 기, 응할 응, 변할 변   [뜻] 어떤 일을 당하여 적절히 반응하고 변통하다 [풀이] 그때그때 형편에 따라 알맞게 일을 처리함

1 다음 **국단어의 뜻**을 표로 정리하시오.

국단어	뜻	한자		영단어
소송		訴소	訟송	
모색하다		摸모	索색	
고산		高고	山산	—
고용하다		雇고	用용	
촉진하다		促촉	進진	
구축하다		構구	築축	
대응하다		對대	應응	

2 다음 중 **索색**(찾다)과 비슷한 뜻을 갖는 한자가 **아닌** 것은?

① 過과 ② 探탐 ③ 求구 ④ 搜수 ⑤ 訪방

3 다음 중 **찾다**는 뜻을 갖는 낱말이 **아닌** 것은?

① 탐색(探索) ② 탐방(探訪) ③ 탐구(探求) ④ 수색(搜索) ⑤ 송사(訟事)

4 다음 문장을 읽고, 그 **뜻에 해당하는 낱말**을 쓰시오.

1 일이 뜻대로 잘되어 뽐내는 기세가 대단함 _____

2 가을은 하늘이 높아 푸르고 말은 살찌는 계절 _____

3 자원이 부족한 국가들이 자원을 안정적으로 공급받기 위해

   다른 국가와 외교 관계를 구축하는 것 _____

5 빈칸에 알맞은 낱말을 넣어 문장을 완성하시오.

1 회사에서는 신입 사원 중에 일정 비율을 여성으로 _____ 하기로 했다

2 **장애인 의무 고용 제도**는 비장애인에 비해 취업하기 힘든 장애인의 고용을 _____ 하고자
   마련되었다

3 다문화 사회는 여러 가지 갈등 요소를 가지고 있는 만큼 공존의 방안을 적극적으로 _____
   해야 한다

4 기후 변화와 자원 고갈에 _____ 하기 위해서는 지속 가능한 자원의 연구 · 개발이 필요하다

5 기온은 해발 고도가 높아질수록 낮아지기 때문에 평균 기온이 높은 저위도 지방의 _____
   지역은 일 년 내내 봄처럼 따뜻한 날씨가 나타난다

6 B는 A에게 손해를 배상하라고 요구하였지만 거절당하자, 법원에 _____ 을 제기하였다

7 전국을 일일생활권으로 만들 수 있는 고속 도로망을 _____ 했다

바른답

1주 1일

1

뜻	한자		영단어
얼굴 보며 이야기하다	얼굴	이야기하다	interview
생각하다	생각하다	생각하다	consider
식물을 심어서 기르다	심다	배양하다	cultivate
같다	같다	같다	equal
알다	잡다	쥐다	grasp
인류의 문화	인간	문화	–

2 ⑤ **3** ④ **4** ④ **5** 1 호언장담 2 대동소이 3 부화뇌동
4 표리부동 **6** 1 면담 2 고려, 상대주의 3 재배, 플랜테이션
4 동등, 자연권 5 파악

1주 2일

1

뜻	한자		영단어
모두에게 이로움	여럿 · 함께하다	이롭다	–
가짜로 생각함	가짜	생각하다	virtual
주권이 국민에게 있고 국민에 의해 정치를 하는 제도	백성	주인 · 주체	democracy
실제로 행하다	실시하다	행하다	enforce
살펴보며 의견을 주고받다	살피다	의논하다	deliberate
법과 제도를 만들어 정하다	법도 · 만들다	정하다	enact

2 ④ **3** ①, ③, ⑤ **4** ② **5** ⑤ **6** 1 다다익선 2 빈익빈부익부
3 공공 4 사리사욕 **7** 1 시행 2 민주주의 3 가상, 가상 4 제정

1주 3일

1

뜻	한자		영단어
정부가 나라를 다스리는 방향, 방법	정사	방법	policy
권리를 행하여 쓰다	행하다	쓰다	exercise
행사하고 누릴 수 있는 권리	권한 · 권리	한정되다	authority
주다	주다	주다	grant

이상적으로 여겨지는 생각	이치	생각	ideology
생각	생각	생각	idea

2 ③ **3** ① **4** ⑤ **5** ① **6** 1 궁여지책 2 입헌주의 3 호구지책
4 권모술수 5 권불십년 **7** 1 부여 2 이념 3 권한, 권한 4 행사

1주 4일

1

뜻	한자		영단어
뒤쫓아 구하다	쫓다	구하다	seek, pursue
법으로 못하게 막다	법	금지하다	regulate
나라를 다스리는 일	다스리다	다스리다	politics
실제로 행하다	맡아 다스리다	행하다	enforce
나라를 다스리는 행위	행위	다스리다	administration
스스로 다스림	스스로	다스리다	autonomy

2 ④ **3** ②, ④ **4** 헌법, 법률, 율법, 법칙, 법도, 법식, 법규,
법전, 법례, 규범, 규칙, 예법 **5** 1 각주구검 2 연목구어
3 가렴주구 4 대의 **6** 1 정치 2 행정 3 추구 4 집행 5 규제
6 자치

1주 5일

1

뜻	한자		영단어
뜻을 하나로 모음	모으다	뜻	consensus
어지럽게 다툼	어지럽다	다투다	dispute, conflict
화해시키다, 합의시키다	어울리다	말리다	mediate
한계를 정하다, 넘지 못하게 막다	절제하다	한정하다	limit
하지 못하게 막다	하지 못하게 하다	결단하다	sanction
함께 갖다	함께	갖다	share

2 ①, ③, ⑤ **3** ②, ④ **4** ③ **5** ①, ③, ⑤ **6** 1 골육상쟁
2 공공복리, 공공복지 3 미증유 **7** 1 공유 2 제재 3 분쟁, 분쟁
4 제한 5 합의

2주 1일

1

뜻	한자		영단어
하지 못하게 하다	하지 못하게 하다	말리다	restrict
계속 이어 가다	유지하다	버티다	maintain
뿜어내다	뿜다	내놓다	erupt
해 달라고 청하다	청하다	구하다	claim
행정부의 가장 높은 사람	우두머리	자리	–
여럿 중에서 뽑다	고르다	드러내다	elect
잘 살려 쓰다	살다	쓰다	use, utilize

2 ①, ②, ⑤ **3** ⑤ **4** ②, ③, ⑤ **5** ①, ③, ④ **6** 1 청출어람 2 두문불출 **7** 1 선출 2 분출 3 유지 4 청구 5 제약

2주 2일

1

뜻	한자		영단어
하나로 모아서 묶다	모으다	묶다	–
자연스럽게 정해진 방법	본보기	법	way
사회 구성원들의 공통된 생활 양식	학문 · 예술	풍속	culture
남은 뼈	남기다	뼈	remains
돌다	돌다	돌다	circulate
서로 영향을 주고받음	서로 미치다	서로 작용	interaction

2 ④ **3** 1 집대성 2 유유상종 3 교학상장 4 이합집산 5 주기적 **4** 1 상호 작용, 사회화 2 양식 3 유해 4 집약 5 순환 6 문화

2주 3일

1

뜻	한자		영단어
실제로 이루다	실제로 행하다	나타나다	realize
확실하게 세우다	확실하다	세우다	establish
겉으로 나타나 보이게 하다	되돌아오다	비치다 · 반사하다	reflect
대중의 의견	대중 · 여론	의견	–
전달하는 매개가 되는 물체	매개하다	물체	medium

| 어떤 사실을 알리는 활동 여론을 만드는 활동·기관 | 말 · 글 | 말하다 | press |

2 ⑤ **3** ① **4** ③ **5** 1 명실상부 2 반면교사 3 이율배반 4 중언부언 5 확고부동 6 감언이설 **6** 1 매체 2 확립 3 실현 4 반영 5 여론

2주 4일

1

뜻	한자		영단어
중요성, 가치	뜻 · 의미	뜻 · 의미 · 의의	significance
널리 통하는	널리 · 두루 미치다	널리 · 두루 미치다	universal
더 좋게 고침	고치다	좋다	improvement
부분들을 모아 조화를 이룬 전체	물체	매다 · 묶다	system
뛰어남과 못함	뛰어나다	못하다	–
생각이 서로 통함	생각 소통하다	생각 통하다	communication
무엇을 불러오다	부르다	오다	incur

2 ⑤ **3** ① **4** ② **5** 1 흥진비래 2 역지사지 3 심사숙고 4 권토중래 5 공수래공수거 **6** 1 의의 2 보편적 3 개선 4 체계 5 의사소통

2주 5일

1

뜻	한자		영단어
뛰어나게 나음	뛰어나다 · 낫다	초과하다	superiority
가리켜서 나타내는 것	가리키다	표하다	indicator
일이 잘되도록 보살피다	지키다 · 보호하다	막다	guarantee
일정한 장소에서 살아가는 식물의 집단	식물	살다	–
자기 맘대로 함	마음대로 하다	생각	–
널리 퍼져 있음	나누다	널리 퍼져 있다	distribution
모으다	모으다	모으다	collect, gather

2 ①, ②, ⑤ **3** ③ **4** ④ **5** 1 지록위마 2 조류 3 자문화 중심주의 4 만 5 게리맨더링 **6** 1 보장 2 분포 3 우월 4 수집 5 식생

3주 1일

1

뜻	한자		영단어
삶의 방향	나아가다	길	–
전문 분야에서 쓰는 말	쓰다	말	term
늘어놓다	벌이다	벌이다	–
이루어 만들다	만들다	이루다	–
사람을 찾아가 만나다, 장소를 찾아가다	찾다	방문하다	visit
갖고 있다	차지하다	갖고 있다	possess

2 ② **3** ④ **4** ①, ③, ⑤ **5** 1 어불성설 2 불문곡직 3 불치하문 4 언어도단 5 불문가지 **6** 1 용어 2 나열 3 조성 4 보유 5 반납 6 발급

3주 2일

1

뜻	한자		영단어
뜻을 속에 담고 있다	머금다 · 담다	품다	imply
생각	생각	생각	idea
본래 갖고 있는 성질	본 / 성질	근본 / –	identity
공통적인 성질만 뽑아내다	뽑다	모양 · 상징하다	abstract
구체적 대상으로 나타내다	모양 · 상징하다	부르다	symbolize
비슷하다, 거의 같다	비슷하다	닮다	similar

2 ⑤ **3** ① **4** ④ **5** ② **6** 1 물아일체 2 추상적 3 구체적 **7** 1 추상 2 정체성 3 함축 4 유사 5 관념

3주 3일

1

뜻	한자		영단어
물품, 서비스를 만들어 내는 일	생산하다	산업	industry
어떤 장소의 모습	장소	다스리다	geography
모은 자료를 정리한 지식	사실	갚다 · 알리다	information, data
알맞다	알맞다	적합하다	be suitable for

높이	높이	정도	altitude
평균적인 날씨	날씨	기후	climate

2 ①, ④ **3** 1 지리 정보 2 적재적소 3 적자생존 4 해발 고도 5 기후 **4** 1 정보 2 고도 3 산업 4 지리, 지리 5 적합 6 기후

3주 4일

1

뜻	한자		영단어
꼭 있어야 할 중요한 것	중요하다	성질	element
고르게 한 것	평평하다	균등하다	average
뽑아서 정하다	고르다 · 뽑다	정하다	select, choose
쓸모 있게 만듦	개척하다	계발하다	development
살다	살다	살다	live, reside, habitat
이익이 있다	있다	이익	advantageous

2 이롭다, 유익하다 **3** 주거하다, 살다 **4** 1 천지개벽 2 기후 3 어부지리 4 게리맨더링 **5** 1 요소 2 거주 3 평균 4 개발 5 선정 6 유리

3주 5일

1

뜻	한자		영단어
나무	나무	나무	tree
풀이 난 들판	풀	들판	grassland
넓히고 늘려서 갖추다	넓히다 · 늘리다	채우다 · 갖추다	–
일정 구역의 땅	땅	지구 표면을 구분한 이름	zone, region
어떤 형상을 이루다	형상	이루다	form
물을 끌어와 논밭에 댐	물을 대다	물을 대다	irrigation
가축을 풀어 놓고 기르다	놓다	(가축을) 기르다	graze

2 ④ **3** ③ **4** ④ **5** 1 스텝 2 목가적 3 사헬 지대 4 관개 농업 **6** 1 확충 2 초원 3 방목 4 지대 5 수목

4주 1일

1

뜻	한자		영단어
떠돌며 가축을 기르다	떠돌다	기르다	nomadism
가축을 기르다	기르다	기르다	breed
처음부터 끝까지	스스로	처음	–
	이르다	끝내다	
쓸모있는 땅으로 만들다	개척하다	개간하다	cultivate
기운이 거세게 일어나다	부풀어 오르다	물결치다	prevail
말로 전해 내려옴	입	비석	–
받아들이다	받아들이다	받아들이다	accept

2 ①, ③, ⑤ **3** 1 수구초심 2 구밀복검 3 유구무언 4 중구난방 5 구비문학 **4** 1 스텝, 유목 2 팽배 3 수용 4 사육, 혼합 5 구비 6 개간

4주 2일

1

뜻	한자		영단어
마음에 품었던 생각을 끊다	끊다	생각하다	abandon
예상치 못한 매우 이상한 일	기이하다	변고	–
몸을 움직임	행하다	움직이다	–
일이 일어날 분위기	낌새	작다	sign
겉으로 내세우는 이유	명분	나누다	–
도시	도시	대도시	city
	땅	–	
원래 표현하려는 대상	처음	나타내다	–
	생각	–	
빗대어 표현한 대상	돕다	돕다	–

2 ②, ③ **3** ⑤ **4** ③ **5** 1 입신양명 2 일거양득, 일석이조 3 명불허전 4 이구동성 **6** 1 이변 2 명분 3 보조 관념 4 단념 5 원관념

4주 3일

1

뜻	한자		영단어
다른 대상을 빌려서 표현하다	비교하다	비유하다	compare
두 대상을 직접 비유하는 표현법	바로 · 직접	비유하다	simile
다른 대상에 숨겨서 비유하는 표현법	숨다	비유하다	metaphor
사물을 사람에 비유하는 표현법	빗대어 말하다	사람	personification
식구	밥	거느리다	–
살아있는 것에 비유하는 표현법	살아있다	비유하다	–
엄격히 지키다	엄격하다	지키다	–

2 ④ **3** 1 무위도식 2 은인자중 3 호의호식 4 약육강식 **4** 1 의인법 2 직유법 3 비유 4 식솔 5 직유법, 은유법 6 엄수 7 활유법

4주 4일

1

뜻	한자		영단어
갖추고 있는 지식	평소	수양하다	knowledge
마음이 몹시 상하다	쓸쓸하다	마음	disappoint, discourage
끝없이 많다	없다	다하다	endless
	없다	다하다	
모양	형상	모양	shape, form
짐작으로 생각하다	–	–	guess
꾀	꾀하다	꾀	trick

2 ①, ④ **3** ③ **4** ①, ④ **5** ④ **6** ①, ②, ④ **7** 1 진인사대천명 2 백년대계 **8** 1 가늠 2 형상 3 소양 4 낙담

4주 5일

1

뜻	한자		영단어
몸을 피하다	피하다	몸	escape, flee
짜서 만들다	엮다 · 만들다	이루다	organize
시골로 이사하다	마을	시골 · 향하다	–
갑자기 생각이 일어나는 모양	–	–	suddenly
모두 하나같이 똑같다	하나	고르다	monotonous
하소연하듯 말을 길게 늘어놓다	–	–	complain
트집을 잡아 따지고 들다	따지다	힐난하다	blame

2 ④ **3** 1 난형난제 2 위편삼절 3 단도직입 4 진퇴양난 5 금의환향 6 백골난망 **4** 1 불현듯 2 낙향 3 단조 4 피신 5 편성 6 넋두리 7 힐난

1

뜻	한자		영단어
핑계 삼다	기대다	의지하다	–
부끄럽다	없다	얼굴	ashamed
완전한 모습	이치	생각	ideal
애쓰며 생각하다	애쓰다	생각	–
스스로 청하다	스스로	청하다	volunteer
무엇이라고 생각하다 무엇으로 대하다	받아들이다	취급하다	treat

2 ② **3** ④ **4** 1 후안무치 2 학수고대 3 감탄고토 4 파안대소 5 자승자박 6 자가당착 7 고육지책 8 도탄지고 9 자화자찬 10 생사고락 **5** 1 빙자 2 자청 3 무안 4 취급 5 이상

1

뜻	한자		영단어
알다	알다	알다	perceive, recognize
친해서 잘 알다	친하다 · 가깝다	익숙하다	familiar
느낌이 통하다	주고받다	느끼다 · 느낌	commune
능히 스스로 움직이는	능하다	움직이다	active
앞일을 내다보다	미리	헤아리다	predict
알고 있는 사실을 바탕으로 새로운 사실을 생각해 내다	헤아리다	의견 · 논하다	infer, deduce

2 ③ **3** 1 격세지감 2 사고무친 3 감개무량 **4** 1 능동적 2 친숙 3 인식 4 예측 5 교감 6 추론

1

뜻	한자		영단어
다 같이 함께	다 같이	함께	–
① 옮겨 심다 ② 옮겨 붙이다	옮기다 · 옮겨 심다	심다	transplant
놀이	놀다	놀다	play
땅의 모양	땅	모양	terrain
바다와 맞닿은 땅	바다	기슭	coast

			landscape, scenery
자연의 모습	경치	모양	

2 ③ **3** ① **4** ④ **5** 1 경천동지 2 우공이산 3 인산인해 4 평지풍파 5 복지부동 **6** 1 유희 2 경관 3 이식 4 지형 5 공동, 이익 6 해안

1

뜻	한자		영단어
하나처럼 똑같게 되다	긋다	하나	–
세계가 하나로 되어 가는 현상	세상	세계	globalization
녹아서 하나로 합하다	녹다	합하다	–
함께 있다	함께	있다	coexist
서로 부딪힘	칠	등나무	conflict
서로 맞붙어서 닿다 서로 영향을 주고받다	접하다	닿다	

2 ② **3** ③ **4** ④, ⑤ **5** 1 문화의 획일화 2 오합지졸 3 세계화 **6** 1 획일화 2 융합 3 상대, 공존 4 갈등 5 접촉

1

뜻	한자		영단어
전하여 퍼뜨리다	전하다	퍼뜨리다	–
모습이 바뀜	변하다	모양	–
서로 닮아서 같게 되다	같다	되다	assimilate
없어짐	마르다	고갈되다	exhaustion
버리다	못쓰게 되다	버리다	discard
자세히 살펴서 사실을 밝혀내다	검사하다	증명하다	verify, prove
중요한 내용만 짧게 쓰다	중요하다	묶다	summarize

2 ④ **3** ① **4** ③ **5** 1 조변석개 2 임기응변 3 이심전심 4 명불허전 **6** 1 고갈 2 동화 3 변용 4 폐기 5 전파 6 검증

6주 1일 111쪽

1

뜻	한자		영단어
임시로 정한 결론	임시	말씀	hypothesis
밖으로 밀어 내보내다	밀어내다	내놓다	emit
완전히 없애다	지워 없애다	죽이다	annihilate
여럿을 모아 짜서 하나로 만들다	조직하다	합하다·모으다	combine
원래부터 갖고 있는 성질	근본·뿌리	바탕	essence
없다, 모자라다	없다	같다	lack

2 ⑤ **3** ④ **4** ② **5** ④ **6** 1 살신성인 2 설왕설래 3 발본색원 4 촌철살인 **7** 1 결여 2 본질 3 조합 4 가설 5 배출 6 말살

6주 2일 115쪽

1

뜻	한자		영단어
똑같이 만들다, 흉내내다	본뜨다	본뜨다	imitate
그것만 특별히 갖고 있는 성질	하나하나	성질	individuality
난리를 피함	피하다	난리	refuge, evacuation
돈 받고 일하는 사람	사람	노동일을 하는 남자	laborer, worker
부탁을 들어주다	들어주다	허락하다	consent, permit
방해가 되다	구애받다	방해하다	–

2 ①, ③, ④ **3** ③ **4** 1 쾌도난마 2 필부필부 3 자중지란 **5** 1 피란 2 구애 3 모방 4 승낙 5 인부 6 개성

6주 3일 119쪽

1

뜻	한자		영단어
선물을 주다	선물	주다	present
'글자'와 '뜻'을 개인이 마음대로 바꿀 수 없는 성질	모이다	모이다	–
'글자'와 '뜻'이 마음대로 결합되는 성질	마음대로	뜻·의미	–
언어가 생기고 사라지고 변하는 성질	지나다	역사	
문장을 무한히 만들어 낼 수 있는 언어의 성질	만들다	짓다·만들다	–
합쳐서 하나로 묶다	모으다·묶다	합하다	combine
마음에 남는 느낌	인상	모습	impression

2 ④ **3** ① **4** ②, ⑤ **5** 1 결자해지 2 자매결연 3 결초보은 4 언어의 자의성 5 언어의 역사성 **6** 1 결합 2 역사성 3 사회성

6주 4일 123쪽

1

뜻	한자		영단어
인생을 즐거워하는	즐기다	천성	optimistic
정도를 넘지 않도록 하다	절제하다	절제하다	restrain
딱 잘라 정하다	끊다·결단하다	정하다	–
서로 꼭 들어맞다	부합하다	적합하다	correspond
남을 압도하다	임금	다스리다	reign
증거를 들어 밝히다	정해지다	증거	prove

2 ①, ③, ⑤ **3** ①, ④ **4** 1 안빈낙도 2 동고동락 **5** 1 단정 2 절제 3 입증 4 낙천 5 군림 6 부합 7 축적

6주 5일 127쪽

1

뜻	한자		영단어
재산의 집단	재산	집단	foundation
땅속에 묻혀 있다	묻다	감추다	–
일이 나아가는 흐름	달려가다	형세	trend
낱말의 무리	말	무리	vocabulary
다른 대상을 밀어내는	밀어내다	다른 사람	exclusive
일의 모양, 상태	모양	모양	aspect

2 ④ **3** ② **4** ③ **5** 1 기호지세 2 허장성세 3 각양각색 4 파죽지세 5 타산지석 6 백중지세 **6** 1 추세 2 양상 3 배타적 4 매장 5 어휘

1

뜻	한자		영단어
처음 생김, 처음 생긴 곳	처음으로 시작하다	근원	origin
듣기 위해 모인 사람들, 듣는 무리	듣다	무리	audience
일부 지역에서만 쓰는 말	장소	말	dialect
일어나는 마음, 느끼는 기분	마음의 작용	마음	emotion
나누어지다	나누다	되다	divide
식혀서 차갑게 하다	차다	물리치다	–

2 ① **3** 1 안분지족 2 기사회생 3 사후약방문 4 사분오열 5 수렴청정 **4** 1 정서 2 기원 3 포럼, 청중 4 냉각 5 분화, 분화 6 방언

1

뜻	한자		영단어
생겨난 것	생기다	물건	fruit
협력하기로 맺은 약속	협력하다	약속하다	convention, agreement
매우 이상한 일	못하다	옳다	mystery
	생각	의견	
보호하고 지켜서 온전하게 함	보호하다	온전하다	preservation, conservation
모양이 많은 성질	많다	모양	diversity
비슷한 것끼리 나누다	나누다	무리	classify, sort

2 ③ **3** ④ **4** 1 불협화음 2 권불십년 3 유유상종 4 견물생심 5 호사다마 6 수불석권 7 과유불급 **5** 1 산물 2 보전 3 분류 4 불가사의 5 다양성

1

뜻	한자		영단어
동식물이 자리 잡고 사는 곳	살다	살다	habitat
대기에서 일어나는 현상	공기 · 날씨	모양	weather

함께 생기게 하다	함께	동반하다	accompany
넘치다	넘치다	넘치다	overflow
물을 밀어 내보내다	밀다	물	drain
바닷물이 넘쳐 육지로 들어오는 일	바닷물	넘치다	tsunami
흘러 들어오게 되다	흐르다	들다	–
빈틈없이 막다	빈틈없다	닫다 · 막다	–

2 ③, ⑤ **3** 1 의기투합 2 청산유수 3 낙화유수 4 의기양양 5 호연지기 6 고식지계 **4** 1 서식지 2 범람 3 해일 4 스콜, 동반 5 배수 6 유입

1

뜻	한자		영단어
찾아서 조사하다	찾다	조사하다	explore
의견을 주고받다	논의하다	의논하다	discuss
해결책을 찾기 위해 의논하다	찾다	의논하다	discuss
조심하다	조심하다	조심하고 주의하다	–
가깝게 접하다	가깝다	접하다	close
물질을 깨끗하게 만들다	깨끗하다	만들다	refine

2 ③ **3** ② **4** ② **5** ②, ③, ⑤ **6** 1 갑론을박 2 주도면밀 3 탁상공론 4 논공행상 **7** 1 밀접 2 경계 3 논의 4 정제 5 토의

1

뜻	한자		영단어
마땅히 옳은 성질	타당하다	마땅하다	validity
순수하게 하다	순수하다	화하다	purify
죽은 사람을 그리워하다	그리워하다	그리워하다	–
따돌리며 멀리함	멀어지다	멀리하다	alienation
강제로 빼앗다	빼앗다	빼앗다	deprive
사람이 만든, 부자연스러운	사람	~을 하다	artificial
나누어 정하다	나누다	정하다	assign

2 ③ **3** 1 소추 2 부작위 3 전화위복 4 탄핵소추권 5 일기당천 6 위정자 **4** 1 추모 2 순화 3 박탈 4 인위적 5 배정 6 타당성

1

뜻	한자		영단어
생물이 발전해 나아가는 일	나아가다	달라지다	evolution
들어 있음	머금다	가지고 있다	contain
먹어서 양분을 취하다	빨아들이다	취하다	ingest
서럽지만 굳세고 위엄 있다	슬프다	씩씩하다	–
굶주림, 부족한 현상	굶주리다	주리다	famine
부러워하며 그렇게 되기를 바라다	부러워하다	바라다	–

2 ⑤ **3** ③ **4** 1 일희일비 2 구황작물 3 망양지탄 4 망운지정
5 일진일퇴 **5** 1 섭취 2 기근 3 함유 4 선망 5 비장 6 진화

1

뜻	한자		영단어
싫어하며 피하다	싫어하다	피하다	avoid
부수적으로 생기는 물건	둘째	생기다	by-product
	물건	–	
마음	마음	심정 · 마음	feeling
떠다니다	떠다니다	떠돌다	float
내버려두다	내버려두다	내버려두다	neglect
나누다	나누다	해체하다	decompose

2 ②, ④ **3** 1 작심삼일 2 전심전력 3 인면수심 4 절치부심
5 화합물 **4** 1 부산물 2 부유 3 심사 4 분해 5 기피 6 방치

1

뜻	한자		영단어
성질이 같은 낱말의 무리	성질	말	–
이름을 나타내는 말	이름	말	noun
이름을 대신해 쓰는 말	대신하다	이름	pronoun
	말	–	
수를 나타내는 말	(수를)세다	말	numeral
주가 되어 이끄는 집단	주체	물체	–
명사, 대명사, 수사	몸	말	

| 체언을 꾸며 주는 말 | 갓 | 몸 | – |
| 상태, 성질을 나타내는 말 | 모양 | 모양 | adjective |

2 ①, ③, ⑤ **3** ④ **4** 1 전대미문 2 기하급수 3 문화변용
4 권모술수 5 부지기수 **5** 1 체언 2 대명사 3 수사 4 주체
5 관형사 6 형용사

1

뜻	한자		영단어
움직임을 나타내는 말	움직이다	말	verb
동사, 형용사	쓰다	말	–
용언을 꾸며 주는 말	돕다	말	adverb
낱말들의 관계를 나타내는 품사	돕다	말	
시작되는 점(때 · 곳)	일어나다	점	starting point
범위를 정하다	구분	경계 · 한정하다	limit

2 ② **3** ④ **4** ② **5** ③ **6** 1 요지부동 2 상부상조 3 화룡점정
4 복지부동 5 용의주도 **7** 1 조사 2 국한 3 부사 4 용언, 활용

1

뜻	한자		영단어
먼저 조건을 제시하다	먼저 · 미리	제시하다	–
밀어내어 제외하다, 물리쳐 없애다	밀어내다	없애다 · 제외하다	exclude
시간을 늦추다	더디다 · 늦다	지체하다	delay
본래부터 갖고 있는 성질	거느리다	성질	property, attribute
스스로 살아가다	스스로	살다	–
잘못을 꼬집어 말하다	꾸짖다	책망하다	reproach

2 ② **3** ③, ⑤ **4** ②, ⑤ **5** ③ **6** ④ **7** 1 백면서생 2 지지부진
8 1 속성 2 책망 3 배제 4 자생 5 전제

9주 1일

1

뜻	한자		영단어
스스로를 반성하고 살피다	살피다	살피다	–
뜻하지 않게 일어난 일	우연	그러하다	by chance
새로 생겨나다	생겨나다 · 만들다	이루다	generate
사라지다, 없어지다	사라지다	없어지다	extinct
물질을 이루는 매우 작은 알갱이	낱알	아들	particle
누르는 힘	누르다	힘	pressure

2 ① **3** ① **4** ④ **5** ⑤ **6** 1 대기만성 2 가화만사성 3 자수성가 4 기체의 압력 **7** 1 생성 2 압력 3 입자 4 소멸 5 성찰

9주 2일

1

뜻	한자		영단어
자연 그대로 상태	자연	그러하다 · 상태	natural
다시 쓸 수 있게 만들다	다시	만들다	recycle
한계를 제한하여 정하다	한계	정하다	limit
사실 관계를 자세히 살펴보다	살피다	이치	–
확실히 갖고 있다	확실하다	차지하다	secure
상품을 사려고 하는 욕구	구하다	원하다	demand
주다	주다	주다	supply, provide

2 ①, ⑤ **3** 1 자원의 유한성 2 수요 3 개연성 4 무위자연 5 망연자실 **4** 1 한정 2 공급 3 수요 4 확보 5 천연 6 재생

9주 3일

1

뜻	한자		영단어
들인 노력과 얻은 효과의 비율	보람 · 효과	비율	efficiency
편하고 좋음	편하다	형편이 좋다	convenience
혼자 모두 가짐	혼자	차지하다	monopoly

어떤 상태가 계속 이어지다	유지하다	계속하다	sustain, continue
다른 것으로 바꾸다	대신하다	바꾸다	replace, substitute
처음 만들어 내다	만들다	이루다	create

2 ① **3** ④ **4** ③ **5** ④ **6** ①, ⑤ **7** 1 독야청청 2 유아독존 **8** 1 지속 2 대체 3 창출 4 지속 5 효율

9주 4일

1

뜻	한자		영단어
가득히 활짝 피다	가득 차다	피다	–
가엾고 불쌍하게 여김	불쌍히 여기다	불쌍히 여기다	pity, compassion
못하게 억누르다	강제하다	억제하다	–
만족스러움	들어맞다	마음	satisfaction
실제와 똑같이 해 봄	본뜨다	흉내내다	mock
찬 기운이 느껴지고 소름이 돋다	–	–	–
거두어들이다	거두다	돌이키다	withdraw

2 ⑤ **3** ⑤ **4** ①, ③ **5** 1 내각 불신임권 2 견강부회 **6** 1 회심 2 철회 3 견제 4 을씨년스럽다 5 모의 6 만발 7 연민

9주 5일

1

뜻	한자		영단어
없애 버리다	물리치다	바로잡다	eradicate
서로	서로	서로	mutually
다른 곳으로 옮겨 보내다	옮기다	보내다	transfer
미리 대비하고 기다리다	미리 · 대비하다	기다리다	expect
기간, 때를 정해 놓고 하는	정하다	기간 · 때	regular
평범하지 않다, 매우 뛰어나다	아니다	평범하다	extraordinary

2 ④ **3** ②, ⑤ **4** ② **5** ⑤ **6** 1 비일비재 2 호각지세 3 시시비비 4 호혜주의 **7** 1 이송 2 예기 3 정기적 4 퇴치

10주 1일

191쪽

1

뜻	한자		영단어
많은 사람에게 널리 퍼짐	많다	많은 사람	popularization
깊이 빠지다	빠지다	빠지다	be immersed in
지나치게 빠져들다	빠지다	빠지다	indulge
완전히 이루다, 다 끝내다	완전하다 · 끝내다	이루다 · 끝나다	achieve
원래 모양	원래	모양	prototype
겉으로 드러내다	드러내다	흩뜨리다	release

2 ③ **3** 1 신출귀물 2 중과부적 **4** 1 발산 2 원형 3 탐닉 4 몰입 5 완수 6 대중화

10주 2일

195쪽

1

뜻	한자		영단어
시작하다	시작하다	손	start
가난하다	가난하다	가난하다	poor
뒤에서 돕다	뒤	돕다	sponsor, support
서로 다른 의견을 알맞게 맞추다	타협하다	알맞다	compromise
논의 주제	논의하다	제목	subject
나쁜 상황에 빠지다	구르다	떨어지다	–

2 ④ **3** ② **4** ② **5** ④ **6** 1 심기일전 2 섬섬옥수 3 고립무원 4 전전반측 **7** 1 논제 2 전략 3 착수 4 절충 5 후원 6 빈곤

10주 3일

199쪽

1

뜻	한자		영단어
거짓으로 꾸미다	거짓	꾸미다	disguise
거두어들이다	돌아오다	거두다	recover
나쁜 일에 쓰다	나쁘다	쓰다	abuse
돈을 받지 않음	없다	갚다 · 보상	–
사는 집을 옮기다	옮기다	살다 · 사는 집	remove
잃다	잃다	잃다	lose

2 ④ **3** ④ **4** 1 천려일실 2 수오지심 3 악전고투 4 아연실색 5 권선징악 6 망연자실 7 소탐대실 **5** 1 상실 2 위장 3 무상 4 악용 5 이주 6 회수

10주 4일

203쪽

1

뜻	한자		영단어
녹아서 풀어짐, 고체가 녹아서 액체로 변함	녹다	풀다 · 녹이다	fusion
액체가 고체로 변함	엉기다 · 굳다	굳다	solidification
고체가 기체로 변함, 기체가 고체로 변함	오르다	빛나다	sublimation
침범하여 해를 끼치다	침범하다	해치다	violate
나누어 늘어놓음	나누다	늘어놓다	arrangement
물질이 에너지를 밖으로 내보내다	내놓다	내놓다	emit
한곳에 치우쳐 있음	치우치다	있다 · 존재하다	–

2 ① **3** 1 염화미소, 염화시중 2 이해타산 3 인명재천 4 부귀영화 5 외화내빈 6 확고부동 **4** 1 승화 2 편재 3 응고 4 방출 5 배열 6 융해 7 침해

10주 5일

207쪽

1

뜻	한자		영단어
돕거나 구하다	돕다 · 구하다	돕다 · 구제하다	aid
법으로 정하다	법	정하다	prescribe
공평하고 올바르다	공평하다	올바르다	fair
바로 앞에서 마주하다	마주하다	대면하다	face, confront
재료를 보태어 물건을 만들다	더하다 · 보태다	만들다	–
실어 옮김	보내다	보내다	transportation

2 ③ **3** ① **4** ④ **5** ③ **6** 1 설상가상 2 주마가편 3 구세제민 7 1 수송 2 가공 3 심급, 공정 4 직면 5 구제 6 규정

11주 1일

1

뜻	한자		영단어
밀물과 썰물 차이로 생기는 힘	밀물과 썰물	힘	–
밀물과 썰물 때의 높이 차이	밀물과 썰물	다르다	–
나, 자신, 자기	자기	나	ego
특정한 사람, 단체, 국가의 것이 됨	위임하다 · 맡기다	속하다	–
어떤 단체에 속함	곳	속하다	–
넓게 퍼지다	넓히다	흩어지다	spread
바꿔서 계산하다	바꾸다	계산하다	–
조건을 붙여서 약속하다	약속하다	조목	–

2 ③ **3** ③ **4** 1 환골탈태 2 금과옥조 3 아전인수 4 적재적소
5 함흥차사 **5** 1 확산 2 자아 3 조차 4 소속 5 귀속 6 조력
7 환산

11주 2일

1

뜻	한자		영단어
미리 준비해 두다	갖추다 · 준비하다	두다	equip
서로 엇갈리다	오고 가다	엇갈리다	–
필요한 것을 갖춤, 필요에 따라 갖춘 물건	갖추어지다	갖추다 · 준비하다	facility
목숨을 걸고 지키다	목숨을 걸다	지키다	–
모자라거나 부족한 부분	모자라다	결함	defect
꿰뚫어 속속들이 잘 알다	꿰뚫다	살펴서 알다	–

2 ② **3** ⑤ **4** 1 유비무환 2 금란지교 3 관포지교 4 수어지교
5 지란지교 6 토사구팽 7 호사유피인사유명 8 비망록
5 1 통찰 2 교차 3 비치 4 결함 5 사수 6 설비

11주 3일

1

뜻	한자		영단어
스스로 깨달아 알게 되다	스스로	깨닫다	realize

깊이 생각하다	깊이	생각하다	consider
스스로 빛을 내는 물체	빛	원천 · 근원	illuminant
빛이 되돌아가서 비춤	되돌아가다	쏘다 · 비추다	reflection
합쳐서 하나를 이루다	합하다	이루다	synthesize
진동이 물결치듯 퍼져 나가는 현상	물결	움직이다	wave

2 ⑤ **3** ② **4** ④ **5** 1 파란만장 2 일파만파 3 무릉도원
4 파동 **6** 1 파동, 파동 2 광원 3 합성 4 숙고 5 반사 6 자각

11주 4일

1

뜻	한자		영단어
물리적 작용을 전해 주는 물질	매개	바탕 · 품질	medium
파동이 다른 매질의 경계면에 이르다	들다	쏘다	–
내주다	치르다	주다	pay
보태어 주다	보태다	주다	supply
갔다가 돌아오다	가다	돌아오다	–
가능성이 전혀 없다	전혀	없다	cannot be
짝이 되는 사람, 짝이 되는 동물	짝 · 반려	짝	companion
돕다	돕다	돕다	assist

2 ① **3** 1 가화만사성 2 지리멸렬 3 만경창파 **4** 1 보조 2 지급
3 보급 4 왕복 5 매질, 매질 6 입사 7 만무 8 반려

11주 5일

1

뜻	한자		영단어
이미 있음	이미	있다	–
불을 끄고 화재를 막음	없애다	막다 ·	firefighting
사건이 일어나는 첫 부분	일어나다	처음	beginning
사건이 펼쳐지는 부분	펴다	열다 · 펴다	–
위태로운 시기, 위험한 때	위태롭다	때 · 시기	crisis
갈등이 가장 높은 단계	끝다	꼭대기	climax
이야기를 끝맺는 단계	맺다	끝부분	ending
지나치게 많다	지나치다	많다	excessive

2 1 누란지위 2 본말전도 3 뉴 미디어 4 개과천선 **3** 1 위기
2 발단 3 결말 4 소방 5 전개 6 과다 7 절정 8 기존

1

뜻	한자		영단어
실제 모습	실제의	모습	–
감정을 불러일으키다	부르짖다	부르다	appeal
보내다	떠나다	보내다	send
하지 못하게 막다	법	금지하다	control
대신하는 다른 방법	대신하다	생각 · 안건	alternative
방법	방법	생각 · 안건	way
의견을 말하다, 자기 생각을 밝히다	드러내다 · 밝히다	말하다 · 의견	comment, remark

2 ③ **3** ⑤ **4** ②, ③ **5** 1 담수 2 양질 3 해수 담수화 4 물의 5 안건 **6** 1 발송 2 방안 3 호소 4 통제 5 발언 6 실태

1

뜻	한자		영단어
홀로 떨어져 있음	홀로 · 떨어지다	존재하다	isolation
자신[상대방]을 밑으로 낮추다	낮추다	밑 · 낮추다	–
하지 못하게 막음, 마음에 걸려 꺼림	금하다	꺼리다	taboo
똑같다	균등하다	같다	even
서로 맞서거나 버팀	마주하다	서다	conflict
풀어서 없애다	풀다	없애다	resolve

2 1 소실점 2 고장난명 3 오상고절 4 모순, 당착 5 관습 **3** 1 금기 2 문화 사대, 비하 3 균등 4 해소 5 대립, 대립 6 자문화 중심, 고립

1

뜻	한자		영단어
나누어져 있음	나누다	있다	–
따로 추가한 것	따로 달리	길 · 도로	–
국가의 행정권을 담당하는 최고 합의 기관	안	행정기관	–
골라서 뽑다	고르다	가리다	select
나라를 다스리는 일	나라	다스리다	–
의논하여 결정하다	의논하다	결정하다	resolve

믿지 못해 일을 맡기지 않다	아니다 · 못하다	믿다 · 맡기다	–
	맡기다	–	

2 ② **3** ① **4** ③ **5** ③ **6** ③ **7** 1 가정맹어호 2 신상필벌 **8** 1 국성 2 채택 3 분립

1

뜻	한자		영단어
흩어져 없어지다	흩어지다	흩어지다	disband, dissolve
서로 비슷하다	대하다 · 마주하다	같다	equal
막다	막다	억제하다	prevent
의문점을 물어보다	바탕	의심하다	question
좋게 고치다	고치다	좋다	improve
미루어 생각하다	헤아리다	헤아리다	guess

2 ② **3** ④ **4** 1 풍비박산 2 호각세 **5** 1 대등 2 패널, 질의 3 추측 4 개량 5 해산 6 방지

1

뜻	한자		영단어
세밀하고 뛰어나다	세밀하다 · 뛰어나다	재주가 뛰어나다	elaborate
신경쓰다	머무르다	생각	pay attention to
일이 매끄럽게 잘되어 가다	원만하다	미끄럽다	smooth
정부 기관에 속하지 않음, 일반 사람들 사이	백성 · 사람	사이	–
매우 크다	크다	크다	huge
욕구를 충족시켜 주는 물건, 돈 · 값나가는 물건	재물	재물	goods, asset

2 ④ **3** ② **4** ④ **5** ③ **6** 1 공조 2 견원지간 3 간헐적 **7** 1 재화 2 유의 3 원활 4 거대 5 민간 6 정교

1

뜻	한자		영단어
만들어 내다	만들다	생산하다 · 산물	produce
써서 없애다	없애다	쓰다	consume
몫에 따라 나눔	나누다 · 몫	나누다	distribution
간접적으로 알려 주다	보이다 · 알리다	–	–
주가 되어 이끌다	주되다	이끌다	lead
흘러서 통하다, 생산자 · 판매자 · 소비자 사이에 상품이 거래되는 활동	흐르다	통하다	distribution
보태고 채우고 고쳐서 완전하게 하다	보태다 · 채우다 · 고치다	완전하다	complement

2 ① **3** 1 국민 소환 2 임시변통 3 만사형통 4 사통팔달
4 1 시사 2 분배 3 보완 4 유통 5 생산 6 주도 7 소비

1

뜻	한자		영단어
둘을 하나로 묶는 것 또는 그런 관계	묶다	붙어 다니다	bond, tie
의지하고 있다, 의지하여 살다	의지하다	있다 · 살아 있다	depend, rely
넓혀서 크게 하다	넓히다	크다	expand, enlarge
옳다고 생각하다	옳게 여기다	정하다	–
갈라져 나와 생김	갈라지다	나다 · 만들다	derivation
모아서 하나로 합하다	합하다	합하다 · 모으다	integrate

2 ④ **3** 1 침소봉대 2 실질 형태소 3 양양대해, 망망대해,
만경창파 4 대지여우 5 대도무문 **4** 1 통합 2 의존 3 긍정
4 확대 5 유대 6 파생

1

뜻	한자		영단어
널리 알림	넓다	알리다	publicity
걸어 두고 보게 하여 알리다	걸다	보이다 · 알리다	post
생각	생각	생각	intention
서로 잘 통하다	소통하다	통하다	communicate
낯설다	서투르다	소통하다	unfamiliar
일이 일어나기 전	일	앞 · 먼저	beforehand

2 ③, ⑤ **3** 1 전인미답 2 반포보은, 반포지효 3 인과응보
4 풍전등화 5 전대미문 **4** 1 사전 2 의사 3 홍보 4 생소 5 소통
6 게시

1

뜻	한자		영단어
흠잡아 나쁘게 말하다	헐뜯다	헐뜯다	malign
앞으로 할 일을 짜다	꾀하다 · 계획하다	꾀하다 · 계획하다	plan
계획을 세우고 방법을 찾아서 일을 이루려고 힘쓰다	꾀하다 · 계획하다	계책 · 꾀하다	–
할 일을 짜임새 있게 생각하다	얽어 짜내다	생각하다	plan
전보다 약해지다	쇠하다 · 약하다	쇠하다 · 줄어들다	decline
줄이다	줄다	줄이다	reduce
각자의 몫을 갈라 나누다	가르다 · 나누다	마땅하다	assign, allot

2 ② **3** ⑤ **4** ⑤ **5** ③ **6** 1 십년감수 2 수공업 **7** 1 도모 2 할당
3 감축 4 쇠퇴 5 구상 6 비방 7 기획

1

뜻	한자		영단어
스스로 억눌러 참다	스스로	절제하다	repress
판단하여 정하다	판단하다	정하다	judge
주가 되어 일을 맡아 하다	주체 · 주되다	맡다 · 주관하다	–
배우고 익혀서 알게 되다	배우다 · 익히다	깨닫다 · 알다	acquire
힘써 일하도록 북돋우다	장려하다	힘쓰다	encourage
입다, 쓰다, 신다, 차다	입다 · 쓰다 · 신다	쓰다	wear

2 ④ **3** 1 학이시습 2 규율 3 사회화 **4** 1 착용 2 판정 3 주관
4 장려 5 습득 6 자제

1

뜻	한자		영단어
생각하다	헤아리다 · 생각하다	생각	consider
매우 빠르다	빠르다	빠르다	rapid
현재 상황	지금	상황	–
만들다	짓다 · 만들다	이루다	make, write
중요하게 여기다	소중하다	여기다	–
직업으로 삼아 일하다	일하다	일 · 직업	engage

2 ③ **3** ④ **4** ④ **5** ③ **6** 1 사대교린 2 사필귀정 3 술이부작 4 마부작침 **7** 1 종사 2 중시 3 현황 4 급속 5 작성 6 감안

재촉해서 하던 일이 더 빨리 되게 하다	재촉하다	나아가다	promote
기초, 체계를 쌓아서 만들다	얽다 · 이루다	쌓다	construct
마주한 상황에서 알맞게 행동하다	마주하다	응하다	respond

2 ① **3** ⑤ **4** 1 기고만장 2 천고마비 3 자원 외교 **5** 1 고용 2 촉진 3 모색 4 대응 5 고산 6 소송 7 구축

1

뜻	한자		영단어
던져 넣다, 들여보내다	던지다 · 보내다	들다	–
혼란을 정리하여 바로잡다	거두다 · 잡다	혼란을 정리하다	–
널리 퍼지다	퍼지다	퍼지다	prevail
미루어 생각하여 정하다	헤아리다	정하다	estimate
따르고 지켜야 할 본보기가 되는 행동	법	규범 · 본보기	norm
법에 따라 행동하도록 다스리다	법	(법에 맞게) 행동하다	discipline
끼어들다	(사이에) 끼다	들다	intervene

2 ② **3** ④ **4** 1 법 2 천편일률 3 사법 4 공법 5 노동법 **5** 1 규범 2 추정 3 만연 4 수습 5 규율 6 개입

1

뜻	한자		영단어
법원에 판결을 요구함	(판결을) 구하다	송사하다	lawsuit
찾다	찾다	찾다	seek
높은 산	높다	메 · 뫼	–
돈을 주고 일을 시키다	품을 사다	쓰다 · 부리다	employ

찾아보기

_____
_____
_____
_____
_____
_____
_____
_____
_____
_____
_____
_____
_____
_____
_____
_____
_____
_____
_____
_____
_____

EVERY DAY IS CATURDAY

PURRFECT DAY

I HAVE CAT POWERS